审计学国家一流专业建设点系列教材

财务审计学
Financial Auditing

叶陈云 ◎主编

中国财经出版传媒集团

经济科学出版社
Economic Science Press

图书在版编目（CIP）数据

财务审计学／叶陈云主编．--北京：经济科学出版社，2022.7
审计学国家一流专业建设点系列教材
ISBN 978-7-5218-3826-8

Ⅰ.①财…　Ⅱ.①叶…　Ⅲ.①财务审计-高等学校-教材　Ⅳ.①F239.41

中国版本图书馆 CIP 数据核字（2022）第 124003 号

责任编辑：杜　鹏　常家凤
责任校对：李　建　孙　晨
责任印制：邱　天

财务审计学

叶陈云　主编

经济科学出版社出版、发行　新华书店经销

社址：北京市海淀区阜成路甲 28 号　邮编：100142

编辑部电话：010-88191441　发行部电话：010-88191522

网址：www. esp. com. cn

电子邮箱：esp_bj@163. com

天猫网店：经济科学出版社旗舰店

网址：http://jjkxcbs. tmall. com

固安华明印业有限公司印装

787×1092　16 开　22.25 印张　500000 字

2022 年 8 月第 1 版　2022 年 8 月第 1 次印刷

ISBN 978-7-5218-3826-8　定价：49.00 元

（图书出现印装问题，本社负责调换。电话：010-88191510）

（版权所有　侵权必究　打击盗版　举报热线：010-88191661

QQ：2242791300　营销中心电话：010-88191537

电子邮箱：dbts@esp. com. cn）

前　言

　　建立符合市场机制要求的审计准则，是我国社会主义市场经济体制建设的组成部分，是我们在推进注册会计师行业建设、服务于社会主义市场经济的过程中必须坚持的原则。它不仅有利于我们更好地发挥审计工作引导资源配置、支持科学决策、加强经营管理、构建和谐社会的职能作用，而且对深化企业改革、推进金融改革、建设现代市场体系和完善宏观调控体系都具有重要作用。自从进入 21 世纪之后，中国的审计环境发生了很大变化。随着我国经济对外开放程度的提高，注册会计师除审计按照中国企业会计准则编制的财务报表外，还可能接受委托审计按照其他国家或地区的会计准则编制的财务报表。此外，随着注册会计师审计业务范围的日益扩大，注册会计师不仅执行企业财务报表审计业务，还越来越多地执行医院、高校等非营利组织的财务报表审计业务以及特殊目的审计业务。因此，需要对审计准则的适用范围予以适当拓宽，为注册会计师审计按照我国企业会计准则以外的财务报告框架编制的财务信息提供指导。2006 年 2 月 15 日，财政部发布了 48 项注册会计师审计准则，实现了与当时国际审计准则的实质性趋同。但是，由于国际审计准则在不断进行修改，加上我国审计实务中也不断出现一些新的需要解决的问题，因此，中国审计准则委员会也一直在对我国的审计准则及时地进行修订与完善。

　　为了尽快适应财务审计科学理论与实践持续变革发展的新特征与新要求，更好、更及时地满足中国广大企业事业单位的财务审计实践、财务审计教学和财务审计学习中审计理论与审计实务发展的新需求，进一步变革和创新现有审计理论与实践方法，经济科学出版社联合笔者单位山东管理学院共同推出了"十四五"期间的财务审计新教材，本教材将致力于完善和提高我国财务审计科学理论体系，以新的科学的审计学理论来指导财务审计教学、财务审计实务工作，对进一步提升财务审计工作效率与效果等方面进行有益的尝试与探索。

　　本教材在努力尊重审计科学的客观规律，及时更新国内外财务审计学科理论的新发展动态，全面反映财务审计学科最新实务发展特征的基础上，力求体现出如下新的特征：

　　1. 展示财务审计内容的系统性。本教材共分成四大部分十章内容，按照现代通用财务审计学科发展规律和创新思想，不仅全面系统地介绍了财务审计学科的系统化的基础理论与基本方法等知识体系，同时还突出地阐述与介绍了现代财务审计业务在企业经营管理环节中的实际应用。第一编内容主要介绍财务审计原理，是本教材的第一章至第二章。第一章财务审计理论概述主要内容是阐述财务审计学科的产生与发展、财务审计的含义与种类、财务审计工作的总体目标和具体目标的内容；财务审计工作的基本流程。第二章财务审计的基本要素主要内容是介绍财务审计工作的基本组成部分，如何进行财务审计工作计划、财务审计的重要性、财务审计风险、财务审计工作底稿和注册会计师在财务审计工作中与被审计单位管理层、治理层和前任注册会计师之间的沟通内容与要求。第二编财务审计工具主要分第三章财务审计应用技术和第四章财务审计关键程序。前者主要包括：财务审计的常用技术方法、财务审计的抽样技术方法和财务审计的信息技术等技术工具；后者主要包括：财务审计工作中必须经过的财务报表项目审计的风险评估、财务报表项目审计的风险应对。第三编主要介绍财务审计实务，包括第五至第九章，分别是销售与收款循环审计、采购与付款循环审计、生产与存货循环审计、筹资与投资循环审计和货币资金审计等财务审计工作的核心内容，主要依据最新的审计准则体系规范的内容，介绍财务报表审计实务中的多元审计理论与技术方法。第四编财务审计成果，即本教材的第十章审计完成与审计报告，本章主要介绍审计报告形成前和形成中的各项整理工作以及审计报告的含义、类型、审计意见形成和审计报告的编制要求与步骤等内容。

2. 保持财务审计实务的时效性。本教材紧密结合我国财务报表审计领域的新思想、新变化、新内容和新技术，即全面介绍了我国注册会计师执业准则体系的核心内容和要求，并借鉴国际审计准则的新理论和经验，力求理论联系实际，既全面论述审计的基本概念、基本理论和基本方法，又结合企业业务具体环节详细阐明审计的具体实务。一是充分体现了以风险导向审计为中心的财务审计实务变革的新思路。本教材按照风险导向审计的思路来设计财务报表审计的程序，并将风险识别、风险评估和风险应对的核心思想融入各项具体交易和事项循环审计的实务中。二是充分体现会计准则和审计准则的最新变化。严格按照最新发布的企业会计准则和中国注册会计师执业准则体系的核心要求阐述审计实务，有利于提高广大读者朋友的审计实务能力与实际操作水平。

3. 贯彻财务审计操作的应用性。由于财务审计学是在审计实践中发展起来的一门新学科，既有理论性，又具有实用性，经过多年发展已经逐渐形成了一个完善的理论体系。本教材从销售与收款循环审计、采购与付款循环审计、生产与存货循环审计、筹资与投资循环审计、货币资金审计、审计完成与审计报告等财务审计实务角度逐一介绍了多种与我国丰富审计实践活动相适应的若干具有可操作性的审计方法、审计技巧和审计手段，教材中展示的这前述内容充分反映了近年来我国注册会计师业务拓展与执业规范的新变化，并注重突出实用性。

4. 坚持编写方式趣味性与多样性。本教材在内容安排、体例设计、写作方法等方面注意汲取国内外最新审计典范教材的经验与长处。教材结构合理、内容丰富，力求做到专业内容与通俗化表达方式相统一，理论叙述与技术方法介绍相统一，文字与图表相统一，知识性与趣味性相统一。本教材内容便于不同性质的学校从事审计教学的教师根据各校不同的特点、各校审计教学大纲或教学计划等实际情况灵活地选取或安排需讲授的内容，方便各层次高校审计专业课程组织教学。每一章都配合以引导案例、学习目标、本章小结、本章课后练习题（含思考题），不仅便于师生教学互动式审计教学，而且会更有利于培养学生解决实际审计实务问题的能力。

　　本教材是由山东管理学院会计学院叶陈云教授（中央财经大学会计学博士）担任主编，对外经济贸易大学国际商学院会计系博士生导师叶陈刚教授、安徽工商职业学院本科教学部副主任舒文存教授和《商业会计》杂志社专栏主编钟音担任副主编，叶陈云教授负责全面设计本教材篇章架构，负责执笔编写第一、二、三、四、五章，钟音负责编写第六章，叶陈刚教授负责编写第七章；北京工商大学商学院杨克智博士、副教授负责编写第八章，舒文存教授负责编写第九章；山东管理学院李梦楠老师负责编写第十章；兰州财经大学会计学院邢铭强博士、对外经济贸易大学国际商学院会计系博士研究生黄冠华等同志参加了本教材部分章节的编写和资料收集工作。最终叶陈云教授负责对各章内容进行修正、增补、总纂与全教材定稿。

　　本教材是国家社会科学基金面上项目"国家审计化解系统性金融风险的机制与路径研究"（20BGL079）、审计署重点科研课题"高素质专业化审计人才队伍建设研究"（20SJ04002）的阶段性成果，受山东省审计学一流学科专业集群建设基金、博士科研启动基金（SDMU202011）和山东管理学院内部控制与风险管理研究所建设基金资助。同时，本教材是审计学国家一流专业建设点系列教材。

　　本教材编排内容与教学体系适合我国普通高等院校本科层次、高职院校专科层次的审计学、会计学、财务管理学等财经专业的教学与研究之用。因此，高等院校审计学、会计学、财务管理学及工商管理等学科教学大纲可以将本《财务审计学》作为审计学必修或专选课程的参考教材。本教材也可作为会计师事务所的审计人员、企事业单位的经济管理人员业务学习的培训用教材与自学的参考用书。此外，对本教材的缺点或不足之处，恳请广大读者批评指正。

叶陈云

2022 年 6 月 12 日

目 录

第一编 财务审计原理

第二编 财务审计工具

第三编　财务审计实务

第四编　财务审计成果

第一编　财务审计原理 →

第一章　财务审计理论概述

【引导案例】

"南海公司事件"与财务审计起源

英国历史上著名的南海公司（South Sea Company）是在 1711 年西班牙王位继承战争期间创立的，它表面上是一家专营英国与南美洲等地贸易的特许公司，但实际上是一所协助政府融资的私人机构，分担政府因战争而欠下的债务。南海公司在夸大业务前景及进行舞弊的情况下被外界看好，历经近十年惨淡经营后，公司董事会决定采取欺骗等手法，使其股票达到预期价格。在大量散布"年底将有大量利润可实现，预计 1720 年圣诞节可按面值 60% 支付股利"等谣言后，该公司股票价格从 1719 年的 114 英镑，上升到了 1720 年 3 月的 300 英镑以上，1720 年 7 月上升到 1 050 英镑。在当时的英国，一场全国性的投机热潮也由此爆发，导致英国全民疯狂炒股。市场上随即出现不少"泡沫公司"浑水摸鱼，试图趁南海股价上升的同时分一杯羹。为监管这些不法公司，国会在 6 月通过《泡沫公司取缔法》，炒股热潮随之减退，并连带触发南海公司股价急挫，至 9 月暴跌至 190 英镑以下，不少人血本无归，连著名物理学家牛顿爵士也"血本无归""割肉蚀本"逃离股市。南海泡沫事件使政府诚信破产，多名托利党官员因事件下台或问罪；相反，辉格党政治家罗伯特·沃波尔在事件中成功收拾混乱，协助向股民做出赔偿，使经济恢复正常，从而在 1721 年取得政府实权，并被后世形容为英国历史上的首位首相，此后，辉格党取代托利党，长年主导了英国的政局。至于南海公司并没有因为泡沫而倒闭，公司在 1750 年以后中止与南美洲的贸易业务，最终维持至 1853 年才正式歇业。

随着 1720 年英国国会通过的《泡沫公司取缔法》的实施，英国开始制止各类泡沫公司的膨胀。英国政府开始对南海公司资产进行清理，南海公司宣布破产。数以万计的股东和债权人从神话般的美梦中醒来，他们蒙受了巨大的损失，股东和债权人向英国议会提出严惩欺诈者并给予赔偿损失的要求。1721 年英国议会为此成立了特别委员会，并聘请了一位资深的会计查尔斯·斯内尔审核该公司的账簿。通过审核，斯内尔以"会计师"的名义提出了"查账报告书"，指出了南海公司存在重大舞弊行为和会计记录严重失实等问题。特别委员会据此查处了该公司的主要负责人。于是，审核该公司账簿的人开创了世界注册会计师的先河，注册会计师审计由此在英国拉开了序幕。

英国"南海公司事件"充分说明了所有权和经营权分离后，注册会计师审计产生的必要性，而且注册会计师审计的产生就是维护所有者的利益，通过提供可靠的会计信息，帮助投资者作出正确的决策。如果缺少注册会计师审计，经营者就会为所欲为，严重损害社会上公众公司所有者的合法权益，从而直接破坏整个社会的稳定和资本市场的有序发展，也间接破坏了市场经济的诚信交易的原则和社会公众对资本市场的信心和信任，后果非常严重。

资料来源：李国运. 南海公司事件案例研究 ［J］. 审计研究，2007 （2）：92 - 96.

讨论问题：

1. 上述案例中，会计师查尔斯·斯内尔指出南海公司的违规行为属于什么类型的审计？

2. 上述审计案例说明了特定类型的审计需要承担什么样的社会角色和社会责任？

3. 假如事前就建立起了注册会计师审计监督与报告的机制，像南海公司一样的其他众多的公众公司及其经营者是否还可以为所欲为、损害投资者利益呢？

【学习目标】

1. 了解财务审计产生与发展的历史进程。
2. 理解财务审计的内涵与特征。
3. 认识财务审计工作的对象、职能和作用。
4. 掌握财务审计总体目标、管理层认定与具体目标的内容。
5. 熟悉财务报表审计工作的主要步骤与基本内容。

第一节　财务审计演进

一、财务审计产生背景与条件

审计学作为广义会计学的分支学科，无论是在国外还是在国内，都有着会计学那样悠久的发展历史，都是在实践中得以逐步发展起来的管理学科，在实务中对社会、国家和企业等经济主体的运营均具有重要的意义。但是，我们普通的社会公众对于什么是审计、审计究竟有什么作用、审计对国家经济发展与社会稳定又有何种作用等问题并不清楚。直到"审计风暴"一词的出现，才可以说是让以前并不为众多的中国社会公众所了解的"审计学"自此开始揭开了它那颇为神秘的面纱，那些由审计机构揭露出的许多弊端和问题开始触动着普通中国人的神经，也刺激起了更多人了解和学习审计的兴趣。

作为社会系统中的一个有机组成部分，审计监督活动及审计学科的发展均是人类社会经济发展到一定阶段的必然产物，不仅是一个社会范畴的行为，而且还是一个经济范畴的活动。与会计具有悠久的历史一样，审计发展同样有着不平凡的发展历程，自审计产生之时起，经过长时间地不断完善和演化，已经逐渐形成了一套机能比较完善的运行系统，内容结构比较丰富的科学理论体系，为促进各个国家社会与经济的协调、稳定地发展发挥着至关重要的显著作用。因此，作为市场经济主体的主要鉴证与监督部门，社会审计（也称为注册会计师审计、独立审计或财务报表审计）在中外企业、政府和整个社会经济中均占据相当重要的地位，伴随着经济社会改革的进步，正发挥着越来越重要的作用与影响。因此，财务审计作为一种社会中介机构执行的经济监督活动，实际上自从有了社会市场经济管理活动，就必然在一定意义上存在了。所不同的是，在社会发展的各个时期，由于生产力发展水平不同，社会经济管理方式不同，审计的广度、深度和形式也有所差异。

随着社会经济的发展，当财产所有者与经营管理者出现了分离，形成委托和受托经济责任关系之后，基于经济监督的客观需要的基础上就产生了财务报表审计的需求。它因监督、评价受托责任履行的需要而产生，并随着受托责任内容的扩展而演进。

这里的受托经济责任关系的确立是审计产生的前提条件。所谓经济责任关系是指当财产管理制度的发展出现了财产所有权和管理权分离时，财产所有者将财产的经营管理权委托给财产管理者而形成的一种委托和受托关系。这种所有权与经营管理权的分离便直接产生了委托与受托的关系，即受托经济责任关系。在这种关系中，财产所有者为了保护其财产的安全、完整，就需要对受托管理者承担和履行管理财产收支和结果的经济责任实行监督。为了达到这一目的，财产所有者只有要求与责任双方不存在任何经济利益关系的独立的第三者对财产管理者的经济责任进行审查和评价，才能维护自己的正当权益和解除财产管理者的经济责任，于是便产生了审计。这是因为如果彼此之间存在着直接的经济利益关系，财产所有者自身对财产管理者的监督、检查便带有一定的主观性和片面性。因此，对财产管理者的监督检查，客观上要求与财产所有者和财产管理者都无利害关系的第三者来进行，这便是审计工作产生的前提条件。这也是审计产生与发展的客观基础。

二、财务审计的历史发展概况

出于满足社会经济监督的需要，审计以维系受托经济责任为基础，以加强经济管理和控制为动力，以提高受托单位经济效益和效果为目的，在现代自然科学和社会科学飞速发展的背景下，遵循着自身的运行规律，在丰富的社会经济实践中得以逐渐成熟并不断向前发展。

（一）审计主体的历史发展

注册会计师执行的财务报表审计最早产生于英国。在英国工业革命时期，世界审计处在一个痛苦且充满革新活力的转折过程中。新旧经济观念的冲突和混合，导致以所有权和管理权分离为重要特征的股份公司的发展蔚为风潮。这不仅意味着旧的经济范式已陷入危机，崭新的资本主义商品经济秩序的正式形成，也标志着股东和债权人与企业管理当局之间新型的经济责任关系的最终确立，这种责任关系正是英国注册会计师审计产生和演化的最深层的内驱力。1720 年英国"南海公司事件"发生，当时南海公司以虚假的会计信息诱骗众多投资者上当，令其股票一度暴涨后又暴跌，最终破产倒闭，给投资者造成了巨大的损失。英国议会聘请职业会计师查尔斯·斯内尔对南海公司进行审计。1721 年，查尔斯·斯内尔以"会计师"的名义提出了"查账报告书"，从而宣告了近代注册会计师审计或财务报表审计的诞生。① 英国"南海公司事件"充分说明了所有权和经营权分离后，注册会计师审计产生的必要性，而且注册会计师审计的产生就是维护所有者的利益，通过提供可靠的会计信息，帮助投资者作出正确的决策。如果缺少注册会计师审计，经营者就会为所欲为，严重损害所有者的利益，从而破坏整个社会的稳定性。

美国的注册会计师审计开始于 1883 年，由英国会计师协会将其发展模式传入当时新的世界经济中心——美国。1886 年美国公共会计师协会成立，1916 年该会改组为美国会计师协会，到 1957 年发展为美国注册会计师协会（American Institute of Certified Public Accountants，AICPA），成为世界上最大的注册会计师审计职业团体。

20 世纪 20 年代后，随着资本市场的发育成熟，美国证券交易的业务量和规模都有了较大的发展，资产负债表审计已无法满足需要，以保护投资者的利益为目的，美国首先进入以损益表为重点的财务报表审计时代。

西方注册会计师发展各阶段的主要特点

在这一时期，民间审计对象是以损益表为中心的全部会计报表及有关财务资料。审计是以通过对被审企业会计报表的专业性审查和判断，提出客观、公正的意见，以提高会计报表的可信性为主要目的，通过采用统计抽样和适当的判断抽样方法对不仅包括了会计报表的内容，而且包括对形成会计报表公允与否有重大影响的内部控制的测试和评价方面进行审计，目前普遍倡导并施行的以内部控制测试和评价为特征的现代审计方法，就是由此而产生的。审计报告的使用者扩大到包括股东、股票交易所、税务部门、金融机构、债权人等所有的企业利害关系人。同时，审计准则开始制定施行，审计工作日趋标准化，注册会计师统一考试制度开始建立，审计人员素质要求明显提高。

我国的注册会计师事业的发展始于 1918 年 9 月，当时北洋政府农商部颁布了我国第一部注册会计师法规——《会计师暂行章程》，并于同年批准著名会计学家谢霖先生为中国的第一位注册会计师，谢霖先生创办的中国第一家会计师事务所——正则会计师事务所也获批准成立。之后上海、天津、广州等地也相继成立了多家会计师事务所。1925 年在上海成立了全国会计师公会。新中国成

---

① 文硕编著，《世界审计史》，中国审计出版社 1990 年版。

立初期，注册会计师审计在经济恢复工作中发挥了积极作用。但后来由于推行高度集中的计划经济模式，中国的注册会计师审计便悄然退出了经济舞台。直到 1978 年后我国实行"对外开放、对内搞活"的方针，党和政府的工作重点转移到经济建设上来，为注册会计师制度的恢复重建创造了客观条件。1980 年 12 月，财政部发布了《关于成立会计顾问处的暂行规定》，标志着我国注册会计师行业开始复苏。1981 年 1 月 1 日，上海会计师事务所宣告成立，成为新中国第一家由财政部批准独立承办注册会计师业务的会计师事务所。1986 年 7 月国务院颁布新中国第一部注册会计师法规——《中华人民共和国注册会计师条例》，1988 年底，中国注册会计师协会成立，1991 年恢复全国注册会计师统一考试，1993 年 10 月，第八届全国人大常委会第四次会议审议通过了《中华人民共和国注册会计师法》，从此我国审计事业开始得到迅速发展。

进入 21 世纪，我国注册会计师行业跨入高速发展的快车道，截至 2020 年 3 月 31 日，中注协非执业会员有 164 152 人，注册会计师（执业会员）108 449 人，个人会员 272 601 人。到 2021 年 12 月 31 日，中注协公布了最新会员人数情况，总数超 30 万人。中国的注册会计师行业从把行业发展命运全系在法定审计业务的一根生命线上，到各类新业务百花齐放；从注册会计师审计准则到与国际准则持续全面趋同的新局面；从人才资源匮乏到现在人才战略蓬勃开展，高端人才、国际化人才培养初见成效。可以说，我国的注册会计师行业目前正在以一种前所未有的良好态势飞速发展。这一方面得益于中国经济的腾飞；另一方面更是来自于注册会计师行业上下一起共同的努力奋斗和改革创新的结果。

（二）审计内容的历史发展

现代注册会计师财务审计在审查内容上主要经历了检查财务收支、证明交易事项、鉴证财务报表、审查经济管理活动等四个阶段。早期的审计是为了核实一些重要的收支事项，揭露会计差错与舞弊，英国工业革命后，经济业务的复杂化使会计重点转移到所有者权益的计算，此时的审计便将重点放在交易事项的证明上。20 世纪初，为满足债权人与投资者了解其发放的贷款和投资是否能够收回的要求，审计重点就转移向判明企业有无偿债能力为目的的资产负债表审计。20 世纪 30 年代，由于投资者关心的是企业的获利能力，会计报表的使用人也在不断扩大，审计的内容就不仅仅是资产负债表和损益表，还包括财务状况变动表、现金流量表等。20 世纪 60 年代以来，科学技术的高速发展，客观上需要对这些新的管理方法和技术的可行性有效性进行评估，于是就出现了经济管理审计。

（三）审计目标的历史发展

现代审计在审查目标上主要经历过详细审计、资产负债表审计、损益表审计、会计报表审计、经济效益审计五个阶段。在早期的详细审计阶段，审计目标主要为了是查处被审单位会计的错误和防止舞弊行为的发生。在稍后的资产负债表审计阶段，审计目标主要是为债权人提供被审计单位偿债能力大小的依据。在损益表审计阶段，审计目标主要是为报表使用人提供评价被审单位的财务状况和经营业绩的依据。在经济效益审计阶段，审计目标主要是为了加强被审单位的经营管理，提高其经济效益。

（四）审计方法的历史发展

在审计方法上，审计的发展沿着"账面基础审计—制度基础审计—风险基础审计—风险导向审计"的轨迹发展的。账目基础审计就是以账目和凭证为审查的出发点，检查各项会计记录的有效性和准确性、账簿加总和过账的正确性、总账和明细账及其会计凭证的一致性。它在审计方法史上占有十分重要的地位，直到现在仍被不同程度地采用。制度基础审计就是在了解被审计单位的内部控制制度的基础上，确定其可信赖程度，进而确定审计范围、重点和方法。这种方法减少了直接对凭证、账表进行检查和验证的时间和精力，突出了审计的重点，提高了审计的效率和质量，它是现代审计的重要标志之一。风险基础审计以风险评估为基础确定审计重点和范围，该种方法能降低审计成本，提高审计效率，使审计行为更科学。风险导向审计是最新的审计形式，主要是指注册会计师在进行财务报表审计时，各个环节和各个阶段都坚持以风险为原则，即在整个审计过程中是以对被审计对象——财务报表的风险了解、风险的识别、风险评估和风险应对为线索，以便降低审计风险和提升审计效率和审计质量。

职业测试

1. 下列关于审计模式沿革的表述中正确的有（　　）。（2017 年中级审计师考试真题）

A. 审计方法必然由账项基础审计走向制度基础审计，最终发展为风险导向审计

B. 现代风险导向审计的出现意味着账项基础审计和制度基础审计的消失

C. 现代风险导向审计与传统风险导向审计的主要区别在于审计起点不同，前者的审计起点是企业的经营战略及其业务流程，后者的审计起点是财务报表或企业的内部控制

D. 现代风险导向审计是对账项基础审计和制度基础审计的扬弃

【参考答案】ACD

2. 《中华人民共和国审计法》正式实施的时间是（　　）。（2018 年初级审计师考试真题）

A. 1994 年 1 月 1 日　　　　B. 1995 年 1 月 1 日

C. 1996 年 5 月 1 日　　　　D. 2000 年 1 月 1 日

【参考答案】B

第二节　财务审计内涵

一、财务审计的含义

从不同的视角和立场，中外审计理论与实务界分别对审计的基本概念进行了深入的研究与探讨，并且逐步形成了如下有代表性的观点。

1989 年中国审计学会提出的审计概念是："审计是由专职机构和人员，依法对被审计单位的财政、财务收支及其有关经济活动的真实性、合法性、效益性进行审查，评价经济责任，用以维护财经法纪，改善经营管理，提高经济效益，促进宏观调控的独立性经济监督活动。"

国际会计师联合会的审计实务委员会在《国际审计准则》中把审计概念描述为："审计人员对已编制完成的会计报表是否在所有重要方面遵循了特定财务报告框架发表意见。"

1995 年中国注册会计师协会在《独立审计基本准则》中用简明扼要的语言对注册会计师审计做了如下描述："独立审计（财务报表审计）是指注册会计师依法接受委托，对被审计单位的会计报表及其相关资料进行独立审查并发表审计意见。"

本教材认为：财务审计是财务报表审计的简称，是注册会计师执行的传统核心业务。财务报表审计是指注册会计师对被审计单位的财务报表是否不存在重大错报提供合理保证，以积极方式提出意见，增强除管理层之外的预期使用者对财务报表信赖的程度。

上述定义可以从以下五个方面加以理解：

一是审计的用户是财务报表的预期使用者，即审计可以用来有效满足财务报表预期使用者的需求。

二是审计的目的是改善财务报表的质量或内涵，增强预期使用者对财务报表的信赖程度，即以合理保证的方式提高财务报表的可信度，但不涉及为如何利用信息提供建议。

三是合理保证是一种高水平保证。当注册会计师获取充分、适当的审计证据将审计风险降至可接受的低水平时，就获取了合理保证。由于审计存在固有限制，注册会计师据以得出结论和形成审计意见的大多数审计证据是说服性而非结论性的，因此，审计只能提供合理保证，不能提供绝对保证。

四是审计的基础是独立性和专业性。审计通常由具备专业胜任能力和独立性的注册会计师来执行，注册会计师应当独立于被审计单位和预期使用者。

五是审计的最终产品是审计报告。注册会计师针对财务报表是否在所有重大方面按照财务报告编制基础编制并实现公允反映发表审计意见，并以审计报告的形式传达给财务报表审计的委托人。注册会计师按照审计准则和相关职业道德要求执行审计工作，能够形成这样的意见。

什么是审计的独立性

二、财务审计业务的保证程度

注册会计师执行的业务分为鉴证业务和相关服务两类。鉴证业务包括审计、审阅和其他鉴证业务。相关服务包括代编财务信息、对财务信息执行商定程序、税务咨询和管理咨询等。

鉴证业务的保证程度分为合理保证和有限保证。审计属于合理保证（高水平保证）的鉴证业务，注册会计师将审计业务风险降至审计业务环境下可接受的低水平，以此作为以积极方式提出审计意见的基础。审阅属于有限保证（低于审计业务的保证水平）的鉴证业务，注册会计师将审阅业务风险降至审阅业务环境下可接受的水平，以此作为以消极方式提出审阅结论的基础。

表1-1列示了财务报表审计的合理保证与财务报表审阅的有限保证之间的区别。

表1-1　　　　　　　　　合理保证与有限保证的区别

区别 ＼ 业务类型	合理保证（财务报表审计）	有限保证（财务报表审阅）
目标	在可接受的低审计风险下，以积极方式对财务报表整体发表审计意见，提供高水平保证	在可接受的审阅风险下，以消极方式对财务报表整体发表审阅意见，提供有意义水平的保证。该保证水平低于审计业务的保证水平
证据收集程序	通过一个不断修正、系统化的执业过程，获取充分、适当的证据，证据收集程序包括检查记录或文件、检查有形资产、观察、询问、函证、重新计算、重新执行、分析程序	通过一个不断修正的、系统化的执业过程，获取充分、适当的证据，证据收集程序受到有意识的限制，主要采用询问和分析程序获取证据
所需证据数量	较多	较少
检查风险	较低	较高
财务报表的风险	较高	较低
提出结论的方式	以积极方式提出结论。例如："我们认为，ABC公司财务报表在所有重大方面按照《企业会计准则》的规定编制，公允反映了ABC公司20×1年12月31日的财务状况以及20×1年度的经营成果和现金流量"	以消极方式提出结论。例如："根据我们的审计，我们没有注意到任何事项使我们相信，ABC公司财务报表没有按照《企业会计准则》的规定编制，未能在所有重大方面公允反映被审阅单位的财务状况、经营成果和现金流量"

三、财务审计分类

审计分类是人们按照一定的标准，将性质相同或相近的审计活动归属于一种审计类型的习惯做法。对审计进行科学的分类，有利于加深对各种不同审计活动的认识，探索审计规律；有利于更好地组织审计工作，充分发挥审计的作用。研究审计的分类，是有效地进行审计工作的一个重要条件。审计分类的一般方法是：首先，提出分类的标志，并根据每一种标志，确定归属其下的某几种审计；其次，按照一定的逻辑顺序，将各类审计有秩序地排列起来，形成审计类群体。目前来看，根据审计实务的习惯做法，审计有基本分类和其他分类。前者包括审计按主体可划分为国家（政府）审计、内部审计和社会审计；按目的和内容可划分为会计报表（财务）审计、合规性审计和经营审计。后者还可以按照审计业务范围、项目范围、执行地点、执行时间、是否定期执行、是否通知被审计和执行强制程度等依据进行审计分类。审计其他主要分类及含义如表1-2所示。

表1-2　　　　　　　　　　　　　　　　**审计的其他分类**

依据	类型	基本含义	优缺点
审查业务范围	全面审计	对被审计单位审计期内全部财务收支及有关经济活动的真实性、合法性和效益性进行审计	优点：审查详细彻底，容易查出问题，有利于促进被审计单位改善经营管理，提高经济效益 缺点：工作量大，费时费力，审计成本较高 适用范围：一般仅适用于规模较小、业务量较少，或内部控制系统极不健全、存在问题较多的单位
	局部审计	指对被审计单位审计期内的部分财务收支及有关经济活动的真实性、合法性和效益性进行审计	优点：范围小，审查重点突出，针对性强，省时省力，审计成本较低 缺点：覆盖面有限，较容易遗漏问题。全部审计不同于详细审计，局部审计也不同于抽样审计
审计项目范围	综合审计	指对被审计单位的多种审计项目一起进行审计	优点：审计内容比较全面 缺点：审计难度较大
	专题审计	指对被审计单位某一个特定项目进行审计	优点：可集中审计资源，深入发现缺陷或不足 缺点：审计发现的问题不能代表对企业全面评价
审计执行地点	就地审计	指审计机构委派审计人员到被审单位进行现场审计，以全面调查和掌握被审单位的情况，作出准确的审计结论	优点：使得审计实施比较方便，可节省审计成本 缺点：在被审计单位进行审计缺少不可预见性
	报送审计	指被审计单位向审计组织要求，将审查资料送到审计组织所在地进行审计	优点：减少审计单位造成的各种限制 缺点：可能不便于全面了解被审计及其环境

续表

依据	类型	基本含义	优缺点
审计执行时间	事前审计	在被审单位经济业务实际发生以前进行的审计	优点：有利于对计划、预算、预测和决策进行审计； 有利于被审单位进行科学决策和管理，保证未来经济活动有效性，避免因决策失误遭受重大损失
	事中审计	在被审单位经济业务执行过程中进行的审计。例如，对费用预算、经济合同的执行情况进行审查	优点：能及时发现和反馈问题，尽早纠正偏差，从而保证经济活动按预期目标合法、合理、有效地进行
	事后审计	在被审单位经济业务完成之后进行的审计	优点：有利于监督经济活动合法合规性，鉴证企业会计报表真实公允性，评价经济活动的效果与效益
是否定期执行	定期审计	按照预定的间隔周期进行的审计	优点：使得审计活动能够有规律地进行推进
	不定期审计	出于需要而临时安排进行的审计	优点：有利于增加不可预见性，有利于发现被审计单位的违纪、舞弊、缺陷与不足
是否通知被审单位	预告审计	在实施审计前预先通知被审计单位而进行的审计	优点：可以及时发现被审计单位对外财务报表相关项目可能存在的舞弊与欺诈等问题
	突击审计	在实施审计以前不通知被审计单位而进行的审计	优点：增加审计程序的突然性，有利于及时发现财务报表特定项目存在问题或财务错误
执行强制程度	强制审计	根据法律规定行使审查权而进行的审计	优点：有利于增加审计活动的权威性
	任意审计	出于被审计单位自身的需要，要求审计组织进行的审计	优点：有利于增加审计活动的灵活性

政府审计、内部审计和注册会计师审计的区别

第三节 财务审计对象

一、财务审计的对象

审计对象是指注册会计师等审计人员进行审计监督时，收集审计证据过程中所需要验证的财务报表及其相关信息的范围和内容。通常把审计对象概括为被审计单位的经济活动。其中，被审计单位即为审计的客体，也即审计的范围，经济活动即为审计的内容。

（一）财务报表及其附注

在财务报表审计中，审计对象是历史的财务状况、经营业绩和现金流量，

审计对象的载体是财务报表。被审计单位财务会计报表资料和其他相关资料是审计对象的形式，其所反映的被审计单位的财务收支及其有关的经营管理活动是审计对象的本质。财务报表，是指依据某一财务报告编制基础对被审计单位历史财务信息作出的结构性表述，包括相关附注，旨在反映某一时点的经济资源或义务或者某一时期经济资源或义务的变化。相关附注通常包括重要会计政策概要和其他解释性信息。财务报表通常是指整套财务报表，有时也指单一财务报表。整套财务报表的构成应当根据适用的财务报告编制基础的规定确定。

管理层和治理层（如适用）在编制财务报表时需要：（1）根据相关法律法规的规定确定适用的财务报告编制基础；（2）根据适用的财务报告编制基础编制财务报表；（3）在财务报表中对适用的财务报告编制基础作出恰当的说明。编制财务报表要求管理层根据适用的财务报告编制基础运用判断作出合理的会计估计，选择和运用恰当的会计政策。

财务报表可以按照某一财务报告编制基础编制，旨在满足下列需求之一：（1）广大财务报表使用者共同的财务信息需求（即通用目的财务报表的目标）；（2）财务报表特定使用者的财务信息需求（即特殊目的财务报表的目标）。

整套财务报表通常包括资产负债表、利润表、现金流量表、所有者权益（或股东权益）变动表和相关附注。单一财务报表通常是指：（1）资产负债表；（2）利润表或经营状况表；（3）留存收益表；（4）现金流量表；（5）不包括所有者权益的资产和负债表；（6）所有者权益变动表；（7）收入和费用表；（8）产品线经营状况表。单一财务报表和相关附注也可能构成整套财务报表。

（二）财务报表反映的实际经济业务

财务报表是被审计单位财务信息的集中揭示，它是对被审计单位在一个时期所发生的财务信息进行的分类和汇总。被审计单位一定时期内发生的影响报表结果的每个财务信息个体（每笔经济业务）自然就是审计人员应该审计的对象。这些财务信息在发生过程中会产生各种凭证和记录，这些凭证和记录是这些财务信息的外在表现形式，也是审计人员收集审计证据的重点对象，具体包括每笔经济业务发生时所产生的各种原始凭证、各种业务记录、相应的会计凭证以及记录这些财务信息的各种会计账簿、有关财务报表和业务报表等。

（三）控制财务信息发生的各项内部控制

为了保证财务信息的准确、可靠，保证资金和财产物资的安全，每一个被审计单位都会建立一套符合自身经营管理特点的内部控制体系。内部控制体系是财务信息产生的环境基础，内部控制的健全和有效与否，将直接影响财务信息的可靠性，对审计人员判断报表信息是否不存在重大错报和漏报有着重要的影响。因此，审计人员审计财务信息时，必须对产生财务信息的环境进行检查。通过对编报单位内部控制的检查，审计人员可以评价影响报表信息编制的内部控制是否可靠，进而确定下一步审计工作的重点和程序。任何一个企业组织或公司的内部控制往往有很多的内容和类型，这些内部控制尽管都与组织或公司的管理有关，但并不是所有的内部控制都与财务信息的产生直接相关。因此，在评估内部控制时，如果没有特殊要求，审计人员通常只检查测试与财务信息的产生相关的那部分内部控制。

二、财务审计的重点

（一）财务报表常规性问题的审计

对常规性的财务报表审计主要包括报表编制是否符合规定的手续和程序；各种报表如主表、附表、附注以及财务情况说明书的编制是否齐全；报表的截止日期是否适当，资料来源是否可靠；报表内容是否完整；各项目数据如年初数、期末数及小计、合计、总计是否正确；对主要财务报表应逐一核对，其他报表一般可先核对总数，发现差错和可疑问题再进行具体核对，对发现的差错和不平衡现象必须查明原因，找出源头。

（二）财务报表勾稽关系的审计

财务报表之间存在着一定的勾稽关系，包括主表与附表、主表与主表、前期报表与本期报表、报表与账簿之间等。财务审计中，注册会计师对报表勾稽关系的审计，可以进一步验证报表的正确性，分析被审计企业资金运动的联系和发展趋势。财务报表之间的勾稽关系主要表现为：

1. 前期报表与本期报表的关系，即本期报表中有关项目的期初数等于上期报表的期末数，本期报表中有关项目的累计数是上期报表的累计数加本期发生数；

2. 本期报表内部各项目之间的勾稽关系，如资产负债表中"资产 – 负债 = 所有者权益"的平衡关系式等；

3. 主表与附表之间的关系，一般附表是用以说明主表中某些特定项目，主表中某些项目是附表的计算结果；

4. 各类报表之间的勾稽关系，如资产负债表与损益表之间实际项目勾稽关系等。

（三）财务报表项目内容的审计

对财务报表有关内容的审计是财务报表审计的核心，即对财务报表中有关数据进行审查分析，验证报表中的数据是否真实准确地反映企业的财务状况、经营成果和现金流动，并进一步观察企业经营活动的合规性、合法性和有效性。由于各种财务报表的性质不同，反映的内容不同，审计人员所审计的内容和方法也不尽相同。如资产负债表是静态报表，反映某一时点的财务状况，它的资料来源主要是资产、负债和资本等账户。这类账户属于实账户，既有余额可供核算，又有实物可供盘点，还可以经过调查分析取证以及进行平衡分析、结构分析等，以证实报表数据的真实性；但损益表却不同，其属于动态报表，反映的是某一时期的经营过程和结果，其资料来源主要是收入、成本费用等账户，一般无余额，也无实物可供盘点，往往需要通过计算、摊销、分配才能得出其报表项目数，对它们的审计应采用不同的方法，以获取审计证据，取得审计成果。

第四节　财务审计目标

根据最新发布的注册会计师审计准则的要求，财务报表审计目标分为审计的总体目标和具体审计目标。审计的总体目标是指注册会计师为完成整体审计工作而达到的预期目的。具体审计目标是指注册会计师通过实施审计程序以确定管理层在财务报表中确认的各类交易、账户余额、披露层次认定是否恰当。注册会计师在了解每个项目的认定后，就很容易确定每个项目的具体目标。

一、审计主体执行财务审计的总体目标

在执行财务报表审计工作时，注册会计师的总体目标是：（1）对财务报表整体是否不存在由于舞弊或错误导致的重大错报获取合理保证，使得注册会计师能够对财务报表是否在所有重大方面按照适用的财务报告编制基础编制发表审计意见；（2）按照审计准则的规定，根据审计结果对财务报表出具审计报告，并与管理层和治理层沟通。在任何情况下，如果不能获取合理保证，并且在审计报告中发表保留意见也不足以实现向预期使用者报告的目的，注册会计师应当按照审计准则的规定出具无法表示意见的审计报告，或者在法律法规允许的情况下终止审计业务或解除业务约定。

注册会计师是否按照审计准则的规定执行了审计工作，取决于注册会计师在具体情况下实施的审计程序，由此获取的审计证据的充分性和适当性，以及根据总体目标和对审计证据的评价结果而出具审计报告的恰当性。

审计准则作为一个整体，为注册会计师执行审计工作以实现总体目标提供了标准。审计准则规范了注册会计师的一般责任以及在具体方面履行这些责任时的进一步考虑。每项审计准则都明确了规范的内容、适用的范围和生效的日期。在执行审计工作时，除遵守审计准则外，注册会计师还需要遵守法律法规的规定。

每项审计准则通常包括总则、定义、目标、要求（在审计准则中，对注册会计师提出的要求以"应当"来表述）和附则。总则提供了与理解审计准则相关的背景资料。每项审计准则还配有应用指南。每项审计准则及应用指南中的所有内容都与理解该项准则中表述的目标和恰当应用该准则的要求相关。应用

指南对审计准则的要求提供了进一步解释，并为如何执行这些要求提供了指引。应用指南提供了审计准则所涉及事项背景资料，更为清楚地解释审计准则要求的确切含义或所针对的情形，并举例说明适合具体情况的程序。应用指南本身并不对注册会计师提出额外要求，但与恰当执行审计准则对注册会计师提出的要求是相关的。

审计准则的总则可能对下列事项进行说明：（1）审计准则的目的和范围，包括与其他审计准则的关系；（2）审计准则涉及的审计事项；（3）就审计准则涉及的审计事项，注册会计师和其他人员各自的责任；（4）审计准则的制定背景。

审计准则以"定义"为标题单设一章，用来说明审计准则中某些术语的含义。提供这些定义有助于保持审计准则应用和理解的一致性，而非在超越法律法规为其他目的对相关术语给出定义。

每项审计准则均包含一个或多个目标，这些目标将审计准则的要求与注册会计师的总体目标联系起来。每项审计准则规定目标作用在于，使注册会计师关注每项审计准则预期实现的结果。这些目标足够具体，可帮助注册会计师：（1）理解所需完成的工作，及在必要时为完成这些工作使用的恰当手段；（2）确定在审计业务的具体情况下是否需要完成更多的工作以实现目标。注册会计师需要将每项审计准则规定的目标与总体目标联系起来理解。

注册会计师需要考虑运用"目标"决定是否需要实施追加的审计程序。审计准则的要求，旨在使注册会计师能够实现审计准则规定的目标，进而实现总体目标。因此，注册会计师恰当执行审计准则的要求，预期能为其实现目标提供充分的基础。由于各项审计业务的具体情况存在很大差异，并且审计准则不可能预想到所有的情况，注册会计师有责任确定必要的审计程序，以满足准则的要求和实现目标。针对某项业务的具体情况，可能存在一些特定事项，需要注册会计师实施审计准则要求之外的审计程序，以实现审计准则规定的目标。

在注册会计师的总体目标下，注册会计师需要运用审计准则规定的目标评价是否已获取充分、适当的审计证据。如果根据评价的结果认为没有获取充分、适当的审计证据，那么注册会计师可以采取下列一项或多项措施：（1）评价通过遵守其他审计准则是否已经获取或将会获取进一步的相关审计证据；（2）在执行一项或多项审计准则的要求时，扩大审计工作的范围；（3）实施注册会计师根据具体情况认为必要的其他程序。如果上述措施在具体情况下均不可行或无法实施，注册会计师将无法获取充分、适当的审计证据。在这种情况下，审计准则要求注册会计师确定其对审计报告或完成该项业务的能力的影响。

二、被审计单位管理层的认定

认定与具体审计目标密切相关，注册会计师的基本职责就是确定被审计单位管理层对财务报表的认定是否恰当。注册会计师了解认定，就是要确定每个项目的具体审计目标。

（一）认定的含义

认定，是指管理层在财务报表中作出的明确或隐含的表达，注册会计师将其用于考虑可能发生的不同类型的潜在错报。通过考虑可能发生的不同类型的潜在错报，注册会计师运用认定评估风险，并据此设计审计程序以应对评估的风险。

当管理层声明财务报表已按照适用的财务报告编制基础编制，在所有重大方面作出公允反映时，就意味着管理层对财务报表各组成要素的确认、计量、列报以及相关的披露作出了认定。管理层在财务报表上的认定有些是明确表达的，有些则是隐含表达的。例如，管理层在资产负债表中列报存货及其金额，意味着作出下列明确的认定：（1）记录的存货是存在的；（2）存货以恰当的金额包括在财务报表中，与之相关的计价或分摊调整已恰当记录。同时，管理层也作出下列隐含的认定：（1）所有应当记录的存货均已记录；（2）记录的存货都由被审计单位所有。

对于管理层对财务报表各组成要素作出的认定，注册会计师的审计工作就是要确定管理层的认定是否恰当。

（二）与所审计期间各类交易和事项相关的认定

注册会计师对所审计期间的各类交易和事项运用的认定通常分为下列类别。

1. 发生：记录或披露的交易和事项已发生，且这些交易和事项与被审计单位有关。

2. 完整性：所有应当记录的交易和事项均已记录，所有应当包括在财务报表中的相关披露均已包括。

3. 准确性：与交易和事项有关的金额及其他数据已恰当记录，相关披露已得到恰当计量和描述。

4. 截止：交易和事项已记录于正确的会计期间。

5. 分类：交易和事项已记录于恰当的账户。

6. 列报：交易和事项已被恰当地汇总或分解且表述清楚，相关披露在适用的财务报告编制基础下是相关的、可理解的。

（三）与期末账户余额相关的认定

注册会计师对期末账户余额运用的认定通常分为下列类别。

1. 存在：记录的资产、负债和所有者权益是存在的。

2. 权利和义务：记录的资产由被审计单位拥有或控制，记录的负债是被审计单位应当履行的偿还义务。

3. 完整性：所有应当记录的资产、负债和所有者权益均已记录，所有应当包括在财务报表中的相关披露均已包括。

4. 准确性、计价和分摊：资产、负债和所有者权益以恰当的金额包括在财务报表中，与之相关的计价或分摊调整已恰当记录，相关披露已得到恰当计量和描述。

5. 分类：资产、负债和所有者权益已经记录于恰当的账户。

6. 列报：资产、负债和所有者权益已经被恰当地汇总或分解且表述清楚，相关披露在适用的财务报告编制基础下是相关的、可理解的。

审计的总体目标与具体目标辨析

注册会计师在审计实务中，可以按照上述分类来运用认定，也可按其他方式来表述认定，但相关认定应注意涵盖上述所有方面。例如，注册会计师可选择将有关交易和事项的认定与有关账户余额的认定结合起来综合运用；如果当发生和完整性认定包含了对交易是否记录于正确会计期间的恰当考虑时，就可能不存在与交易和事项截止相关的单独认定。

三、审计主体执行财务审计业务的具体目标

注册会计师了解管理层认定后，就很容易确定每个项目的具体审计目标，并以此作为评估重大错报风险以及设计和实施进一步审计程序的基础。

（一）与所审计期间各类交易和事项及相关披露相关的审计目标

1. 发生：由发生认定推导的审计目标是确认已记录的交易是真实的。例如，如果没有发生销售交易，但在销售日记账中记录了一笔销售收入，则违反了该目标。

发生认定所要解决的问题是管理层是否把那些不曾发生的项目列入财务报表，它主要与财务报表组成要素的高估有关。

2. 完整性：由完整性认定推导的审计目标是确认已发生的交易确实已经记录，所有应包括在财务报表中的相关披露均已包括。例如，如果发生了销售交易，但没有在销售明细账和总账中记录，则违反了该目标。

发生和完整性两者强调的是相反的关注点。发生目标针对多记、虚构交易（高估），而完整性目标则针对漏记交易（低估）。

3. 准确性：由准确性认定推导出的审计目标是确认已记录的交易是按正确金额反映的，相关的披露均已得到恰当的计量和描述。例如，如果在销售交易中，发出商品的数量与账单上的数量不符，或是开账单时使用了错误的销售价格，或是账单中的乘积或加总有误，或是在销售明细账中记录了错误的金额，则违反了该目标。

准确性与发生、完整性之间存在区别。例如，若已记录的销售交易是不应当记录的（如发出的商品是寄销商品），则即使发票金额是准确计算的，仍违反了发生目标。再如，若已入账的销售交易是对正确发出商品的记录，但金额计算错误，则违反了准确性目标，没有违反发生目标。在完整性与准确性之间也存在同样的关系。

4. 截止：由截止认定推导出的审计目标是确认接近于资产负债表日的交易记录于恰当的期间。例如，如果本期交易推到下期，或下期交易提到本期，均违反了截止目标。

5. 分类：由分类认定推导出的审计目标是确认被审计单位记录的交易经过适当分类。例如，如果将现销记录为赊销，将出售经营性固定资产所得的收入记录为营业收入，则导致交易分类的错误，违反了分类的目标。

6. 列报：由列报认定推导出的审计目标是确认被审计单位的交易和事项已经被恰当地汇总或分解且表述清楚，相关披露在适用的财务报告编制基础下是相关的、可理解的。

（二）与期末账户余额及相关披露相关的审计目标

1. 存在：由存在认定推导的审计目标是确认记录的金额确实存在。例如，如果不存在某顾客的应收账款，在应收账款明细表中却列入了对该顾客的应收账款，则违反了存在目标。

2. 权利和义务：由权利和义务认定推导的审计目标是确认资产归属于被审计单位，负债属于被审计单位的义务。例如，将他人寄售商品列入被审计单位的存货中，违反了权利目标；将不属于被审计单位的债务记入账内，违反了义务目标。

3. 完整性：由完整性认定推导的审计目标是确认已存在的金额均已记录。例如，如果存在某顾客的应收账款，而应收账款明细表中却没有列入，则违反了完整性目标。

4. 准确性、计价和分摊：资产、负债和所有者权益以恰当的金额包括在财务报表中，与之相关的计价或分摊调整已恰当记录。

5. 分类：资产、负债和所有者权益已经记录于恰当的账户。

6. 列报：资产、负债和所有者权益已经被恰当地汇总或分解，且表述清楚，相关披露在适用的财务报告编制基础下是相关的、可理解的。

通过上述内容可知，认定是确定具体审计目标的基础。注册会计师通常将认定转化为能够通过审计程序实现的审计目标。针对财务报表每一项目所表现出的各项认定，注册会计师相应地确定一项或多项审计目标，然后通过执行一系列审计程序获取充分、适当的审计证据以实现审计目标。认定、审计目标和审计程序之间的关系举例如表 1-3 所示。

表1-3　　管理层认定、审计目标和审计程序之间的关系应用实例

认定	审计目标	审计程序
存在	资产负债表列示的存货存在	实施存货监盘程序
完整性	销售收入包括了所有已发货的交易	检查发货单和销售发票的编号以及销售明细账
准确性、计价与分摊	应收账款反映的销售业务是否基于正确的价格和数量，计算是否准确	比较价格清单与发票上的价格、发货单与销售订购单上的数量是否一致，重新计算发票上的金额

续表

认定	审计目标	审计程序
截止	销售业务记录在恰当的期间	比较上一年度最后几天和下一年度最初几天的发货单日期与记账日期
权利和义务	资产负债表中的固定资产确实为公司所有	查阅所有权证书、购货合同、结算单和保险单
计价和分摊	以净值记录应收款项	检查应收账款账龄分析表、评估计提的坏账准备是否充足

第五节 财务审计过程

根据现代风险导向审计模式的要求，注册会计师在财务报表审计过程中，主要是以财务报表项目有关的重大错报风险的识别、评估和应对作为推进财务报表审计业务监督工作的主要线索。相应地，在社会审计实务中，财务报表审计过程主要分为以下几个阶段。

一、接受业务委托

会计师事务所应当按照执业准则的规定，谨慎决策是否接受或保持某客户关系和具体审计业务。在接受新客户的业务前，或决定是否保持现有业务或考虑接受现有客户的新业务时，会计师事务所应当执行有关客户接受与保持的程序，以获取如下信息：（1）考虑客户的诚信，没有信息表明客户缺乏诚信；（2）具有执行业务必要的素质、专业胜任能力、时间和资源；（3）能够遵守相关职业道德要求。

会计师事务所执行客户接受与保持程序的目的，旨在识别和评估会计师事务所面临的风险。例如，如果注册会计师发现潜在客户正面临财务困难，或发现现有客户曾作出虚假陈述，那么可以认为接受或保持该客户的风险非常高，甚至是不可接受的。会计师事务所除考虑客户的风险外，还需要考虑自身执行业务的能力，如当工作需要时能否获得合适的具有相应资格的员工；能否获得专业化协助；是否存在任何利益冲突；能否对客户保持独立性等。

注册会计师需要作出的最重要的决策之一就是接受和保持客户。一项低质量的决策会导致不能准确确定计酬的时间或未被支付的费用，增加项目合伙人和员工的额外压力，使会计师事务所声誉遭受损失，或者涉及潜在的诉讼。一旦决定接受业务委托，注册会计师应当与客户就审计约定条款达成一致意见。对于连续审计，注册会计师应当根据具体情况确定是否需要修改业务约定条款，以及是否需要提醒客户注意现有的业务约定书。

二、计划审计工作

计划审计工作十分重要。如果没有恰当的审计计划，不仅无法获取充分、适当的审计证据，影响审计目标的实现，而且还会浪费有限的审计资源，影响审计工作的效率。因此，对于任何一项审计业务，注册会计师在执行具体审计程序之前，都必须根据具体情况制定科学、合理的计划，使审计业务以有效的方式得到执行。一般来说，计划审计工作主要包括：在本期审计业务开始时开展的初步业务活动；制定总体审计策略；制定具体审计计划等。需要指出的是，计划审计工作不是审计业务的一个孤立阶段，而是一个持续的、不断修正的过程，贯穿于整个审计过程的始终。

计划审计工作的详细内容，将在本教材第二章介绍。

三、识别和评估重大错报风险

中国注册会计师审计准则规定，注册会计师必须实施风险评估程序，以此作为评估财务报表层次和认定层次重大错报风险的基础。风险评估程序是指注册会计师为了解被审计单位及其环境，以识别和评估财务报表层次和认定层次的重大错报风险（无论该错报是由于舞弊或错误导致）而实施的审计程序。风险评估程序是必要程序，了解被审计单位及其环境为注册会计师在许多关键环节作出职业判断提供了重要基础。了解被审计单位及其环境实际上是一个连续和动态地收集、更新与分析信息的过程，贯穿于整个审计过程的始终。一般来说，实施风险评估程序的主要工作包括：了解被审计单位及其环境；识别和评估财务报表层次以及各类交易、账户余额和披露认定层次的重大错报风险，包括确定需要特别考虑的重大错报风险（即特别风险）以及仅通过实施实质性程序无法应对的重大错报风险等。

风险评估程序的详细内容，将在本教材第四章介绍。同时，本教材第五章至第九章的财务审计实务中将介绍对各业务循环内部控制的了解。

四、应对评估的重大错报风险

注册会计师实施风险评估程序本身并不足以为发表审计意见提供充分、适当的审计证据，还应当实施进一步审计程序，包括实施控制测试（必要时或决定测试时）和实质性程序。因此，注册会计师在评估财务报表重大错报风险后，应当运用职业判断，针对评估的财务报表层次重大错报风险确定总体应对措施，并针对评估的认定层次重大错报风险设计和实施进一步审计程序，以将审计风险降至可接受的低水平。

有关应对重大错报风险的内容，将在本教材第四章介绍。同时，本教材第五章至第九章介绍对各业务循环的控制测试和实质性程序。

五、编制审计报告

注册会计师在完成进一步审计程序后，还应当按照有关审计准则的规定做好审计完成阶段的工作，并根据所获取的审计证据，合理运用职业判断，形成适当的审计意见。

本教材第十章将对完成审计工作和出具审计报告进行介绍。财务审计工作的基本流程相关内容如图 1-1 所示。

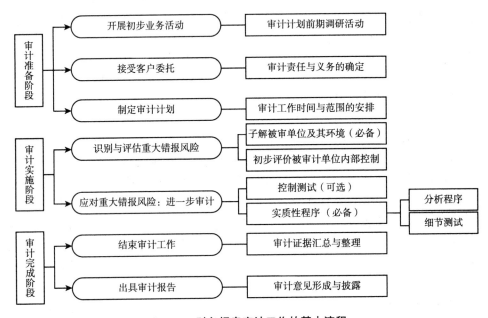

图 1-1　财务报表审计工作的基本流程

【本章小结】

受托经济责任的确立是注册会计师财务报表审计产生的前提条件。随着经济环境的发展，审计在审计方式、审计方法、审计内容、审计目标、审计主体等方面沿着一定的轨迹向前发展。财务审计的对象有两层含义：一是指审计学对象，即审计理论研究所指向的目标客体；二是指审计工作的对象，包括被审计的实体和内容。概括地说，审计工作的对象就是被审计单位财务报表及附注、财务报表反映的实际经济活动和影响及控制财务信息发生的内部控制系统等内容。审计目标的演进经历了查错防弊、验证财务报表、查错防弊与验证财务报表并重三个主要发展阶段。当前，我国独立审计的总目标是对被审计单位会计报表的合法性、公允性及会计处理方法的一贯性表示意见。审计具体目标是审计总目标的具体化，它包括一般审计目标和项目审计目标。审计具体目标必须根据被审计单位管理当局的认定和审计总目标来确定。审计人员应根据不同报表项目的特点，紧紧围绕具体审计目标来收集证据，这样才能对管理当局的认定加以证实，最终对整个会计报表的合法性、公允性、一贯性发表意见。财务报表审计业务过程包括：接受业务委托、编制审计计划、识别和评估重大错报风险、应对已经评估的重大错报风险和完成审计工作与编制审计报告。

【课后练习】

一、单项选择题

1. 审计方法的发展是沿着（　　）的轨迹演进。

A. 账目基础审计—制度基础审计—风险基础审计—风险导向审计

B. 听审—审阅书面资料—电子数据处理审查—智能审计

C. 详细审计—资产负债表审计—会计报表审计—内控审计

D. 检查财务收支—证明交易事项—审查经济管理—判断战略决策

2. 下列有关注册会计师审计的说法中，不正确的是（　　）。

A. 注册会计师审计是随着企业的所有权和经营权的分离而产生的

B. 注册会计师审计应当同时独立于被审计单位和财务报表的预期使用者

C. 注册会计师的职业责任指注册会计师作为一个职业应尽的义务，应当完全反映财务报表使用人的期望

D. 注册会计师在执业过程中充分关注舞弊风险有助于缩小公众期望差

3. 在会计报表审计阶段，审计的目标主要是（　　）。

A. 为报表使用人提供被审计单位的财务状况和经营业绩的依据

B. 为投资者提供被审计单位获利能力的依据

C. 为债权人提供被审计单位偿债能力的依据

D. 为了加强经营管理，提高经济效益

4. 中国第一家会计师事务所是（　　）。

A. 立信会计师事务所　　　　　　B. 正则会计师事务所

C. 兰州会计师事务所　　　　　　D. 上海会计师事务所

5. 下列各项中，管理当局违反了权利和义务认定的是（　　）。

A. 将已发生的销售业务不登记入账　B. 待摊费用的摊销期限不恰当

C. 将未曾发生的销售提前入账　　　D. 未将作为抵押物的存货予以披露

二、多项选择题

1. 有关注册会计师审计与国家审计的关系，下列表述中正确的提法有（　　）。

A. 注册会计师审计与国家审计在审计的方式上都是强制审计

B. 注册会计师审计与国家审计都是外部审计

C. 注册会计师审计与国家审计都具有较强的独立性

D. 注册会计师审计与国家审计都是行政监督

2. 有关审计与财务会计关系的下列表述中，正确的提法有（　　）。

A. 审计与财务会计的目的均是提高企业的经济效益

B. 审计与财务会计的工作对象均是企业的经营管理活动

C. 审计是对企业财务会计认定的内容进行再认定

D. 审计是对企业财务会计监督的内容进行再监督

3. 审计人员在确定具体审计目标时，应充分考虑的基本因素有（　　）。

A. 被审计单位的历史背景

B. 被审计单位所属行业的特殊会计业务

C. 被审计单位的经营状况

D. 被审计单位经济活动的性质

4. 下列各项中，属于所审计期间各类交易与事项相关认定的有（　　）。

A. 完整性　　　　　　　　B. 截止

C. 列报　　　　　　　　　D. 准确性、计价和分摊

5. 注册会计师进行年度财务报表审计时，应对被审计单位的内部审计进行了解，并可以利用内部审计的工作成果，这是因为（　　）。（2000 年 CPA 考试审计真题）

A. 内部审计是注册会计师审计的基础

B. 内部审计是被审计单位内部控制的重要组成部分

C. 内部审计和注册会计师审计在工作上具有一定程度的一致性

D. 利用内部审计工作成果可以提高注册会计师的工作效率

三、判断题

1. 会计资料和其他有关资料是审计工作对象的本质，其反映的被审计单位的财务收支及其有关的经营管理活动是审计工作对象的现象。　　（　　）

2. 中国第一部注册会计师法规是《会计师暂行章程》；中国第一位注册会计师是潘序伦；中国第一家会计师事务所是正则会计师事务所。　　（　　）

3. 注册会计师审计产生的直接原因是财产所有权与经营权的分离，它必将随着商品经济的发展而发展。　　（　　）

4. 凡取得中国注册会计师协会会员资格的中国公民，均可执行注册会计师业务。　　（　　）

5. 注册会计师实施会计报表审计范围，应仅限于约定的会计报表报告期内的有关内容。　　（　　）

6. 准确性的审计具体目标是确认资产、负债和所有者权益已经以恰当的金额包括在财务报表中，与之相关的计价或分摊调整已恰当记录。　　（　　）

四、思考题

1. 如何理解受托经济责任关系的确立是审计产生的前提条件？

2. 怎样理解财务报表审计的对象与重点内容？

3. 审计目标有哪些特征？审计总体目标是如何演变的？应如何对审计总目标进行定位？

4. 注册会计师财务审计的业务主要包括哪些工作过程？

第二章 财务审计基础内容

【引导案例】

由南方保健审计案例看 CPA 如何规避审计失败?

2003 年 3 月 18 日,美国最大的医疗保健公司——南方保健会计造假丑闻败露。该公司在 1997 年至 2002 年上半年期间,虚构了 24.69 亿美元的利润,虚假利润相当于该期间实际利润(-1 000 万美元)的 247 倍。这是萨班斯—奥克斯利法案颁布后,美国上市公司曝光的第一大舞弊案,备受各界瞩目。为其财务报表进行审计,并连续多年签发"干净"审计报告的安永会计师事务所(以下简称安永),也将自己置于风口浪尖上。

南方保健使用的最主要造假手段是通过"契约调整"(contractual adjustment)这一收入备抵账户进行利润操纵。"契约调整"是营业收入的一个备抵账户,用于估算南方保健向病人投保的医疗保险机构开出的账单与医疗保险机构预计将实际支付的账款之间的差额,营业收入总额减去"契约调整"的借方余额,在南方保健的收益表上反映为营业收入净额。这一账户的数字需要南方保健高管人员进行估计和判断,具有很大的不确定性。南方保健的高管人员恰恰利用这一特点,通过毫无根据地贷记"契约调整"账户,虚增收入,蓄意调节利润。而为了不使虚增的收入露出破绽,南方保健又专门设立了"AP 汇总"这一科目以配合收入的调整。"AP 汇总"作为固定资产和无形资产的次级明细户存在,用以记录"契约调整"对应的资产增加额。

早在安永为南方保健 2001 年度的财务报告签发无保留审计意见之前,就有许多迹象表明南方保健可能存在欺诈和舞弊行为。安永本应根据这些迹象,保持应有的职业审慎,对南方保健管理当局是否诚信,其提供的财务报表是否存在因舞弊而导致重大错报和漏报,予以充分关注,甚至已接到雇员关于财务舞弊的举报,安永的注册会计师仍然没有采取必要措施,以至于错失了发现南方保健大规模会计造假的机会。例如:

——2001 年,南方保健被指控开给"老年人医疗保险计划"(Medicare)的账单一直过高,具有欺诈性。同年 12 月,它同意支付 790 万美元以了结 Medicare 对它的起诉。在 2001 年度审计现场工作结束前 3 个月,司法部展开对南方保健欺诈案件的调查,就已经向安永发出了强烈的警示信号。虽然 Medicare 欺诈案本身并不意味着南方保健一定存在会计舞弊,但足以使安永对南方保健管理当局的诚信经营产生怀疑,安永的注册会计师本应在年度审计时提高执业谨慎，加大对相关科目的审查力度。

——2002 年 8 月，南方保健对外发布公告，称 Medicare 对有关理疗门诊服务付款政策的调整每年会影响公司利润达 1.75 亿美元。事实上，根据医疗行业的普遍情况，Medicare 政策的变化并不足以对南方保健的经营产生如此巨大的影响。这一消息公布的当天即遭到投资者和债权人的一片嘘声。一些财务分析师质疑南方保健此举的意图是旨在降低华尔街的预期，掩饰其经营力不从心的迹象。

——南方保健审计小组成员之一、安永的主审合伙人 James Lamphron 在法庭上作证时承认曾收到过一份电子邮件，警告南方保健可能存在会计舞弊。该电子邮件提醒安永的注册会计师们特别注意审查三个特殊的会计账户，其中就包括"契约调整"和"AP 汇总"这两个被用于造假的账户。在收到该电子邮件后，Lamphron 向南方保健的首席财务官 William Owens 求证。Owens 的解释是，电子邮件的署名人 Michael Vines 是南方保健会计部一个"对自己工作不满意的牢骚狂"。Lamphron 轻信了 Owens 的解释，审计小组在未经任何详细调查的情况下，草率地下了结论："南方保健没做错什么事。"

——南方保健的内部审计人员曾向安永的另一位主审合伙人 William C. Miller 抱怨，作为内审人员，他们长年不被允许接触南方保健的主要账簿资料，这种缺乏内部控制的现象却没有引起安永应有的重视。

——与同行业的其他企业相比，南方保健通过收购迅速扩张，利润率的成长也异常迅猛。2000 年该公司的税前收益比 1999 年增长了 1 倍多，达到 5.59 亿美元，但营业收入仅增长了 3%。2001 年的税前收益接近 1999 年的两倍，而销售额只增长了 8%。

——在南方保健，创始人兼首席执行官 Scrushy 在公司内外均以集权式的铁腕管理风格著称。而且，南方保健的一些董事，包括审计委员会的两名成员，也都与公司存在明显的业务关系。根据美国注册会计师协会颁布的《财务报表审计中对舞弊的考虑》（原为 1996 年颁布的第 82 号准则，2002 年 10 月被第 99 号取代），注册会计师在对内部控制进行了解时，应充分关注被审计单位管理当局是否存在由一个人或一个小团体独掌大权，董事会或审计委员会对其监督是否存在软弱无能的现象。此外，如果董事与公司存在不正当的关联方交易，审计准则也同样视其为欺诈存在的迹象之一。令人遗憾的是，长年为南方保健执行审计业务的安永注册会计师们却对上述事实熟视无睹。

据《华尔街日报》报道，安永参与南方保健审计的多位注册会计师明显缺乏职业审慎：

——安永的主审合伙人 Miller 证实，在南方保健执行审计时，审计小组需要的资料只能向南方保健指定的两名现已认罪的财务主管 Emery Harris 和 Rebecca K. Morgan 索要。审计小组几乎不与其他会计人员进行交谈、询问或索要资料。对于南方保健这种不合理的限制，安永竟然屈从。稍微有点审计常识的人都知道，被审计单位对注册会计师获取审计证据的限制是不能接受的，通过被审计单位指定渠道是难以获取充分、适当的审计证据的。

——美国证券交易委员会（SEC）和司法部的调查结果显示，南方保健虚增了3亿美元的现金。众所周知，现金是报表科目中最为敏感的一个项目，对现金的审查历来是财务报表审计的重点。一旦现金科目出现错报或漏报，财务报表便存在失实或舞弊的可能。注册会计师也可以此为突破口，追查虚构收入、虚减成本费用等舞弊行为。各国的审计准则普遍要求注册会计师采用函证等标准化程序，核实存放在金融机构的现金余额。

资料来源：黄世忠，叶丰滢. 南方保健审计失败案例分析 ［J］. 中国注册会计师，2003（8）：43 - 48.

讨论问题：

1. 审计失败的含义？如何规避审计失败？审计风险是否可避免？

2. 重要性的含义以及作用？

3. 如何警惕熟悉审计流程的舞弊分子对重要性水平的规避？

【学习目标】

1. 通过学习审计计划，了解财务审计的总体策略和具体审计计划的内容及要求。

2. 通过学习审计的重要性，能够理解审计的重要性的含义及价值。

3. 通过学习审计的重要性，能够知晓财务审计中，注册会计师如何做才能从数量和质量方面客观地量化与确定管理层认定过的报表项目的重要性水平？

4. 通过重大错报风险的评估可知，熟悉对企业错报的汇总、评价与 CPA 的应对策略。

5. 通过学习审计工作底稿要素，熟悉审计业务底稿的作用、内容与要求。

6. 通过明确学习审计沟通的要素，能够正确理解审计重要性与风险的关系。

第一节　财务审计计划

一、财务审计计划的含义与作用

1. 财务审计计划的含义。财务审计计划是指注册会计师在从事财务审计业务时，为了完成各项审计业务，达到预期的审计目标，在具体执行审计程序之前确定注册会计师审计执业的范围、目标和方向等工作应持的基本策略，并据此编制详细的审计程序实施方案或具体审计工作安排的审计行为。审计计划工作是审计人员实施审计的工作指南，也是一项持续的过程，通常注册会计师在前一期审计工作结束后即开始开展本期的审计计划工作，并直到本期审计工作结束为止。

2. 审计计划作用。审计计划通常由审计项目负责人在外勤审计工作开始之前进行，它仅仅是对审计工作的一种预先规划。在执行审计计划过程中，情况会不断发生变化，常常会发生实际与预期计划不一致的情况。因此，对审计计划的补充、修订贯穿于整个审计过程之中。审计人员在整个审计过程中，应当按照审计计划执行审计业务。充分的审计计划有助于注册会计师关注重点审计领域、及时发现和解决潜在问题，并恰当地组织和管理审计工作，使审计工作更加有效。

二、财务审计计划内容之一：总体审计策略

财务审计计划分为总体审计策略和具体审计计划两个层次。注册会计师应当针对总体审计策略中所识别的不同事项，制定具体审计计划，并考虑通过有效利用审计资源以实现审计目标。值得注意的是，虽然制定总体审计策略的过程通常在具体审计计划之前，但是两项计划具有内在紧密联系，对其中一项的决定可能会影响甚至改变对另一项的决定。例如，注册会计师在了解被审计单位及其环境的过程中，注意到被审计单位对主要业务的处理依赖复杂的自动化信息系统，因此，计算机信息系统的可靠性及有效性对其经营、管理、决策以及编制可靠的财务报告具有重大影响。对此，注册会计师可能会在具体审计计划中确定相应的审计程序，并相应调整总体审计策略的内容，作出利用信息风险管理专家的工作的决定。

关于注册会计师从事财务审计计划工作的层次与要求如图 2-1 所示。

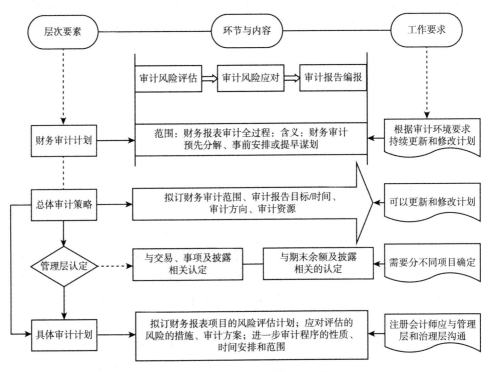

图 2-1　财务审计计划的层次与要求

注册会计师应当为财务报表审计工作制定总体审计策略。注册会计师制定总体审计策略的目的是用以确定审计范围、时间安排和方向，并指导具体审计计划的制定。在制定总体审计策略时，应当考虑以下主要事项。

（一）审计范围

在确定审计范围时，需要考虑下列具体事项：

1. 编制拟审计的财务信息所依据的财务报告编制基础，包括是否需要将财务信息调整至按照其他财务报告编制基础编制；

2. 特定行业的报告要求，如某些行业监管机构要求提交的报告；

3. 与其审计工作涵盖的范围，包括应涵盖的组成部分的数量及所在地点；

4. 母公司和集团组成部分之间存在的控制关系的性质，以确定如何编制合并财务报表；

5. 由组成部分注册会计师审计组成部分的范围；

6. 拟审计的经营部分的性质，包括是否需要具备专门知识；

7. 外币折算，包括外币交易的会计处理、外币财务报表的折算和相关信息的披露；

8. 除为合并目的执行的审计工作之外，对个别财务报表进行法定审计的需求；

9. 内部审计工作的可获得性及注册会计师拟信赖内部审计工作的程度；

10. 被审计单位使用服务机构的情况，及注册会计师如何取得有关服务机构内部控制设计和运行有效性的证据；

11. 对利用在以前审计工作中获取的审计证据（如获取的与风险评估程序和控制测试相关的审计证据）的预期；

12. 信息技术对审计程序的影响，包括数据的可获得性和对使用计算机辅助审计技术的预期；

13. 协调审计工作与中期财务信息审阅的预期涵盖范围和时间安排，以及中期审阅所获取的信息对审计工作的影响；

14. 与被审计单位人员的时间协调和相关数据的可获得性。

（二）报告目标、时间安排及所需沟通的性质

为计划报告目标、时间安排和所需沟通，需要考虑以下事项：

1. 被审计单位对外报告的时间表，包括中间阶段和最终阶段；

2. 与管理层和治理层举行会谈，讨论审计工作的性质、时间安排和范围；

3. 与管理层和治理层讨论注册会计师拟出具的报告的类型和时间安排以及沟通的其他事项（口头或书面沟通），包括审计报告、管理建议书和向治理层通报的其他事项；

4. 与管理层讨论预期就整个审计业务中审计工作的进展进行的沟通；

5. 与组成部分注册会计师沟通拟出具的报告的类型和时间安排，以及与组成部分审计相关的其他事项；

6. 项目组成员之间沟通的预期性质和时间安排，包括项目组会议的性质和时间安排，以及复核已执行工作的时间安排；

7. 预期是否需要和第三方进行其他沟通，包括与审计相关的法定或约定的报告责任。

（三）审计方向

总体审计策略的制定应当包括考虑影响审计业务的重要因素，以确定项目组工作方向，包括确定适当的重要性水平，初步识别可能存在较高的重大错报风险的领域，初步识别重要的组成部分和账户余额，评价是否需要针对内部控制的有效性获取审计证据，识别被审计单位、所处行业、财务报告要求及其他相关方面最近发生的重大变化等。

在确定审计方向时，注册会计师需要考虑下列事项：

1. 重要性方面。具体包括：

（1）为计划目的确定重要性；

（2）为组成部分确定重要性且与组成部分的注册会计师沟通；

（3）在审计过程中重新考虑重要性；

（4）识别重要的组成部分和账户余额。

2. 重大错报风险较高的审计领域。

3. 评估的财务报表层次的重大错报风险对指导、监督及复核的影响。

4. 项目组人员的选择（在必要时包括项目质量控制复核人员）和工作分工，包括向重大错报风险较高的审计领域分派具备适当经验的人员。

5. 项目预算，包括考虑为重大错报风险可能较高的审计领域分配适当的工作时间。

6. 如何向项目组成员强调在收集和评价审计证据过程中保持职业怀疑的必要性。

7. 以往审计中对内部控制运行有效性进行评价的结果，包括所识别的控制缺陷的性质及应对措施。

8. 管理层重视设计和实施健全的内部控制的相关证据，包括这些内部控制得以适当记录的证据。

9. 业务交易量规模，以基于审计效率的考虑确定是否依赖内部控制。

10. 对内部控制重要性的重视程度。

11. 影响被审计单位经营的重大发展变化，包括信息技术和业务流程的变化，关键管理人员变化，以及收购、兼并和分立。

12. 重大的行业发展情况，如行业法规变化和新的报告规定。

13. 会计准则和会计制度的变化。

（四）审计资源

注册会计师应当在总体审计策略中清楚地说明审计资源的规划和调配，包括确定执行审计业务所必需的审计资源的性质、时间安排和范围。

1. 向具体审计领域调配的资源，包括向高风险领域分派有适当经验的项目组成员，就复杂的问题利用专家工作等；

2. 向具体审计领域分配资源的多少，包括分派到重要地点进行存货监盘的项目组成员人数，在集团审计中复核组成部分注册会计师工作范围，向高风险领域分配的审计时间预算等；

3. 何时调配这些资源，包括是在中期审计阶段还是在关键的截止日期调配资源等；

4. 如何管理、指导、监督这些资源，包括预期何时召开项目组预备会和总结会，预期项目合伙人和经理如何进行复核，是否需要实施项目质量控制复核等。

三、财务审计计划内容之二：具体审计计划

总体审计策略
与具体审计计
划之间的关系

注册会计师应当为审计工作制定具体的审计计划。具体审计计划比总体审计策略更加详细，其内容包括为获取充分、适当的审计证据以将审计风险降至可接受的低水平，项目组成员拟实施的审计程序的性质、时间安排和范围。可以说，为获取充分、适当的审计证据，而确定审计程序的性质、时间安排和范围是具体审计计划的核心。具体审计计划应当包括风险评估程序、计划实施的进一步审计程序和其他审计程序。

（一）风险评估程序

具体审计计划应当包括按照《中国注册会计师审计准则第 1211 号——通过了解被审计单位及其环境识别和评估重大错报风险》的规定，为了充分识别和评估财务报表重大错报风险评估程序的性质、时间安排和范围。

（二）计划实施的进一步审计程序

具体审计计划应当包括按照《中国注册会计师审计准则第 1231 号——针对评估的重大错报风险采取的应对措施》的规定，针对评估的认定层次的重大错报风险，注册会计师计划实施的进一步审计程序的性质、时间安排和范围。进一步审计程序包括控制测试和实质性程序。需要注意，随着审计工作的推进，对审计程序的计划会一步步深入，并贯穿于整个审计过程。

通常，注册会计师计划的进一步审计程序可以分为进一步审计程序的总体方案和拟实施的具体审计程序（包括进一步审计程序的具体性质、时间安排和范围）两个层次。进一步审计程序的总体方案主要是指注册会计师针对各类交易、账户余额和披露决定采用的总体方案（包括实质性方案和综合性方案）。具体审计程序则是对进一步审计程序的总体方案的延伸和细化，它通常包括控制测试和实质性程序的性质、时间安排和范围。在实务中，注册会计师通常制定

一套包括这些具体程序的"进一步审计程序表",待具体实施审计程序时,注册会计师将基于所计划的具体审计程序,进一步记录所实施的审计程序和结果,并最终形成有关进一步审计程序的审计工作底稿。

（三）计划其他审计程序

具体审计计划应当包括根据审计准则的规定,注册会计师对审计业务需要实施的其他审计程序。计划的其他审计程序可以包括上述进一步程序的计划中没有涵盖的、根据其他审计准则的要求注册会计师应当执行的既定程序。

在审计计划阶段,除了按照《中国注册会计师审计准则第 1211 号——通过了解被审计单位及其环境识别和评估重大错报风险》进行计划工作,注册会计师还需要兼顾其他准则中规定的、针对特定项目在审计计划阶段应执行的程序及记录要求。例如,《中国注册会计师审计准则第 1411 号——财务报表审计中与舞弊相关的责任》。当然,由于被审计单位所处行业、环境各不相同,特别项目可能也有所不同。例如,有些企业可能涉及环境事项、电子商务等,在实务中注册会计师应根据被审计单位的具体情况确定特定项目并执行相应的审计程序。

此外,计划审计工作并非审计业务的一个孤立阶段,而是一个持续的、不断修正的过程,贯穿于整个审计业务的始终。由于未预期事项、条件的变化或在实施审计程序中获取的审计证据等原因,在审计过程中,注册会计师应当在必要时对总体审计策略和具体审计计划作出更新和修改。

财务审计计划
模板

第二节 财务审计重要性

财务审计中的重要性是现代审计理论和实务中一个非常重要的概念,审计的重要性概念及其运用贯穿于整个财务审计过程。现代审计由于受审计时间和审计成本等方面因素的影响,通常是采用审计抽样方法来获取审计证据,审计人员不可能就会计报表的所有方面发表审计意见,而只能就所有重要方面发表审计意见。《中国注册会计师审计准则第 1221 号——计划和执行审计工作时的重要性》和《中国注册会计师审计准则第 1251 号——评价审计过程中识别出的错报》,对如何确定和运用重要性作出全新的规定,有助于有效增强重要性在审计中的"标尺"作用。重要性概念的合理运用不仅是现代审计的特征之一,而且还是实现审计总目标的必需手段与必要的基础理论。

一、重要性的定义

重要性是指被审计单位对外报送的财务会计报表中错报或漏报的严重程度,这一程度在特定环境下可能影响会计报表使用者的经济判断或决策。这里的错报是指会计报表已报但有误；漏报是指会计报表完全遗漏某事项或金额。

重要性取决于在具体环境下对错报金额与性质的判断。如果一项错报单独或连同其他错报可能影响财务报表使用者依据财务报表作出的经济决策，则该项错报就是重大的。要想准确地理解和把握该定义，需要注意理解如下几个方面的内容：

1. 重要性是针对会计报表而言的，且必须从会计报表使用者的角度来考虑。判断一项错报或漏报重要与否，应视其在会计报表中的错报或漏报对会计报表使用者所作决策的影响程度而定。

2. 具有重要性的错报包含漏报。此外报表的错报包括报表金额的错报和报表披露的错报。

3. 重要性包括对数量和质量等两个方面的考虑。审计人员在运用重要性原则时，应当考虑错报或漏报的金额和性质。数量特征指错报或漏报的金额，一般来说，金额大的错报或漏报比金额小的错报或漏报更重要。质量特征指错报或漏报金额的性质，在许多情况下，某项错报或漏报从量的方面看并不重要，但从其性质方面考虑，却可能是重要的。

4. 重要性的确定离不开具体环境。由于不同的被审计单位面临不同的环境，不同的报表使用者有着不同的信息需求，因此注册会计师确定的重要性也不相同。某一金额的错报对某被审计单位财务报表来说是重要的，而对另一个被审计单位的财务报表来说可能不重要。比如错报 10 万元对一个小公司来说可能是重要的，而对一个大公司而言则可能算不上重要错报问题。

5. 对重要性的评估需要运用职业判断。影响重要性的因素很多，注册会计师应当根据被审计单位面临的环境，并综合考虑其他因素，合理确定重要性水平。不同的注册会计师在确定同一被审计单位财务报表层次和认定层次的重要性水平时，得出的结果可能不同。主要是因为对影响重要性的各因素的判断存在差异。因此，注册会计师需要运用职业判断来合理评估重要性。

二、重要性与审计风险之间的关系

重要性与审计风险之间的关系是一种反向关系，即重要性水平越高，审计风险越低；重要性水平越低，审计风险越高。因此，审计人员在审计过程中应当考虑重要性与审计风险之间存在的这种反向关系，在保持应有的职业谨慎的基础上，合理确定重要性水平。

必须注意审计风险的高低取决于对重要性水平的判断，如果审计人员确定的重要性水平较低，审计风险就会增加；反之，确定的重要性水平较高，审计风险就会降低。由于重要性与审计风险之间存在反向关系，具体关系及变动方向的具体内容如图 2 - 2 所示。

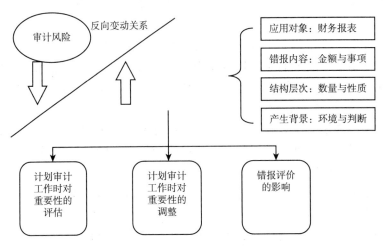

图 2 – 2 审计风险与重要性水平的关系及其初步运用

三、计划审计工作时对重要性的评估

（一）确定计划的重要性水平时应考虑的因素

对重要性的评估是审计人员的一种专业判断。在计划审计工作时，注册会计师应当确定一个可接受的重要性水平，以发现在金额上重大的错报。需要考虑以下因素：

1. 对被审计单位及其环境的了解。被审计单位行业状况、法律环境与监管环境等其他外部因素，被审计单位业务的性质、对会计政策的选择和应用、被审计单位的目标、战略及相关的经营风险、被审计单位的内部控制等因素，都将影响注册会计师对重要性水平的判断。

2. 审计的目标，包括特定报告要求。信息使用者的要求等因素影响注册会计师对重要性水平的确定。例如，对特定报表项目进行审计的业务，其重要性水平可能需要以该项目金额，而不是以财务报表的一些汇总性财务数据为基础加以确定。

3. 财务报表各项目的性质及其相互关系。财务报表使用者对不同的报表项目的关心程度不同。一般而言，财务报表使用者十分关心流动性较高的项目，注册会计师应当对此从严制定重要性水平。由于财务报表各项目之间是相互联系的，注册会计师在确定重要性水平时，需要考虑这种相互联系。

4. 财务报表项目的金额及其波动幅度。财务报表项目的金额及其波动幅度可能促使财务报表的使用者作出不同的反应。

（二）从数量方面考虑重要性水平

审计人员在审计过程中必须从两个层次来考虑重要性，即财务会计报表层次的重要性和相关各类交易、账户余额和列报认定层次的重要性。

1. 财务会计报表层次的重要性水平。由于审计总目标是对财务会计报表发表审计意见，因此，审计人员必须考虑财务会计报表层的重要性，只有这样，才能形成对财务会计报表是否公允反映的整体性结论。确定多大错报会影响到财务报表使用者的决策，是注册会计师运用职业判断的结果。注册会计师可以运用本单位的惯例和个人的经验考虑重要性水平，也可以先选择一个恰当的基准，再选用适当的百分比乘以该基准，从而得出财务报表层次的重要性水平。

在实务中，有许多汇总性财务数据可以用作确定财务报表层次重要性水平的基准，例如，总资产、净资产、销售收入、费用总额、毛利、净利润等。注册会计师对基准的选择有赖于被审计单位的性质和环境。例如，对于以营利为目的的被审计单位而言，来自经常性业务的税前利润或税后净利润可能是一个适当的基准；而对于收益不稳定的被审计单位或非营利组织来说，选择税前利润或税后净利润作为判断重要性水平的基准就不合适。对于资产管理公司来说，净资产可能是一个适当的基准。注册会计师通常选择一个相对稳定、可预测且能够反映被审计单位正常规模的基准。由于销售收入和总资产具有相对稳定性，注册会计师经常将其用作确定计划重要性水平的基准。在确定恰当的基准后，注册会计师通常运用职业判断合理选择百分比，据以确定重要性水平。此外，注册会计师在确定重要性时，通常考虑以前期间的经营成果和财务状况、本期的经营成果和财务状况、本期的预算和预测结果、被审计单位情况的重大变化（重大企业并购）以及宏观经济环境和所在行业环境发生的相关变化。

【实务经验】

确定部分被审计对象财务报表重要性水平的参考数值

（1）对于以营利为目的的企业，重要性水平是经常性业务的税前利润或税后净利润的 0.5%～5%，或总资产的 0.5%～5%、所有者权益的 0.5%～5%、总收入的 0.5%～2%。

（2）对于非营利组织，重要性水平是费用总额或总收入的 0.5%～2%；

（3）对于共同基金公司，重要性水平是净资产的 0.5%。

2. 各类交易、账户余额、列报认定层次的重要性水平。由于财务报表提供的信息由各类交易、账户余额、列报认定层次的信息汇集加工而成，注册会计师只有通过对各类交易、账户余额、列报认定实施审计，才能得出财务报表是否公允反映的结论。因此，注册会计师还应当考虑各类交易、账户余额、列报认定层次的重要性。

各类交易、账户余额、列报认定层次的重要性水平亦称为"可容忍错报"。可容忍错报的确定以注册会计师对财务报表层次重要性水平的初步评估为基础。它是在不导致财务报表存在重大错报的情况下，注册会计师对各类交易、账户余额、列报确定的可接受的最大错报。由于为各类交易、账户余额、列报确定的重要性水平，即可容忍错报对审计证据数量有直接的影响，因此，注册会计师应当合理确定可容忍错报。

在确定各类交易、账户余额、列报认定层次的重要性水平时，注册会计师应当考虑以下主要因素：各类交易、账户余额、列报的性质及错报的可能性；各类交易、账户余额、列报的重要性水平与财务报表层次重要性水平的关系。

应注意的是，在制定总体审计策略时，注册会计师应当对那些金额本身就低于所确定的财务报表层次重要性水平的特定项目作额外的考虑。注册会计师应当根据被审计单位的具体情况，运用职业判断，考虑是否能够合理地预计这些项目的错报将影响使用者依据财务报表作出的经济决策。

（三）从性质方面考虑重要性水平

对于注册会计师等财务审计人员而言，在某些情况下，金额不重要的错报但从性质上看则可能是重要的错报。因此，当错报的金额不大时，审计人员就需要注意从性质方面考虑重要性水平。一般来说，审计人员在判断错报的性质是否重要时应该考虑的具体情况包括：

1. 错报对遵守法律法规要求和对遵守债务契约或其他合同要求的影响程度。

2. 错报对用于评价被审计单位财务状况、经营成果或现金流量的有关比率的影响程度。

3. 错报对财务报表中列报的分部信息的影响程度。例如，错报事项对分部或被审计单位其他经营部分的重要程度，而该分部或经营部分对被审计单位的经营或盈利有重大影响。

4. 错报对增加管理层报酬的影响程度。例如，管理层通过错报来达到有关奖金或其他激励政策规定的要求，从而增加其报酬。

5. 错报对某些账户余额之间错误分类的影响程度及这些错误分类影响到财务报表中应单独披露的项目。例如，经营收益和非经营收益之间的错误分类，非盈利单位的受到限制资源和非限制资源的错误分类。

6. 错报是否与涉及特定方的项目相关。例如与被审计单位发生交易的外部单位是否与被审计单位管理层的成员有关联。

7. 错报对与已审计财务报表一同披露的其他信息的影响程度及该影响程度能被合理预期将对财务报表使用者作出经济决策产生何种影响。

在注册会计师财务审计中，有关审计重要性的运用判断标准和范围如图2-3所示。

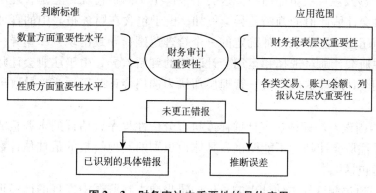

图 2 - 3　财务审计中重要性的具体应用

四、计划审计阶段重要性水平的调整

在审计执行阶段，随着审计过程的推进，注册会计师应当及时评价计划审计阶段确定的重要性水平是否仍然合理，并根据具体环境的变化或在审计执行过程中进一步获取的信息，修正计划的重要性水平，进而修改进一步审计程序的性质、时间和范围。在确定审计程序后，如果注册会计师决定接受更低的重要性水平，审计风险将增加。注册会计师应当选用下列方法将审计风险降至可接受的低水平：

1. 如有可能，通过扩大控制测试范围或实施追加的控制测试，降低评估的重大错报风险，并支持降低后的重大错报风险水平；

2. 通过修改计划实施的实质性程序的性质、时间和范围，降低检查风险。

五、错报评价的影响

（一）尚未更正错报的汇总数

审计人员在审计终结阶段评价审计结果时，应当汇总已发现但尚未更正的错报或漏报，并将其与财务会计报表层次的重要性水平相比较，以考虑其金额与性质是否对会计报表的反映产生重大影响。尚未更正错报汇总数包括已经识别的具体错报和推断误差，分别说明如下：

1. 已经识别的具体错报。已经识别的具体错报是指注册会计师在审计过程中发现的，能够准确计量的错报，包括下列两类。

（1）对事实的错报。这类错报产生于被审计单位收集和处理数据的错误，对事实的忽略或误解，或故意舞弊行为。例如，注册会计师在审计测试中发现最近购入存货的实际价值为 28 000 元，但账面记录的金额却为 20 000 元。因此，存货和应付账款分别被低估了 8 000 元，这里被低估的 8 000 元就是已识别的对事实的具体错报。

（2）涉及主观决策的错报。这类错报产生于两种情况：一是管理层和注册会计师对会计估计值的判断差异，例如，由于包含在财务报表中的管理层作出的估计值超出了注册会计师确定的一个合理范围，导致出现判断差异；二是管理层和注册会计师对选择和运用会计政策的判断差异，由于注册会计师认为管理层选用会计政策造成错报，管理层却认为选用会计政策适当，导致出现判断差异。

2. 推断误差。即通过审计抽样或执行分析性程序所估计的未调整的错报或漏报，是注册会计师对不能明确、具体地识别的其他错报的最佳估计数。推断误差通常包括：

（1）通过测试样本估计出的总体的错报减去在测试中发现的已经识别的具体错报。例如，应收账款年末余额为 3 000 万元，注册会计师抽查 5% 样本发现金额有 100 万元的高估，高估部分为账面金额的 10%，据此注册会计师推断总体的错报金额为 300 万元（3 000×10%），那么 100 万元就是已识别的具体错报，其余 200 万元即推断误差。计算公式为：

推断误差 = 估计出的总体的错报 − 已经识别的具体错报

（2）通过实质性分析程序推断出的估计错报。例如，注册会计师根据客户的预算资料及行业趋势等要素，对客户年度销售费用独立作出估计，并与客户账面金额比较，发现两者间有 50% 的差异；考虑到估计的精确性有限，注册会计师根据经验认为 10% 的差异通常是可接受的，而剩余 40% 的差异需要有合理解释并取得佐证性证据；假定注册会计师对其中 10% 的差异无法得到合理解释或不能取得佐证，则该部分差异金额即为推断误差。

（二）评价尚未更正错报的汇总数的影响

注册会计师需要在出具审计报告之前，评估尚未更正错报单独或累积的影响是否重大。在评估时，注册会计师应当从特定的某类交易、账户余额及列报认定层次和财务报表层次考虑这些错报的金额和性质，以及这些错报发生的特定环境。

注册会计师应当分别考虑每项错报对相关交易、账户余额及列报的影响，包括错报是否超过之前为特定交易、账户余额及列报所设定的较之财务报表层次重要性水平更低的可容忍错报。此外，如果某项错报是（或可能是）由舞弊造成的，无论其金额大小，注册会计师均应当按照《中国注册会计师审计准则第 1141 号——财务报表审计中与舞弊相关的责任》的规定，考虑其对整个财务报表审计的影响。考虑到某些错报发生的环境，即使其金额低于计划的重要性水平，注册会计师仍可能认为其单独或连同其他错报从性质上看是重大的。即不仅需要考虑每项错报对财务报表的单独影响，而且需要考虑所有错报对财务报表的累积影响及其形成原因，尤其是一些金额较小的错报，虽然单个看起来并不重大，但是其累计数却可能对财务报表产生重大影响。

（三）注册会计师对不同情况尚未更正错报的处理对策

尚未更正错报与财务报表层次重要性水平相比，可能出现以下两种情况。

1. 尚未更正错报的汇总数低于重要性水平（并且特定项目的尚未更正错报也低于考虑其性质所设定的更低的重要性水平，下同）。如果尚未更正错报汇总数低于重要性水平，对财务报表的影响不重大，注册会计师可以发表无保留意见的审计报告。

2. 尚未更正错报的汇总数超过或接近重要性水平。

（1）如果尚未更正错报汇总数超过了重要性水平，对财务报表的影响可能是重大的，注册会计师应当考虑通过扩大审计程序的范围或要求管理层调整财务报表降低审计风险。在任何情况下，注册会计师都应当要求管理层就已识别的错报调整财务报表。如果管理层拒绝调整财务报表，并且扩大审计程序范围的结果不能使注册会计师认为尚未更正错报的汇总数不重大，注册会计师应当考虑出具非无保留意见的审计报告。

（2）如果已识别但尚未更正错报的汇总数接近重要性水平，注册会计师应当考虑该汇总数连同尚未发现的错报是否可能超过重要性水平，并考虑通过实施追加的审计程序，或要求管理层调整财务报表降低审计风险。

在评价审计结果时，注册会计师确定的重要性和审计风险，可能与计划审计工作时评估的重要性和审计风险存在差异。在此情况下，注册会计师应当考虑实施的审计程序是否充分。

第三节　财务审计风险

一、财务审计风险含义与要素

财务报表审计的风险本质上是一种潜在的、注册会计师在审计被审计单位以后发表不恰当审计意见的可能性。国际审计准则对审计风险的定义为："审计风险是指当财务报表存在重大错误时，审计人员对其发表不恰当意见。"我国新的审计准则对审计风险的定义与国际审计准则基本相同，即审计风险（audit risk，AR）是指财务报表存在重大错报而注册会计师发表不恰当（inappropriate）审计意见的可能性（possibility）。

可接受的审计风险的确定，需要考虑会计师事务所对审计风险的态度、审计失败对会计师事务所可能造成损失的大小等因素。其中，审计失败对会计师事务所可能造成的损失大小又受所审计财务报表的用途、使用者的范围等因素的影响。但必须注意，审计业务是一种保证程度高的鉴证业务，可接受的审计风险应当足够低，以使注册会计师能够合理保证所审计财务报表不含有重大错报。现代财务审计理论认为审计风险包括重大错报风险和检查风险两大要素。因此，总体审计风险的大小完全取决于重大错报风险和检查风险的大小及相互关系。

二、重大错报风险

重大错报风险（significant misstatement risk）是指财务报表在审计前存在重大错报的可能性。在设计审计程序以确定财务报表整体是否存在重大错报时，注册会计师应当从财务报表层次和各类交易、账户余额、列报认定层次方面考虑重大错报风险。《中国注册会计师审计准则第 1211 号——通过了解被审计单位及其环境识别和评估重大错报风险》对注册会计师如何评估财务报表层次和认定层次的重大错报风险提出了详细的要求。

（一）两个层次的重大错报风险

1. 财务报表层次重大错报风险。财务报表层次重大错报风险与财务报表整体存在广泛联系，可能影响多项认定。此类风险通常与控制环境有关，但也可能与其他因素有关，如经济萧条。此类风险难以界定于某类交易、账户余额、列报的具体认定；相反，此类风险增大了任何数目的不同认定发生重大错报的可能性。此类风险对注册会计师考虑由舞弊引起的风险特别相关。注册会计师评估财务报表层次重大错报风险措施包括：考虑审计项目组承担重要责任的人员学识、技术和能力，是否需要专家介入；考虑给予业务助理人员适当程度的监督指导；考虑是否存在导致注册会计师怀疑被审计单位持续经营假设合理性的事项或情况。

2. 各类交易、账户余额、列报认定层次的重大错报风险。注册会计师还应考虑各类交易、账户余额、列报认定层次的重大错报风险，考虑的结果直接有助于注册会计师确定认定层次上实施的进一步审计程序的性质、时间和范围。注册会计师在各类交易、账户余额、列报认定层次获取审计证据，以便能够在审计工作完成时，以可接受的低审计风险水平对财务报表整体发表审计意见。

（二）认定层次重大错报风险的详细内容

认定层次的重大错报风险又可以进一步细分为固有风险和控制风险。

1. 固有风险。固有风险（inherent risk，IR）是指假定不存在相关内部控制时，某一账户或交易类别单独或连同其他账户、交易类别产生重大错报或漏报的可能性。

固有风险是指假设不存在相关的内部控制，某一认定发生重大错报的可能性，无论该错报单独考虑，还是连同其他错报构成重大错报。某些类别的交易、账户余额、列报及其认定，固有风险较高。例如，复杂的计算比简单计算更可能出错；受重大计量不确定性影响的会计估计发生错报的可能性比较大。

2. 控制风险。控制风险（control risk，CR）是指某一账户或交易类别单独或连同其他账户、交易类别产生错报或漏报，而未能被内部控制防止、发现或纠正的可能性。控制风险取决于与财务报表有关的内部控制的设计和运行的有效性。由于控制的固有局限性，某种程度的控制风险始终存在。

不过，在财务审计实务中，由于固有风险和控制风险常常难以准确地加以区分，因此，进行风险评估时注册会计师只需对整个认定层次的重大错报进行整体评估即可。

三、检查风险

检查风险（detection risk，DR）是指某一账户或交易类别单独或连同其他账户、交易类别产生重大错报或漏报，而未能被实质性程序发现的可能性。检查风险的大小取决于审计程序设计的合理性和执行的有效性。

由于注册会计师通常并不对所有交易、账户余额和列报进行检查，以及其他原因，检查风险不可能降低为零。其他原因包括注册会计师可能选择了不恰当的审计程序、审计过程执行不当，或错误解读审计结论。这些其他因素可以通过适当计划、在项目组成员之间进行恰当职责分配、保持职业怀疑态度及监督、指导和复核助理人员所执行的审计工作得以解决。

四、检查风险与重大错报风险的反向关系

在既定的审计风险水平下，可接受的检查风险水平与认定层次重大错报风险的评估结果呈反向关系。评估的重大错报风险越高，可接受的检查风险越低；评估的重大错报风险越低，可接受的检查风险越高。检查风险与重大错报风险的反向关系的数学模型如图 2 - 4 所示。

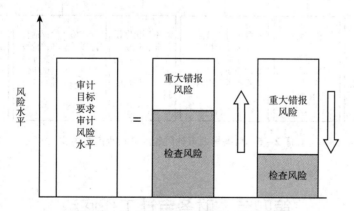

图 2 - 4　检查风险与重大错报风险的关系

从定量角度看，审计风险各要素可用量化的百分比数值表示，其关系可用公式表示如下：

审计风险 = 重大错报风险 × 检查风险 = 固有风险 × 控制风险 × 检查风险

上述公式称为审计风险模型（audit risk model）。根据上述公式，在既定的

审计风险下，便可推算出检查风险。

例如，假设审计人员确定可接受的审计风险为 2%，根据以往审计经验及本年度审计对内部控制的研究和评价，将被审计单位的重大错报风险（固有风险和控制风险）评估为 20%。以这些评估为基础，可接受的检查风险计算如下：

$$DR = AR \div SMR = 2\% \div 20\% = 10\%$$

实务中，从定性的角度看，审计风险各要素可用高、中、低等非量化名词与文字描述。

注册会计师应当合理设计审计程序的性质、时间和范围，并有效执行审计程序，以控制检查风险。上例中，注册会计师根据确定的可接受检查风险（10%），设计审计程序的性质、时间和范围。审计计划，在很大程度上围绕确定审计程序的性质、时间和范围而展开。

在财务报表审计过程中，注册会计师需要认真分析与测试在审计实务中可能遇到的被审计单位财务报表存在的重大错报风险和注册会计师本身审计程序与方法选择失当而可能存在的检查风险，这样才有可能在审计过程中获取充分与适当的审计证据，从而顺利实现预定的审计目标。关于注册会计师财务报表审计中进行的风险分析程序与内容如图 2-5 所示。

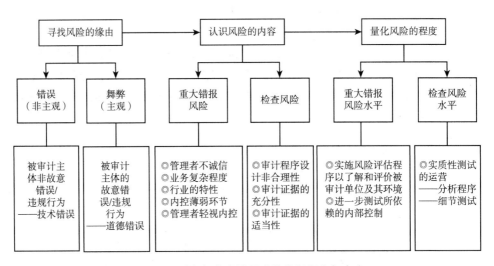

图 2-5   财务报表审计风险的分析程序与内容

第四节   财务审计工作底稿

一、财务审计工作底稿的内涵

1. 财务审计工作底稿的内涵与作用。

（1）财务审计工作底稿的含义。财务审计工作底稿是指审计人员或注册会计师对制定的财务审计计划、实施的财务审计程序、取得的相关财务审计证据，以及得出的财务审计结论作出的记录。其内容包括审计人员直接编制的、用以反映其审计思路和审计过程的工作记录，审计人员从被审计单位或其他有关部门取得的、用作审计证据的各种原始资料，以及审计人员接受并审阅他人代为编制的审计记录。审计工作底稿是审计证据的载体和汇集，其全部内容可作为审计过程和结果的书面证明，也是审计人员形成审计结论、发表审计意见的直接依据。审计证据的收集过程同时又是审计工作底稿的编制和整理过程。

（2）审计工作底稿编制目的。注册会计师编制审计工作底稿的目的是：提供充分、适当的记录，作为审计报告的基础；提供证据，证明其按审计准则的规定执行了审计工作。

（3）审计工作底稿的作用。审计工作底稿是审计人员在审计业务中普遍使用的专业工具，它在整个审计工作中具有非常重要的作用，因此，编制或取得审计工作底稿是审计人员最主要的审计工作。审计工作底稿的主要作用包括：审计工作底稿是连接整个审计工作的纽带；审计工作底稿是形成审计结论、发表审计意见的直接依据；审计工作底稿是评价和考核审计人员专业能力与工作业绩，解脱或减轻审计人员审计责任的重要依据；审计工作底稿是审计质量控制和监督的基础；审计工作底稿对未来审计业务具有参考或备查作用。

2. 审计工作底稿的性质。

（1）审计工作底稿的存在形式。实务中通常可以以纸质、电子或其他介质形式存在。

（2）审计工作底稿通常包括的内容。审计工作底稿的必要内容有：总体审计策略、具体审计计划、分析表、问题备忘录、重大事项概要、询证函回函、管理层声明书、核对表、有关重大事项的往来信件（包括电子邮件），以及对被审计单位文件记录的摘要或复印件等。

（3）审计工作底稿通常不包括的内容。审计工作底稿中不能包括的内容有：已被取代的审计工作底稿的草稿或财务报表的草稿；对不全面或初步思考的记录；存在印刷错误或其他错误而作废的文本以及重复的文件记录等。

二、财务审计工作底稿的内容与要素

（一）审计工作底稿的基本要素

在审计实务中，不同的审计组织都使用各自的审计工作底稿，其表现形式是多种多样的。但是，不管审计工作底稿的形式如何，其形成方式主要有两种：一种是编制；另一种是取得。就审计人员所编制的审计工作底稿而言，尤其是对业务类工作底稿而言，一般包括下列基本构成要素。

1. 被审计单位名称。每一张审计工作底稿上都应该写明被审计单位的名称。

2. 审计项目名称。每一张审计工作底稿上都应该将具体的审计项目名称写清楚，如现金盘存表、原材料抽查盘点表等。

3. 审计项目时点或期间。对于资产负债表项目应该注明发生的时点，对于损益表项目应该注明发生的期间。

4. 审计过程记录。在审计工作底稿中要求详细记录审计程序实施的全过程，主要包括两个方面：一是被审计单位的未审情况，包括被审计单位的内部控制情况、有关会计账项的未审计发生额及期末余额；二是审计过程的记录，包括审计人员实施的审计测试性质、审计测试项目、抽取的样本及检查的重要凭证、审计调整及重分类事项等。

5. 审计标识及其说明。审计工作底稿记录的内容一般都使用一些符号进行标识，以表达各种审计含义。审计标识在一个审计组织内部应该是统一的，并印制统一的审计标识说明表，以便审计人员在工作底稿中按规定进行标识。但是，如果遇到特殊情况，没有统一标识可用时，审计人员可以自己制作标识，但应该对其进行说明，并保持前后一致。

6. 审计结论。审计工作底稿中应包括审计人员对被审计单位内部控制情况的研究与评价结果、有关会计账项的审定发生额及审定期末余额等审计结论。

7. 索引号及页次。为了便于查阅审计工作底稿，审计人员在形成审计工作底稿时应标明索引号及页码。页码是指在同一索引号下不同审计工作底稿的顺序。同时，相关的审计工作底稿之间，应保持清晰的勾稽关系。当审计工作底稿的某一部分引用其他一些工作底稿的内容时，应在相互引用的工作底稿上注明交叉索引编号。

8. 编制者姓名及编制日期。为了明确审计责任，审计工作底稿上应该写明编制者姓名及编制工作底稿的日期。

9. 复核者姓名及复核日期。审计人员编制的审计工作底稿一般要经过多级复核。为了明确复核责任，复核者也应该在其所复核的审计工作底稿上签名，并注明复核日期。

（二）形成审计工作底稿的基本要求

1. 编制审计工作底稿的基本要求。

（1）内容完整。即构成审计工作底稿的基本内容须完整无缺，所附审计证据应该齐全。

（2）格式规范。审计工作底稿在结构设计上应当合理，并有一定的逻辑性。审计组织一般都有印制好的具有一定格式的工作底稿，审计人员应严格按照格式编制工作底稿。但要求格式规范并非意味着格式统一。

（3）标识一致。前已述及，审计人员在审计工作底稿中可以使用各种审计标识，但应说明其含义，并保持前后一致。

（4）记录清晰。首先，审计工作底稿所记录的审计人员的审计思路应该清晰；其次，审计工作底稿的记录应该文字工整、记录清楚、数字整洁、便于识别。

（5）结论明确。审计人员对会计报表的总体意见是根据各具体审计事项的具体审计结论综合而成的。审计人员对每一具体审计事项的审计工作完成后，应有明确的审计结论，并列示于审计工作底稿上。

2. 取得审计工作底稿的基本要求。审计人员可以直接从被审计单位或其他有关单位取得相关资料，也可以要求被审计单位有关人员代为编制有关会计账项的明细分类或汇总底稿，甚至可以要求被审计单位就有关事项提供声明，诸如从被审计单位取得的有关法律性文件、合同与章程，要求被审计单位编制的存货盘点清单等。

3. 审计工作底稿的繁简程度考虑的因素。审计工作底稿的繁简程度是审计工作详简程度的表现，合理确定其繁简程度是保证审计质量不可忽视的方面。审计工作底稿应当繁简得当，该简化的要简化，该详细的就应该详细，只有繁简得当才能够保证重点突出。

（三）常用的审计工作底稿类型

对审计工作底稿的种类如何划分，目前在我国审计实务界和理论界都有不同的看法。依据审计工作底稿形成的不同阶段，以及审计工作底稿的性质和作用，我国审计工作底稿准则将审计工作底稿分为综合类工作底稿、业务类工作底稿和备查类工作底稿三类。

1. 综合类工作底稿。综合类工作底稿是指审计人员在审计计划和审计报告阶段，为规划、控制和总结整个审计工作，并发表审计意见所形成的审计工作底稿。该类工作底稿主要包括审计业务约定书、审计计划、审计报告书未定稿、审计工作总结及审计调整分录汇总表等审计工作记录。这一类工作底稿体现了审计工作的全过程，属于综合性的工作底稿，可以有效地反映审计人员对整个审计工作的规划和控制作用，并体现审计结论和意见。这一类工作底稿一般都是在审计人员的办公室完成的。

2. 业务类工作底稿。业务类工作底稿是指审计人员在审计实施阶段执行具体审计程序所编制和取得的工作底稿。该类工作底稿主要包括审计人员在按照审计计划执行符合性测试和实质性测试等审计程序过程中，从被审计单位内部和外部搜集的各种审计证据资料而形成的工作底稿。业务类工作底稿可以很好地反映出审计人员执行审计计划的具体情况和实施过程。这一类工作底稿一般都是在外勤工作现场编制和取得的。

3. 备查类工作底稿。备查类工作底稿是指审计人员在审计过程中形成的、对审计工作仅具有备查作用的审计工作底稿。该类工作底稿主要包括与审计约定事项有关的重要法律性文件、被审计单位的营业执照及章程、重要会议记录与纪要、重要经济合同与协议等原始资料的副本或复印件。

实务中，常用的审计工作底稿主要包括：与被审计单位设立有关的法律性资料，如企业设立批准证书、营业执照、合同、协议、章程等文件或变更文件的复印件等；与被审计单位组织机构及管理层人员结构有关的资料；重要的法律文件、合同、协议和会议记录的摘录或副本；对被审计单位相关内部控制制度的研究与评价记录；审计业务约定书；被审计单位的未审计会计报表；审计计划；实施具体审计程序的记录和资料；被审计单位管理当局声明书；其他与完成审计约定事项有关的资料，包括有关报刊对被审计单位的宣传介绍、被审计单位所编制的企业简介或企业形象设计等资料。

三、审计工作底稿的复核

（一）复核审计工作底稿的作用

复核审计工作底稿不仅是审计准则的要求，也是质量控制准则的要求。一张审计工作底稿往往由一名专业人员独立完成，编制者对有关资料的引用、对有关事项的判断、对会计数据的加计验算等都可能出现误差，因此，在审计工作底稿编制完成后，通过一定的程序，经过多层次的复核显然是十分必要的。审计组织应结合本单位实际情况制定出实用有效的审计工作底稿复核制度，也即对有关复核人级别、复核程序与要点、复核人职责等所作出的规定。

（二）复核审计工作底稿的基本要求

根据我国质量控制基本准则的要求，会计师事务所应当建立多层次的审计工作底稿复核制度，而不同层次的复核人可能有不同的复核重点，但就复核工作的基本要点来看，不外乎以下四点：（1）所引用的有关资料是否翔实、可靠；（2）所取得的审计证据是否充分、适当；（3）审计判断是否有理有据；（4）审计结论是否恰当。

复核审计工作底稿是会计师事务所进行审计项目质量控制的一项重要程序，必须要有严格和明确的规则。一般说来，复核审计工作底稿应遵循以下基本要求：

1. 做好复核记录，对审计工作底稿中存在的问题和疑点要明确指出，并以文字记录于审计工作底稿中。

2. 复核人必须签名和签署日期，这样，有利于划清审计责任，也有利于上级复核人对下级复核人的监督。

3. 书面表示复核意见。

4. 督促编制人及时修改、完善审计工作底稿。

（三）审计工作底稿的复核制度

为了保证审计工作底稿复核工作的质量，会计师事务所应建立多层次的审计工作底稿复核制度。我国会计师事务所一般建立三级复核制度。所谓审计工作底稿三级复核制度，就是会计师事务所制定的以主任会计师、部门经理（或签字注册会计师）和项目负责人为复核人，对审计工作底稿进行逐级复核的一种复核制度。

项目负责人复核是第一级复核，称为详细复核。它要求项目负责人对下属审计助理人员形成的审计工作底稿逐张复核，及时指出发现的问题，并督促审计人员及时修改完善。部门经理（或签字注册会计师）是第二级复核，称为一般复核。它是在项目负责人完成了详细复核之后，再对审计工作底稿中重要会计账项的审计、重要审计程序的执行，以及审计调整事项等进行复核。部门经理复核既是对项目负责人复核的一种再监督，也是对重要审计事项的重点把关。主任会计师（或合伙人）是最后一级复核，又称重点复核。它是对审计过程中的重大会计审计问题、重大审计调整事项及重要的审计工作底稿所进行的复核。主任会计师复核既是对前面两级复核的再监督，也是对整个审计工作的计划、进度和质量的重点把握。

四、审计报告日后对审计工作底稿的变动

在审计报告日后，如果发现例外情况要求注册会计师实施新的或追加的审计程序，或导致注册会计师得出新的结论，注册会计师应当记录。比如：

1. 遇到的例外情况；
2. 实施的新的或追加的审计程序，取得的审计证据以及得出的结论；
3. 对审计工作底稿作出变动及其复核的时间和人员。

第五节　财务审计沟通

财务审计工作
底稿模板

一、注册会计师与被审计单位治理层的沟通

编制财务报告一般是企业管理层的责任，其具体工作由管理层领导下的财务会计部门承担。但是，对于财务报告的编制和披露过程，治理层负有监督职责。这种监督职责主要有：审核或监督企业的重大会计政策；审核或监督企业财务报告和披露程序；审核或监督与财务报告相关的企业内部控制；组织和领导企业内部审计；审核和批准企业的财务报告和相关信息披露；聘任和解聘负责企业外部审计的注册会计师并与其进行沟通等。

注册会计师应当就与财务报表审计相关且根据职业判断认为与治理层责任相关的重大事项，以适当方式及时与治理层进行明晰的沟通。这是注册会计师与治理层沟通的总体要求。

（一）沟通的对象

1. 总体要求。注册会计师应当确定与被审计单位治理结构中的哪些适当人

员沟通，适当人员可能因沟通事项的不同而不同。不同的被审计单位，沟通对象可能不同。即使是同一家被审计单位，由于组织形式的变化、章程的修改或其他方面的变动，也可能使适当的沟通对象发生变动。

另外，由于沟通事项的不同，适当的沟通对象也会有所不同。尽管一般情况下适当的沟通对象可能是相对固定的，但是，针对一些特殊事项，注册会计师应当运用职业判断考虑是否应当与被审计单位治理结构中的其他适当对象进行沟通。一般而言，注册会计师通过上述了解，并运用职业判断，可以确定适当的沟通对象。通常，被审计单位也会指定其治理结构中相对固定的人员或组织（如审计委员会）负责与注册会计师进行沟通。如果由于被审计单位的治理结构没有被清楚地界定，导致注册会计师无法清楚地识别适当的沟通对象，被审计单位也没有指定适当的沟通对象，注册会计师就应当尽早与审计委托人商定沟通对象，并就商定的结果形成备忘录或其他形式的书面记录。

2. 与治理层的下设组织或个人沟通。通常，注册会计师没有必要（也不可能）就全部沟通事项与治理层整体进行沟通。适当的沟通对象往往是治理层的下设组织和人员，如董事会下设的审计委员会、独立董事、监事会或者被审计单位特别指定的组织和人员等。

3. 需要与治理层整体沟通的特殊情形。在某些情况下，治理层全部成员参与管理被审计单位，例如，在一家小企业中，仅有的一名业主管理该企业，并且没有其他人负有治理责任。此时，如果就审计准则要求沟通的事项已与负有管理责任的人员沟通，且这些人员同时负有治理责任，注册会计师无须就这些事项再次与负有治理责任的相同人员沟通。

（二）沟通的事项

1. 注册会计师与财务报表审计相关的责任。注册会计师应当与治理层沟通注册会计师与财务报表审计相关的责任，包括：

（1）注册会计师负责对在治理层监督下管理层编制的财务报表形成和发表意见；

（2）财务报表审计并不减轻管理层或治理层的责任。

注册会计师与财务报表审计相关的责任通常包含在审计业务约定书或记录审计业务约定条款的其他适当形式的书面协议中。向治理层提供审计业务约定书或其他适当形式的书面协议的副本，可能是与其就相关事项进行沟通的适当方式。

2. 计划的审计范围和时间安排。注册会计师应当与治理层沟通计划的审计范围和时间安排的总体情况，包括识别的特别风险。在与治理层就计划的审计范围和时间安排进行沟通时，尤其是在治理层部分或全部成员参与管理被审计单位的情况下，注册会计师需要保持职业谨慎，避免损害审计的有效性。

沟通的事项可能包括：（1）注册会计师拟如何应对由于舞弊或错误导致的特别风险以及重大错报风险评估水平较高的领域；（2）注册会计师对与审计相

关的内部控制采取的方案；（3）在审计中对重要性概念的运用；（4）实施计划的审计程序或评价审计结果需要的专门技术或知识的性质和程度，包括利用专家的工作；（5）注册会计师对哪些事项可能需要重点关注因而可能构成关键审计事项所作的初步判断；（6）针对适用的财务报告编制基础或者被审计单位所处的环境、财务状况或活动发生的重大变化对单一报表及披露产生的影响，注册会计师拟采取的应对措施。

3. 审计中发现的重大问题。注册会计师应当与治理层沟通审计中发现的下列重大问题。

（1）注册会计师对被审计单位会计实务（包括会计政策、会计估计和财务报表披露）重大方面的质量的看法。

（2）审计工作中遇到的重大困难。审计工作中遇到的重大困难可能包括下列事项：管理层在提供审计所需信息时出现严重拖延；不合理地要求缩短完成审计工作的时间；为获取充分、适当的审计证据需要付出的努力远远超过预期；无法获取预期的信息；管理层对注册会计师施加的限制。

（3）已与管理层讨论或需要书面沟通的审计中出现的重大事项，以及注册会计师要求提供的书面声明，除非治理层全部成员参与管理被审计单位。已与管理层讨论或需要书面沟通的重大事项可能包括：影响被审计单位的业务环境，以及可能影响重大错报风险的经营计划和战略；对管理层就会计或审计问题向其他专业人士进行咨询的关注；管理层在首次委托或连续委托注册会计师时，就会计实务、审计准则应用、审计或其他服务费用与注册会计师进行的讨论或书面沟通。

（4）影响审计报告形式和内容的情形。按照相关审计准则的规定，注册会计师应当或可能认为有必要在审计报告中包含更多信息并应当就此与治理层沟通的情形包括：一是根据《中国注册会计师审计准则第 1502 号——在审计报告中发表非无保留意见》的规定，注册会计师预期在审计报告中发表非无保留意见；二是根据《中国注册会计师审计准则第 1324 号——持续经营》的规定，报告与持续经营相关的重大不确定性；三是根据《中国注册会计师审计准则第 1504 号——在审计报告中沟通关键审计事项》的规定，沟通关键审计事项；四是根据《中国注册会计师审计准则第 1503 号——在审计报告中增加强调事项段和其他事项段》或其他审计准则的规定，注册会计师认为有必要（或应当）增加强调事项段或其他事项段；五是审计中出现的、根据职业判断认为对监督财务报告过程重大的其他事项。

4. 值得关注的内部控制缺陷。在识别和评估重大错报风险时，审计准则要求注册会计师了解与审计相关的内部控制。在进行风险评估时，注册会计师了解内部控制的目的是设计适合具体情况的审计程序，而不是对内部控制的有效性发表意见。注册会计师应当根据已执行的审计工作，确定是否识别出内部控制缺陷。如果识别出内部控制缺陷，注册会计师应当根据已执行的审计工作，确定该缺陷单独或连同其他缺陷是否构成值得关注的内部控制缺陷。

5. 注册会计师的独立性。如果被审计单位是上市实体，注册会计师还应当与治理层沟通下列内容：

（1）就审计项目组成员、会计师事务所其他相关人员，以及会计师事务所和网络事务所按照相关职业道德要求保持了独立性作出声明。

（2）根据职业判断，注册会计师认为会计师事务所、网络事务所与被审单位之间存在的可能影响独立性的所有关系和其他事项，包括会计师事务所和网络事务所在财务报表涵盖期间为被审计单位和受被审计单位控制的组成部分提供审计、非审计服务的收费总额。这些收费应当分配到适当业务类型中，以帮助治理层评估这些服务对注册会计师独立性的影响。

（3）为消除对独立性的不利影响或将其降至可接受的水平，已经采取的相关防范措施。

（三）沟通的过程

1. 与管理层的沟通。许多事项可以在正常的审计过程中与管理层讨论，包括审计准则要求与治理层沟通的事项。这种讨论有助于确认管理层对被审计单位经营活动的执行以及（特别是）对财务报表的编制承担的责任。在与治理层沟通某些事项前，注册会计师可能就这些事项与管理层讨论，除非这种做法并不适当。

2. 与第三方的沟通。治理层可能希望向第三方（如银行或特定监管机构）提供注册会计师书面沟通文件的副本。在某些情况下，向第三方披露书面沟通文件可能是违法或不适当的。在向第三方提供为治理层编制的书面沟通文件时，在书面沟通文件中声明以下内容，告知第三方这些书面沟通文件不是为他们编制，可能是非常重要的。

3. 沟通的形式。有效沟通可能包括结构化陈述、书面报告以及不太正式的沟通（包括讨论）。对审计中发现的重大问题，如果根据职业判断认为采用口头形式沟通不适当，注册会计师应当以书面形式与治理层沟通，当然，书面沟通不必包括审计过程中的所有事项；对于审计准则要求的注册会计师的独立性，也应当以书面形式与治理层沟通。注册会计师还应当以书面形式向治理层通报值得关注的内部控制缺陷。除上述事项外，对于其他事项，注册会计师可以采取口头或书面的方式沟通。书面沟通可能包括向治理层提供审计业务约定书。

（四）沟通的时间安排

注册会计师应当及时与治理层沟通。怎样才算及时并非一成不变，适当的沟通时间安排因业务环境的不同而不同。相关的环境包括事项的重要程度和性质，以及期望治理层采取的行动。例如：（1）对于计划事项的沟通，通常在审计业务的早期阶段进行，如系首次接受委托，沟通可以随同就审计业务条款达成一致意见一并进行。（2）对于审计中遇到的重大困难，如果治理层能够协助注册会计师克服这些困难，或者这些困难可能导致发表非无保留意见，可能需要尽快沟通。如果识别出值得关注的内部控制缺陷，注册会计师可能在进行书面沟通前，尽快与治理层口头沟通。无论何时（如承接一项非审计服务和在总结性讨论中）就对独立性的不利影响和相关防范措施作出了重要判断，就独立性进行沟通都可能是适当的。总结性讨论可能还是沟通审计中发现的问题（包括注册会计师对被审计单位会计实务质量的看法）的适当的时间。（3）当《中国注册会计师审计准则第 1504 号——在审计报告中沟通关键审计事项》适用时，注册会计师可以在讨论审计工作的计划范围及时间安排时沟通对关键审计事项的初步看法，注册会计师在沟通重大审计发现时也可以与治理层进行更加频繁的沟通，以进一步讨论此类事项。（4）无论何时就对独立性的不利影响和相关防范措施作出了重要判断，就独立性进行沟通都可能是适当的。

二、前任注册会计师和后任注册会计师的沟通

前任注册会计师，是指已对被审计单位上期财务报表进行审计，但被现任注册会计师接替的其他会计师事务所的注册会计师。接受委托但未完成审计工作，已经或可能与委托人解除业务约定的注册会计师，也视为前任注册会计师。

（一）接受委托前的沟通

在接受委托前，后任注册会计师应当与前任注册会计师进行必要沟通，并对沟通结果进行评价，以确定是否接受委托。这是审计准则对注册会计师接受委托前进行必要沟通的核心要求，接受委托前的沟通是必要的审计程序。与前任注册会计师进行沟通，是后任注册会计师在接受委托前应当执行的必要审计程序。如果没有进行必要沟通，则应视为后任注册会计师没有实施必要的审计程序。在进行必要沟通后，后任注册会计师应当对沟通结果进行评价，以确定是否接受委托。

1. 必要沟通的核心内容。如前所述，接受委托前，向前任注册会计师进行询问是一项必要的沟通程序。内容包括：（1）是否发现被审计单位管理层存在诚信方面的问题。（2）前任注册会计师与管理层在重大会计、审计等问题上存在的意见分歧。（3）前任注册会计师向被审计单位治理层通报的管理层舞弊、违反法律法规行为以及值得关注的内部控制缺陷。（4）前任注册会计师认为导致被审计单位变更会计师事务所的原因。上述事项属于可能对后任注册会计师执行财报审计业务产生重大影响的信息，对后任注册会计师来说，是决定是否接受委托的至关重要的因素。

2. 前任注册会计师的答复。在被审计单位允许前任注册会计师对后任注册会计师的询问作出充分答复的情况下，前任注册会计师应当根据所了解的事实，对后任注册会计师的合理询问及时作出充分答复。当有多家会计师事务所正在考虑是否接受被审计单位的委托时，前任注册会计师应在被审计单位明确选定

其中的一家会计师事务所作为后任注册会计师之后，才对该后任注册会计师的询问作出答复。例如，当会计师事务所以投标方式承接审计业务时，前任注册会计师只需对中标的会计师事务所（后任注册会计师）的询问作出答复，而无须对所有参与投标的会计师事务所的询问进行答复。

如果受到被审计单位的限制或存在法律诉讼的顾虑，决定不向后任注册会计师作出充分答复，前任注册会计师应当向后任注册会计师表明其答复是有限的，并说明原因。此时，后任注册会计师需要判断是否存在由被审计单位或潜在法律诉讼引起的答复限制，并考虑对接受委托的影响；如果未得到答复，且没有理由认为变更会计师事务所的原因异常，后任注册会计师需要设法以其他方式与前任注册会计师再次进行沟通。如果仍得不到答复，后任注册会计师可以致函前任注册会计师，说明如果在适当的时间内得不到答复，将假设不存在专业方面的原因使其拒绝接受委托，并表明拟接受委托。

3. 被审计单位不同意沟通时的处理。后任注册会计师进行主动沟通的前提是征得被审计单位的同意。后任注册会计师应当提请被审计单位以书面方式允许前任注册会计师对其询问作出充分答复。如果被审计单位不同意前任注册会计师作出答复，或限制答复的范围，后任注册会计师应当向被审计单位询问原因，并考虑是否接受委托。

（二）接受委托后的沟通

接受委托后的沟通与接受委托前有所不同，它不是必要程序，而是由后任注册会计师根据审计工作需要自行决定的。这一阶段的沟通主要包括查阅前任注册会计师的工作底稿及询问有关事项等。沟通可以采用电话询问、举行会谈、致送审计问卷等方式，但最有效、最常用的方式是查阅前任注册会计师的工作底稿。

1. 查阅前任注册会计师工作底稿的前提。接受委托后，如果需要查阅前任注册会计师的工作底稿，后任注册会计师应当征得被审计单位同意，并与前任注册会计师进行沟通。

2. 查阅相关工作底稿及其内容。根据《〈质量控制准则第5101号——会计师事务所对执行财务报表审计和审阅、其他鉴证和相关服务业务实施的质量控制〉应用指南》的规定，审计工作底稿的所有权属于会计师事务所。前任注册会计师所在的会计师事务所可自主决定是否允许后任注册会计师获取工作底稿部分内容，或摘录部分工作底稿。

如果前任注册会计师决定向后任注册会计师提供工作底稿，一般可考虑进一步从被审计单位（前审计客户）处获取一份确认函，以便降低在与后任注册会计师进行沟通时发生误解的可能性。前任注册会计师应当自主决定可供后任注册会计师查阅、复印或摘录的工作底稿内容，这些内容通常可能包括有关审计计划、控制测试、审计结论的工作底稿，以及其他具有延续性的对本期审计产生重大影响的会计、审计事项（如有关资产负债表账户的分析和或有事项）

的工作底稿。

3. 前任注册会计师和后任注册会计师就使用工作底稿达成一致意见。在允许查阅工作底稿之前，前任注册会计师应当向后任注册会计师获取确认函，就工作底稿的使用目的、范围和责任等与其达成一致意见。

4. 利用工作底稿的责任。查阅前任注册会计师工作底稿获取的信息可能影响后任注册会计师实施审计程序的性质、时间安排和范围，但后任注册会计师应当对自身实施的审计程序和得出的审计结论负责。后任注册会计师不应在审计报告中表明，其审计意见全部或部分地依赖前任注册会计师的审计报告或工作。

（三）发现前任注册会计师审计的财务报表可能存在重大错报时的处理

1. 安排三方会谈。如果发现前任注册会计师审计的财务报表可能存在重大错报，后任注册会计师应当提请被审计单位告知前任注册会计师。必要时，后任注册会计师应当要求被审计单位安排三方会谈。前后任注册会计师应当就任何在已审计财务报表报出后发现的、对已审计财务报表可能存在重大影响的信息进行沟通，以便双方按照有关审计准则作出妥善处理。

2. 无法参加三方会谈的处理。如果被审计单位拒绝告知前任注册会计师，或前任注册会计师拒绝参加三方会谈，或后任注册会计师对解决问题的方案不满意，后任注册会计师应当考虑对审计意见的影响或解除业务约定。具体讲，后任注册会计师应当考虑：这种情况对当前审计业务的潜在影响，并根据具体情况出具恰当的审计报告；是否退出当前审计业务。此外，后任注册会计师可考虑向其法律顾问咨询，以便决定如何采取进一步措施。

【本章小结】

总体审计策略用以确定审计范围、时间安排和方向，并指导具体审计计划的制定。在制定总体审计策略时，应当考虑以下主要事项：审计范围；报告目标、时间安排及所需沟通的性质；审计方向；审计资源。具体审计计划包括风险评估程序、计划实施的进一步审计程序和其他审计程序。

注册会计师在确定计划的重要性水平时要考虑对被审计单位及其环境的了解、审计目标、财务报表各项目的性质及其相互关系、财务报表目的金额及其波动幅度。其内容包括：财务报表整体的重要性；特定类别交易、账户余额或披露的重要性水平；实际执行的重要性；审计过程中修改重要性；在审计中运用实际执行的重要性。审计风险取决于重大错报风险和检查风险，审计风险模型：审计风险＝重大错报风险×检查风险。财务审计工作底稿是指审计人员或注册会计师对制定的财务审计计划、实施的财务审计程序、取得的相关财务审计证据，以及得出的财务审计结论作出的记录。其内容包括审计人员直接编制的、用以反映其审计思路和审计过程的工作等资料。审计工作完成之前，需要对工作底稿进行复核。财务审计中注册会计师与被审计对象前任注册会计师进行相关沟通是必要的工作，需要遵循沟通的目标、时间、内容等方面的要求。

【课后练习】

一、单项选择题

1. 下列各项中，属于总体审计策略内容的是（　　）。
A. 审计方向　　　B. 控制测试　　　C. 实质性程序　　　D. 审计方案

2. 下列内容中，不属于具体审计计划的是（　　）。
A. 对被审计单位高风险领域安排的审计时间预算以及对专家工作的利用和对其他注册会计师工作的复核范围
B. 为识别和评估财务报表重大错报风险计划实施的风险评估程序的性质、时间和范围
C. 针对所有重大交易、账户余额、列报与披露认定的重大错报风险计划实施的进一步审计程序的性质、时间和范围
D. 注册会计师针对审计业务需要实施的其他审计程序

3. 当注册会计师就总体审计策略和具体审计计划中的内容与被审计单位的治理层和管理层进行沟通时，应当保持执业谨慎，尤其要防止由于具体审计程序被（　　）所预见等原因而损害审计工作的有效性。
A. 承担管理责任的治理层　　　　　B. 内部审计部门的职员
C. 不承担管理责任的治理层　　　　D. 财务部门的职员

4. 以下说法中，不正确的是（　　）。
A. 重要性与审计风险之间存在反向关系
B. 审计风险与审计证据的数量之间存在反向变动关系
C. 重要性和审计证据的数量之间存在反向变动关系
D. 注册会计师可以通过调高重要性水平来降低审计风险

5. 注册会计师在确定计划重要性水平时，应当考虑除下列（　　）以外的其他各项因素。
A. 对被审计单位及其环境的了解
B. 财务报表各项目的性质及其相互关系
C. 财务报表项目的金额及其波动幅度
D. 审计成本的高低

6. 下列与重大错报风险相关的表述中，正确的是（　　）。
A. 重大错报风险是因错误使用审计程序产生的
B. 重大错报风险是假定不存在相关内容控制，某一认定发生重大错报的可能性
C. 重大错报风险独立于财务报表审计而存在
D. 重大错报风险可以通过合理实施审计程序予以控制

7. 审计证据、审计风险及其组成要素、重要性水平三者之间存在着重要的互动关系。下列论断中，正确的是（　　）。

A. 可接受的检查风险越低，所需审计证据的数量就越少

B. 重要性水平越高，需要审计证据的数量就越多

C. 评估的控制风险越低，所需环境证据的数量就越少

D. 对于关联方交易比对于非关联方交易需要收集更多的审计证据

8. 在财务报表审计中，注册会计师对财务报表所确定的审计风险与其对账户余额和交易层所使用的审计风险必须满足（　　）关系。

A. 财务报表的审计风险大于账户余额、交易层的审计风险

B. 财务报表的审计风险等于账户余额、交易层的审计风险

C. 财务报表的审计风险小于账户余额、交易层的审计风险

D. 财务报表的审计风险不等于账户余额、交易层的审计风险

9. 下列各项中，属于不审计工作底稿内容的是（　　）。

A. 重大事项概要　　　　　　　B. 询证函回函

C. 管理层声明书　　　　　　　D. 对初步思考的记录

10. 对于审计中遇到的重大困难，如果治理层能够协助注册会计师克服这些困难，或者这些困难可能导致发表非无保留意见，可能需要（　　）。

A. 尽快沟通　　　B. 早期沟通　　　C. 后期沟通　　　D. 不需要沟通

二、多项选择题

1. 下列各项中，属于审计总体策略的有（　　）。

A. 审计范围　　　　　　　　　B. 审计报告目标

C. 确定审计重要性水平　　　　D. 向存货监盘项目分配审计人员

2. 在制定 X 公司 2015 年度财务报表审计的总体策略时，审计项目组应当考虑影响审计业务的下列（　　）重要因素，以确定审计项目组的工作方向。

A. 识别 X 公司及其所在行业最近发生的重大变化

B. 初步识别可能存在较高的重大错报风险的领域

C. 评价是否需针对内部控制有效性获取审计证据

D. 预期与 X 公司管理层和治理层沟通的关键日期

3. 注册会计师对计划审计工作进行的记录，应当包括（　　）。

A. 审计工作中对总体审计策略和具体审计计划作出的任何重大修改

B. 确定审计计划工作和向项目组传达重大事项而作出的关键决策

C. 计划实施的风险评估程序的性质、时间和范围

D. 针对评估的重大错报风险计划实施的进一步审计程序的性质、时间和范围

4. 对于不同的被审计单位，注册会计师执行财务报表审计所执行的程序可能是有所不同的，但注册会计师所记录的具体审计计划均应包括下列（　　）程序的性质、时间和范围。

A. 计划实施的风险评估

B. 针对内部控制执行的有效性计划实施的控制测试

C. 针对评估的重大错报风险计划实施的进一步审计

D. 针对应付账款计划实施的函证

5. 重要性取决于在具体环境下对错报金额和性质的判断。在以下关于重要性的说法中，正确的有（   ）。

A. 财务报表错报包括财务报表金额的错报和财务报表披露的错报

B. 不同的注册会计师在确定同一被审计单位财务报表层次和认定层次的重要性水平时，得出的结果可能不同

C. 重要性的确定离不开具体环境

D. 如果财务报表中的某项错报足以改变或影响被审计单位的相关决策，则该项错报就是重要的

6. 如果已发现但尚未调整的错报、漏报的汇总数超过重要性水平，为降低审计风险，注册会计师应当采取的必要措施包括（   ）。

A. 修改审计计划，将重要性水平调整至更高的水平

B. 扩大实质性程序范围，进一步确定汇总数是否重要

C. 提请被审计单位调整会计报表，以使汇总数低于重要性水平

D. 发表保留意见或否定意见

7. 注册会计师一般无须充分关注单独一笔小金额的错报漏报，而应关注小金额错报漏报的累计额，是因为（   ）。

A. 小金额错报漏报的累计可能会对财务报表的反映产生重大影响

B. 单独来看，小金额错报漏报在数量上虽不重要，但其性质往往是重要的

C. 一笔小金额的错报漏报无论是在数量上看，还是在性质上看，都不重要

D. 单独来看，小金额错报漏报在数量上可能会超过重要性水平

三、判断题

1. 注册会计师应当为审计工作制定总体审计策略，具体来说，应当确定审计范围、时间和方向，并指导制定具体审计计划。（   ）

2. 注册会计师应当为审计工作制定具体审计计划。具体审计计划比总体审计策略更加详细，其核心内容是注册会计师为获取充分、适当的审计证据以将审计风险降至可接受的低水平拟实施的审计程序的性质、时间和范围。（   ）

3. 因审计证据、审计风险均与审计重要性之间成反向关系，故审计风险与所需审计证据的数量之间必成同向变动的关系。（   ）

4. 一般而言，财务报表使用者十分关心流动性较高的项目，因此，注册会计师应当从严确定重要性水平。（   ）

5. 如果尚未调整的错报漏报非常重要，可能影响到大多数甚至全部财务报表使用者的决策时，注册会计师应当发表保留意见。（   ）

6. 财务报表项目的金额及其波动幅度可能促使财务报表使用者作出不同的反应，基于谨慎性，注册会计师应按最近几年来的最低金额确定重要性。

（   ）

7. 确定财务报表的重要性水平时，注册会计师可能只将被审计单位的营业收入作为判断基准，不考虑资产总额或净资产。　　　　　　　（　　）

四、简答题

H 会计师事务所的注册会计师 A 和 B 接受指派，审计 X 股份有限公司（以下简称 X 公司）2020 年度会计报表。现正在编制审计计划。

资料一，X 公司未审计的财务报表显示，2020 年度资产总额为 180 000 万元，净资产为 88 000 万元，主营业务收入为 240 000 万元，利润总额为 36 000 万元，净利润为 24 120 万元。

资料二，根据 X 公司的具体情况和审计质量控制的要求，H 会计师事务所要求 A 和 B 注册会计师将 X 公司年报审计业务的可接受审计风险水平控制在 5% 的水平上。按 H 会计师事务所的业务指导手册规定，10%（含）以下的风险水平为低水平，10% ~ 40%（含）的风险水平为中等水平，超过 40% 的风险水平为高水平。

资料三，在编制 X 公司年度报表审计业务的具体审计计划时，为确定会计报表各主要项目的实质性程序，A 和 B 注册会计师根据以往经验和控制测试结果，分别确定了各类交易、余额的固有风险和控制风险水平。表 2 - 1 列示了其中五个账户的情况。

表 2 - 1　　　　　　　　**X 公司部分报表项目审计风险发生的可能性**　　　　单位：%

风险要素	应收票据	应收账款	固定资产	存货	短期借款
固有风险	难以确定	20	30	30	80
控制风险	6	25	90	40	90
重大错报风险	？	5	27	12	72

要求：

1. 针对资料一，为了确定会计报表层次的重要性水平，A 和 B 注册会计师决定以资产总额、净资产、主营业务收入以及净利润作为判断基础，采用固定比率法，选定这些判断基础的固定比率分别为 0.5%、1%、0.5% 和 5%，请代为计算并确定 X 公司 2020 年度会计报表的重要性水平，列示计算过程，简要说明重要性水平与审计风险以及重要性水平与所需审计证据数量之间的关系。

2. 根据资料二及资料三，代 A 和 B 注册会计师谨慎地估计应收票据项目的可接受检查风险水平，列示结算过程，并简要说明理由。

3. 针对资料三，请代 A 和 B 注册会计师确定各会计报表项目的审计风险水平，进而运用审计风险模型计算公司应收账款、固定资产、存货、短期借款项目的可接受检查风险水平，列示计算过程，计算结果保留小数点后 1 位。

五、思考题

1. 简述审计计划的含义及其作用。

2. 什么是审计重要性？如何理解审计重要性？

3. 简述审计重要性与审计风险之间的关系。

4. 审计人员评估重要性水平时应考虑哪些因素？

5. 请解释重大错报风险和检查风险，并说明两者与审计风险的关系。

6. 财务审计的工作底稿有什么作用？包括哪些必要内容？

7. 注册会计师为什么需要与被审计单位的治理层进行沟通？哪些信息需要与治理层进行及时沟通？

第二编　财务审计工具 →

第三章 财务审计技术方法

【引导案例】

Y 公司是一家 A 股上市公司，2021 年 3 月 20 日，北京中信达会计师事务所的 A 和 B 注册会计师负责完成了对 Y 公司 2015 年度财务报表的审计工作。假定 Y 公司 2020 年度财务报告于 2021 年 3 月 27 日经董事会批准和管理层签署，于同日报送证券交易所。其他相关资料如下：

在应付票据项目的审计中，为了确定应付票据余额所对应的业务是否真实、会计处理是否正确，A 和 B 注册会计师拟从 Y 公司应付票据备查簿中抽取若干笔应付票据业务，检查相关的合同、发票、货物验收单等资料，并检查会计处理的正确性。Y 公司应付票据备查簿显示，应付票据项目 2020 年 12 月 31 日的余额为 15 000 000 元，由 172 笔应付票据业务构成。根据具体审计计划的要求，A 和 B 注册会计师需从中选取 6 笔应付票据业务进行检查。

讨论问题：

1. 假设你是 A 或 B 注册会计师，针对上述案例资料，你认为在对 Y 公司财务报表审计过程中针对应付票据项目的众多具体业务除了可以使用传统的审计技术方法以外，是否可以在进行财务审计时运用审计抽样技术方法？

2. 如果你和你的同事发现 Y 公司的应付票据备查簿中所记载的 172 笔应付票据业务是随机排列的，如果你采用了系统选样法选取 6 笔应付票据业务样本，并且确定随机起点为第 7 笔应付票据的业务，那么，请你判断其余 5 笔应付票据业务应分别是哪几笔？

3. 如果上述 6 笔应付票据业务的账面价值为 1 400 000 元，审计后认定的价值为 1 680 000 元，Y 公司 2020 年 12 月 31 日应付票据账面总值为 15 000 000 元，并假定误差与账面价值成比例关系，请运用比率估计抽样法推断 Y 公司 2020 年 12 月 31 日应付票据的总体实际价值？

资料来源：作者自行编写。

【学习目标】

1. 通过对常用审计技术的学习，掌握财务审计中的基本技术方法。
2. 了解审计抽样的含义和对财务审计工作的意义。
3. 掌握统计抽样和非统计抽样含义及区别。
4. 理解属性抽样与变量抽样的含义及区别。
5. 明确抽样风险等审计抽样的基本概念。

6. 掌握样本选取的方法及抽样结果的评价步骤。

第一节　财务审计常用技术方法

一、财务审计常用技术方法的作用

注册会计师面临的主要决策之一，就是通过实施传统的审计技术方法，获取充分适当的审计证据，以满足对财务报表发表意见的要求。受到成本的约束，注册会计师不可能检查和评价所有可能获取的证据，因此，对审计证据充分性、适当性的判断是非常重要的。注册会计师利用审计程序获取审计证据涉及以下四个方面的决策：选用何种审计程序；对选定的审计程序，应当选取多大的样本规模；应当从总体中选取哪些项目；何时执行这些程序。

审计程序是指注册会计师在审计过程中的某个时间，对将要获取的某类审计证据如何进行收集的详细指令。在设计审计程序时，注册会计师通常使用规范的措辞或术语，以使审计人员能够准确理解和执行。注册会计师在选定了审计程序后，确定的样本规模可能在所测试的总体范围内随机变化，在确定样本规模之后，注册会计师应当确定测试总体中的哪个或哪些项目。注册会计师执行函证程序的时间可选择在资产负债表日后任意时间，但通常受审计完成时间、审计证据的有效性和审计项目组人力充足性等因素的影响。

二、财务审计常用技术方法的种类

在财务审计过程中，注册会计师可根据需要单独或综合运用以下在审计工作中常用的技术方法与程序，来获取充分、适当的审计证据。

（一）检查

检查是指注册会计师对被审计单位内部或外部生成的，以纸质、电子或其他介质形式存在的记录和文件进行审查，或对资产进行实物审查。检查记录或文件可以提供可靠程度不同的审计证据，审计证据的可靠性取决于记录或文件的性质和来源，而在检查内部记录或文件时，其可靠性则取决于生成该记录或文件的内部控制的有效性。将检查用作控制测试的一个例子，是检查记录以获取关于授权的审计证据。可以应用于风险评估、控制测试和实质程序。

某些文件是表明一项资产存在的直接证据，如构成金融工具的股票或债券，但检查此类文件并不一定能提供有关所有权或计价的审计证据。此外，检查已执行的合同可以提供与被审计单位运用会计政策（如收入确认）相关的审计证据。

检查有形资产可为其存在提供可靠的审计证据，但不一定能够为权利和义务或计价等认定提供可靠的审计证据。对个别存货项目进行的检查，可与存货监盘一同实施，因为存货监盘实际上就是一种实物检查。

（二）观察

观察是指注册会计师查看相关人员正在从事的活动或实施的程序。例如，注册会计师对被审计单位人员执行的存货盘点或控制活动进行观察。观察可以提供执行有关过程或程序的审计证据，但观察所提供的审计证据仅限于观察发生的时点，而且被观察人员的行为可能因被观察而受到影响，这也会使观察提供的审计证据受到限制。观察可用于整个审计程序。

（三）询问

询问是指注册会计师以书面或口头方式，向被审计单位内部或外部的知情人员获取财务信息和非财务信息，并对答复进行评价的过程。作为其他审计程序的补充，询问广泛用于整个审计过程中。

知情人员对询问的答复可能为注册会计师提供尚未获悉的信息或佐证证据。另外，对询问的答复也可能提供与注册会计师已获取的其他信息存在重大差异的信息。例如，关于被审计单位管理层凌驾于控制之上的可能性的信息。在某些情况下，对询问的答复为注册会计师修改审计程序或实施追加的审计程序提供了基础。

尽管对通过询问获取的审计证据予以佐证通常特别重要，但在询问管理层意图时，获取的支持管理层意图的信息可能是有限的。在这种情况下，了解管理层过去所声称意图的实现情况、选择某项特别措施时声称的原因以及实施某项具体措施的能力，可以为佐证通过询问获取的证据提供相关信息。

针对某些事项，注册会计师可能认为有必要向管理层和治理层（如适用）获取书面声明，已证实对口头询问的答复。

（四）函证

函证，是指注册会计师直接从第三方（被询证者）获取书面答复以作为审计证据的过程，书面答复可以采用纸质、电子或其他介质等形式。当针对的是与特定账户余额及其项目相关的认定时，函证常常是相关的程序。但是，函证不必仅仅局限于账户余额。例如，注册会计师可能要求对被审计单位与第三方之间的协议和交易条款进行函证。注册会计师可能在询证函中询问协议是否作过修改，如果作过修改，要求被询证者提供相关的详细信息。此外，函证程序还可以用于获取不存在某些情况的审计证据，如不存在可能影响被审计单位收入确认的"背后协议"。函证主要应用于实质性程序。

函证的类型

（五）重新计算

重新计算是指注册会计师对记录或文件中的数据计算的准确性进行核对。重新计算可通过手工方式或电子方式进行，主要适用于实质性程序中的细节测试过程中专门技术方法。

（六）重新执行

重新执行是指注册会计师独立执行原本作为被审计单位内部控制组成部分的程序或控制活动，主要是应用在对被审计单位的内部控制测试过程中。

（七）分析程序

分析程序是指注册会计师通过分析不同财务数据之间以及财务数据与非财务数据之间的内在关系，对财务信息作出评价。分析程序还包括在必要时对识别出的、与其他相关信息不一致或与预期值差异重大的波动或关系进行调查。实施分析程序的目的有：（1）用作风险评估程序，以了解被审计单位及其环境；（2）当使用分析程序比细节测试能更有效地将认定层次的检查风险降至可接受的水平时，分析程序可以用作实质性程序；（3）在审计结束或临近结束时对财务报表进行总体复核。

上述审计程序基于审计的不同阶段和目的单独或组合起来，可用作风险评估程序、控制测试和实质性程序来获取充分适当的审计证据。

职业测试

1. 为确定审计的前提条件是否存在，下列各项中，注册会计师执行的工作有（   ）。（2013 年 CPA 考试审计真题）

A. 确定被审计是否存在违反法律法规行为

B. 确定被审计单位的内部控制是否有效

C. 确定管理层在编制财务报表时采用的财务报告编制基础是否是可接受的

D. 确定管理层是否认可并理解其与财务报表相关的责任

【参考答案】CD

2. 下列审计取证方法中，最适用于实现总体合理性审计目标的是（   ）。（2008 年初级审计师考试真题）

A. 检查   B. 观察   C. 计算   D. 分析性复核

【参考答案】D

第二节 财务审计抽样技术方法

一、审计测试项目的选取方法

在设计审计程序时，审计人员应当确定选取测试项目的适当方法。审计人员可以使用选取全部项目、选取特定项目和审计抽样等三种方法。关于注册会计师财务审计取证样本范围确定方法主要内容如图 3-1 所示。

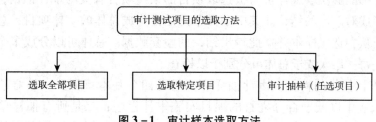

图 3 – 1 审计样本选取方法

（一）选取全部项目

选取全部项目是指对总体中的全部项目进行检查。对全部项目进行检查，通常更适用于细节测试，而不适合控制测试。实施细节测试时，在某些情况下，基于重要性水平或风险的考虑，注册会计师可能认为需要测试总体中的全部项目。总体可以包括构成某类交易或账户余额的所有项目，也可以是其中的一层，同一层中的项目具有某一共同特征。注意当存在下列情形之一时，审计人员应当考虑选取全部项目进行测试：

1. 总体由少量的大额项目构成。某类交易或账户余额中的所有项目的单个金额都较大时，注册会计师可能需要测试所有项目。

2. 存在特别风险且其他方法未提供充分、适当的审计证据。如果某类交易或账户余额中所有项目虽然单个金额不大但存在特别风险，注册会计师也可能需要测试所有项目。

3. 由于信息系统自动执行的计算或其他程序具有重复性，对全部项目进行检查符合成本效益原则。注册会计师通常使用计算机辅助审计技术选取全部项目进行测试。

（二）选取特定项目

选取特定项目是指对总体中的特定项目进行针对性测试。根据对被审计单位的了解、评估的重大错报风险以及所测试总体的特征等，注册会计师可以从总体中选取特定项目进行测试。选取的特定项目可能包括：大额或关键项目；超过某一金额的全部项目；被用于获取某些信息的项目；被用于测试控制活动的项目。

注意：选取特定项目实施检查，通常是获取审计证据的有效手段，但并不构成审计抽样。对按照这种方法所选取的项目实施审计程序的结果，不能推断至整个总体。

（三）审计抽样

1. 审计抽样的含义。审计抽样是指审计人员对某类交易或账户余额中以低于百分之百的项目实施审计程序，使所有抽样单元都有被选取的机会；这使得注册会计师能够获取或评价与被选取项目的某些项目有关的审计证据，以形成和帮助形成对总体的结论。其中抽样单元是指构成总体的个体项目；总体是指审计人员从中选取样本并据此得出结论的整套数据。总体可以分成多个层次或子总体，每一层次或子总体可分别予以检查。

2. 审计抽样的特征。审计抽样应当具备四个基本特征：一是对某类交易或账户余额中以低于百分之百的项目实施审计程序；二是所有抽样单元都有被选取的机会；三是审计测试的目的是评价该账户余额或交易类型的某一特征；四是对于为了实现审计目标需要进行测试且对其缺乏了解的项目特别适用。

3. 审计测试中的应用。审计人员在获取审计证据时可使用：风险评估、控制测试和实质性程序三种目的具体审计程序。审计人员打算实施的审计程序将会对运用审计程序产生重要的影响。有些审计程序可以使用审计抽样，有些审计程序则不宜使用审计抽样。就是说它并不是适用于审计测试中的所有审计程序。有关审计程序中使用审计抽样的情况如表 3-1 所示。

表 3-1 获取审计证据时对审计抽样的考虑

审计抽样	风险评估程序	控制测试	实质性程序
适用情形	无	(1) 了解控制设计和确定控制是否得到执行的同时计划和实施控制测试时 (2) 当控制的运行留下轨迹时	实施细节测试时： (1) 以验证相关财务报表金额的一项或多项认定（应收账款存在性） (2) 对某些金额作出独立估计（如陈旧存货的价值）
不适用情形	不用审计抽样	没有运行轨迹的内部控制	在实施分析性程序时

二、审计抽样的类型

审计抽样通常按抽样决策的依据不同分为统计抽样和非统计抽样，而统计抽样又可按审计抽样所了解的总体特征不同分为属性抽样和变量抽样。

（一）统计抽样和非统计抽样

1. 统计抽样。统计抽样是指运用概率论和数理统计的方法确定样本数量与构成分布，随机抽取有效样本进行审查，并对所抽取的样本结果进行统计评价，最后以样本的审查结果来推断总体特征的方法。也就是说，统计抽样是以概率论和数理统计为理论基础，将数理统计的方法与审计工作相结合而产生的一种审计抽样方法。运用统计抽样技术可以使总体中每一单位都有被抽选的机会，使样本的特征尽可能接近总体的特征。

统计抽样有以下优点：（1）统计抽样能够科学地确定样本规模，避免出现样本过多或过少的现象。（2）采用统计抽样，总体各项目被抽取的机会是均等的，可以防止主观判断和随意性。（3）统计抽样能够计算抽样误差在预定范围内的概率，并根据抽样推断的要求，把这种误差控制在预定范围之内。（4）统计抽样能够客观地评估审计结果。运用概率论和数理统计原理对样本结果进行统计评价以推断总体特征，所得出的审计结论具有科学依据。（5）统计抽样能够提高审计效率，并促使审计工作规范化。

2. 非统计抽样。非统计抽样也称判断抽样，是指审计人员运用专业经验和主观判断，有目的地从特定审计对象总体中抽取部分样本进行审查，并以样本的审查结果来推断总体特征的审计抽样方法。采用这种方法能否取得成效，取决于审计人员的经验和主观判断能力。采用非统计抽样会导致如下结果：要么样本量过大，浪费人力和时间；要么样本量过小，则冒过多的风险，易得出错误的审计结论。当然，非统计抽样如果设计得当，也可达到同统计抽样一样的效果。因而，审计人员执行审计测试，既可以运用统计抽样技术，也可以运用非统计抽样技术，还可以结合使用这两种抽样技术。只要这两种技术运用得当，均可以提供审计所要求的充分、适当的证据，并且都存在某种程度的抽样风险和非抽样风险。

（二）属性抽样与变量抽样

1. 属性抽样。属性抽样是指在精确度界限和可靠程度一定的条件下，为了测定总体特征的发生频率而采用的一种方法。根据控制测试的目标和特点所采用的审计抽样，通常称为属性抽样。也就是说，属性抽样是用于控制测试方面的统计抽样。在控制测试中，只需通过对样本的审核来推断差错或舞弊的发生频率是多少，来证明被审计单位的内部控制是否有效地执行，而不必作出错误数额大小的估计。用于控制测试的属性抽样通常有固定样本量抽样、停—走抽样、发现抽样等方法。

2. 变量抽样。变量抽样是指用来估计总体金额而采用的一种方法。根据实质性测试的目标和特点所采用的审计抽样，通常称为变量抽样。也就是说，变量抽样是用于实质性测试方面的统计抽样。它通过检查会计报表各项目金额的真实性和正确性，来取得支持审计结论所需的直接证据。用于实质性测试的变量抽样，通常有平均值估计抽样、差异估计抽样、比率估计抽样等方法。

三、审计抽样的基本程序

（一）样本的设计

审计人员运用审计抽样方法需要在科学、具体的规划指导下进行。在抽样之前，需要进行样本设计。所谓样本设计，是指审计人员围绕样本的性质、样本量、抽样组织方式及抽样工作质量要求等方面所进行的规划工作。应当考虑下列五个方面的基本因素。

1. 审计目标。审计人员在设计样本时，应当根据具体审计目标，考虑其所要获取审计证据的特征及构成误差的条件，以正确界定误差和审计对象总体，并确定采用何种审计抽样方法。这里，最为关键的是要根据具体审计目标界定"误差"。一般来说，在控制测试中，误差是指审计人员认为使控制程序失去效能的所有控制失效事件。在实质性测试中，通常将误差界定为误报货币金额的绝对值或相对比率。

2. 审计对象总体及抽样单元。审计对象总体是指审计人员为形成审计结论，拟采用抽样方法审计的经济业务及有关会计或其他资料的全部项目。审计人员在确定审计对象总体时，应确保其相关性和完整性。相关性是指审计对象总体必须符合审计目标。完整性是指审计对象总体必须包括被审计的会计或其他资料的全部项目。抽样单元是指构成审计对象总体的单位项目。审计人员应当根据审计目标及被审计单位实际情况确定抽样单位。

3. 抽样风险和非抽样风险。审计人员在运用抽样技术进行审计时，会遇到两方面的不确定性因素：一是直接与抽样相关的因素，由此造成的不确定性称为抽样风险；二是与抽样无关的因素，由此造成的不确定性称为非抽样风险。

（1）抽样风险。抽样风险是指审计人员依据抽样结果得出的结论与审计对象总体特征不相符的可能性。抽样风险与样本量成反比，增加样本量可以降低抽样风险，但样本量过大会增加审计成本。因而无论是进行控制测试还是实质性测试，审计人员都应关注抽样风险。

审计人员进行控制测试时，可能会产生两种抽样风险，即信赖不足风险和信赖过度风险。

信赖不足风险是指抽样结果使审计人员没有充分信赖实际上应予信赖的内部控制的可能性。这种风险一般会导致审计人员执行额外的审计程序，降低审计效率，但不会影响审计效果。因为被审计单位内部控制的实际运行状况达到了预期信赖程度，从而能够支持对风险的估计水平，但抽样结果却不能支持该风险的估计水平，从而使审计人员加大不必要的审计工作量，降低审计效率。信赖过度风险则是指抽样结果使审计人员对内部控制的信赖超过了其实际上可予信赖的可能性。这种风险会影响审计效果，很可能导致审计人员得出不正确的审计结论。因为被审计单位内部控制的实际运行状况并未达到预期信赖程度，不能支持对风险的估计水平，但抽样结果却能支持该风险的估计水平，从而使审计人员得出的审计结论可能不具备合理的基础。

审计人员在进行实质性测试时，也可能会产生两种抽样风险，即误拒风险和误受风险。

误拒风险又称"α风险"，是指抽样结果表明账户余额存在重大错误，而实际上并不存在重大错误的可能性。这种风险也会导致审计人员执行额外的审计程序，降低审计效率。因为被审计单位特定账户实际上并不存在重大错误，但样本却支持得出该账户余额存在重大错误的结论，从而使审计人员加大不必要的审计工作量，降低审计效率。

误受风险又称"β风险"，是指抽样结果表明账户余额不存在重大错误，而实际上存在重大错误的可能性。这种风险也影响审计效果，很可能导致审计人员得出不正确的审计结论。因为被审计单位特定账户实际上存在重大错误，但样本却支持得出该账户余额不存在重大错误的结果，从而使审计人员按照既定的审计程序可能不足以查出重大错误，得出的审计结论不具备合理的基础。

（2）非抽样风险。非抽样风险是指审计人员因采用不恰当的审计程序或方法，或因误解审计证据等而未能发现重大误差的可能性。显然，这种风险并非抽样所致，而是由其他因素引起的。导致非抽样风险的原因主要包括：审计人员未能辨别样本中的错误、运用不当或无效的审计程序、错误解释样本结果等。非抽样风险同样对审计工作的效率和效果有一定的影响，且无论是抽样审计还是详细审计，都无法消除这一风险。非抽样风险无法量化，但可以通过对审计程序的详细计划以及适当的指导和监督来有效降低。

4. 分层。分层是指将某一审计对象总体划分为若干具有相似特征的次级总体的过程。分层可以降低每一层中项目的变异性，从而在抽样风险没有成比例增加的前提下减小样本规模。即审计人员可以利用分层着重审计可能有较大错误的项目，并减少样本量。对总体采用分层法，可以按经济业务的重要性分层，也可以按经济业务的类型分层，它主要适用于内部各组成部分具有不同特征的总体。审计人员利用分层，既可以提高抽样效率，也可以使审计人员能按项目的重要性、变化频率或其他特征选取不同的样本数，且可针对不同层次采用不同的审计程序，因而可以提高样本的代表性和审计的有效性。

5. 样本规模。样本规模是指从总体中选取样本项目的数量。在审计抽样中，如果样本规模过小，就不能反映出总体的特征，注册会计师就无法获取充分的审计证据，其审计结论的可靠性就会大打折扣，甚至可能得出错误的审计结论；相反，如果样本规模过大，则会增加审计工作量，造成不必要的时间和人力的浪费，降低审计效率，失去审计抽样的意义。在确定样本规模时，注册会计师应当考虑能否将抽样风险降至可接受的低水平。

可能会影响样本规模的因素包括：（1）可接受的抽样风险。样本规模受注册会计师等审计人员可接受的抽样风险与样本规模成反比。注册会计师愿意接受的审计风险越低，样本规模通常越大。注册会计师愿意接受的抽样风险越高，样本规模越小。（2）可容忍误差。可容忍误差是指审计人员认为抽样结果可以达到审计目的，所愿意接受的审计对象总体的最大误差。审计人员应当在审计计划阶段，根据审计重要性原则，合理确定可容忍误差。可容忍误差越小，需选取的样本量就应越大；反之，可容忍误差较大，需选取的样本量即可小一些。（3）预期总体误差。审计人员应根据以前年度审计所发现的误差、被审计单位经营业务和经营环境的变化、内部控制的评价及分析性复核的结果等，来确定审计对象总体的预期误差。预期总体误差与样本量之间存在着内在的联系，如果预期总体误差大，则需要选取较大的样本量；如果预期总体误差小，则样本量也较小。

6. 总体变异性。总体变异性是指总体的某一特征（如金额）在各项目之间的差异程度。在控制测试中，注册会计师在确定样本规模时一般不考虑总体变异性。在细节测试中，注册会计师确定适当的样本规模时要考虑特征的变异性。总体项目的变异性越低，通常样本规模越小。注册会计师可以通过分层，将总体分为相对同质的组，以尽可能降低每一组中变异性的影响，从而减小样本规模。未分层总体具有高度变异性，其样本规模通常很大。最有效率的方法是根据预期会降低变异性的总体项目特征进行分层。在细节测试中分别独立选取样本。

7. 总体规模。除非总体非常小，总体规模对样本规模的影响几乎为零。注册会计师通常将抽样单元超过 5 000 个的总体视为大规模总体。对大规模总体而言，总体的实际容量对样本规模几乎没有影响。对小规模总体而言审计抽样比其他选择测试项目的方法的效率低。

表 3 - 2 列示了审计抽样中影响样本规模的因素，并分别说明了这些影响因素在控制测试和细节测试中的表现形式。

表 3 - 2　　　　　　　　　　审计抽样中可能会影响样本量的各种因素

项目	控制测试	细节测试	与样本量的关系
可接受的抽样风险	可接受信赖过度风险	可接受的误受风险	反向变动
可容忍误差	可容忍偏差率	可容忍错报	反向变动
预计总体误差	预计总体偏差率	预计总体错报	同向变动
总体变异性		总体变异性	同向变动
总体规模	总体规模	总体规模	影响很小

（二）样本选取方法

1. 选样的基本要求。审计人员在选取样本时，应使审计对象总体内所有项目均有被选取的机会，只有这样，才可使样本能够代表总体，从而保证由抽样结果所推断出的总体特征具有合理性和可靠性。

2. 选样的基本方法。

（1）随机选样。随机选样是指对审计对象总体或次级总体的所有项目，按随机规则选取样本。随机选样通常运用随机数表或计算机产生的随机数来进行。既可以应用于统计抽样，也可以适用于非统计抽样。

（2）系统选样。系统选样也称等距选样，是指先计算选样间隔，确定选样起点，然后按照间隔顺序选取样本的一种选样方法。系统选样法的优点是使用方便，并可用于无限总体。但使用系统选样法要求总体必须是随机排列的，否则容易发生较大的偏差。所以在使用这种方法时，审计人员必须先确定总体是否随机排列，若不是随机排列，则不宜使用。

（3）任意选样。使用这种方法并不意味着注册会计师可以漫不经心地选择样本，注册会计师要避免任何有意识的偏向或可预见性（如回避难以找到的项目，或总是选择或回避每页的第一个或最后一个项目），从而保证总体中的所有项目都有被选中的机会，使选择的样本具有代表性。随意选样仅适用于非统计抽样。在使用统计抽样时，运用随意选样是不恰当的，因为注册会计师无法量化选取样本的概率。

（4）整群选样。使用这种方法，注册会计师从总体中选取一群（或多群）连续的项目。例如，总体为 2020 年的所有付款单据，从中选取 2 月 3 日、5 月 17 日和 7 月 19 日这三天的所有付款单据作为样本。整群选样通常不能在审计抽样中使用，因为大部分总体的结构都使连续的项目之间可能具有相同的特征，但与总体中其他项目的特征不同。虽然在有些情况下注册会计师检查一群项目可能是适当的审计程序，但当注册会计师希望根据样本作出有关整个总体的有效推断时，极少将整群选样作为适当的选样方法。

（三）抽样结果的评价

1. 分析样本误差。审计人员应当根据预先确定的构成误差的条件，确定某一有问题的项目是否为一项误差。在控制测试中，误差不外乎以下三种情形：凭证上记录正确，但没有执行控制程序；在凭证记录上有执行控制程序轨迹，但记录与事实不符；既未执行控制程序，记录也不正确。在实质性测试中，误差可认为是误报货币金额的绝对值或相对比率。

2. 推断总体误差。在实施控制测试时，由于样本的误差率就是整个总体的推断误差率，注册会计师无须推断总体误差率。在控制测试中，注册会计师将样本中发现的偏差数量除以样本规模，就计算出样本偏差率。无论使用统计抽样或非统计抽样方法，样本偏差率都是注册会计师对总体偏差率的最佳估计，但注册会计师必须考虑抽样风险。当实施细节测试时，注册会计师应当根据样本中发现的误差金额推断总体误差金额，并考虑推断误差对特定审计目标及审计的其他方面的影响。

3. 重估抽样风险。控制测试时，审计人员如果认为抽样结果无法达到其对所测试的内部控制的预期信赖程度，应考虑增加样本量，或修改实质性测试程序，包括修改实质性测试程序的性质、时间和范围。在实质性测试中运用审计抽样推断总体误差后，审计人员应将总体误差与可容忍误差相比较，并将抽样结果与从其他有关审计程序中所得的证据相比较。如果审计人员推断的总体误差超过可容忍误差，经重估后的抽样风险不能接受，应增加样本量或执行替代审计程序。如审计人员推断总体误差接近可容忍误差，应考虑是否增加样本量或执行替代审计程序。

4. 形成审计结论。审计人员应当评价样本结果，以确定对总体相关特征的评估是否得到证实或需要修正，从而形成审计结论。

（1）控制测试中的样本结果评价。在控制测试中，注册会计师应当将总体偏差率与可容忍偏差率比较，但必须考虑抽样风险。常可分统计抽样和非统计抽样两种情况来评价结果：

第一种情况——统计抽样。在统计抽样中，注册会计师通常使用表格或计算机程序计算抽样风险。用以评价抽样结果的大多数计算机程序都能根据样本规模、样本结果，计算在注册会计师确定的信赖过度风险条件下可能发生的偏差率上限的估计值。该偏差率上限的估计值即总体偏差率与抽样风险允许限度之和。

如果估计的总体偏差率上限低于可容忍偏差率，总体可以接受。注册会计师对总体作出结论，样本结果支持计划评估的控制有效性，从而支持计划的重大错报风险评估水平。

如果估计的总体偏差率上限大于或等于可容忍偏差率，则总体不能接受。这时注册会计师对总体做出结论，样本结果不支持计划评估的控制有效性，从而不支持计划的重大错报风险评估水平。此时注册会计师应当修正重大错报风险评估水平，并增加实质性程序的数量。注册会计师也可以对影响重大错报风险评估水平的其他控制进行测试，以支持计划的重大错报风险评估水平。

如果估计的总体偏差率上限低于但接近可容忍偏差率，注册会计师应当结合其他审计程序的结果，考虑是否接受总体，并考虑是否需要扩大测试范围，以进一步证实计划评估的控制有效性和重大错报风险水平。

第二种情况——非统计抽样。非统计抽样中，抽样风险无法计量。审计人员通常将样本偏差率（估计总体偏差率）与可容忍偏差率相比较，以判断总体是否可以接受。

如果样本偏差率大于可容忍偏差率，则总体不可以接受。这时注册会计师对总体作出结论，样本结果不支持计划评估的控制有效性，从而不支持计划的重大错报风险评估水平。因此，审计人员应当修正重大错报风险评估水平，并增加实质性程序的数量。

如果样本偏差率低于总体可容忍偏差率，审计人员要考虑即使总体实际偏差率高于可容忍偏差率时仍出现这种结果的风险。如果样本偏差率大大低于可容忍偏差率，审计人员常认为总体可以接受。如果样本偏差率虽然低于可容忍偏差率，但二者很接近，审计人员通常认为总体实际偏差率高于可容忍偏差率的抽样风险很高，因而总体不可接受。

（2）细节测试中的样本结果的评价。在细节测试中，审计人员必须根据样本中风险的实际错误要求被审计者调整账面记录的金额。将被审计单位已更正的错报从推断的总体错报金额中减掉后，审计人员应将调整后的推断总体错报与该类交易或账户余额的可容忍错报相比较。必须考虑抽样风险。细节测试中也可分统计抽样和非统计抽样两种情况来评价结果：

情况一——统计抽样。在统计抽样中，审计人员利用计算机程序或数学公式计算出总体错报上限，并将计算的总体错报上限与可容忍错报比较。计算的总体错报上限等于推断的总体错报（调整后）与抽样风险允许限度之和。

如果计算的总体错报上限低于可容忍错报，则总体可以接受。这时注册会计师对总体作出结论，所测试的交易或账户余额不存在重大错报。

如果计算的总体错报上限大于或等于可容忍错报，则总体不能接受。这时注册会计师对总体作出结论，所测试的交易或账户余额存在重大错报。在评价财务报表整体是否存在重大错报时，审计人员应将该类交易或账户余额的错报与其他审计证据一起考虑。通常，注册会计师会建议被审计单位对错报进行调查，且在必要时调整账面记录。

情况二——非统计抽样。在非统计抽样中，注册会计师运用其经验和职业判断评价抽样结果。如果调整后的总体错报大于可容忍错报，或虽小于可容忍错报但二者很接近，注册会计师通常作出总体实际错报大于可容忍错报的结论。也就是说，该类交易或账户余额存在重大错报，因而总体不能接受。如果对样本结果的评价显示，对总体相关特征的评估需要修正，注册会计师可以单独或综合采取下列措施：提请管理层对已识别的误差和存在更多误差的可能性进行调查，并在必要时予以调整；修改进一步审计程序的性质、时间和范围；考虑对审计报告的影响。

如果调整后的总体错报远远小于可容忍错报，注册会计师可以作出总体实际错报小于可容忍错报的结论，即该类交易或账户余额不存在重大错报，因而总体可以接受。

如果调整后的总体错报虽然小于可容忍错报但二者之间的差距很接近，审计人员必须特别仔细考虑重大错报风险水平是否适当，是否需要扩大细节测试的范围以获取进一步的证据。

第三节 财务审计信息技术方法

一、计算机辅助审计技术

（一）计算机辅助审计技术的定义

计算机辅助审计技术是指利用计算机和相关软件，使审计测试工作实现自动化的技术。通常将计算机辅助审计技术分为两类：一类是用于测试程序/系统的，即面向系统的计算机辅助审计技术；另一类是用于分析电子数据的，即面向数据的计算机辅助审计技术。

1. 面向系统的计算机辅助审计技术，包括平行模拟法、测试数据法、嵌入审计模块法法、程序编码审查、程序代码比较和跟踪、快照等方法。

平行模拟法，是指注册会计师使用自身的应用软件，并且运用与被审计单位同样的数据文件，执行被审计单位应用软件同样的操作，以确定被审计单位自动控制的有效性或账户余额的准确性。

测试数据法，是指注册会计师使用被审计单位的计算机系统和应用软件处理注册会计师自身准备的测试数据，以确定被审计单位的自动控制是否正确地处理测试数据。

嵌入审计模块法，是指注册会计师在被审计单位的应用软件系统中嵌入审计模块，以识别特定类型的交易。

程序编码审查，是指注册会计师使用专业的编码审查工具，进行开发编码的独立审查，以期发现冗余代码、错误代码、恶意代码等。

程序代码比较和跟踪，是指注册会计师使用专业的代码比较工具，进行开发代码的比对，包括客制化开发版本和标准版之间的代码比对、不同版本程序之间代码的比对跟踪等。

快照，是指注册会计师使用专业的工具，将系统运行过程中的某一状态进行快照记录，以进行包括系统性能、功能、状态等的横向比较。

2. 面向数据的计算机辅助审计技术，包括数据查询、账表分析、审计抽样、统计分析、数值分析等方法。计算机辅助审计技术可以在以下方面提高审计工作的效率和效果：

（1）将现有手工执行的审计测试自动化。例如对报告数据的准确性和完整性进行测试。

（2）在手工方式不可行的情况下执行测试或分析。例如，审计大量的和非正常的销售交易，尽管这项工作有可能通过手工执行来实现，但对于多数大型公司而言，从时间角度出发，需要审计的交易数量是无法通过手工方式来进行的。

计算机辅助审计技术不仅能够提高审计大量交易的效率，而且计算机不会受到劳累过度的影响（而注册会计师在审计大量交易后很容易产生疲劳），从这个意义上讲，计算机辅助审计技术还可以使审计工作更具效果。与用手工方式进行同样的测试相比较，即便是第一年使用计算机辅助审计技术进行审计，也会节省大量的审计工作量，而后续年度节约的审计时间和成本则会更多。

（二）计算机辅助审计技术的应用

最广泛地应用计算机辅助审计技术的领域是实质性程序，特别是在与分析程序相关的方面。计算机辅助审计技术使得对系统中的每一笔交易进行测试成为可能，用于在交易样本量很大的情况下替代手工测试。

与其他控制测试相同，计算机辅助审计技术也可用于测试控制的有效性，选择少量的交易，并在系统中进行穿行测试，或是开发一套集成的测试工具，用于测试系统中的某些交易。在控制测试中使用计算机辅助审计技术的优势是，可以对每一笔交易进行测试（包括主文件和交易文件）从而确定是否存在控制失效的情况。由于计算机辅助审计技术有助于详审海量数据，它也可用于辅助对舞弊的检查工作（如审计非正常的日记账）。

（三）计算机辅助审计工具

1. 通用类：Excel、Access 等。Excel 自带了大量的核算或分析的库函数或工具，但是它处理的数据量较为有限，Access 可以灵活导入数据/并可使用简单的 SQL 语言进行分析，处理数据的范围和数量大于 Excel。

2. 数据库类：SQL Server、Oracle 等。专用的数据库工具，可以快速高效地分析大量数据，但是对分析人员的技术水平要求较高，至少必须非常精通 SQL 语言。

3. 专业工具类：ACL、IDEA 等。专业的分析工具，一般只有审计和内部控制专业人士以及财务管理人员才会使用这些工具。

二、大数据审计技术

（一）大数据审计含义与背景

大数据（big data）是以容量大、类型多、存取速度快、应用价值高为主要特征的数据集合，正快速发展为对数量巨大、来源分散、格式多样的数据进行采集、存储和关联分析，从中发现新知识、创造新价值、提升新能力的新一代信息技术和服务业态。主要具有大量、多样性、快速、真实性等特点。

大数据审计是指审计机关遵循大数据理念，运用大数据技术方法和工具，利用数量巨大、来源分散、格式多样的经济社会运行数据，开展跨层级、跨地域、跨系统、跨部门和跨业务的深入挖掘与分析，提升审计发现问题、评价判断、宏观分析的能力。与数据审计相比较，大数据审计所使用数据更多源异构，所使用技术方法更复杂高级，对数据洞察更敏锐深刻。

大数据是信息化发展的必然趋势，大数据审计则是审计机关适应时代发展的必然选择。2014 年，审计署成立电子数据审计司，先后出台了审计业务电子数据管理、审计业务电子数据远程联网管理、建设特派办数据分析网和共享审计业务电子数据等规定，明确了数据采集、管理、使用、安全等各环节要求，初步构建了较为完备、规范的大数据审计体系；地方各级审计机关也结合实际构建大数据审计体系，取得较好成效。2016 年世界审计组织大会批准成立大数据审计工作组，中国担任工作组主席国。

（二）大数据审计技术方法与作用

1. 大数据审计技术方法。财务审计中注册会计师常用的大数据审计方法包括：常规数据分析方法，如筛选、排序、趋势分析、数字分析等；数据挖掘方法，包括聚类、分类、回归、关联分析等；社会网络分析方法；可视化分析方法；文本挖掘分析方法等。

2. 大数据审计技术作用。（1）借助大数据审计平台，审计人员应多角度、多层次收集与被审计单位相关的数据和资料，拓宽审计思路，监测各类财务、业务电子数据及资料间的关联关系，充分运用云计算进行数据筛查和分析，找出被审计单位的疑点或问题，严谨求证，以得出客观、公正的审计结论。（2）大数据审计的一个主要特点是常用"样本＝总体"的数据分析模式，提升了分析的精确性，基于软件和模型的流处理方式能够实现实时分析，提高了审计效率。（3）大数据审计技术方法的变化给审计人员带来新的机遇和挑战。一方面，审计拓展到了被审计单位的海量数据，不运用大数据技术辅助，审计工作无法开展；另一方面，大数据应用拓展了审计人员的思路和视野，使审计人员既能够看到微观细节，又能够把握宏观总体情况。审计人员必须转变思想、改进方法、拓宽视野以适应审计全覆盖的要求。（4）"互联网＋"时代正深刻影响着我国社会经济的发展，并进一步影响审计的发展趋势。大数据、云计算、物联网等互联网新技术对审计的理念、审计方法、审计方式、审计技术、审计管理等都产生了影响，推动着审计的变革发展。

三、数据分析技术

（一）数据分析的概念

对财务审计而言，数据分析（data analysis）是注册会计师获取审计证据的一种手段，是指注册会计师在计划和执行审计工作时，通过对内部或外部数据进行分析、建模或可视化处理，以发现其中隐藏的模式、偏差或不一致，从而揭示出对审计有用的信息的方法。需要在硬件、软件、技能和质量控制等方面进行大量投入。在大中型会计师事务所对大型企业审计市场需求作出的响应中，数据分析居于重要地位，不仅可应用于审计中，也可以广泛应用于其他鉴证业务中。

数据分析能够帮助注册会计师以快速、低成本的方式实现对被审计单位整套完整数据（而非运用抽样技术得出的样本数据）进行检查，不仅能够在很大程度上提高审计的效率和效果，也有助于注册会计师从全局的角度更好地把握被审计单位交易和事项的经济实质，从而有助于提高审计质量。

（二）数据分析的作用及其应用

数据分析是通过基础数据结构中的字段来提取数据，而不是通过数据记录的格式。一个简单的例子是 Excel 工具中的 Power View，它可以过滤、排序、切分和突显出电子表格中的数据，然后用各种各样的气泡图、柱状图和饼状图等方式可视化地呈现数据。可视化与其基础数据几乎一样，因此，分析质量提高程度取决于以正确方式提取、分析和连接的基础数据。

数据分析工具可用于风险分析、交易和控制测试、分析性程序，用于为判断提供支撑并提供见解。例如，它们可以利用外部市场数据（如第三方定价信息）为投资重新定价。利率、汇率、GDP 的变化以及其他增长指标也可用于分析性程序。许多数据分析常规工具可以很容易地由注册会计师执行。独立完成这些分析的能力非常重要。更高级的常规分析工具可用于风险分析以便发现问题，而更详细的分析可用来明确重点，提供审计证据和洞察力。数据分析工具可以提高审计质量。审计质量不在于工具本身，而是在于分析和相应判断的质量。这种价值不在于数据转换，而是在于从分析产生的交谈和询问中提取的审计证据。

【本章小结】

　　财务审计技术方法是注册会计师从事财务审计工作并力求实现财务审计目标的必要手段与重要工具。财务审计技术方法主要包括：财务审计中的常用审计技术方法、财务审计中的抽样技术方法和财务审计中的信息技术方法。其中，财务审计的常用审计技术方法主要包括询问、观察、检查、函证、重新计算、重新执行和分析程序等方法。财务审计中的抽样技术方法主要包括统计抽样和非统计抽样；统计抽样按照抽样的性质和内容划分又可分为属性抽样和变量抽样。其中，前者主要适用于有运行轨迹的内部控制测试；后者主要适用于实质性程序中的细节测试。

【课后练习】

一、单选题

1. 以下所列各项中，不属于注册会计师实施分析程序主要目的的是（　　）。
A. 用作风险评估程序，以了解被审计单位及其环境
B. 用作控制测试程序，以证实控制运行的有效性
C. 用作实质性程序将检查风险降至可接受的水平时
D. 在审计结束或临近结束时对财务报表进行总体复核

2. 统计抽样与非统计抽样的区别是（　　）。
A. 所要了解的总体特征不同　　　　B. 所确定的抽样单位不同
C. 评价抽样风险的依据不同　　　　D. 审查样本时所用的方法不同

3. 审计人员应当特别关注可能导致不正确审计结论的两种风险是（　　）。
A. 信赖过度风险与误受风险　　　　B. 信赖不足风险与误受风险
C. 信赖过度风险与误拒风险　　　　D. 信赖不足风险与误拒风险

4. 审计人员采用系统选样法从 8 000 张凭证中选取 200 张作为样本，确定随机起点为凭证编号的第 35 号，则抽取的第 5 张凭证的编号应为（　　）号。
A. 155　　　　　B. 235　　　　　C. 200　　　　　D. 195

5. 在实质性测试中，审计人员推断总体误差后，如其超过可容忍误差，则应当（　　）。
A. 增加样本量　　　　　　　　B. 发表保留意见
C. 执行替代审计程序　　　　　D. 增加样本量或执行替代审计程序

6. 如果其他数量因素不变，而将信赖过度风险从 10% 降到 5%，则所需样

本规模将会（   ）。

    A. 增加   B. 不变   C. 减少   D. 无法确定

7. 下列各项中，不属于数据库类的计算机辅助审计工具的是（   ）。

    A. Excel   B. Server   C. SQL   D. Oracle

二、多选题

1. 下列各项常用审计技术方法中，可适用于控制测试的有（   ）。

    A. 检查   B. 函证   C. 分析程序   D. 重新执行

2. 审计人员在设计样本时，应当考虑的基本因素包括（   ）。

    A. 审计目标和分层   B. 审计对象总体与抽样单位

    C. 抽样风险和非抽样风险   D. 可信赖程度和可容忍误差

3. 在控制测试中，可以界定的误差有（   ）。

    A. 会计记录的虚假账户   B. 经济业务的记录未进行复核

    C. 审批手续不全   D. 误报的货币金额

4. 影响审计效率的抽样风险类型有（   ）。

    A. 信赖不足风险   B. 信赖过度风险

    C. 误受风险   D. 误拒风险

5. 下列因素中，与所选取的样本数量同向变动的有（   ）。

    A. 可容忍误差   B. 可信赖程度

    C. 预期总体误差   D. 检查风险

6. 有关审计抽样的下列表述中，不正确的有（   ）。

    A. 审计抽样适用于会计报表审计的所有审计程序

    B. 统计抽样的产生并不意味着非统计抽样的消亡

    C. 统计抽样可以减少审计过程中的专业判断

    D. 对可信赖程度要求越高，需要选取的样本量就越大

7. 下列说法中正确的有（   ）。

    A. 重要性水平越高，审计风险越低

    B. 重要性水平越低，应当获取的审计证据越多

    C. 样本量越大，抽样风险越大

    D. 可容忍误差越小，需选取的样本量越大

8. 在进行审计抽样时，使 CPA 执行额外审计程序、降低审计效率的审计风险有（   ）。

    A. 信赖不足风险   B. 误拒风险

    C. 信赖过度风险   D. 误受风险

三、判断题

1. 非统计抽样和统计抽样的选用，主要涉及的是审计程序实施的范围，并不影响运用于样本的审计程序的选择。（   ）

2. 账户余额实际上不存在重大错误，而抽样结果表明账户余额存在重大错误，这种可能性称为误受风险。（   ）

3. 在抽样执行过程中，如果出现挑选了不恰当的审计程序或方法这样的误差，应视为抽样风险。 （ ）

4. 在进行实质性测试时，可容忍误差是审计人员能够对某一账户余额或某类经济业务总体特征作出合理评价，所愿意接受的最大金额误差。 （ ）

5. 在控制测试时，审计人员如果认为抽样结果无法达到其对所测试的内部控制的预期信赖程度，则应考虑增加样本量，或修改实质性测试程序。 （ ）

6. 在运用审计抽样之前，审计风险等于非抽样风险。随着统计抽样的引入，大量的业务被置于这种科学方法的范围之内，虽然少许增加了抽样风险，但与此同时，非抽样风险有所下降，这就使得总体上讲，审计风险有所下降。

（ ）

7. 检查是指注册会计师对被审计单位内部或外部生成的，以纸质、电子或其他介质形式存在的记录和文件进行审查，或对资产进行实物审查。 （ ）

8. 计算机辅助审计技术分为两类，一类是用来测试程序/系统的，即面向系统的计算机辅助审计技术，另一类是用于分析电子数据的，即面向数据的计算机辅助审计技术。 （ ）

四、简答题

1. ABC 会计师事务所负责审计甲公司 2020 年度财务报表，A 注册会计师是项目合伙人，在审计过程中，需要运用分析程序获取充分、适当的审计证据，A 注册会计师的做法如下：

（1）分析程序可以用于实质性程序，但是需要结合细节测试使用，分析程序单独使用不能获取充分、适当的审计证据。

（2）相对于细节测试，实质性分析程序能够达到的精确度可能受到种种限制，因此证明力相对较弱。

（3）通过询问、观察和检查程序，A 注册会计师认为甲公司重大错报风险较低，所以不准备用分析程序评估风险。

（4）当评估的风险增加时，A 注册会计师确定的可接受的、无须作进一步调查的差异额随之提高。

（5）总体复核阶段实施分析程序是必要的程序，而且比实质性分析程序更加详细和具体。

要求：针对上述情况，逐项指出 A 注册会计师的观点或做法是否正确。如不正确，简要说明理由。

2. 2020 年 12 月 1 日，ABC 会计师事务所承接了甲公司 2020 年度财务报表的审计业务，A 注册会计师是项目合伙人，在测试甲公司赊销审批是否得到有效执行时，A 注册会计师决定采用统计抽样的方法，相关资料如下：

（1）A 注册会计师将 2020 年全部的销售单定义为测试的总体，看销售单上是否有专门负责赊销审批人员的签字以及是否按权限正确审批。

（2）A 注册会计师认为既然将总体定义为包括整个被审计期间的交易，就必须在 12 月 31 日以后实施控制测试。

（3）A 注册会计师对所有控制测试确定了一个统一的可接受信赖过度风险水平，然后对每一测试确定了统一的可容忍偏差率。

（4）在检查样本时，A 注册会计师发现其中一张单据丢失，A 注册会计师另外选取替代样本，进行测试。

要求：请单独考虑上述情况（1）~（4），逐项指出注册会计师的观点或者做法是否恰当，如不恰当，简要说明理由。

五、思考题

1. 财务审计中注册会计师常用的审计技术方法包括哪些内容？

2. 统计抽样和非统计抽样有何区别？审计人员使用统计抽样有何益处？

3. 什么是属性抽样和变量抽样？两者有何区别？它们各适用于什么审计测试？

4. 什么是随机选样和系统选样？在审计中如何运用这两种选样？

5. 大数据审计包括哪些内容？具有哪些积极作用？

第四章　财务审计关键程序

【引导案例】

凯旋公司财务报表审计中需要应用风险评估程序吗？

凯旋公司是以煤炭为主业的能源公司，主营业务是煤炭、电力的生产与销售，煤炭的铁路、港口和船队运输等。凯旋公司于2001年11月8日在北京注册成立，公司H股和A股于2006年6月和2008年10月分别在香港联合交易所及上海证券交易所上市。为了加快发展，从2004年开始，公司又进入了日用品生产行业。凯旋公司是中国上市公司中第三大煤炭销售商。2011年商品煤产量达281.9百万吨，同比增长14.8%，煤炭销售量达387.3百万吨，同比增长23.7%，截至2011年12月31日，中国标准下，集团煤炭资源储量为全国第二。

凯旋公司拥有规模可观、增长迅速的清洁发电业务，与公司的煤炭业务优势互补、协调发展。2011年公司通过兼并收购加快电力业务发展。与安徽、福建等多个省份开展战略合作，加快电力业务在沿海和沿江布局。2011年公司新增装机容量8 520兆瓦，较上年末增长29.8%。2011年12月31日，公司总发电量达到1 790.97亿千瓦时，同比增长27.2%；总售电量达到1 670.61亿千瓦时，同比增长27.3%；发电分部燃煤机组平均利用小时数达到5 914小时，比同期全国6 000千瓦及以上火电设备平均利用小时数5 294小时高出620小时。同时，加强环保质量管理，严格控制关键耗能指标，建设低碳环保电厂。2011年本公司燃煤机组售电标准煤耗为324克/千瓦时，比全国平均水平（全国6 000千瓦及以上电厂供电标准煤耗为330克/千瓦时）低6克/千瓦时。公司拥有由铁路和港口组成的大规模一体化运输网络，为公司带来了巨大的协同效应和低运输成本的优势。2011年自有铁路运输周转量达到同比增长8.0%。2011年公司通过自有港口和第三方港口下水的煤炭量占煤炭销售量的54.2%。

2011年，公司实现营业收入为2 081.97亿元，同比增长32.1%。按企业会计准则，公司总资产为人民币3 975.48亿元，归属于本公司股东的净利润为人民币448.22亿元，每股收益为人民币2.253元。自2005年以来，公司曾三次更换会计师事务所。公司较早进行信息化建设。公司的存货流转等内部原始单据均由系统自动生成。2011年10月，由于能源价格下降，公司股价也受到连累，出现大跌。公司一季度净利润同比增长13%，预计上半年同比增长70%~100%。

2011年8月，京永会计师事务所接受委托审计凯旋公司2011年度财务报表，委派注册会计师张平作为该审计项目合伙人。张平已经连续六年担任某上市公司年报审计的项目合伙人。在为制定审计计划而进行的项目组讨论时，注册会计师王年根据其在其他同类上市公司多年的审计经验，认为可以省略某些风险评估程序，直接将凯旋公司某些交易、账户和披露认定层次的风险确定为高风险。但张平认为还是应该开展风险评估程序。注册会计师在工作底稿中记录了所了解的被审计单位的情况，部分内容摘录如下：

（1）从 2007 年开始，该公司进行全方位的改革。董事会决议从 2008 年开始实行基本年薪加任期奖金的报酬机制，管理层报酬根据 3 年任期内各项经济指标完成的程度上下浮动。2008 年，董事会确定公司 2009～2011 年销售收入和利润指标的每年平均增幅为 18%。虽然 2009 年的主营业务收入等指标未能完成任期目标，但 2010 年相同指标的完成情况良好，弥补了第二年的不足，使两年平均水平仍达到了总经理任期目标。由于受到国家环保政策的影响，2011 年该公司所在行业的经济效益总体水平不如 2010 年，该行业的 2011 年平均销售增长率是 12%。

（2）因工作压力过大，凯旋公司财务总监于 2011 年 9 月被凯旋公司的竞争对手高薪聘请。受其影响，2011 年凯旋公司会计和内审部门有多人跳槽离开，目前除会计主管和审计部经理服务期超过 3 年之外，其余人员的服务期均少于 2 年。为提高会计核算质量，预防重大差错的发生，2011 年 6 月 30 日，财务部门按公司分管财务的副总经理的指示在财务部门内部进行了定期的人员轮换，此次轮换变更了所有财务人员的工作内容。

（3）为了巩固市场占有率并完成销售增长目标，凯旋公司实行了多项措施，包括：被审计单位通过发展中小城市的新客户和放宽授信额度争取销售收入比上一年度有较大增长；于 2011 年 4 月将 A 类煤炭的销售价格下调了 9%，注册会计师已经查明在 2011 年的 A 产品的毛利率为 7%。2011 年 12 月中旬凯旋公司以诱人的优惠条件吸引新老客户于 2011 年底之前签订销售合同、预付部分货款。部分客户受优惠条件的吸引，已提前预付了货款，并承诺下一年度提货。对于这一阶段发生的新的销售业务，财务人员进行了销售处理。

（4）2010 年末，凯旋公司某煤矿周边的居民联名向当地环保机构举报，要求查处该煤矿对当地空气、环境及地下水源的严重污染问题。当地环保部门已立案调查，预计公司会受到罚款处理。为应对日益严格的环保法规的要求凯旋公司准备更新大批生产设备。

（5）由于行业技术进步，公司的主打产品面临快速更新换代的压力，为开发新的产品，凯旋公司决定出资 1 000 万元建立产品研究基地，该基地已于 2011 年 4 月开始运行。

（6）自 2010 年以来，公司主要煤炭产地之一———辽宁某煤矿储量初步显现出枯竭的迹象。为维持正常的经营，公司自 2010 年 8 月起派出专家在全国开发新的煤矿储量。

（7）由于受通货膨胀的影响，2011 年凯旋公司生产 A 产品的原材料的运输单价比上年平均上升了 15%，同时 2011 年度主要原料的价格比上年上涨 10%，为了应对成本上涨，企业采取了精益生产管理流程，使得 D 产品的产品成本仅上涨 3%。

（8）2011 年 12 月 20 日，有网民称凯旋公司的某生产基地生产的 D 产品存在安全隐患，会影响到消费者的健康。公司随即发表调查和声明，表明该产品符合国家标准。但网络调查显示，仍有半数网民对该产品的安全性表示怀疑。

（9）通过对内部控制的初步了解发现该公司存在内部控制薄弱，且多次出现按照管理层特定意图记录的交易。

资料来源：王砚书．审计案例［M］．大连：东北财经大学出版社，2015．

讨论问题：

1. 什么是风险评估程序？

2. 注册会计师应在什么时点执行风险评估程序？风险评估程序本身能否为形成审计意见提供充分、适当的审计证据？评价对被审单位了解的程度是否恰当，如何判断？

3. 什么是重大错报风险和特别风险？为了识别重大错报风险，注册会计师可以采用的风险评估程序有哪些？注册会计师了解和评估的范围包括哪些？

4. 注册会计师应该如何应对上述已评估出的财务报表相关的错报风险？

【学习目标】

1. 理解风险评估的要求与程序。

2. 了解被审计单位及其环境。

3. 了解被审计单位的内部控制的内容与要素。

4. 熟悉识别和评估重大错报风险的方法与步骤。

5. 了解与掌握风险应对程序中注册会计师应采取的措施。

第一节　风险评估程序

一、风险评估的要求与程序

（一）风险评估的含义

风险评估（risk evaluation）是指注册会计师为了降低审计风险、提高审计质量和效率、得出公允的审计结论，在审计实施阶段通过了解被审计单位及相关环境与评价内部控制状况等内容，从而准确地评估审计工作所面临风险水平或程度，便于采取针对性的风险应对措施所设计的一系列必经程序和活动，是现代风险导向审计不可或缺的组成部分。

（二）风险评估的总体要求

根据《中国注册会计师审计准则第 1211 号——通过了解被审计单位及其环

境识别和评估重大错报风险》规定，注册会计师应当了解被审计单位及其环境，以充分识别和评估财务报表重大错报风险，设计和实施进一步审计程序。风险评估程序为注册会计师在下列关键环节作出职业判断提供重要基础：

（1）确定重要性水平，并随着审计工作的进程评估对重要性水平的判断是否仍然适当；

（2）考虑会计政策的选择和运用是否恰当，以及财务报表的列报（包括披露）是否适当；

（3）识别需要特别考虑的领域，包括关联方交易、管理层运用持续经营假设的合理性，或交易是否具有合理的商业目的等；

（4）确定在实施分析程序时所使用的预期值；

（5）设计和实施进一步审计程序，以将审计风险降至可接受的低水平；

（6）评价所获取审计证据的充分性和适当性。

（三）风险评估的程序

风险评估程序一般包括风险评估基本审计程序和其他审计程序等两个方面的内容，即可从被审计单位内部和外部两个渠道或来源来获取了解被审计单位及其环境所需要的信息。

1. 风险评估基本审计程序。注册会计师了解被审计单位及其环境，目的是识别和评估财务报表层次重大错报风险。根据定义，为了解被审计单位及其环境而实施的程序称为风险评估程序。注册会计师应当实施下列风险评估程序以了解被审计单位及其环境：询问被审计单位管理层和内部其他相关人员；分析程序；观察和检查。具体如图 4 - 1 所示。

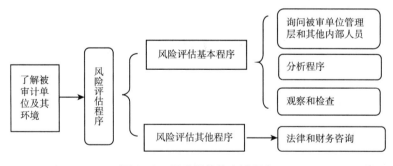

图 4 - 1　风险评估的审计程序

基本程序之一：询问被审计单位管理层和内部其他相关人员。

询问被审计单位管理层和内部其他相关人员是注册会计师了解被审计单位及其环境的一个重要信息来源。有关询问对象和询问事项的具体内容如表 4 - 1 所示。

表 4 - 1　　　　注册会计师可以考虑向管理层和财务负责人询问的事项

事项	询问对象	具体内容
(1)	管理层和财务负责人	①管理层所关注的主要问题。如新竞争对手、主要客户和供应商的流失、新税收法规的实施以及经营目标或战略的变化等 ②被审计单位最近的财务状况、经营成果和现金流量 ③可能影响财务报告的交易和事项，或者目前发生的重大会计处理问题，如重大的并购事宜等 ④被审计单位发生的其他重要变化。如所有权结构、组织结构的变化，以及内部控制的变化等
(2)	治理层	了解编制财务报表的环境
(3)	内部审计人员	了解本年度针对被审计单位内部控制设计和运行有效性而实施的内部审计程序，以及管理层是否根据实施这些程序的结果采取了适当的应对措施
(4)	参与生成，处理或记录复杂或异常交易的员工	评价被审计单位选择和应用的会计政策的恰当性
(5)	内部法律顾问	了解有关信息，如诉讼、遵守法律法规的情况、影响被审计单位的舞弊或舞弊嫌疑、产品保证、售后责任、与业务合作伙伴的安排（如合营企业）和合同条款的含义等
(6)	销售人员	了解被审计单位营销策略变化、销售趋势或与客户合同安排

　　在确定向被审计单位的哪些人员进行询问以及询问哪些问题时，注册会计师应当考虑何种信息有助于其识别和评估重大错报风险。如询问治理层，有助于注册会计师理解财务报表编制环境；询问内部审计人员，有助于注册会计师了解其针对被审计单位内部控制设计和运行有效性而实施的工作，以及管理层对内部审计发现的问题是否采取适当的措施。

　　基本程序之二：实施分析程序。

　　（1）分析程序含义。分析程序是指注册会计师通过研究不同财务数据之间以及财务数据与非财务数据之间的内在关系，对财务信息作出评价过程。分析程序还包括调查识别出的、与其他相关信息不一致或与预期数据严重偏离的波动和关系。

　　（2）分析程序的作用。既可用作风险评估程序和实质性程序，也可用于对财务报表的总体复核。注册会计师实施分析程序有助于识别异常的交易或事项，以及对财务报表和审计产生影响的金额、比率和趋势。在实施分析程序时，注册会计师应当预期可能存在的合理关系，并与被审计单位记录的金额、依据记录金额计算的比率或趋势相比较；如果发现异常或未预期到的关系，注册会计师应当在识别重大错报风险时考虑这些比较结果。

　　基本程序之三：观察和检查。

　　观察和检查程序可以印证对管理层和其他相关人员的询问结果，并可提供有关被审计单位及其环境的信息，注册会计师应当实施如表 4－2 所示的观察和检查程序。

表 4－2　　　　　　　　注册会计师可以实施的观察和检查程序

事项	程序内容	举例说明
（1）	观察——被审计单位的生产经营活动	观察被审计单位人员正在从事的生产活动和内部控制活动，增加注册会计师对被审计单位人员如何进行生产经营活动及实施内部控制的了解
（2）	检查——文件、记录和内部控制手册	检查被审计单位的章程，与其他单位签订的合同、协议，各业务流程操作指引和内部控制手册等，了解被审计单位组织机构和内部控制制度的建立健全情况
（3）	阅读——由管理层和治理层编制的报告	阅读被审计单位年度和中期财务报告，股东大会、董事会会议、高级管理层会议的会议记录或纪要等，管理层的讨论和分析资料，对重要经营环节和外部因素的评价，被审计单位内部管理报告及其他特殊目的的报告（如新投资项目的可行性分析报告）等，了解自上一期审计结束至本期审计期间被审计单位发生的重大事项
（4）	实地察看——被审计单位的生产经营场所和设备	通过现场访问和实地察看被审单位生产经营场所和设备，可帮助注册会计师了解被审计单位的性质及其经营状况
（5）	追踪——交易在财务报告信息系统中的处理过程（穿行测试）	通过追踪某笔或某几笔交易在业务流程中如何生成、记录、处理和报告，及相关控制如何执行，注册会计师可以确定被审计单位的交易流程和相关控制是否与之前通过其他程序所获得的了解一致，并确定相关控制是否得到执行

2. 风险评估的其他审计程序。

（1）其他审计程序。除了采用上述程序从被审计单位内部获取信息以外，如果根据职业判断认为从被审计单位外部获取的信息有助于识别重大错报风险，注册会计师应实施其他审计程序以获取这些信息。例如，询问被审计单位聘请的外部法律顾问、专业评估师、投资顾问和财务顾问；阅读书面或电子媒体传播的外部信息等。

（2）其他信息来源。注册会计师应当考虑在承接客户或续约过程中获取的信息，以及向被审计单位提供其他服务等其他信息来源渠道所获得的经验是否有助于识别重大错报风险。通常，对新的审计业务，注册会计师应在业务承接阶段对被审计单位及其环境有一个初步的了解，以确定是否承接该业务。而对连续审计业务，也应在每年的续约过程中对上年审计作总体评价，应当确定被审计单位及其环境是否已发生变化，并更新对被审计单位的了解和风险评估结果，以确定是否续约。注册会计师还应当考虑向被审计单位提供其他服务（如执行中期财务报表审阅业务）所获得的经验是否有助于识别重大错报风险。

3. 项目组内部讨论。项目组内部的讨论在所有业务阶段都非常必要，可以保证所有事项得到恰当的考虑。通过安排具有较多经验的成员（如项目合伙人）参与项目组内部的讨论，其他成员可以分享其见解和以往获取的被审计单位的经验。《中国注册会计师审计准则第 1211 号——通过了解被审计单位及其环境识别和评估重大错报风险》要求项目合伙人和项目组其他关键成员应当讨论被审计单位财务报表存在重大错报的可能性，以及如何根据被审计单位的具体情况运用适用的财务报告编制基础。项目合伙人应当确定向未参与讨论的项目组成员通报哪些事项。

（1）讨论的目标。项目组内部的讨论为项目组成员提供了交流信息和分享见解的机会。项目组通过讨论可以使成员更好地了解在各自负责的领域中，由于舞弊或错误导致财务报表重大错报的可能性，并了解各自实施审计程序的结果如何影响审计的其他方面，包括对确定进一步审计程序的性质、时间安排和范围的影响。

（2）讨论的内容。项目组应当讨论被审计单位面临的经营风险、财务报表容易发生错报的领域以及发生错报的方式，特别是由于舞弊导致重大错报的可能性，讨论的内容和范围受项目组成员的职位、经验和所需要的信息的影响。

（3）参与讨论的人员。注册会计师应当运用职业判断确定项目组内部参与讨论的成员。项目组的关键成员应当参与讨论，如果项目组需要拥有信息技术或其他特殊技能的专家，这些专家也应参与讨论。参与讨论人员的范围受项目组成员的职责经验和信息需要的影响。

（4）讨论的时间和方式。项目组应当根据审计的具体情况，在整个审计过程中持续交换有关财务报表发生重大错报可能性的信息。

二、了解被审计单位及其环境

（一）了解被审单位及其环境的总体要求

为了对被审计单位及其环境进行真正熟悉和了解，注册会计师需要全面、客观地了解被审计单位的相关信息。而关于该市场主体的信息可以从单位内部和外部两方面去取得。因此，注册会计师应当从下列六个方面了解被审计单位及其环境，具体内容如图 4-2 所示。

注册会计师在了解被审计单位相关信息时必须注意的问题是：被审计单位及其环境的六个方面的因素可能会互相影响。因此，注册会计师在对被审计单位及其环境的各个方面进行了解和评估时，应当考虑各因素之间的相互关系。注册会计师针对上述六个方面实施的风险评估程序的性质、时间和范围取决于

注册会计师风险评估的范围

审计业务的具体情况，如被审计单位的规模和复杂程度，以及注册会计师的相关审计经验，包括以前对被审计单位提供审计和相关服务的经验和对类似行业、类似企业的审计经验。

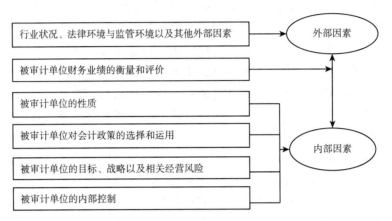

图4-2 财务审计中注册会计师需要了解被审计单位的信息

(二) 了解被审单位及其环境的具体内容

1. 行业状况、法律环境与监管环境以及其他外部因素信息。

(1) 行业状况。注册会计师应当了解被审计单位的行业状况，主要包括：所处行业的市场供求与竞争；生产经营的季节性和周期性；产品生产技术的变化；能源供应与成本；行业的关键指标和统计数据。

(2) 法律环境及监管环境。注册会计师应当了解被审计单位所处的法律环境及监管环境，主要包括：适用的会计准则、会计制度和行业特定惯例；对经营活动产生重大影响的法律法规及监管活动；对开展业务产生重大影响的政府政策，包括货币、财政、税收和贸易等政策；与被审计单位所处行业和所从事经营活动相关的环保要求。

(3) 其他外部因素。注册会计师应当了解影响被审计单位经营的其他外部因素，主要包括：宏观经济的景气度；利率和资金供求状况；通货膨胀水平及币值变动；国际经济环境和汇率波动。

2. 被审计单位性质方面的信息。被审计单位性质方面的信息可以从六个方面进行了解，具体内容如表4-3所示。

表4-3	关于被审计单位性质的信息表	
性质因素	作　　用	内　　容
所有权结构	对被审计单位所有权结构的了解有助于注册会计师识别关联方关系并了解被审计单位的决策过程	注册会计师应当了解所有权结构以及所有者与其他人员或单位之间的关系，考虑关联方关系是否已经得到识别，关联方交易是否得到恰当核算

续表

性质因素	作　用	内　容
治理结构	良好的治理结构可以对被审计单位的经营和财务运作实施有效的监督，从而降低财务报表发生重大错报的风险	注册会计师应当了解被审计单位的治理结构。例如，董事会的构成情况、董事会内部是否有独立董事；治理结构中是否设有审计委员会或监事会及其运作情况
组织结构	因为复杂的组织结构可能导致某些特定的重大错报风险	注册会计师应当了解被审计单位的组织结构，考虑复杂组织结构可能导致的重大错报风险，包括财务报表合并、商誉减值以及长期股权投资核算等问题
经营活动	了解被审计单位经营活动有助于注册会计师识别预期在财务报表中反映的主要交易类别、重要账户余额和列报	注册会计师应当了解被审计单位的经营活动。主要包括：主营业务的性质（主营业务是制造业还是商品批发与零售）；与生产产品或提供劳务相关的市场信息；业务的开展情况；联盟、合营与外包情况；从事电子商务的情况；地区与行业分布；生产设施、仓库的地理位置及办公地点；关键客户；重要供应商等
投资活动	了解被审计单位投资活动有助于注册会计师关注被审计单位在经营策略和方向上的重大变化	注册会计师应当了解被审计单位的投资活动，如：近期拟实施或已实施的并购活动与资产处置情况，包括业务重组和某些业务的终止；证券投资和委托贷款的处置；资本性投资活动；不纳入合并范围的投资活动
筹资活动	了解被审单位筹资活动有助于注册会计师评估被审计单位在融资方面的压力，进一步考虑被审计单位在可预见未来的持续经营能力	注册会计师应当了解被审计单位的筹资活动，主要包括：债务结构和相关条款，包括担保情况及表外融资；固定资产的租赁；通过融资租赁方式进行的筹资活动；关联方融资；衍生金融工具的运用等

3. 被审计单位对会计政策的选择和运用信息。为了更好地了解被审计单位对会计政策的选择和运用情况，注册会计师应当了解以下事项，具体内容如表4-4所示。

表4-4　　　　　　　被审计单位对会计政策的选择和运用信息表

会计政策名称	相关内容	工作要求
重要项目的会计政策和行业惯例	重要项目的会计政策包括收入确认方法，存货计价方法，投资核算，固定资产折旧方法，坏账准备、存货跌价准备和其他资产减值准备的确定，借款费用资本化方法，合并财务报表的编制方法等。除会计政策以外，某些行业可能还存在一些行业惯例，注册会计师应熟悉这些行业惯例	当被审计单位采用与行业惯例不同的会计处理方法时，注册会计师应当了解其原因，并考虑采用与行业惯例不同的会计处理方法是否适当

续表

会计政策名称	相关内容	工作要求
重大和异常交易的会计处理方法	本期发生的企业合并的会计处理方法。某些被审计单位可能存在与其所处行业相关的重大交易	注册会计师应当考虑对重大的和不经常发生的交易的会计处理方法是否适当
在缺乏权威性标准或共识领域，采用重要会计政策产生的影响	了解新领域和缺乏权威性标准或共识的领域	注册会计师应当关注被审计单位选用了哪些会计政策，为何选用这些会计政策以及选用这些会计政策产生的影响
会计政策的变更	被审计单位的会计确认和计量方面政策发生的若干变化	注册会计师应当考虑变更的原因及其适当性，即考虑：会计政策变更是否是法律、行政法规或者适用的会计准则和相关会计制度要求的变更；会计政策变更是否能够提供更可靠、更相关的会计信息。除此之外，注册会计师还应当关注会计政策的变更是否得到充分披露
会计准则和相关会计制度的应用情况	被审计单位何时采用以及如何采用新颁布的会计准则和相关的会计制度	注册会计师应考虑被审计的上市公司是否已按照新会计准则的要求，做好衔接调整工作，并收集执行新会计准则需要的信息资料
被审计单位其他与会计政策运用相关的情况	是否采用激进的会计政策、方法、估计和判断；财会人员是否拥有足够的运用会计准则的知识、经验和能力；是否拥有足够的资源支持会计政策的运用，如人力资源及培训、信息技术的采用、数据和信息的采集等	注册会计师应考虑，被审计单位是否按照适用的会计准则和相关会计制度的规定恰当地进行了列报，并披露了重要事项。列报和披露的主要内容包括：财务报表及其附注的格式、结构安排、内容，财务报表项目使用的术语，披露信息的明细程度，项目在财务报表中的分类以及列报信息的来源等。应考虑被审单位是否已对特定事项作了适当列报和披露

4. 被审计单位的目标、战略以及相关经营风险信息。

（1）目标、战略与经营风险。目标是企业经营活动的指针。企业管理层或治理层一般会根据企业经营面临的外部环境和内部各种因素，制定合理可行的经营目标。战略是企业管理层为实现经营目标采用的总体层面的策略和方法。为了实现某一既定的经营目标，企业可能有多个可行战略。随着外部环境的变化，企业应对目标和战略作出相应的调整。经营风险源于对被审计单位实现目标和战略产生不利影响的重大情况、事项、环境和行动，或源于不恰当的目标和战略。不同的企业可能面临不同的经营风险，这取决于企业经营的性质、所处行业、外部监管环境、企业的规模和复杂程度。管理层有责任识别和应对这些风险。目标、战略与经营风险三者之间的关系如图 4-3 所示。

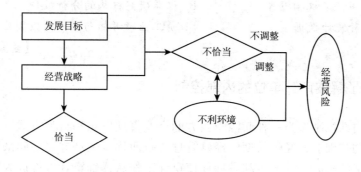

图4-3　企业目标、战略与经营风险的关系

注册会计师应当了解被审计单位是否存在与下列方面有关的目标和战略，并考虑相应的经营风险：行业发展及其可能导致的被审计单位不具备足以应对行业变化的人力资源和业务专长等风险；开发新产品或提供新服务，及其可能导致的被审计单位产品责任增加等风险；业务扩张及其可能导致的被审计单位对市场需求的估计不准确等风险；新颁布的会计法规，及其可能导致的被审计单位执行法规不当或不完整，或会计处理成本增加等风险；监管要求，及其可能导致的被审计单位法律责任增加等风险；本期及未来的融资条件，及其可能导致的被审计单位由于无法满足融资条件而失去融资机会等风险；信息技术的运用，及其可能导致的被审计单位信息系统与业务流程难以融合等风险。

（2）经营风险对重大错报风险的影响。经营风险与财务报表重大错报风险是既有联系又相互区别的两个概念。前者比后者范围更广。注册会计师了解被审计单位的经营风险有助于其识别财务报表重大错报风险。但并非所有的经营风险都与财务报表相关，注册会计师没有责任识别或评估对财务报表没有影响的经营风险。

（3）被审计单位的风险评估过程。管理层通常制定识别和应对经营风险的策略，注册会计师应当了解被审单位风险评估过程。此类风险评估过程是被审单位内部控制组成部分。

5. 被审计单位财务业绩的衡量和评价信息。目前主要可从单位内部和单位外部两方面来了解被审计单位财务业绩的衡量和评价情况的。一是被审计单位管理层经常会衡量和评价关键业绩指标（包括财务和非财务的）、预算及差异分析、分部信息和分支机构、部门或其他层次的业绩报告以及与竞争对手的业绩比较。二是外部机构也会衡量和评价被审计单位的财务业绩，如咨询机构分析师的报告和信用评级机构的报告。注册会计师对外部机构的评价情况的了解就属于外部了解。

职业考试

在了解被审计单位财务业绩的衡量和评价时，下列各项中注册会计师可以考虑的信息有（　　）。（2012年CPA考试审计真题）

A. 信用评级机构报告　　　　　B. 证券研究机构的分析报告

C. 经营统计数据　　　　　　　D. 员工业绩考核与激励性报酬政策

【答案】ABCD

了解内控和控
制测试的区别

三、了解被审计单位的内部控制

企业内部控制作为一种起源于西方的企业管理思想和行为方式，是在组织内部牵制的基础上，经过长期的经营管理实践而逐步发展并完善起来的一种企业自我约束的机制。其产生和发展促使审计工作从详细审计发展成为以测试内部控制为基础的抽样审计。这种以测试内部控制为基础的审计，既能提高审计效率，又能降低审计风险、保证审计质量，并成为由传统审计转变为现代审计的一个重要标志。因此，现代会计报表审计与内部控制之间存在着密切的联系。审计人员在审计时，必须要对被审计单位的内部控制进行研究与评价。

（一）内部控制的基础理论

1. 内部控制的概念。我国审计准则将内部控制定义为：内部控制是被审计单位为了合理保证财务报告的可靠性、经营的效率和效果以及对法律法规的遵守等目标，由治理层、管理层和其他人员设计和执行的政策和程序。

2. 内部控制的目标。从前述内部控制的定义可以看出，被审计单位管理当局建立健全内部控制，主要是为了实现下列四大管理目标：保证业务活动的有效进行；保护资产的安全与完整；防止、发现、纠正错误与舞弊；保证会计资料的真实、合法、完整。

3. 内部控制的责任主体。必须明确设计和实施内部控制的责任主体应该是治理层、管理层和其他关键人员，因为他们是企业内部控制的关键职责的承担者。但是组织中的每一个人都对内部控制负有责任，因为内部控制本身的目标是约束全体企业经营管理者的行为。

4. 内部控制的分类。在实际工作中，内部控制系统是由若干相对独立的子控制系统组成，这些子控制系统是根据各自业务特点和工作范围建立的。因而，可以按不同的标志对内部控制系统进行分类，以准确揭示不同形式内部控制的特征和功能，加深对内部控制的认识。根据不同的依据，内部控制可以划分为不同的类型，如表4-5所示。

表4-5　　　　　　　　　　　　内部控制的主要分类

类型序号	分类依据	分类内容
1	基本要素	控制环境、风险评估过程、控制活动、信息系统与沟通和监督
2	工作内容	会计控制和管理控制
3	控制目标	财产物资控制、会计资料控制、经营决策控制和经济效益控制
4	控制方式	预防性控制和检查性控制

由于被审计单位管理当局建立的内部控制只能为其会计报表的公允性提供合理的保证，并存在上述固有限制，因此，会计报表审计总存在一定的控制风险，即审计风险模型中的控制风险始终应大于零。这就要求审计人员必须做到，不管被审计单位内部控制设计和运行得多么有效，都应对会计报表的重要账户或交易类别进行实质性测试。

（二）内部控制与审计的关系

内部控制既是被审计单位对其经济活动进行组织、制约、考核和调节的重要工具，也是审计人员用以确定审计程序的重要依据。在现代审计的发展过程中，对内部控制的重视与信赖，加速了现代审计方法的变革，节约了审计时间和审计费用，同时也扩大了审计范围，完善了审计职能。因此，二者之间有着密切的关系。

不过，由于内部控制的目标旨在合理保证财务报告的可靠性、经营的效率和效果以及对法律法规的遵守。而注册会计师审计的目标是对财务报表是否不存在重大错报发表审计意见，尽管要求注册会计师在财务报表审计中考虑与财务报表编制相关的内部控制，但目的并非对被审计单位内部控制的有效性发表意见。因此，注册会计师需要了解和评价的内部控制只是与财务报表审计相关的内部控制，并非被审计单位所有的内部控制。

（三）注册会计师对企业内部控制了解的深度

对内部控制了解的深度，是指注册会计师在了解被审计单位及其环境时对内部控制相关内容了解的程度。只包括评价控制的设计，并确定其是否得到执行，但不包括对控制是否得到一贯执行的测试。

1. 应该评价控制的设计。注册会计师在了解内部控制时，应当评价控制的设计，并确定其是否得到执行。评价控制的设计是指考虑一项控制单独或连同其他控制是否能够有效防止或发现并纠正重大错报。控制得到执行是指某项控制存在且被审计单位正在使用。设计不当的控制可能表明内部控制存在重大缺陷，注册会计师在确定是否考虑控制得到执行时，应当考虑控制的设计。如果控制设计不当，不需要再考虑控制是否得到执行。

2. 应该获取控制设计和执行的审计证据。注册会计师通常实施下列风险评估程序，以获取有关控制设计和执行的审计证据：询问被审计单位的人员；观察特定控制的运用；检查文件和报告；追踪交易在财务报告信息系统中的处理过程（穿行测试）。这些程序是风险评估程序在了解被审计单位内部控制方面的具体运用。询问本身并不足以评价控制的设计以及确定其是否得到执行，注册会计师应当将询问与其他风险评估程序结合使用。

3. 应该了解内部控制与测试控制运行有效性的关系。除非存在某些可以使控制得到一贯运行的自动化控制，注册会计师对控制的了解并不能够代替对控制运行有效性的测试。例如，获取某一人工控制在某一时点得到执行的审计证据，并不能证明该控制在所审计期间内的其他时点也有效运行。但是，信息技术可以使被审计单位持续一贯地对大量数据进行处理，提高了被审计单位监督控制活动运行情况的能力，信息技术还可以通过对应用软件、数据库、操作系统设置安全控制来实现有效的职责划分。由于信息技术处理流程的内在一贯性，实施审计程序确定某项自动控制是否得到执行，也可能实现对控制运行有效性测试的目标。

4. 应该考虑内部控制的人工和自动化特征及其影响。大多数被审计单位出于编制财务报告和实现经营目标的需要使用信息技术。然而，即使信息技术得到广泛使用，人工因素仍然会存于这些系统之中。不同的被审计单位采用的控制系统中人工控制和自动化控制的比例是不同的。在一些小型的生产经营不太复杂的被审计单位，可能以人工控制为主；而在另外一些单位，可能以自动化控制为主。内部控制可能既包括人工成分，又包括自动化成分，在风险评估以及设计和实施进一步审计程序时，注册会计师应当考虑内部控制的人工和自动化特征及其影响。

（四）内部控制的要素之一——控制环境

1. 控制环境的含义。所谓控制环境是对企业控制的建立和实施有重大影响的多种因素的统称。控制环境包括治理职能和管理职能，以及治理层和管理层对内部控制及其重要性的态度、认识和措施。

2. 控制环境的软要素——核心价值观念的沟通与落实。诚信和道德价值观念是控制环境的重要组成部分，影响到重要业务流程的设计和运行。内部控制的有效性直接依赖于负责创建、管理和监控内部控制的人员的诚信和道德价值观念。被审计单位是否存在道德行为规范，以及这些规范如何在被审计单位内部得到沟通和落实，决定了是否能产生诚信和道德的行为。对诚信和道德价值观念的沟通与落实既包括管理层如何处理不诚实、非法或不道德行为，也包括在被审计单位内部，通过行为规范以及高层管理人员的身体力行，对诚信和道德价值观念的营造和保持。

3. 控制环境的约束强度——治理层的参与度。被审单位控制环境很大程度上受治理层影响。治理层的职责应在被审计单位的章程和政策中予以规定。治理层（董事会）通常通过其自身的活动，并在审计委员会或类似机构的支持下，监督被审计单位的财务报告政策和程序。因此，董事会、审计委员会或类似机构应关注被审计单位的财务报告，并监督被审计单位会计政策以及内部、外部审计工作和结果。治理层职责还包括监督用于复核内部控制有效性的政策和程序设计是否合理，执行是否有效。

4. 控制环境的导向因素——管理层的理念和经营风格。管理当局的理念和经营风格在建立一个有利的控制环境中起着关键性的作用。不同经营管理的观念、方式和风格影响着会计报表及会计记录的可靠性，影响内部控制各项规章的遵循、职责的分工、预算的控制以及经营业绩的信息披露等，从而对控制环境产生深远的影响，因而成为审计人员评价控制环境的重要因素之一。

5. 控制环境的核心要素——组织结构及职权与责任的分配。组织结构是指企业计划、协调和控制经营活动的整体框架。设置合理的组织结构，有助于建立良好的内部控制环境。组织结构的要素一般包括：组织单位的存在形式和性质；各个组成部分的管理、经营职能；隶属关系和报告程序；组织内部职责和权利的划分方式。通过组织结构的设置、权力和职责的划分，一个组织的各个组成部分及其成员都知晓自己在组织中的位置，了解自己所拥有的权力、担负的职责、可接受的业务活动、利益冲突及行为规则等，就可大大增强组织的控制意识。

6. 控制环境的运行因素——控制系统。管理当局制定和实施的各种管理控制方法、内部审计职能、人事聘用政策与实务等控制系统，对控制环境也产生一定的影响。管理控制方法是管理当局对其他人的授权使用情况直接控制和对整个企业的活动实行监督的方法的总称，包括经营计划、预算、预测、利润计划、责任会计等。对不同规模和不同复杂程度的企业，这些方法的重要性也不同。一般来说，企业规模越大且越复杂，这些方法就越重要。内部审计是企业自我独立评价的一种活动，内部审计可通过协助管理当局监督其他控制政策和程序的有效性，来促成好的控制环境的建立。

综上所述，注册会计师应对控制环境构成要素获取足够了解，并考虑内部控制实质及其综合效果，以了解管理层和治理层对内部控制及其重要性的态度、认识以及所采取的措施。

（五）内部控制的要素之二——被审计单位的风险评估

1. 被审计单位风险评估的含义。风险评估是指管理层在其生产经营过程中，识别各种经营财务风险，确定其可以承受的风险水平，并对这些风险采取一定的应对措施的工作过程。企业在经营活动中都会面临各种各样的风险，风险对其生存和竞争能力产生影响。可能产生风险的事项和情形包括：监管及经营环境的变化、新员工的加入、新信息系统的使用或对原系统进行升级、业务快速发展、新技术、新生产型号、产品和业务活动、企业重组、发展海外经营和新的会计准则应用等。

2. 对风险评估过程的了解。在评价被审计单位风险评估过程的设计和执行时，注册会计师应当确定管理层如何识别与财务报告相关的经营风险，如何估计该风险的重要性，如何评估风险发生的可能性，以及如何采取措施管理这些风险。如果被审计单位的风险评估过程符合其具体情况，了解被审计单位的风险评估过程和结果有助于注册会计师识别财务报表重大错报风险。注册会计师可以通过了解被审计单位及其环境的其他方面信息，评价被审计单位风险评估过程的有效性。在对业务流程的了解中，注册会计师还可能进一步获得被审计单位有关业务流程的风险评估过程的信息。可能产生风险的事项和情形如表 4 - 6 所示。

表 4 - 6   企业经营中可能产生风险的事项和情形

序号	事项	情 形
1	监管及经营环境的变化	监管和经营环境的变化会导致竞争压力的变化以及重大的相关风险
2	新员工的加入	新员工可能对内部控制有不同的认识和关注点
3	新信息系统的使用或对原系统进行升级	信息系统的重大变化会改变与内部控制相关的风险
4	业务快速发展	快速的业务扩张可能会使内部控制难以应对,从而增加内部控制失效的可能性
5	新技术	将新技术运用于生产过程和信息系统可能改变与内部控制相关的风险
6	新生产型号、产品和业务活动	进入新业务领域和发生新的交易可能带来新的与内部控制相关的风险
7	企业重组	重组可能带来裁员以及管理职责的重新划分,将影响与内部控制相关的风险
8	发展海外经营	海外扩张或收购会带来新的并且往往是特别的风险,进而可能影响内部控制,如外币交易的风险
9	新的会计准则	采用新的或变化了的会计准则可能会增大财务报告发生重大错报风险

(六) 内部控制的要素之三——信息系统与沟通

1. 与财务报告相关的信息系统的含义。与财务报告相关的信息系统,包括用以生成、记录、处理和报告交易、事项和情况,对相关资产、负债和所有者权益履行经营管理责任的程序和记录。交易可能通过人工或自动化程序生成。记录包括识别和收集与交易、事项有关的信息。处理包括编辑、核对、计量、估价、汇总和调节活动,可能由人工或自动化程序来执行。报告是指用电子或书面形式编制财务报告和其他信息,供被审计单位用于衡量和考核财务及其他方面的业绩。

2. 信息系统的职能。与财务报告相关的信息系统通常包括下列职能:识别与记录所有的有效交易;及时、详细地描述交易,以便在财务报告中对交易作出恰当分类;恰当计量交易,以便在财务报告中对交易的金额作出准确记录;恰当确定交易生成的会计期间;在财务报表中恰当列报交易。

3. 对与财务报告相关的信息系统的了解。(1) 在被审计单位经营过程中,对财务报表具有重大影响的各类交易。(2) 在信息技术和人工系统中,交易生成、记录、处理和报告的程序。在了解时,注册会计师应当同时考虑被审计单位将交易处理系统中的数据录入总分类账和财务报告的程序。(3) 与交易生成、记录、处理和报告有关的会计记录、支持性信息和财务报表中的特定项目。企业信息系统通常包括使用标准的会计分录,以记录销售、购货和现金付款等重复发生的交易,或记录管理层定期作出的会计估计。信息系统还包括使用非标准的分录,以记录不重复发生的、异常的交易或调整事项,如合并、资产减值等。(4)信息系统如何获取除各类交易之外的对财务报表具有重大影响的事项和情况的信息,如对固定资产计提折旧或摊销、对应收账款计提坏账准备等。(5)被审计单位编制财务报告的过程,包括作出的重大会计估计和披露。编制财务报告的程序应当同时确保适用的会计准则和相关会计制度要求披露的信息得以收集、记录、处理和汇总,并在财务报告中得到充分披露。(6)管理层凌驾于账户记录控制之上的风险。在了解与财务报告相关的信息系统时,注册会计师应当特别关注由于管理层凌驾于账户记录控制之上,或规避控制行为而产生的重大错报风险,并考虑被审计单位如何纠正不正确的交易处理。

(七) 内部控制的要素之四——控制活动

1. 控制活动的含义。控制活动是指有助于确保管理层指令得以执行的政策和程序。包括与授权、业绩评价、信息处理、实物控制和职责分离等相关活动。具体内容如表4-7所示。

表4-7　　　　　　　　　　　具体控制活动内容表

具体控制活动	控制目的与作用	内容解释
授权——包括:一般授权和特别授权	授权的目的在于保证交易在管理层授权范围内进行	一般授权是指管理层制定的要求组织内部遵守的普遍适用于某类交易或活动的政策
		特别授权是指管理层针对特定类别的交易或活动逐一设置的授权。特别授权也可能用于超过一般授权限制的常规交易。例如,因某些特别原因,同意对某个不符合一般信用条件的客户赊销商品
业绩评价	通过业绩评价,可以调查非预期的结果和非正常的趋势,管理层可以识别可能影响经营目标实现的情形	与业绩评价有关的控制活动,主要包括被审计单位分析评价实际业绩与预算(或预测、前期业绩)的差异,综合分析财务数据与经营数据的内在关系,将内部数据与外部信息来源相比较,评价职能部门、分支机构或项目活动的业绩(如银行客户信贷经理复核各分行、地区和各种贷款类型的审批和收回),以及对发现的异常差异或关系采取必要的调查与纠正措施
信息处理——包括信息技术的一般控制和应用控制	被审计单位通常执行各种措施,检查各种类型信息处理环境下的交易的准确性、完整性和授权	一般控制是指与多个应用系统有关的政策和程序,有助于保证信息系统持续恰当地运行(包括信息的完整性和数据的安全性),支持应用控制作用的有效发挥,通常包括数据中心和网络运行控制,系统软件的购置、修改及维护控制,接触或访问权限控制,应用系统的购置、开发及维护控制。例如,程序改变的控制、限制接触程序和数据的控制等都属于信息技术一般控制

续表

具体控制活动	控制目的与作用	内容解释
信息处理——包括信息技术的一般控制和应用控制	被审计单位通常执行各种措施，检查各种类型信息处理环境下的交易的准确性、完整性和授权	应用控制是指主要在业务流程层面运行的人工或自动化程序，与用于生成、记录、处理、报告交易或其他财务数据的程序相关，通常包括检查数据计算的准确性，审核账户和试算平衡表，设置对输入数据和数字序号的自动检查，以及对例外报告进行人工干预
实物控制	实物控制效果影响资产安全，对财务报表可靠性及审计产生影响	了解对资产和记录采取适当的安全保护措施，对访问计算机程序和数据文件设置授权，以及定期盘点并将盘点记录与会计记录相核对
职责分离	当信息技术运用于信息系统时，职责分离可通过设置安全控制来实现	被审计单位如何将交易授权、交易记录以及资产保管等职责分配给不同员工，以防范同一员工在履行多项职责时可能发生的舞弊或错误

2. 对控制活动的了解。在了解控制活动时，注册会计师应当重点考虑一项控制活动单独或连同其他控制活动，是否能够以及如何防止或发现并纠正各类交易、账户余额、列报存在的重大错报。注册会计师的工作重点是识别和了解针对重大错报可能发生的领域的控制活动。如果多项控制活动能够实现同一目标，注册会计师不必了解与该目标相关每项控制活动。注册会计师对被审计单位整体层面的控制活动进行的了解和评估，主要是针对被审计单位的一般控制活动，特别是信息技术的一般控制。

（八）内部控制的要素之五——对控制的监督

1. 对控制的监督的含义。监督是由适当的人员，在适当、及时的基础上，评估控制的设计和运行情况的过程。对控制的监督则是指被审计单位评价内部控制在一段时间内运行有效性的过程，该过程包括及时评价控制的设计和运行，含根据情况变化采取必要的纠正措施。注册会计师应当了解与被审计单位监督活动相关的信息来源，以及管理层认为信息具有可靠性的依据。如果拟利用被审计单位监督活动使用的信息（包括内部审计报告），注册会计师应当考虑该信息是否具有可靠的基础，是否足以实现审计目标。

2. 对内部控制监督的了解。注册会计师在对被审计单位整体层面的监督进行了解和评估时，考虑的主要因素可能包括：被审计单位是否定期评价内部控制、被审计单位人员在履行正常职责时，能够在多大程度上获得内部控制是否有效运行的证据、与外部的沟通能够在多大程度上证实内部产生的信息或者指出存在的问题、管理层是否采纳内部审计人员和注册会计师有关内部控制的建议、管理层是否及时纠正控制运行中的偏差、管理层根据监管机构的报告及建

内部控制五要素之间的关系

议是否及时采取纠正措施和是否存在协助管理层监督内部控制的职能部门（如内部审计部门）等内容。

（九）对内部控制了解和评估角度之一——整体层面

注册会计师从整体层面对被审计单位内部控制的了解和评估的主体与要求如下。

1. 责任主体。通常由项目组中对被审计单位情况比较了解且较有经验的成员负责，同时需要项目组其他成员的参与和配合。对于连续审计，注册会计师可以重点关注整体层面内部控制的变化情况，包括由于被审计单位及其环境的变化而导致内部控制发生的变化以及采取的对策。注册会计师还需要特别考虑因舞弊而导致重大错报的可能性及其影响。

2. 了解方式与要求。第一，注册会计师可以考虑将询问被审计单位人员、观察特定控制的应用、检查文件和报告以及执行穿行测试等风险评估程序相结合，以获取审计证据。在了解上述内部控制构成要素时，注册会计师需特别注意这些要素在实际中是否得到执行。第二，在了解内部控制的各构成要素时，注册会计师应当对被审计单位整体层面的内部控制的设计进行评价，并确定其是否得到执行。实际上，这一评价过程需要大量的职业判断，并没有固定的公式或指标可供参考。注册会计师应当考虑管理层本身的理念和态度、实际设计和执行的控制，以及对经营活动的密切参与是否能够实现控制的目标。第三，注册会计师应当将对被审计单位整体层面内部控制各要素的了解要点和实施的风险评估程序及其结果等形成审计工作记录，并对影响注册会计师对整体层面内部控制有效性进行判断的因素加以详细记录。第四，财务报表层次的重大错报风险很可能源于薄弱的控制环境，因此，注册会计师在评估财务报表层次的重大错报风险时，应当将被审计单位整体层面的内部控制状况和了解到的被审计单位及其环境其他方面的情况结合起来考虑。

总之，被审计单位整体层面的内部控制是否有效将直接影响重要业务流程层面控制的有效性，进而影响注册会计师拟实施的进一步审计程序的性质、时间和范围。

（十）对内部控制的了解和评估角度之二——业务流程层面

在进行初步计划审计工作时，注册会计师需要确定在被审计单位财务报表中可能存在重大错报风险的重大账户及其相关认定。为实现此目的，通常采取下列六个步骤，如图4-4所示。

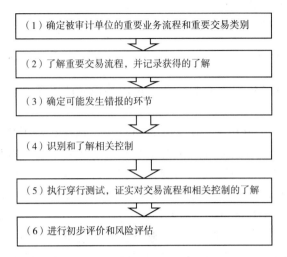

图 4 - 4　财务审计中对业务流程层面内部控制了解的步骤

在实务中，上述步骤可能同时进行，例如，在询问相关人员的过程中，同时了解重要交易的流程和相关控制。上述步骤的具体内容如下。

1. 确定重要业务流程和重要交易类别。在实务中，将被审计单位的整个经营活动划分为几个重要的业务循环，有助于注册会计师更有效地了解和评估重要业务流程及相关控制。通常，对制造业企业，可以划分为销售与收款循环、采购与付款循环、存货与仓储循环、筹资与投资循环等。被审计单位经营活动的性质不同，所划分的业务循环也不同。重要交易类别是指可能对被审计单位财务报表产生重大影响的各类交易。重要交易类别应与相关账户及其认定相联系。

2. 了解重要交易流程，并进行记录。在确定重要的业务流程和交易类别后，注册会计师便可着手了解每一类重要交易在信息技术或人工系统中生成、记录、处理及在财务报表中报告的程序，即重要交易流程。这是确定在哪个环节或哪些环节可能发生错报的基础。

3. 确定可能发生错报的环节。注册会计师需要确认和了解被审计单位应在哪些环节设置控制，以防止或发现并纠正各重要业务流程可能发生的错报。注册会计师所关注的控制，是那些能通过防止错报的发生，或者通过发现和纠正已有错报，从而确保每个流程中业务活动具体流程（从交易的发生到记录于账目）能够顺利运转的人工或自动化控制程序。

4. 识别和了解相关控制。了解可能表明被审计单位在业务流程层面针对某些重要交易流程所设计的控制是无效的，或者注册会计师并不打算信赖控制，这时注册会计师没有必要进一步了解在业务流程层面的控制。也就是说，如果认为仅通过实质性程序无法将认定层次的检查风险降至可接受的水平，或者针对特别风险，注册会计师应当了解和评估相关的控制活动。

有效的控制应与错报发生的环节相关，并能降低错报风险。通常将业务流程中的控制划分为预防性控制和检查性控制：

（1）预防性控制通常用于正常业务流程的每一项交易，以防止错报的发生；在流程中防止错报是信息系统的重要目标。缺少有效的预防性控制增加了数据发生错报的可能性，特别是在相关账户及其认定存在较高重大错报风险时，更是如此。预防性控制可能是人工的提前预防行动，也可能是自动化的预防措施。

（2）检查性控制。建立检查性控制的目的是发现流程中可能发生的错报。被审计单位通过检查性控制，监督其流程和相应的预防性控制能否有效地发挥作用。检查性控制通常是管理层用来监督实现流程目标的控制。检查性控制可以由人工执行也可以由信息系统自动执行。目的是发现流程中可能发生的错报，通常并不适用于业务流程中的所有交易，而适用于一般业务流程以外的已经处理或部分处理的某类交易，可能一年只运行几次。

与预防性控制相比，不同被审计单位之间检查性控制差别很大。许多检查性控制取决于被审计单位的性质、执行人员的能力、习惯和偏好。检查性控制可能是正式建立的程序，如编制银行存款余额调节表，并追查调节项目或异常项目，也可能是非正式的程序。

5. 执行穿行测试，证实对交易流程和相关控制的了解。穿行测试也称全程测试、了解性测试，是在每一类业务循环中选择一笔或若干笔交易或事项进行测试，以验证内部控制实际运行是否与审计工作底稿上所描述内部控制相一致。目的是了解各类重要交易在业务流程中发生、处理和记录的过程。如果不打算信赖控制，注册会计师仍需要执行穿行测试，对于重要的业务流程，不管是人工控制还是自动化控制，注册会计师应对整个流程执行穿行测试。

6. 初步评价和风险评估。对控制的初步评价。在识别和了解控制后，根据执行上述程序及获取的审计证据，注册会计师需要评价控制设计的合理性并确定其是否得到执行。注册会计师对控制的评价结论可能是：所设计的控制单独或连同其他控制能够防止或发现并纠正重大错报，并得到执行；控制本身的设计是合理的，但没有得到执行；控制本身的设计就是无效的或缺乏必要的控制。由于对控制的了解和评价是在穿行测试完成后，但又在测试控制运行有效性之前进行，因此，上述评价结论只是初步结论，仍可能随控制测试后实施实质性程序的结果而发生变化。

7. 对财务报告流程的了解。除上述六个步骤外，在实务中，注册会计师还需要进一步了解有关信息从具体交易的业务流程过入总账、财务报表以及相关列报的流程，即财务报告流程及其控制。这一流程和控制与财务报表的列报认定直接相关。了解财务报告流程的内容主要包括：将业务数据汇总记入总账的程序，即如何将重要业务流程的信息与总账和财务报告系统相连接；在总账中生成、记录和处理会计分录的程序；记录对财务报表常规和非常规调整的程序，如合并调整、重分类等；草拟财务报表和相关披露的程序。

四、重大错报风险评估

审计人员在对被审计单位及其环境进行了解之后，应该及时对被审计单位可能存在的重大错报风险进行评估，重大风险评估的主要内容如图4-5所示。

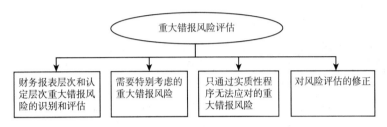

图4-5　重大风险评估的主要内容

（一）财务报表层次和认定层次重大错报风险的识别和评估

1. 重大错报风险识别和评估的审计程序。在识别和评估重大错报风险时，审计人员（注册会计师）应当实施下列审计程序。

（1）运用各项风险评估程序，在了解被审计单位及其环境的整个过程中识别风险，并将识别的风险与各类交易、账户余额、列报相联系。

（2）应将识别的风险与认定层次可能发生错报的领域相联系。

（3）考虑识别的风险是否重大；风险是否重大是指风险造成后果的严重程度。

（4）考虑识别的风险导致财务报表发生重大错报的可能性。

审计人员应当利用实施风险评估程序获取信息，包括在评价控制设计和确定其是否得到执行时获取的审计证据，作为支持风险评估结果的审计证据。注册会计师应当根据风险评估结果，确定实施进一步审计程序的性质、时间和范围。

2. 重大错报风险的可能成因。审计人员应当关注下列可能表明被审计单位存在重大错报风险的事项和情况，并考虑因上述事项和情况导致的风险是否重大，以及该风险导致财务报表发生重大错报的可能性。（1）在经济不稳定的国家或地区开展业务；（2）在高度波动的市场开展业务；（3）在严厉、复杂的监管环境中开展业务；（4）持续经营和资产流动性出现问题，包括重要客户流失；（5）融资能力受到限制；（6）行业环境发生变化；（7）供应链发生变化；（8）开发新产品或提供新服务，或进入新的业务领域；（9）开辟新的经营场所；（10）发生重大收购、重组或其他非经常性事项；（11）拟出售分支机构或业务分部；（12）复杂的联营或合资；（13）运用表外融资、特殊目的实体以及其他复杂的融资协议；（14）重大的关联方交易；（15）缺乏具备胜任能力的会计人员；（16）关键人员变动；（17）内部控制薄弱；（18）信息技术战略与经营战略不协调；（19）信息技术环境发生变化；（20）安装新的与财务报告有关的重大信息技术系统；（21）经营活动或财务报告受到监管机构的调查；（22）以往存在重大错报或本期期末出现重大会计调整；（23）发生重大的非常规交易；（24）按照管理层特定意图记录的交易；（25）应用新颁布的会计准则或相关会计制度；（26）会计计量过程复杂；（27）事项或交易在计量时存在重大不确定性；（28）存在未决诉讼和或有负债。

3. 识别重大错报风险的性质。在对重大错报风险进行识别和评估后，注册会计师应当确定两个层次的重大错报风险，即识别的重大错报风险是与特定的某类交易、账户余额、列报的认定相关，还是与财务报表整体广泛相关，进而影响多项认定。

4. 控制环境对评估财务报表层次重大错报风险的影响。财务报表层次的重大错报风险很可能源于薄弱的控制环境。薄弱的控制环境带来的风险可能对财务报表产生广泛影响，难以限于某类交易、账户余额、列报，注册会计师应当采取总体应对措施。例如，被审计单位治理层、管理层对内部控制的重要性缺乏认识，没有建立必要的制度和程序；这类缺陷源于薄弱的控制环境，可能对财务报表产生广泛影响，需要注册会计师采取总体应对措施。

5. 控制对评估认定层次重大错报风险的影响。

（1）由于控制有助于防止或发现并纠正认定层次的重大错报，在评估重大错报风险时，注册会计师应当将所了解的控制与特定认定相联系。

（2）在评估重大错报发生的可能性时，除了考虑可能的风险外，还要考虑控制对风险的抵消和遏制作用。有效的控制会减少错报发生的可能性，而控制不当或缺乏控制，错报就会由可能变成现实。控制可能与某一认定直接相关，也可能与某一认定间接相关。关系越间接，控制在防止或发现并纠正认定中错报的作用越小。

（3）注册会计师可能识别出有助于防止或发现并纠正特定认定发生重大错报的控制。在确定这些控制是否能够实现上述目标时，注册会计师应当将控制活动和其他要素综合考虑。因为单个的控制活动（如将发货单与销售发票相核对）本身并不足以控制重大错报风险，只有多种控制活动和内部控制的其他要素综合作用才足以控制重大错报风险。

（4）注册会计师应当考虑识别的各类交易、账户余额和列报认定层次的重大错报风险予以汇总和评估，以确定进一步审计程序的性质、时间和范围。表4-8给出了评估认定层次重大错报风险汇总表的示例。

表4-8　　　　　评估内部控制对认定层次重大错报风险影响的汇总表

重大账户	相关认定	识别的重大错报风险	风险评估结果	审计方案
列示重大账户。例如，应收账款	列示相关的认定。例如，存在、完整性	汇总实施审计程序识别出的与该重大账户的某项认定相关的认定	评估该项认定的重大错报风险水平（应考虑控制设计是否合理，是否得到执行）	列示审计方法：检查应收账款总账和明细账；进行特定账户函证

（二）需要特别考虑的重大错报风险

1. 特别风险的含义。特别风险是特别考虑的重大错报风险的简称，作为风险评估的一部分，注册会计师应当运用职业判断，确定识别的风险哪些是需要特别考虑的重大错报风险。

2. 特别风险识别应考虑的因素。

（1）如何判断特别风险。在确定哪些风险是特别风险时，注册会计师应当在考虑识别出的控制对相关风险的抵消效果前，根据风险的性质、潜在错报的重要程度（包括该风险是否可能导致多项错报）和发生的可能性，判断风险是否属于特别风险。

（2）注册会计师在确定风险的性质时，应当考虑如图4-6所示的内容。

图4-6　确定特别风险应当考虑的因素

3. 非常规交易和判断事项导致的特别风险。

（1）非常规交易的定义。非常规交易是指由于金额或性质异常而不经常发生的交易。例如，企业并购、债务重组、重大或有事项等。特别风险通常与重大的非常规交易和判断事项有关。与重大非常规交易相关的特别风险可能导致更高的重大错报风险。非常规交易具有下列特征：管理层更多地介入会计处理；数据收集和处理涉及更多的人工成分；复杂的计算或会计处理方法；非常规交易的性质可能使被审计单位难以对由此产生的特别风险实施有效控制。

（2）判断事项导致的特别风险。判断事项通常包括作出的会计估计。如资产减值准备金额的估计、需要运用复杂估值技术确定的公允价值计量等。

由于对涉及会计估计、收入确认等方面的会计原则存在不同的理解，所要求的判断可能是主观和复杂的，或需要对未来事项作出假设等原因，与重大判断事项相关的特别风险可能导致更高的重大错报风险。

4. 考虑与特别风险相关的控制。了解与特别风险相关的控制，有助于注册会计师制定有效的审计方案予以应对。对特别风险，注册会计师应当评价相关控制的设计情况，并确定其是否已经得到执行。由于与重大非常规交易或判断事项相关的风险很少受到日常控制的约束，注册会计师应当了解被审计单位是否针对该特别风险设计和实施了控制。如果管理层未能实施控制以恰当应对特别风险，注册会计师应当认为内部控制存在重大缺陷，并考虑其对风险评估的影响。在此情况下，注册会计师应当就此类事项与治理层沟通。

（三）只通过实质性程序无法应对的重大错报风险

作为风险评估的一部分，如果认为仅通过实质性程序获取的审计证据无法将认定层次的重大错报风险降至可接受的低水平，审计人员应当评价被审计单位针对这些风险设计的控制，并确定其执行情况。

在被审计单位对日常交易采用高度自动化处理的情况下，审计证据可能仅以电子形式存在，其充分性和适当性通常取决于自动化信息系统相关控制的有效性，审计人员应当考虑仅通过实施实质性程序不能获取充分、适当审计证据的可能性。

在实务中，注册会计师可以用表4-9汇总识别的重大错报风险。

表4-9 识别的重大错报风险汇总

评估工作	注册会计师可能需要评估风险的内容				
识别的重大错报风险	对财务报表的影响	相关的交易类别、账户余额和列报的认定	是否与财务报表整体广泛相关	是否属于特别风险	是否属于只通过实质程序无法应对的重大错报风险
记录识别的重大错报风险	描述对财务报表的影响和导致财务报表发生重大错报的可能性	列示相关的各类交易、账户余额、列报及其认定	考虑风险是否属于财务报表层次的重大错报风险	考虑分析是否属于特别风险	考虑分析是否属于只通过实质程序无法应对的重大错报风险

（四）对风险评估的修正

审计人员对认定层次重大错报风险的评估应以获取的审计证据为基础，并可能随着不断获取审计证据而作出相应的变化。例如，注册会计师对重大错报风险的评估可能基于预期控制运行有效这一判断，即相关控制可以防止或发现并纠正认定层次的重大错报。但在测试控制运行的有效性时，注册会计师获取的证据可能表明相关控制在被审计期间并未有效运行。同样，在实施实质性程序后，注册会计师可能发现错报的金额和频率比在风险评估时预计的金额和频率要高。说明如果通过实施进一步审计程序获取的审计证据与初始评估获取的审计证据相矛盾，注册会计师应当修正风险评估结果，并相应修改原计划实施的进一步审计程序。

因此，评估重大错报风险与了解被审计单位及其环境一样，也是一个连续和动态地收集、更新与分析信息的过程，贯穿于整个审计过程的始终。

热身练习

下列各项中，注册会计师应当评估为存在特别风险的有（   ）。

A. 管理层可能凌驾于控制之上

B. 收入确认

C. 超出正常经营过程的重大关联方交易

D. 具有高度估计不确定性的重大会计估计

【答案】AC

第二节　风险应对程序

一、针对财务报表层次重大错报风险提出总体应对措施

（一）财务报表层次重大错报风险与总体应对措施

在财务报表重大错报风险的评估过程中，注册会计师应当确定，识别的重大错报风险是与特定的某类交易、账户余额和披露的认定相关，还是与财务报表整体广泛相关，进而影响多项认定。如果是后者，则属于财务报表层次的重大错报风险。

注册会计师应当针对评估的财务报表层次重大错报风险确定下列总体应对措施：

1. 向项目组强调在收集和评价审计证据过程中保持职业怀疑态度的必要性。

2. 指派更有经验或具有特殊技能的审计人员，或利用专家的工作。由于各行业在经营业务、经营风险、财务报告、法规要求等方面具有特殊性，审计人员的专业分工细化成为一种趋势。审计项目组成员中应有一定比例的人员曾经参与过审计单位以前年度的审计，或具有被审计单位所处特定行业的相关审计经验。必要时，要考虑利用信息技术、税务、评估、精算等方面的专家的工作。

3. 提供更多的督导。对于财务报表层次重大错报风险较高的审计项目，审计项目组的高级别成员，如项目合伙人、项目经理等经验较丰富的人员，要求对其他成员提供更详细、更经常、更及时的指导和监督并加强项目质量复核。

4. 在选择拟实施的进一步审计程序时融入更多的不可预见的因素。被审计单位人员，尤其是管理层，如果熟悉注册会计师的审计套路，就可能采取种种规避手段，掩盖财务报告中的舞弊行为。因此，在设计拟实施审计程序的性质、时间安排和范围时，为了避免既定思维对审计方案的限制，从而使得针对重大

错报风险的进一步审计程序更加有效，注册会计师要考虑使某些程序不被被审计单位管理层预见或事先了解。

5. 对拟实施审计程序的性质、时间安排或范围作出总体修改。财务报表层次的重大错报风险很可能源于薄弱的控制环境。薄弱的控制环境带来的风险可能对财务报表产生广泛影响，难以限于某类交易、账户余额和披露，注册会计师应当采取总体应对措施。相应地，注册会计师对控制环境了解也影响其对财务报表层次重大错报风险的评估。有效地控制环境可以使注册会计师增强对内部控制和被审计单位内部产生证据的信赖程度。如果控制环境存在缺陷，注册会计师在对拟实施审计程序的性质、时间安排和范围作出总体修改时应当考虑：

（1）在期末而非期中实施更多的审计程序。控制环境的缺陷通常会削弱期中获得的审计证据的可信赖程度。

（2）通过实施实质性程序获取更官方的审计证据。良好的控制环境是其他控制要素发挥作用的基础。控制环境存在缺陷通常会削弱其他控制要素的作用，导致注册会计师可能无法信赖内部控制，而主要依赖实施实质性程序获取审计证据。

（3）扩大审计范围和增加审计经营地点的数量。

（二）增加审计程序不可预见性的方法

1. 注册会计师需要与被审计单位高管人员事先沟通，要求实施具有不可预见性的审计程序，但不能告知其具体内容。注册会计师可以在签订审计业务约定书时明确提出这一要求。

2. 虽然对于不可预见性程度没有量化的规定，但审计项目组可根据对舞弊风险的评估等确定具有不可预见性的审计程序。审计项目组可以汇总那些具有不可预见性的审计程序，并记录在审计工作底稿中。

3. 项目合伙人需要安排项目组成员有效地实施具有不可预见性的审计程序，但同时要避免使项目组成员处于困难境地。

在实务中，注册会计师可以通过以下方式提高审计程序的不可预见性：（1）对某些未测试过的低于设定的重要性水平或风险较小的账户余额和认定实施实质性程序；（2）调整实施审计程序的时间，使被审计单位不可预期；（3）采取不同的审计抽样方法，使当期抽取的测试样本与以前有所不同；（4）选取不同的地点实施审计程序，或预先不告知被审计单位所选定的测试的地点。

总体审计策略、
总体应对措施、
总体审计方案
三者辨析

二、总体应对措施对拟实施进一步审计程序的总体方案的影响

财务报表层次重大错报风险难以限于某类交易、账户余额、列报的特点，意味着此类风险可能对财务报表的多项认定产生广泛影响，并相应增加注册会计师对认定层次重大风险的评估难度。因此，注册会计师评估的财务报表层次重大错报风险以及采取的总体应对措施对拟实施进一步审计程序的总体方案具

有重大影响。

拟实施进一步审计程序的总体审计方案包括实质性方案和综合性方案。其中，实质性方案是指注册会计师实施的进一步审计程序以实质性程序为主；综合性方案是指注册会计师在实施进一步审计程序时，将控制测试与实质性程序结合使用。当评估的财务报表层次重大错报风险属于高风险水平（并相应采取更强调审计程序不可预见性以及重视调整审计程序的性质、时间安排和范围等总体应对措施）时，拟实施进一步审计程序的总体方案往往更倾向于实质性方案。相关审计总体方案内容如图4-7所示。

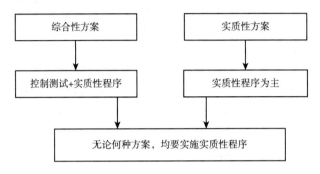

图4-7　注册会计师拟采取进一步审计程序的总体方案的内容

职业考试

下列各措施中，不能应对财务报表层次重大错报风险的是（　　　）。（2016年CPA考试审计真题）

A. 在期末而非期中实施更多的审计程序

B. 扩大控制测试的范围

C. 增加拟纳入审计范围的经营地点的数量

D. 增加审计程序的不可预见性

【参考答案】B

三、针对认定层次重大错报风险采取的进一步审计程序

（一）进一步审计程序的含义和要求

1. 进一步审计程序的含义。进一步审计程序相对于风险评估程序而言，是指注册会计师针对评估的各类交易、账户余额和披露认定层次重大错报风险实施的审计程序，包括控制测试和实质性程序。

注册会计师设计和实施的进一步审计程序、时间安排的范围，应当与评估的认定层次重大错报风险具备明确的对应关系。注册会计师实施的审计程序应具有目的性和针对性，有的放矢地配置审计资源，有利于提高审计效率和效果。在拟实施的进一步审计程序的性质、时间和范围中，性质是最重要的。只有确保进一步审计程序的性质和特定风险时，扩大审计程序的范围才是有效的。具体内容如图4-8所示。

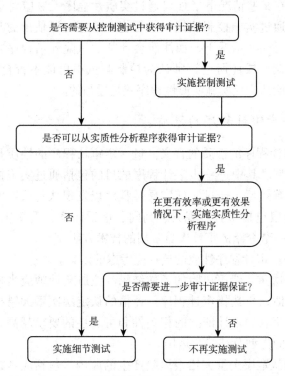

图4-8　注册会计师实施进一步审计程序的主要流程

2. 设计进一步审计程序时的考虑因素。

（1）风险的重要性。风险的重要性是指风险造成后果的严重程度。风险造成的后果越严重，就越需要注册会计师关注和重视，越需要精心设计有针对性的进一步审计程序。

（2）重大错报发生的可能性。重大错报发生的可能性越大，同样越需要注册会计师精心设计进一步审计程序。

（3）涉及的各类交易、账户余额和披露的特征。不同的交易、账户余额和披露，产生的认定层次的重大错报风险也会存在差异，适用审计程序也有差别，需要注册会计师区别对待，并设计有针对性的进一步审计程序。

（4）被审计单位采用的特定控制的性质。不同的性质的控制（尤其是人工控制或自动化控制）对注册会计师设计进一步审计程序具有重要影响。

（5）注册会计师是否拟获取审计证据，以确定内部控制在防止或发现并纠正重大错报方面的有效性。如果注册会计师在风险评估时预期内部控制运行有效，随后拟实施的进一步审计程序就必须包括控制测试，且实质性程序自然会受到之前控制测试结果的影响。

注册会计师应当根据对认定层次重大错报风险的评估结果，恰当选用实质性方案或综合性方案。在通常情况下，注册会计师出于成本效益的考虑可以采用综合性方案来设计进一步审计程序，即将测试控制运行的有效性与实质性程序结合使用。但在某些情况下（如仅通过实质性程序无法应对重大错报风险），注册会计师必须通过实施控制测试，才可能有效应对评估出的某一认定的重大错报风险；而在另一些情况下，如注册会计师的风险评估程序未能识别出与认定相关的任何控制，或注册会计师认为控制测试很可能不符合成本效益原则，则注册会计师可能认为仅实施实质性程序就是适当的。

（二）进一步审计程序的性质

1. 进一步审计程序的性质的含义。进一步审计程序的性质是指进一步审计程序的目的和类型。其中进一步审计程序的目的包括通过实施控制测试以确定内部控制运行的有效性，通过实施实质性程序以发现认定层次的重大错报；进一步审计程序类型包括检查、观察、询问、重新计算、重新执行和分析程序，也就是第三章第一节介绍的审计人员常用的技术方法。

2. 确定进一步审计程序性质的选择应考虑的因素。

（1）认定层次重大错报风险的评估结果。注册会计师应当根据认定层次重大错报风险的评估结果选择审计程序。评估的认定层次重大错报风险越高，对通过实质性程序获取的审计证据的相关性和可靠性的要求越高，从而可能影响进一步审计程序的类型及其综合运用。

（2）评估的认定层次重大错报风险产生的原因。包括应考虑各类交易、账户余额和列报的具体特征以及内部控制。例如，注册会计师可能判断某特定类别的交易即使在不存在相关控制的情况下发生重大错报的风险仍较低，此时注册会计师可能认为仅实施实质性程序就可以获取充分、适当的审计证据。再如，对于经由被审计单位信息系统日常处理和控制的某类交易，如果注册会计师预期此类交易在内部控制运行有效的情况下发生重大错报的风险较低，且拟在控制运行有效的基础上设计实质性程序，注册会计师就会决定先实施控制测试。

需要说明的是，如果在实施进一步审计程序时拟利用被审计单位信息系统生成的信息，注册会计师应当就信息的准确性和完整性获取审计证据。

（三）进一步审计程序的时间

1. 进一步审计程序的时间的含义。进一步审计程序的时间是指注册会计师何时实施进一步审计程序，或审计证据适用的期间或时点。因此，当提及进一步审计程序的时间时，在某些情况下指的是审计程序的实施时间，在另外一些情况下是指需要获取的审计证据适用的期间或时点。

2. 进一步审计程序的时间的选择。在很多情况下，虽然在期末实施审计程序在很多情况下非常必要，但仍然不排除注册会计师在期中实施审计程序可能发挥积极作用。在期中实施进一步审计程序，可能有助于注册会计师在审计工作初期识别重大事项，并在管理层的协助下及时解决这些事项；或针对这些事项制定有效的实质性方案或综合性方案。

当然，在期中实施进一步审计程序也存在很大的局限。首先，注册会计师往往难以仅凭在期中实施的进一步审计程序获取有关期中以前的充分、适当的审计证据（例如某些期中以前发生的交易或事项在期中审计结束时尚未完结）；其次，及时注册会计师在期中实施的进一步审计程序能够获取有关期中以前的充分、适当的审计证据，但从期中到期末这段剩余期间还往往会发生重大的交易或事项（包括期中以前发生的交易、事项的延续，以及期中以后发生的新的交易、事项），从而对所审计期间的财务报表认定产生重大影响；最后，被审计单位管理层也完全有可能在注册会计师于期中实施了进一步审计程序之后对期中以前的相关会计记录做出调整甚至篡改，注册会计师在期中实施了进一步审计程序所获取的审计证据已经发生了变化。为此，如果在期中实施了进一步审计程序，注册会计师还应当针对剩余期间获取审计证据。进一步审计程序时间安排的选择如表 4 – 10 所示。

表 4 – 10　　　　　　注册会计师实施进一步审计程序的时间安排的选择

重大错报风险	性质	时间	范围
高	实质性程序	期末或接近期末；采用不通知的方式；在管理层不能预见的时间	较大样本较多证据
中	实质性程序或综合性方案	期中	适中样本、适量证据；获取这些控制在剩余期间变化情况的审计证据；确定针对剩余期间还需获取的补充审计证据
低	综合性方案	期中或期末	较小样本、较少证据，针对剩余期间获取证据

（四）进一步审计程序的范围

1. 进一步审计程序的范围的含义。进一步审计程序的范围是指实施进一步审计程序的数量，包括抽取的样本量、对某项控制活动的观察次数等。

2. 确定进一步审计程序的范围时应考虑的因素。（1）确定的重要性水平。确定的重要性水平越低，注册会计师实施进一步审计程序的范围越广。（2）评估的重大错报风险。评估的重大错报风险越高，对拟获取审计证据的相关性、可靠性的要求越高，因此，注册会计师实施的进一步审计程序的范围也越广。（3）计划获取的保证程度。计划获取的保证程度，是指注册会计师计划通过所实施的审计程序对测试结果可靠性所获取的信心。计划获取的保证程度越高，对测试结果可靠性要求越高，注册会计师实施的进一步审计程序的范围越广。

职业考试

下列有关 CPA 实施进一步审计程序的时间的说法中，错误的是（　　）。（2015 年 CPA 考试审计真题）

A. 注册会计师在确定何时实施进一步审计程序时需要考虑能够获取相关信息的时间

B. 如果评估重大错报风险为低水平，注册会计师可以选择资产负债表日前适当日期截止日实施测试

C. 对于被审计单位发生的重大交易，注册会计师应当在期末或期末以后实施实质性程序

D. 如果被审计单位的控制环境良好，注册会计师可以更多地在期中实施进一步审计程序

【参考答案】C

四、实施内部控制测试

（一）内部控制测试含义和要求

1. 内部控制测试的含义。内部控制测试是指用于评价内部控制在防止或发现并纠正认定层次重大错报方面的运行有效性的审计程序，实务中，常简称控制测试。这一概念需要与"了解内部控制"进行区分。了解内部控制包含两层含义：一是评价控制的设计；二是确定控制是否得到执行。

在实施风险评估程序以获取控制是否得到执行的审计证据时，注册会计师应当确定某项控制是否存在，被审计单位是否正在使用。

在测试控制运行的有效性时，注册会计师应当从下列方面获取关于控制是否有效运行的审计证据：

（1）控制在所审计期间的相关时点是如何运行的；

（2）控制是否得到一贯执行；

（3）控制由谁或以何种方式执行。

从这三个方面来看，控制运行有效性强调的是控制能够在各个不同时点按照既定设计得以一贯执行。因此，在了解控制是否得到执行时，注册会计师只需抽取少量的交易进行检查或观察某几个时点。但在测试控制运行的有效性时，注册会计师需要抽取足够数量的交易进行检查或对多个不同时点进行观察。

2. 内部控制测试的要求。作为进一步审计程序的类型之一，控制测试并非在任何情况下都需要实施。当存在下列情形之一时，注册会计师应当实施控制测试：

（1）在评估认定层次重大错报风险时，预期控制的运行是有效的。只有认为控制设计合理、能够防止或发现和纠正认定层次的重大错报，注册会计师才

有必要对控制运行的有效性实施控制测试。

（2）仅实施实质性程序并不能够提供认定层次充分、适当的审计证据。如果认为仅实施实质性程序获取的审计证据无法将认定层次重大错报风险降至可接受的低水平，注册会计师应当实施相关的控制测试，以获取控制运行有效性的审计证据。

（二）内部控制测试的性质

1. 内部控制测试的性质含义。控制测试的性质是指控制测试所使用的审计程序的类型及其组合。在计划和实施控制测试时，对控制有效性的信赖程度越高，注册会计师应当获取越有说服力的审计证据。当拟实施的进一步审计程序主要以控制测试为主，尤其是仅实施实质性程序无法或不能获取充分、适当的审计证据时，注册会计师应当获取有关控制测试运行有效性的更高的保证水平。

控制测试采用的审计程序或技术方法有询问、观察、检查、重新执行和穿行测试。其中实施穿行测试也是一种重要的审计程序，但并不是单独的一种程序，而是将多种程序按特定审计需要进行结合运用的方法。穿行测试是通过追踪交易在财务报告信息系统中的处理过程，证实注册会计师对控制的了解、评价控制设计的有效性以及确定控制是否得到执行。可见，穿行测试更多地在了解内部控制时运用。但在执行穿行测试时，注册会计师可能获取部分控制运行有效性的审计证据。

2. 确定控制测试的性质时的要求。

（1）考虑特定控制的性质。注册会计师应当根据特定控制的性质选择所需实施审计程序的类型。例如，某些控制可能存在反映控制运行有效性的文件记录，在这种情况下，注册会计师可以检查这些文件记录以获取控制运行有效的审计证据。

（2）考虑测试与认定直接相关或间接相关的控制。在设计控制测试时，注册会计师不仅应当考虑与认定直接相关的控制，还应当考虑这些控制所依赖的与认定间接相关的控制，以获取支持控制运行有效性的审计证据。

（3）如何对一项自动化的应用控制实施控制测试。对于一项自动化应用控制，由于信息技术处理过程的内在一贯性。注册会计师可利用该项控制得以执行的审计证据和信息技术一般控制运行有效性的审计证据，作为支持该项控制相关期间运行有效性的重要审计证据。

3. 实施控制测试时对双重目的的实现。控制测试的目的是评价控制是否有效运行；细节测试的目的是发现认定层次的重大错报。尽管两者目的不同，但注册会计师可以考虑针对同一交易同时实施控制测试和细节测试，以实现双重目的。例如，注册会计师通过检查某笔交易的发票可以确定其是否经过适当的授权，也可以获取关于该交易的金额、发生时间等细节证据。当然，如果拟实施双重目的测试，注册会计师应当仔细设计和评价测试程序。

4. 实施实质性程序的结果对控制测试结果的影响。如果通过实施实质性程序未发现某项认定存在错报，这本身不能说明与该认定有关的控制是有效运行的；但如果通过实施实质性程序发现某项认定存在错报，注册会计师应当在评价相关控制的运行有效性时予以考虑。因此，注册会计师应当考虑实质性程序发现的错报对评价相关控制运行有效性的影响。如果实施实质性程序发现被审计单位没有识别出的重大错报，通常表明内部控制存在重大缺陷，注册会计师应就这些缺陷与管理层和治理层进行沟通。

（三）内部控制测试的时间

1. 内部控制测试的时间的含义。内部控制测试的时间包含两层含义：一是何时实施控制测试；二是测试针对的控制测试适用的时点或期间。一个基本的原理是，如果测试特定时点的控制，注册会计师仅得到该时点控制运行有效性的审计证据；如果测试某一期间的控制，注册会计师可获取控制在该期间有效运行的审计证据。因此，注册会计师应当根据控制测试的目的确定控制测试的时间，并确定拟信赖的相关控制的时点或期间。

如果仅需要测试控制在特定时点的运行有效性（如被审计单位期末存货盘点进行控制测试），注册会计师只需要获取该时点的审计证据。如果需要获取控制在某一期间有效运行的审计证据，仅获取与时点相关的审计证据是不充分的，注册会计师应当辅佐以其他控制测试，包括测试被审计单位对控制的监督。

2. 如何考虑期中审计证据。对于控制测试，注册会计师在期中实施此类程序具有更积极的作用。但需要说明的是，即使注册会计师已获取有关控制在期中运行有效性的审计证据，仍然需要考虑如何能够将控制在期中运行有效性的审计证据合理延伸至期末，一个基本的考虑是针对期中至期末这段剩余期间获取充分、适当的审计证据。因此，如果已获取有关控制在期中运行有效性的审计证据，并拟利用该证据，注册会计师应当实施下列审计程序：（1）获取这些控制在剩余期间发生重大变化的审计证据。（2）确定针对剩余期间还需获取的补充审计证据。为此注册会计师应当考虑评估的认定层次重大错报风险的重大程度、在期中测试的特定控制、在期中对有关控制运行有效性获取的审计证据的程度、剩余期间的长度、在信赖控制的基础上拟减少进一步实质性程序的范围及控制环境等因素。

3. 如何考虑以前审计获取的审计证据。关于如何考虑以前审计获取的有关控制运行有效性的审计证据，基本思路是考虑拟信赖的以前审计中测试的控制在本期是否发生变化。

注册会计师可能面临两种结果：控制在本期发生变化；控制在本期没有发生变化。

（1）当控制在本期发生变化时注册会计师做法。如果控制在本期发生变化，注册会计师应当考虑以前审计获取的有关控制运行有效性的审计证据是否与本期审计相关。例如，如果系统的变化仅仅使被审计单位从中获取新的报告，这种变化通常不影响以前审计所获取证据的相关性；如果系统的变化引起数据累积或计算发生改变，这种变化可能影响以前审计所获取证据的相关性。如果拟信赖的控制自上次测试后已发生变化，注册会计师应当在本期审计中测试这些控制的运行有效性。

（2）当控制在本期未发生变化时注册会计师做法。如果拟信赖的控制自上次测试后未发生变化，且不属于旨在减轻特别风险的控制，注册会计师应运用职业判断确定是否在本期审计中测试其运行有效性，及本次测试与上次测试时间间隔，但每三年至少对控制测试一次。

（3）不得依赖以前审计所获取证据的情形。鉴于特别风险的特殊性，对于旨在减轻特别风险的控制，不论该控制在本期是否发生变化，注册会计师都不应依赖以前审计获取的审计证据。因此，如果确定评估的认定层次重大错报风险是特别风险，并拟信赖旨在减轻特别风险的控制，注册会计师都不应依赖以前审计获取的审计证据，而应在本期审计中测试这些控制的运行有效性。

（四）内部控制测试的范围

1. 确定控制测试范围的考虑因素。确定控制测试范围时，除考虑对控制信赖程度外，注册会计师还可能考虑以下因素：

（1）拟信赖期间被审计单位执行控制的频率。控制执行频率越高，控制测试范围越大。

（2）在所审计期间，拟信赖控制运行有效性时间长度。注册会计师需要根据拟信赖控制时间长度确定控制测试范围。拟信赖期间越长，控制测试范围越大。

（3）控制的预期偏差。预期偏差可以用控制未得到执行的预期次数占控制应当得到执行次数的比率加以衡量（也可称为预期偏差率）。考虑该因素，是因为在考虑测试结果是否可以得出控制运行有效性的结论时，不可能只要出现任何控制执行偏差就认定控制运行无效，所以需要确定一个合理水平的预期偏差率。控制的预期偏差率越高，需实施控制测试的范围越大。如果控制的预期偏差率过高，注册会计师应考虑控制可能不足以将认定层次的重大错报风险降至可接受的低水平，从而针对某一认定实施的控制测试可能是无效的。

（4）测试与认定相关的其他控制获取的审计证据范围。针对同一认定可能存在不同控制。当针对其他控制获取证据的充分性和适当性较高时，测试该控制范围可适当缩小。

（5）拟获取的有关认定层次控制运行有效性的审计证据的相关性和可靠性。

2. 自动化控制的测试范围的特别考虑。信息技术处理具有内在一贯性，除非系统发生变动，一项自动化应用控制应当一贯运行。对于一项自动化应用控制，一旦确定被审计单位正在执行该控制，注册会计师通常无须扩大控制测试的范围，但需要考虑执行下列测试以确定该控制持续有效运行：测试与该应用控制有关的一般控制的运行有效性；确定系统是否发生变动，如果发生变动，是否存在适当的系统变动控制；确定对交易的处理是否使用授权批准的软件版本。

职业考试

如果在期中实施了控制测试，在针对剩余期间获取补充审计证据时，注册会计师通常考虑的因素有（　　）。(2017 年 CPA 考试审计真题)

A. 控制环境

B. 评估的重大错报风险水平

C. 在期中对有关控制有效性获取的审计证据的程度

D. 拟减少实质性程序的范围

【参考答案】 ABCD

穿行测试、控制测试、实质性程序三者辨析

五、实质性程序

（一）实质性程序的内涵

1. 实质性程序的含义。实质性程序是指用于发现认定层次重大错报的审计程序，包括对各类交易、账户余额和披露的细节测试以及实质性分析程序。注册会计师实施的实质性程序应当包括下列与财务报表编制完成阶段相关的审计程序：将财务报表与其所依据的会计记录进行核对或调节；检查财务报表编制过程中作出的重大会计分类和其他调整。

由于注册会计师对重大错报风险的评估是一种判断，可能无法充分识别所有重大错报风险，并且由于内部控制存在固有局限，无论评估重大错报风险结果如何，注册会计师都应当对所有重大类别的交易、账户余额和披露实施实质性程序。

2. 针对特别风险实施的实质性程序。

（1）专门程序。如果认为评估的认定层次重大错报风险是特别风险，注册会计师应当专门针对该风险实施实质性程序。

（2）组合程序。如果针对特别风险仅实施实质性程序，注册会计师应当使用细节测试或将细节测试和实质性分析程序结合使用，以获取充分、适当的审计证据。作此规定的考虑是，为应对特别风险需要获取具有高度相关性和可靠性的审计证据，仅实施实质性分析程序不足以获取有关特别风险的充分、适当的审计证据。

（二）实质性程序的性质

1. 实质性程序性质的含义。实质性程序的性质是指实质性程序的类型及其组合。前已述及，实质性程序的两种基本类型包括细节测试和实质性分析程序。其中细节测试是对各类交易、账户余额和披露的具体细节进行测试，目的在于直接识别财务报表认定是否存在错报。细节测试被用于获取与某些认定相关的审计证据，如存在、准确性、计价等。而实质性分析程序从技术特征上讲仍然是分析程序，主要是通过研究数据间关系评价信息，只是将该技术方法用作实质性程序，即用以识别各类交易、账户余额和披露及相关认定是否存在错报。实质性分析程序通常更适用于在一段时间内存在可预期关系的大量交易。

2. 细节测试和实质性分析程序的适用性。由于细节测试和实质性分析程序的目的和技术手段存在一定差异，因此，各自有不同适用领域。注册会计师应根据各类交易、账户余额和披露的性质选择实质性程序的类型。细节测试适用于对各类交易、账户余额和披露认定的测试，尤其是对存在或发生、计价认定的测试；对在一段时期内存在可预期关系的大量交易，注册会计师可考虑实施实质性分析程序。

（1）细节测试的方向。对于细节测试，注册会计师应当针对评估的风险设计细节测试，获取充分、适当的审计证据，以达到认定层次所计划的保证水平。

（2）设计实质性分析程序时考虑的因素。一是对特定认定使用实质性分析程序的适当性；二是对已记录的金额或比率作出预期时，所依据的内部或外部数据的可靠性；三是作出预期的准确程度是否足以在计划的保证水平上识别重大错报；四是已记录金额与预期值之间可接受的差异额。考虑到数据及分析的可靠性，当实施实质性分析程序时，如果使用被审单位编制的信息，注册会计师应考虑测试与信息编制相关的控制，及这些信息是否在本期或前期经过审计。

（三）实质性程序的时间

实质性程序的时间选择与控制测试的时间选择有共同点，也有很大差异。共同点在于：（1）在控制测试中，期中实施控制测试并获取期中关于控制运行有效性审计证据的做法更具有一种"常态"；而由于实质性程序的目的在于更直接地发现重大错报，在期中实施实质性程序时更需要考虑其成本效益的权衡。（2）在本期控制测试中拟信赖以前审计获取的有关控制运行有效性的审计证据，已经受到了很大的限制；而对于以前审计中通过实质性程序获取的审计证据，则采取了更加慎重的态度和更严格的限制。

1. 是否在期中实施实质性程序时应当考虑以下因素。

（1）控制环境和其他相关的控制。控制环境和其他相关的控制越薄弱，注册会计师越不宜在期中实施实质性程序。

（2）实施审计程序所需信息在期中之后的可获得性。如果实施实质性程序所需信息在期中之后可能难以获取，应考虑在期中实施实质性程序；但如果实施实质性程序所需信息在期中之后的获取并不存在明显困难，该因素不应成为注册会计师在期中实施实质性程序的重要影响因素。

（3）实质性程序的目的。如果针对某项认定实施实质性程序的目的就包括获取该认定的期中审计证据（从而与期末比较），注册会计师应在期中实施实质性程序。

（4）评估的重大错报风险。注册会计师评估的某项认定的重大错报风险越高，针对该认定所需获取的审计证据的相关性和可靠性要求也就越高，注册会计师越应当考虑将实质性程序集中于期末（或接近期末）实施。

（5）特定类别交易或账户余额以及相关认定的性质。例如，某些交易或账户余额以及相关认定的特殊性质（如收入截止认定、未决诉讼）决定了注册会计师必须在期末（或接近期末）实施实质性程序。

（6）针对剩余期间，能否通过实施实质性程序或将实质性程序与控制测试相结合，降低期末存在错报而未被发现的风险。如果针对剩余期间注册会计师可以通过实施实质性程序或将实质性程序与控制测试相结合，较有把握地降低期末存在错报而未被发现的风险，注册会计师可以考虑在期中实施实质性程序；但如果针对剩余期间注册会计师认为还需要消耗大量审计资源才有可能降低期末存在错报而未被发现的风险，甚至没有把握通过适当的进一步审计程序降低期末存在错报而未被发现的风险，注册会计师就不宜在期中实施实质性程序。

2. 考虑在期中通过实质程序获取相关审计证据。

（1）如果在期中实施了实质性程序，注册会计师应当针对剩余期间实施进一步的实质性程序，或将实质性程序和控制测试结合使用，以将期中测试得出的结论合理延伸至期末。在将期中实施的实质性程序得出的结论合理延伸至期末时，注册会计师有两种选择：一是针对剩余期间实施进一步的实质性程序；二是将实质性程序和控制测试结合使用。

（2）如果拟将期中测试得出的结论延伸至期末，注册会计师应当考虑针对剩余期间仅实施实质性程序是否足够。如果认为实施实质性程序本身不充分，注册会计师还应测试剩余期间相关控制运行的有效性或针对期末实施实质性程序。

（3）对于舞弊导致的重大情报风险，被审计单位存在故意错报或操纵的可能性，那么注册会计师更应慎重考虑能否将期中测试得出的结论延伸至期末。因此，如果已识别出由于舞弊导致的重大错报风险，为将期中得出的结论延伸至期末而实施的审计程序通常是无效的，注册会计师应当考虑在期末或者接近期末实施实质性程序。

3. 考虑以前审计获取的审计证据。在以前审计中实施实质性程序获取的审计证据，通常对本期只有很弱的证据效力或没有证据效力，不足以应对本期的重大错报风险。只有当以前获取的审计证据及其相关事项未发生重大变动时，以前获取的审计证据才可能用作本期的有效审计证据。但即便如此，如果拟利用以前审计中实施实质性程序获取的审计证据，注册会计师应当在本期实施审计程序，以确定这些审计证据是否具有持续相关性。

（四）实质性程序的范围

评估的认定层次重大错报风险和实施控制测试的结果是注册会计师在确定实质性程序的范围时的重要考虑因素。因此，在确定实质性程序的范围时，注册会计师应当考虑评估的认定层次重大错报风险和实施控制测试的结果。注册会计师评估的认定层次的重大错报风险越高，需要实施实质性程序的范围越广。

如果对控制测试结果不满意，注册会计师可能需要考虑扩大实质性程序的范围。

职业考试

下列有关实质性程序的说法中，正确的是（　　）。（2016 年 CPA 考试审计真题）

A. 注册会计师应当针对所有类别的交易、账户余额和披露实施实质性程序

B. 注册会计师针对认定层次的特别风险实施的实质性程序应当包括实质性分析程序

C. 如果在期中实施了实质性程序，注册会计师应当对剩余期间实施控制测试和实质性程序

D. 注册会计师实施的实质性程序应当包括将财务报表与其所依据的会计记录进行核对或调整

【参考答案】D

【本章小结】

风险评估是指注册会计师在审计实施阶段通过了解被审计单位及相关环境与评价内部控制状况等内容，从而准确地评估审计工作所面临风险水平或程度，便于采取针对性的风险应对措施所设计的一系列必经程序和活动。了解被审计单位及其环境是风险评估的必要程序，特别是为注册会计师在财务审计的关键环节作出职业判断提供重要基础。

内部控制系统有利于维护企业资产的完整性，确保会计记录的正确性和可靠性，从而保证企业经营目标的实现。内部控制包括下列五项要素：控制环境；风险评估过程；信息系统与沟通；控制活动；对控制的监督。描述内部控制的常用的方法有三种，即调查表法、文字表述法和流程图法。在对内部控制的设计情况进行调查和描述后，就可以对内部控制的可靠性进行初步评价。通过初步评价，如果注册会计师认为客户的整体内部控制能对各种错误或舞弊行为实施预控，则可将它列入"信赖"领域，实施控制测试程序。

在运用相关审计程序识别和评估出财务报表层次和认定层次的重大错报风险之后，应分别对两个层次的重大错报风险作出应对措施。对财务报表层次重大错报风险的总体应对措施有：向项目组强调在收集和评价审计证据过程中保持职业怀疑态度必要性、分派更有经验或特殊技能审计人员，或利用专家工作、提供更多督导、选择进一步审计程序时，应注意使某些程序不被管理层预见或事先了解，对拟实施审计程序性质、时间和范围作出总体修改。对认定层次的重大错报风险的进一步审计程序包括控制测试和实质性程序。控制测试是指测试控制运行的有效性，控制测试的程序有询问、观察、检查、重新执行和穿行测试。实质性程序是指注册会计师针对评估的重大错报风险实施的直接用以发现认定层次重大错报的审计程序，实质性程序包括对各类交易、账户余额和列报的细节测试以及实质性分析程序。

【课后练习】

一、单项选择题

1. 被审计单位的关联方交易始终是注册会计师执行财务报表审计业务时特别关注的重要问题。为提高审计的效率，注册会计师最好通过对被审计单位（　　）性质的了解来了解其关联方及其交易的情况。

A. 所有权结构　　B. 治理结构　　C. 组织结构　　D. 劳动用工情况

2. 注册会计师应当了解被审计单位所处的法律与监管环境，为此，应当了解（　　）。

A. 与生产产品或提供劳务相关的市场信息

B. 适用的会计准则、制度和行业特定惯例

C. 生产设施、仓库的地理位置及办公地点

D. 从事电子商务的情况、研究与开发支出

3. 注册会计师在执行财务报表审计业务时，应当重视被审计单位对衍生金融工具的运用。为此，最好在其了解被审计单位的性质时，结合（　　）加以了解。

A. 经营活动　　B. 投资活动　　C. 筹资活动　　D. 生产毁损

4. 注册会计师通常实施下列风险评估程序，以获取有关控制设计和执行的审计证据。但下列（　　）程序难以为此获取充分、适当的证据。

A. 询问被审计单位的人员

B. 观察特定控制的运行

C. 检查文件和报告

D. 追踪交易在财务报告信息系统中的处理过程

5. 以下关于内部控制的说法中，不正确的是（　　）。

A. 注册会计师对内部控制的了解，主要是评价内部控制的设计和确定内部控制的执行

B. 注册会计师对内部控制的了解不能代替其对内部控制运行有效性的测试程序

C. 内部控制的自动化成分在处理涉及主观判断的状况或交易事项时可能比人工控制更为适当

D. 信息技术通常可降低控制被规避的风险，从而提高被审计单位内部控制的效率和效果

6. 在确定被审计单位构成控制环境的要素是否得到执行时，注册会计师最好通过询问管理层和员工了解（　　）。

A. 管理层如何将业务规程和道德价值观念与员工进行沟通

B. 管理层是否建立了正式的行为守则

C. 管理层是否在日常工作中遵循行为守则

D. 管理层如何处理违反行为守则的情形

7. 与下列重大判断事项相关的特别风险可能导致更高的重大错报风险的是（　　　）。

A. 管理层更多地介入会计处理

B. 数据收集和处理涉及更多的人工成分

C. 复杂的计算或会计核算方法

D. 对涉及会计估计、收入确认等会计政策存在不同的理解

8. 在审计过程中，如果注册会计师（　　　），则可以就这些内部控制缺陷与被审计单位的管理层进行沟通。

A. 识别出被审计单位未加控制的重大错报风险

B. 认为被审计单位的风险评估过程存在重大缺陷

C. 识别出被审计单位控制不当的重大错报风险

D. 注意到被审计单位内部控制执行方面的重大缺陷

9. 注册会计师应当针对评估的由于舞弊导致的财务报表层次重大错报风险确定总体应对措施。下列各项措施中错误的是（　　　）。

A. 评价被审计单位对会计政策的选择和运用

B. 指派更有经验、知识、技能和能力的项目组成员

C. 修改财务报表整体的重要性

D. 在确定审计程序的性质、时间安排或范围时，增加审计程序的不可预见性

10. 下列有关实质性程序时间安排的说法中，错误的是（　　　）。

A. 控制环境和其他相关的控制越薄弱，注册会计师越不宜在期中实施实质性程序

B. 注册会计师评估的某项认定的重大错报风险越高，越应当考虑将实质性程序集中在期末或接近期末实施

C. 如果实施实质性程序所需信息在期中之后难以获取，注册会计师应考虑在期中实施实质性程序

D. 如在期中实施了实质性程序，应针对剩余期间实施控制测试，以将期中测试得出的结论合理延伸至期末

11. 下列有关控制测试目的的说法中，正确的是（　　　）。

A. 控制测试旨在评价内部控制在防止或发现并纠正认定层次重大错报方面运行有效性

B. 控制测试旨在发现认定层次发生错报的金额

C. 控制测试旨在验证实质性程序结果的可靠性

D. 控制测试旨在确定控制是否得到执行

二、多项选择题

1. 注册会计师 H 在审计 J 公司 2017 年度财务报表时，为了解 J 公司及其环境应当实施的风险评估程序包括（　　　）。

A. 询问被审计单位管理层和治理层

B. 询问被审计单位内部审计人员、采购人员、审查人员、销售人员等其他人员

C. 分析程序

D. 观察和检查

2. 在了解与财务报告相关的信息系统时，注册会计师应当特别关注由于（　　）而产生的重大错报风险，并考虑被审计单位如何纠正不正确的交易处理。

A. 不确定交易生成的期间

B. 管理层凌驾于账户记录控制之上

C. 不恰当的披露

D. 规避控制行为

3. 注册会计师应当从以下（　　）方面了解被审计单位及其环境，以足以识别和评估财务报表重大错报风险，设计和实施进一步审计程序。

A. 被审计单位的性质

B. 被审计单位对会计政策的选择和运用

C. 被审计单位的目标、战略以及相关经营风险

D. 被审计单位业绩的衡量和评价

4. 注册会计师了解被审计单位的性质，包括对被审计单位经营活动的了解应当了解的内容有（　　）。

A. 劳动用工情况以及与生产产品或提供劳务相关的市场信息

B. 主营业务的性质，生产设施、仓库的地理位置及办公地点

C. 从事电子商务的情况，技术研究与产品开发活动及其支出

D. 联合经营与业务外包，地区与行业分布，固定资产的租赁

5. 评估被审计单位的重大错报风险是注册会计师执行财务报表审计业务时的重要步骤。以下（　　）事项和情况可能表明被审计单位存在重大错报风险。

A. 关键人员发生变动

B. 具备适当会计核算与财务报告技能的人员缺乏

C. 开辟新的经营场所

D. 开发新产品、提供新服务或进入新的业务领域

6. 按照审计准则的定义，内部控制是指被审计单位为了合理保证（　　），由治理管理层和其他人员设计和执行的政策和程序。

A. 资产的安全与完整　　　　　　　B. 经营的效率和效果

C. 财务报告的可靠性　　　　　　　D. 对法律法规的遵循

7. 因为内部控制存在下列（　　）固有局限性，无论如何设计和执行，只能对财务报告的可靠性提供合理的保证而不能提供绝对保证。

A. 在决策时人为判断可能出现错误和由于人为失误而导致内部控制失效

B. 因为采用信息技术而记录未经授权或不存在的交易，或不正确地记录

交易

C. 可能因多个人员进行串通或管理层凌驾于内部控制之上而被规避

D. 信息技术人员可能获得超越其履行职责以外的数据访问权限，破坏了系统应有的职责分工

8. 在测试控制运行的有效性时，注册会计师应当从下列（ ）方面获取关于控制是否有效运行的审计证据。

A. 控制在所审计期间的不同时点是如何运行的

B. 控制是否得到一贯执行

C. 控制由谁执行

D. 控制以何种方式运行（如人工控制或自动化控制）

9. 在测试自动化应用控制的运行有效性时，注册会计师通常需要获取的审计证据有（ ）。

A. 抽取多笔交易进行检查获取的审计证据

B. 对多个不同时点进行观察获取的审计证据

C. 该项控制得到执行的审计证据

D. 信息技术一般控制运行有效性的审计证据

10. 下列有关审计程序不可预见性的说法中，正确的有（ ）。

A. 注册会计师应当在签订审计业务约定书时明确提出拟在审计过程中实施具有不可预见性的审计程序，但不能明确其具体内容

B. 注册会计师采取不同的抽样方法使当年抽取的测试样本与以前有所不同，可以增加审计程序的不可预见性

C. 注册会计师通过调整实施审计程序时间，可以增加审计程序的不可预见性

D. 注册会计师需要与被审计单位管理层事先沟通拟实施具有不可预见性的审计程序的要求，但不能告知其具体内容

三、判断题

1. 注册会计师在了解被审计单位及其环境时，通过对被审计单位性质的了解有助于其判断治理层是否能在独立于管理层的情况下对被审计单位的财务报告作出客观的判断。 （ ）

2. 在财务报表审计业务中，了解被审计单位的性质不仅有助于注册会计师理解预期在财务报表中反映的各类交易、账户余额，而且有助于其理解财务报表的列报与披露。 （ ）

3. 注册会计师在了解被审计单位对会计政策的选择和运用是否适当时，应当特别关注其在缺乏权威性标准或共识的领域或新领域由于采用的重要会计政策所产生的影响。 （ ）

4. 注册会计师应当根据被审计单位的具体情况考虑经营风险是否可能导致财务报表发生重大错报。 （ ）

5. 在了解被审计单位财务业绩的衡量和评价情况时，注册会计师应当基于

被审计单位与竞争对手的业绩比较以及外部机构对被审计单位提出的报告，分析比较的结果和报告的结论是否对被审计单位造成压力，以至于增加财务报表发生重大错报的风险。　　　　　　　　　　　　　　　　　　　　（　）

6. 注册会计师应当根据对认定层次重大错报风险的评估结果，恰当选用实质性方案或综合性方案。　　　　　　　　　　　　　　　　　　　　（　）

7. 在财务报表重大错报风险的评估过程中，注册会计师应当明确识别的重大错报风险是主要与特定的某类交易、账户余额、列报的认定相关。　　（　）

8. 如果在评估认定层次重大错报风险时预期控制的运行是无效的，注册会计师应当实施控制在相关时点而不是期间的运行有效性的程序。　　（　）

9. 当拟实施的进一步审计程序主要以控制测试为主，注册会计师应当获取有关控制运行有效性的更高的保证水平。　　　　　　　　　　　　　（　）

四、案例分析

M 市 H 地方商业银行的总经理李冰因涉嫌玩忽职守，连续向多家当地企业违法发放贷款，造成国有资产无法追回，直接经济损失达 1 300 多万元。该市中级人民法院于 2019 年 6 月审理了此案。早在 2014 年下半年，某厂商法定代表人刘某伪造与一家港商企业合资经营的事实，虚假出资注册成立东方汇里有限公司，为套取银行贷款，刘某多次前往李冰家中游说，许诺事成之后，将东方汇里有限公司的部分业务交给李冰的儿子去做，此后，李冰在对刘某经营业绩及公司资本金不了解的情况下，以转贷协议和支持市重点工程为由，决定向东方汇里有限公司放贷 1 000 万美元。由于李冰的违规行为已经造成了大额的经济损失，该地方商业银行为此已经受到中国银行业监督管理委员会的处罚，因此，直到 2019 年 2 月 23 日，地方商业银行才与东方汇里有限公司签订了一份 1 000 万美元的借款合同，担保方为刘某的另一皮包公司。此外，李冰因徇私情，在对某酒店资信状况未作深入了解的情况下，违法决定向该企业发放贷款 5 000 万元。

要求：

（1）请问该地方商业银行的内部控制系统可能存在哪些方面的缺陷？

（2）如果你是一名接受 H 商业银行董事会委托计划对该地方商业银行 2019 年财务报表进行审计的注册会计师，你个人认为是否有必要对该审计对象进行相关的风险评估？如果答案是肯定的，那么你认为又该采取什么样的措施针对该公司的相关财务报表项目的审计业务进行必要的风险评估程序？

五、思考题

1. 注册会计师应当从哪些方面了解被审计单位及其环境？

2. 审计人员应当如何进行重大错报风险的评估工作？

3. 审计人员在了解内部控制时，对内部审计应当给予关注，并应考虑哪些因素？

4. 注册会计师评价某项认定的控制风险时，应执行哪些步骤？控制风险评估结果对实质性测试有何影响？

5. 财务报表层次重大错报风险的总体应对措施有哪些？认定层次重大错报风险的应对措施有哪些？

6. 控制测试的程序有哪些？在什么情况下，注册会计师应当实施控制测试？

7. 什么是实质性程序？实质性程序有哪些？

第三编　财务审计实务

第五章　销售与收款循环审计

【引导案例】

HLX 审计案例引发的思考

2017 年 3 月 22 日，HLX 科技股份有限公司自爆丑闻：3 月 21 日公司因涉嫌违反证券法律法规而被证监会进行立案调查。随后，HLX 又于 2017 年 4 月 27 日发布了 32 份公告，在这些报告中，最吸引眼球的不是 2016 年年报、2017 年一季报，而是 2 份与公司"会计差错"有关的公告。一份是由审计机构天健会计师事务所出具的《关于 HLX 重要前期差错更正的说明》，另一份则是《关于对以前年度重大会计差错更正及追溯调整的公告》。天健会计师事务所发给深圳证券交易所《关于深圳 HLX 科技股份有限公司重要前期差错更正的说明》，称 HLX 外包成本、应收账款、营业收入不符合《企业会计准则》的规定原未对应收账款贷方余额进行重分类，并按未经重分类的应收账款余额计提坏账准备。

1. 外包成本，HLX 在以前会计期间对软件外包成本的确认，没有按照会计准则规定依权责发生制在确认相应收入时，按照服务完成进度暂估成本计量，而是在收到软件服务提供商的结算清单时点才予以确认。HLX 调整 2014 年及以前跨期确认的外包成本，调减 2014 年初未分配利润 13 002 778.76 元，调减 2014 年度营业成本 9 305 582.46 元，调减应付账款 3 697 196.3 元，调整 2015 年跨期确认的外包成本，调减 2015 年初未分配利润 3 697 196.3 元，调减 2010 年度营业成本 1 179 705.05 元，调减应付账款 4 876 901.35 元。

2. 应收账款，HLX 存在从非客户方转入大额资金冲减账面应收账款并于下一会计期初转出资金、转回应收账款情况。调整 2014 年虚假冲减应收账款，调增应收账款及其他应付款 113 201 995.25 元；调整 2015 年虚假冲减应收账款，调增应收账款及其他应付款 133 067 772.08 元；滚动调整 2014 年多确认营业收入对应的应收账款，调减 2015 年初未分配利润和应收账款 10 510 000 元。此外，HLX 原未对应收账款贷方余额进行重分类，并按未经重分类的应收账款余额计提坏账准备，不符合《企业会计准则》的规定。将 2014 年应收账款贷方余额重分类至预收款项 583 526.9 元；将 2015 年应收账款贷方余额重分类至预收款项 4 173 942.96 元。

3. 营业收入，HLX 确认了部分不符合收入确认原则的项目合同收入，不符合《企业会计准则》的规定。调整 2014 年多确认营业收入，调减营业收入及应收账款 10 510 000 元；同时调整减免的营业税金及附加，调减营业税金及附加

546 520 元，调减营业外收入 413 400 元，调减应交税费 133 120 元。调整 2015 年多确认营业收入，调减营业收入及应收账款 15 920 000 元；同时调整减免的营业税税金及附加，调减营业税税金及附加 677 890 元，调减营业外收入 677 890 元。调整 2014 年营业税在 2015 年确认减免并计入营业外收入，调增 2015 年初未分配利润，调减营业外收入 133 120 元。

2018 年 4 月 30 日，HLX 发布《关于对以前年度重大会计差错更正及追溯调整的公告》，调减 2014 年营业收入及应收账款 375 万元，调减净利润 359 万元；调减 2015 年营业收入及应收账款 2 204 万元，调减净利润 2 078 万元；调减 2017 年净利润 340 万元。

2018 年 11 月 7 日，证监会对 HLX 做出处罚决定，公告中骗取发行核准，IPO 申请文件中违规虚构应收账款和虚增营业收入。HLX 两项罚款合计 822 万元，同时公司实际控制人章锋被合计罚款 1 203 万元，证监会对 HLX 及控股股东和相关人员开出 2 334 万元的罚单。

资料来源：李晓慧. 审计学案例与实训［M］. 北京：中国人民大学出版社，2022.

讨论问题：

1. 针对上述案例中会计差错公告指出的往来款项的问题，审计人员应如何应对？

2. 根据上述案例，思考企业在销售与收款循环中可能存在哪些舞弊行为？

3. 注册会计师应如何应对销售与收款循环中的审计风险？

【学习目标】

1. 了解财务报表审计的概念。
2. 熟悉企业销售与收款循环的特征和内部控制及控制测试的内容。
3. 掌握主营业务收入的实质性程序。
4. 掌握应收账款及预收账款的实质性程序。
5. 了解其他审计项目的实质性程序。

第一节　财务报表审计实施方式

从本章起至第十章，我们将以执行《企业会计准则》的企业的财务报表审计为例，介绍主要业务循环审计的具体内容，以及对这些业务循环中重要的财务报表项目如何进行审计测试。

到目前为止，针对财务报表审计的组织方式大致有两种：一是对财务报表的每个账户余额单独进行审计，此法称为账户法；二是将财务报表分成几个循环进行审计，即把紧密联系的交易种类和账户余额归入同一循环中，按业务循环组织实施审计，此法称为循环法。一般而言，账户法与多数被审计单位账户设置体系及财务报表格式相吻合，具有操作方便的优点，但它将紧密联系的相关账户（如存货和营业成本）人为地予以分割，容易造成整个审计工作的脱节和重复，不利于审计效率的提高；而循环法则更符合被审计单位的业务流程和内部控制设计的实际情况，不仅可加深审计人员对被审计单位经济业务的理解，而且由于将特定业务循环所涉及的财务报表项目分配给一个或数个审计人员，增强了审计人员分工的合理性，有助于提高审计工作的效率与效果。

　　控制测试是在了解被审计单位内部控制、实施风险评估程序基础上进行的，与被审计单位的业务流程关系密切，因此，对于控制测试通常应采用循环法实施。一般而言，在财务报表审计中可将被审计单位的所有交易和账户余额划分为多个业务循环。由于各被审计单位的业务性质和规模不同，其业务循环的划分也有所不同。即使是同一被审计单位，不同注册会计师也可能有不同的循环划分方法。在本教材中，我们将交易和账户余额划分为销售与收款循环、采购与付款循环、生产与存货循环、筹资与投资循环，并举例阐述各业务循环的审计程序。由于货币资金与上述多个业务循环均密切相关，并且货币资金的业务和内部控制又有着不同于其他业务循环和其他财务报表项目的鲜明特征，因此，将货币资金审计单独安排在第九章。值得注意的是，本教材第九章至第十一章所述各业务循环以一般制造业企业为背景，其中列举的风险和控制是为了举例说明注册会计师在评估风险和应对风险的过程中，如何将风险评估结果、控制测试和实质性程序联系起来，以实现审计目标，并非对可能存在的风险和控制的完整描述。财务会计报表审计程序与审计测试类型的具体内容如图 5 −1 所示。

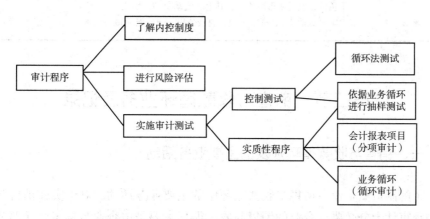

图 5 −1　财务会计报表审计程序与审计测试类型

　　对于交易和账户余额的实质性程序，既可采用账户法实施，也可采用循环法实施。但由于控制测试通常按循环法实施，为有利于实质性程序与控制测试的衔接，提倡采用循环法。按照各财务报表项目与业务循环的相关程度，基本可以建立起各业务循环与其所涉及的主要财务报表项目（特殊行业的财务报表项目不涉及）之间的对应关系，如表 5 −1 所示。

表 5 – 1   **业务循环与财务报表项目对应表**

业务循环	资产负债表项目	利润表项目
销售与收款循环	应收票据、应收账款、长期应收款、预收款项、应交税费	营业收入、税金及附加
采购与付款循环	预付款项、固定资产、在建工程、工程物资、固定资产清理、无形资产、开发支出、商誉、长期待摊费用、应付票据、应付账款、长期应付款	销售费用、管理费用
生产与存货循环	存货（包括材料采购或在途物资、原材料、材料成本差异、库存商品、发出商品、商品进销差价、委托加工物资、委托代销商品、受托代销商品、周转材料、生产成本、制造费用、劳务成本、存货跌价准备、受托代销商品款等）	营业成本
人力资源/工薪循环	应付职工薪酬	营业成本、销售费用、管理费用
投资与筹资循环	交易性金融资产、应收利息、应收股利、其他应收款、其他流动资产、可供出售金融资产、持有至到期投资、长期股权投资、投资性房地产、递延所得税资产、其他非流动资产、短期借款、交易性金融负债、应付利息、应付股利、其他应付款、其他流动负债、长期借款、应付债券、专项应付款、预计负债、递延所得税负债、其他非流动负债、实收资本（或股本）、资本公积、盈余公积、未分配利润	财务费用、资产减值损失、公允价值变动损益、投资收益、营业外收入、营业外支出、所得税费用

第二节　销售与收款循环业务及记录

一、销售与收款循环涉及的主要业务活动

了解制造型企业在销售与收款循环中的主要业务活动，对于实施销售与收款循环审计十分必要，企业的销售与收款循环主要是由企业与顾客交换商品或劳务、收回现金等经营活动组成，涉及销售业务、收款业务（包括现销和应收账款收回）、销售调整业务（包括销售折扣、折让和退回，坏账准备的提取和冲销）等内容。每一业务均需经过若干步骤才能完成。

（一）接受顾客订单

顾客向企业寄送订单提出订货要求，是整个销售与收款循环的起点。订单管理部门应区分现购和赊购，赊购订单只有在符合企业管理层授权标准的情

况下才能接受。企业管理层一般都列出了已准予赊销的顾客名单。订单管理部门的职员在决定是否同意接受某顾客的订单之前，应追查该顾客是否已被列在该名单中，如果顾客未被列入该名单，则通常需要订单管理部门的主管来决定是否接受该订单。企业在批准了顾客订单之后，通常应编制一式多联的销售单。

（二）批准赊销信用

赊销批准是由信用管理部门根据企业管理层的赊销政策以及对每个顾客已授权的信用额度进行的。信用管理部门的职员在收到订单管理部门的销售单后，应将销售单的金额与该顾客已授权的赊销信用额度扣除其迄今尚欠账款余额后的差额进行比较，以决定是否继续给予赊销。执行人工赊销信用检查时，应合理划分工作责任，以切实避免销售人员为增加销售而使企业承担不适当的信用风险。企业应对每个新顾客进行信用调查，包括获取信用评级机构对顾客信用等级的评定报告。批准或不批准赊销，都要求被授权的信用部门人员在销售单上签署意见，再将签署意见后的销售单返回订单管理部门。

（三）按销售单供货

企业管理层通常要求仓库只有在收到经过批准的销售单时才能供货。设计这项控制程序的目的是防止仓库在未经授权的情况下擅自发货。因此，已批准销售单的副联通常应送达仓库，作为仓库按销售单供货和发货给装运部门的授权依据。

（四）按销售单装运货

发运部门职员应在经授权的情况下装运产品，使企业按销售单装运与按销售单供货的职责相分离。发运部门职员在装运之前，还必须进行独立验证，以确定从仓库收到的商品都附有已批准的销售单，并且所发运商品与销售单相符。

（五）向顾客开具账单

开具账单包括编制和向顾客寄送事先连续编号的销售发票。为了降低开具账单过程中出现遗漏、重复、错误计价或其他差错的风险，应设立以下控制程序。

开具账单包括编制和向客户寄送事先连续编号的销售发票。这项功能所针对的主要问题是：是否对所有装运的货物都开具了账单（即完整性认定问题）；是否只对实际装运的货物才开具发票，有无重复开具发票或虚构交易（即发生认定问题）；是否按已授权批准的商品价目表所列价格计价开具账单（即准确性认定问题）。

为降低开具账单过程中出现遗漏、重复、错误计价或其他差错风险，应设立控制程序：负责开发票的部门职员在编制每张销售发票之前，独立检查是否存在装运凭证和相应的经批准的销售单；依据已授权批准的商品价目表开具销售发票；独立检查销售发票计价和计算的正确性；将装运凭证上的商品总数与相对应的销售发票上的商品总数进行比较。

上述控制与销售交易（即营业收入）的发生、完整性以及准确性认定有关，销售发票副联通常由开具账单部门保管。

（六）记录销售

在手工会计系统中，记录销售的过程包括区分赊销、现销。按销售发票编制转账凭证或现金、银行存款收款凭证，再据以登记销售明细账和应收账款明细账或库存现金、银行存款日记账。记录销售的控制程序包括但不限于：

（1）只依据附有有效装运凭证和销售单的销售发票记录销售。这些装运凭证和销售单应能证明销售交易的发生及其发生的日期。

（2）控制所有事先连续编号的销售发票。

（3）独立检查已处理销售发票上的销售金额同会计记录金额的一致性。

（4）记录销售的职责应与处理销售交易的其他功能相分离。

（5）对记录过程中所涉及的有关记录的接触予以限制，以减少未经授权批准的记录发生，

（6）定期独立检查应收账款的明细账与总账的一致性。

（7）定期向客户寄送对账单，并要求客户将任何例外情况直接向指定的未执行或记录销售交易的会计主管报告。

以上这些控制与发生、完整性、准确性以及计价与分摊认定有关。

对这项职能，注册会计师主要关心的问题是销售发票是否记录正确，并是否已经归属于适当的会计期间。

（七）办理和记录现金、银行存款收入

这项业务过程涉及的是有关货款收回，现金、银行存款增加以及应收账款减少等活动。在办理和记录现金、银行存款收入时，最应关心的是货币资金失窃的可能性。货币资金失窃可能发生在货币资金收入登记入账之前或登记入账之后。处理货币资金收入时最重要的是要保证全部货币资金都必须如数、及时地记入库存现金日记账和银行存款日记账或应收账款明细账，并如数、及时地将现金存入银行。在这方面，汇款通知单起着很重要的作用。

（八）办理和记录销售退回、销售折扣与折让

客户如果对商品不满意，销售企业一般都会同意接受退货，或给予一定的销售折让；客户如果提前支付货款，销售企业则可能会给予一定的销售折扣。发生此类事项时，必须经授权批准并应确保与办理此事有关的部门和职员各司其职，分别控制实物流和会计处理。在这方面，严格使用贷项通知单无疑会起到关键的作用。

（九）注销坏账

销售企业若认为某项货款再也无法收回，就必须注销这笔货款。对这些坏账，正确的处理方法应该是获取贷款无法收回的确凿证据，经适当审批后及时作出会计调整。

（十）提取坏账准备

坏账准备提取的数额必须能够抵补企业以后无法收回的销货款。

销售与收款循环中的主要业务活动和凭证记录如图5-2所示。

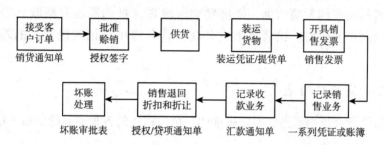

图5-2 销售与收款循环中的主要业务活动和凭证记录

职业考试

下列认定中，与销售信用批准控制相关的是（　　）。（2014年CPA考试审计真题）

A. 计价与分摊　　　B. 发生　　　C. 权利与义务　　　D. 完整性

【参考答案】A

二、销售与收款业务涉及的主要单据与会计记录

在内部控制比较健全的企业，处理销售与收款业务通常需要使用很多单据与会计记录。典型的销售与收款循环所涉及的主要单据与会计记录具体如下。

（一）客户订购单

客户订购单即客户提出的书面购货要求。企业可以通过销售人员或其他途径，如采用电话、信函、邮件和向现有的及潜在的客户发送订购单等方式接受订货，取得客户订购单。

（二）销售单

销售单是列示客户所订商品的名称、规格、数量以及其他与客户订购单有关信息的凭证，作为销售方内部处理客户订购单的凭据。

（三）发运凭证

发运凭证即在发运货物时填制的，用以反映发出商品的规格、数量和其他有关内容的凭据。发运凭证的一联留给客户，其余联（一联或数联）由企业保留，通常其中有一联由客户在收到商品时签署并返还给销售方，用作销售方确认收入及向客户收取货款的依据。

（四）销售发票

销售发票通常包含已销售商品的名称、规格、数量、价格、销售金额等内容。以增值税专用发票为例，销售发票的两联（抵扣联和发票联）寄送给客户，一联由企业保留。销售发票也是在会计账簿中登记销售交易的基本凭据之一。

（五）商品价目表

商品价目表是列示已经授权批准的、可供销售的各种商品的价格清单。

（六）贷项通知单

贷项通知单是一种用来表示由于销售退回或经批准的折让而导致应收货款减少的单据，其格式通常与销售发票的格式类似。

（七）应收账款账龄分析表

通常，应收账款账龄分析表按月编制，反映月末应收账款总额的账龄区间，并详细反映每个客户月末应收账款金额和账龄。它也是常见的计提应收账款坏账准备的重要依据之一。

（八）应收账款明细账

应收账款明细账是用来记录每个客户各项赊销、还款、销售退回及折让交易的明细账。

（九）主营业务收入明细账

主营业务收入明细账是一种用来记录销售交易的明细账。它通常记载和反映不同类别商品或服务的营业收入的明细发生情况和总额。

（十）折扣与折让明细账

折扣与折让明细账是一种用来核算企业销售商品时，按销售合同规定为了及早收回货款给予客户的销售折扣和因商品品种、质量等原因而给予客户的销售折让情况的明细账。企业也可以不设置折扣与折让明细账。

（十一）汇款通知书

汇款通知书是一种与销售发票一起寄给客户，由客户在付款时再寄回销售单位的凭证，这种凭证注明了客户名称、销售发票号码、销售单位开户银行账号以及金额等内容。

（十二）现金日记账和银行存款日记账

现金日记账和银行存款日记账是用来记录应收账款的收回或现销收入以及其他各种现金、银行存款收入和支出的日记账。

（十三）坏账核销审批表

坏账核销审批表是一种用来批准将无法收回的应收款项作为坏账予以核销的单据。

（十四）客户对账单

客户对账单是一种定期寄送给客户的用于赊销双方核对账目的文件。客户对账单上通常注明应收账款的期初余额、本期销售交易的金额、本期已收到的货款、贷项通知单的金额以及期末余额等内容。对账单可能是月度、季度或年度的，取决于企业的经营管理需要。

（十五）转账凭证

转账凭证是指记录转账业务的记账凭证。它是根据有关转账业务（即不涉及现金、银行存款收付的各项业务）的原始凭证编制的。企业记录赊销交易的会计凭证即为一种转账凭证。

（十六）现金和银行凭证

现金和银行凭证是指分别用来记录现金和银行存款收入业务和支付业务的记账凭证。

第三节　销售与收款循环业务的审计测试

根据前面章节的介绍，我们可以通过了解被审计单位相关经营情况和内部控制，对被审计单位进行风险评估，并根据风险评估的结果确定如何进行下一步审计测试程序。包括进行内部控制测试，审计人员收集一定的审计证据，对内部控制健全性、有效性作出评价。在进行业务循环内部控制测试后，审计人员应确定审计目标，围绕审计目标收集充分可靠的审计证据进行实质性程序，获取相关审计证据。

一、了解企业销售与收款循环的内部控制

（一）销售交易的内部控制

1. 适当的职责分离。适当的职责分离有助于防止各种有意或无意的错误。例如，主营业务收入账如果系由记录应收账款之外的职员独立登记，并由另一位不负责账簿记录的职员定期调节总账和明细账，就构成了一项自动交互牵制；规定负责主营业务收入和应收账款记账的职员不得经手货币资金，也是防止舞弊的一项重要控制。另外，销售人员通常有一种乐观地对待销售数量的自然倾向，而不问它是否将以巨额坏账损失为代价，赊销的审批则在一定程度上可以抑制这种倾向。因此，赊销批准职能与销售职能的分离，也是一种理想的控制。

有关销售与收款业务相关职责适当分离的基本要求通常包括：

（1）单位应当将办理销售、发货、收款三项业务的部门（或岗位）分别设立。

（2）单位在销售合同订立前，应当指定专门人员就销售价格、信用政策、发货及收款方式等具体事项与客户进行谈判。谈判人员至少应有两人以上，并与订立合同的人员相分离。

（3）编制销售发票通知单的人员与开具销售发票的人员应相互分离。

（4）销售人员应当避免接触销货现款。

（5）单位应收票据的取得和贴现必须经由保管票据以外的主管人员的书面批准。

2. 恰当的授权审批。对于授权审批问题，注册会计师应当关注以下四个关键点的审批程序：其一，在销售发生之前，赊销已经正确审批；其二，非经正当审批，不得发出货物；其三，销售价格、销售条件、运费、折扣等必须经过审批；其四，审批人应当根据销售与收款授权批准制度的规定，在授权范围内进行审批，不得超越审批权限。对于超过单位既定销售政策和信用政策规定范围的特殊销售交易，单位应当进行集体决策。前两项控制的目的在于防止企业因向虚构的或者无力支付货款的客户发货而蒙受损失，价格审批控制的目的在于保证销售交易按照企业定价政策规定的价格开票收款；授权审批范围设定权限的目的则在于防止因审批人决策失误而造成严重损失。

3. 充分的凭证和记录。充分的凭证和记录有助于企业执行各项控制以实现控制目标。例如，企业在收到客户订购单后，编制一份预先编号的一式多联的销售单，分别用于批准赊销、审批发货、记录发货数量以及向客户开具发票等。在这种制度下，通过定期清点销售单和销售发票，可以避免漏开发票或漏记销售的情况。又如，财务人员在记录销售交易之前，对相关的销售单、发运凭证和销售发票上的信息进行核对，以确保入账的营业收入是真实

发生的、准确的。

4. 凭证的预先编号。对凭证预先进行编号，旨在防止销售以后遗漏向客户开具发票或登记入账，也可防止重复开具发票或重复记账。当然，如果对凭证的编号不作清点，预先编号就会失去其控制意义。定期检查全部凭证的编号，并调查凭证缺号或重号的原因，是实施这项控制的关键点。在目前信息技术得以广泛运用的环境下，凭证预先编号这一控制在很多情况下由系统执行，同时辅以人工的监控（例如对系统生成的例外报告进行复核）。

5. 按月寄出对账单。由不负责现金出纳和销售及应收账款记账的人员按月向客户寄发对账单，能促使客户在发现应付账款余额不正确后及时反馈有关信息。为了使这项控制更加有效，最好将账户余额中出现的所有核对不符的账项，指定一位既不掌管货币资金也不记录主营业务收入和应收账款账目的主管人员处理，然后由独立人员按月编制对账情况汇总报告并交管理层审阅。

6. 内部核查程序。由内部审计人员或其他独立人员核查销售交易的处理和记录，是实现内部控制目标所不可缺少的一项控制措施。表5-2所列程序是对各项控制目标的典型内部核查程序。

表5-2 内部核查程序控制

内部控制目标	内部核查程序控制举例
登记入账的销货业务是真实的	检查销售发票的连续性并检查所附的佐证凭证
销货业务均经适当批准	了解顾客的信用情况，确定其是否符合企业的赊销政策
所有销货业务均已登记入账	检查发运凭证的连续性，并将其与营业收入明细账进行核对
登记入账的销货业务均经正确估价	将销售发票上的数量与发运凭证上的记录进行比较分析
登记入账的销货业务的分类恰当	将登记入账的销货业务的原始凭证与会计科目表比较核对
销货业务的记录及时	检查开票员所保管的未开票发运凭证。确定是否包括所有应开票的发运凭证在内
销售业务已经正确地记入明细账并经准确汇总	从发运凭证追查至营业收入明细账和总账

销售与收款内部控制检查的主要内容包括：

（1）销售与收款交易相关岗位及人员的设置情况。重点检查是否存在销售与收款交易不相容职务混岗的现象。

（2）销售与收款交易授权批准制度的执行情况。重点检查授权批准手续是否健全，是否存在越权审批行为。

（3）销售的管理情况。重点检查信用政策、销售政策的执行是否符合规定。

（4）收款的管理情况。重点检查销售收入是否及时入账，应收账款的催收是否有效，坏账核销和应收票据的管理是否符合规定。

（5）销售退回的管理情况。重点检查销售退回手续是否齐全，退回货物是否及时入库。

（二）收款交易的内部控制

对于收款循环的内部控制而言，尽管由于每个企业的性质、所处行业、规模以及内部控制健全程度等不同，而使得其与收款交易相关的内部控制内容有所不同，但以下与收款交易相关的内部控制内容是通常应当共同遵循的：

1. 企业应按照《现金管理暂行条例》《支付结算办法》的规定，及时办理销售收款业务。

2. 企业应将销售收入及时入账，不得账外设账，不得擅自坐支现金。销售人员应当避免接触销售现款。

3. 企业应当建立应收账款账龄分析制度和逾期应收账款催收制度。销售部门应当负责应收账款的催收，财会部门应当督促销售部门加紧催收。对催收无效的逾期应收账款可通过法律程序予以解决。

4. 企业应当按客户设置应收账款台账，及时登记每一客户应收账款余额增减变动情况和信用额度使用情况。对长期往来客户应当建立起完善的客户资料，并对客户资料实施动态管理，及时更新。

5. 企业对于可能成为坏账的应收账款应当报告有关决策机构，由其进行审查，确定是否确认为坏账。企业发生的各项坏账，应查明原因，明确责任，并在履行规定的审批程序后作出会计处理。

6. 企业注销的坏账应当进行备查登记，做到账销案存。已注销的坏账又收回时应当及时入账，防止形成账外资金。

7. 企业应收票据的取得和贴现必须经由保管票据以外的主管人员的书面批准。应有专人保管应收票据，对于即将到期的应收票据，应及时向付款人提示付款；已贴现票据应在备查簿中登记，以便日后追踪管理；并应制定逾期票据的冲销管理程序和逾期票据追踪监控制度。

8. 企业应当定期与往来客户通过函证等方式核对应收账款、应收票据、预收款项等往来款项。如有不符，应查明原因，及时处理。

二、进行销售与收款循环重大错报风险的评估

（一）销售与收款循环的重大错报风险

注册会计师在审计销售与收款循环时，应考虑影响销售收入交易的重大错报风险，并对被审计单位中可能发生的销售收入交易的重大错报风险保持警觉。销售收入交易和余额存在的重大错报风险可能包括：

1. 收入确认存在的舞弊风险。收入是利润的来源，直接关系到企业的财务状况和经营成果。有些企业往往为了达到粉饰财务报表的目的而采用虚增（发

生认定）或隐瞒收入（完整性认定）等方式实施舞弊。在财务报表舞弊案件中，涉及收入确认的舞弊占有很大比例，收入确认已成为注册会计师审计的高风险领域。中国注册会计师审计准则要求注册会计师基于收入确认存在舞弊风险的假定，评价哪些类型的收入、收入交易或认定导致舞弊风险。

2. 收入的复杂性可能导致的错误。例如，被审计单位可能针对一些特定的产品或者服务提供一些特殊的交易安排（例如特殊的退货约定、特殊的服务期限安排等），但管理层可能对这些不同安排下所涉及的交易风险的判断缺乏经验，收入确认上就容易发生错误。

3. 发生的收入交易未能得到准确记录。

4. 期末收入交易和收款交易可能未计入正确的期间，包括销售退回交易的截止错误。

5. 收款未及时入账或记入不正确账户，因而导致应收账款（应收票据/银行存款）的错报。

6. 应收账款坏账准备的计提不准确。

某些重大错报风险可能与财务报表整体广泛相关，进而影响多项认定，如舞弊风险。某些重大错报风险可能与特定的某类交易、账户余额和披露的认定相关，如会计期末的收入交易和收款交易的截止错误（截止），或应收账款坏账准备的计提（计价）。在评估重大情报风险时，注册会计师应当落实到该风险所涉及相关认定，从而更有针对性地设计进一步的审计程序。

（二）根据重大错报风险评估结果设计进一步审计程序

注册会计师基于销售与收款循环的重大错报风险评估结果，制定实施进一步审计程序的总体方案（包括综合性方案和实质性方案）（见表5-3），继而实施控制测试和实质性程序，以应对识别出的认定层次的重大错报风险。注册会计师通过控制测试和实质性程序获取的审计证据综合起来应足以应对识别出的认定层次的重大错报风险。

对收入确认存在舞弊风险的评估程序

表5-3　　销售与收款循环的重大错报风险和进一步审计程序总体方案

存在重大错报风险描述	涉及财务报表项目及认定	风险程度	是否信赖控制	进一步审计程序的总体方案	拟从控制测试中获取的保证程度	拟从实质性程序中获取的保证程度
销售收入可能未真实发生	收入：发生 应收账款：存在	特别	是	综合性方案	高	中
销售收入记录可能不完整	收入/应收账款：完整性	一般	否	实质性方案	无	低

续表

存在重大错报风险描述	涉及财务报表项目及认定	风险程度	是否信赖控制	进一步审计程序的总体方案	拟从控制测试中获取的保证程度	拟从实质性程序中获取的保证程度
期末收入交易未能计入正确的期间	收入：截止 应收账款：存在/完整性	特别	否	实质性方案	无	高
发生的收入交易未能得到准确记录	收入：准确性 应收账款：计价和分摊	一般	是	综合性方案	部分	低
应收账款坏账准备的计提不正确	应收账款：计价和分摊	一般	否	实质性方案	无	中

注："拟从控制测试中获取的保证程度"一列所列示的"高、部分和无"以及"拟从实质性程序中获取的保证程度"一列所列示的"高、中、低"的级别的确定属于注册会计师的职业判断。针对不同的风险级别，其对应的拟获取的保证程度并非一定如表9-3所示。表9-3中的内容仅为向读者演示注册会计师基于特定情况所作出的对应的审计方案的评价结果，从而基于该结果确定控制测试和实质性程序的性质、时间安排和范围。

注册会计师根据重大错报风险的评估结果初步确定实施进一步审计程序的具体审计计划，因为风险评估和审计计划都是贯穿审计全过程的动态的活动，而且控制测试的结果可能导致注册会计师改变对内部控制的信赖程度，因此，具体审计计划并非一成不变，可能需要在审计过程中进行调整。

三、实施销售与收款循环的控制测试

（一）控制测试的基本原理

1. 控制测试所使用的审计程序的类型主要包括询问、观察、检查和重新执行，其提供的保证程度依次递增。注册会计师需要根据所测试的内部控制的特征及需要获得的保证程度选用适当的测试程序。

2. 如果在期中实施了控制测试，注册会计师应当在年末审计时实施适当的前推程序，就控制在剩余期间的运行情况获取证据，以确定控制是否在整个被审计期间持续运行有效。

3. 控制测试的范围取决于注册会计师需要通过控制测试获取的保证程度。

4. 如果拟信赖的内部控制是由计算机执行的自动化控制，注册会计师除了测试自动化应用控制的运行有效性，还需要就相关的信息技术一般控制的运行有效性获取审计证据。如果所测试的人工控制利用了系统生成的信息或报告，注册会计师除了测试人工控制，还需就系统生成的信息或报告的可靠性获取审计证据。

上述有关实施销售与收款循环的控制测试时的基本要求，就其原理而言，

对其他业务循环的控制测试同样适用，因此，在后面讨论其他业务循环的控制测试时将不再重复。

（二）以风险为起点的控制测试

风险评估和风险应对是整个审计过程的核心，因此，注册会计师通常以识别的重大错报风险为起点，选取拟测试的控制并实施控制测试。表5－4列示了通常情况下，注册会计师对销售与收款循环实施的控制测试。

表5－4　　　　销售与收款循环的业务风险、现行内部控制及控制测试程序

可能发生错报的环节	相关的财务报表项目及认定	存在的内部控制（自动）	存在的内部控制（人工）	内部控制测试程序
1. 订单处理和赊销的信用控制				
可能向没有获得赊销授权或超出了其信用额度的客户赊销	营业收入：发生应收账款：存在	订购单上的客户代码与应收账款主文档记录的代码一致。目前未偿付余额加上本次销售额在信用限额范围内。上述两项均满足才能生成销售单	对于不在主文档中的客户或是超过信用额度的客户订购单，需要经过适当授权批准，才可生成销售单	询问销售单生成过程，检查是否所有生成销售单均有对应客户订购单为依据。检查系统中自动生成销售单的生成逻辑，是否确保满足了客户范围及其信用控制的要求。对于系统外授权审批销售单，检查经过适当批准
2. 发运商品				
可能在没有批准发货的情况下发出了商品	营业收入：发生应收账款：存在	当客户销售单在系统中获得发货批准时，系统自动生成连续编号的发运凭证	保安人员只有当附有经批准的销售单和发运凭证时才能放行	检查系统内发运凭证的生成逻辑以及发运凭证是否连续编号。询问并观察发运时保安人员的放行检查
发运商品与客户销售单可能不一致	营业收入：准确性应收账款：计价和分摊	计算机把发运凭证中所有准备发出的商品与销售单上商品种类和数量进行比对。打印种类或数量不符的例外报告，并暂缓发货	管理层复核例外报告和暂缓发货的清单，并解决问题	检查例外报告和暂缓发货的清单

可能发生错报的环节	相关的财务报表项目及认定	存在的内部控制（自动）	存在的内部控制（人工）	内部控制测试程序
已发出商品可能与发运凭证上的商品种类和数量不符	营业收入：准确性应收账款：计价和分摊		商品打包发运前，装运部门对商品和发运凭证内容进行独立核对，并在发运凭证上签字以示商品已与发运凭证核对且种类和数量相符。客户要在发运凭证上签字以作为收到商品且商品与订购单一致的证据	检查发运凭证上相关员工及客户的签名，作为发货一致的证据
已销售商品可能未实际发运给客户	营业收入：发生应收账款：存在		客户要在发运凭证上签字以作为收到商品且商品与订购单一致的证据	检查发运凭证上客户的签名，作为收货的证据

3. 开具发票

可能发生错报的环节	相关的财务报表项目及认定	存在的内部控制（自动）	存在的内部控制（人工）	内部控制测试程序
商品发运可能未开具销售发票或已开出发票没有发运凭证的支持	应收账款：存在、完整性、权利和义务营业收入：发生、完整性	发货以后系统根据发运凭证及相关信息自动生成连续编号的销售发票系统自动复核连续编号的发票和发运凭证的对应关系，并定期生成例外报告	复核例外报告并调查原因	检查系统生成发票的逻辑。检查例外报告及跟进情况
由于定价或产品摘要不正确，以及销售单或发运凭证或销售发票代码输入错误，可能导致销售价格不正确	营业收入：准确性应收账款：计价和分摊	通过逻辑登录限制控制定价主文档的更改。只有得到授权的员工才能进行更改。系统通过使用和检查主文档版本序号，确定正确的定价主文档版本已经被上传。系统检查录入的产品代码的合理性	核对经授权的有效的价格更改清单与计算机获得的价格更改清单是否一致。如果发票由手工填写或没有定价主文档，则有必要对发票的价格进行独立核对	检查文件以确定价格更改是否经授权。重新执行以确定打印出的更改后价格与授权是否一致。通过检查IT的一般控制和收入交易的应用控制，确定正确的定价主文档版本是否已被用来生成发票。如果发票由手工填写，检查发票中价格复核人员的签名。通过核对经授权的价格清单与发票上的价格，重新执行该核对过程

续表

可能发生错报的环节	相关的财务报表项目及认定	存在的内部控制（自动）	存在的内部控制（人工）	内部控制测试程序
发票上的金额可能出现计算错误	营业收入：准确性 应收账款：计价和分摊	每张发票单价、计算、商品代码、商品摘要和客户账户代码均由计算机程序控制。如果由计算机控制的发票开具程序的更改是受监控的，在操作控制帮助下，可确保使用的是正确发票生成程序版本。系统代码有密码保护，只有经授权的员工才可以更改。定期打印所有系统上作出的更改	上述程序所有更改由上级复核和审批。如果由手工开具发票，独立复核发票上计算的增值税和总额的正确性	自动：询问发票生成程序更改的一般控制情况，确定是否经授权以及现有的版本是否正在被使用。检查有关程序更改的复核审批程序 手工：检查与发票计算金额正确性相关的人员的签名 重新计算发票金额，证实其是否正确

4. 记录赊销

可能发生错报的环节	相关的财务报表项目及认定	存在的内部控制（自动）	存在的内部控制（人工）	内部控制测试程序
销售发票入账的会计期间可能不正确	营业收入：截止、发生 应收账款：存在、完整性、权利和义务	系统根据销售发票的信息自动汇总生成当期销售入账记录	定期执行人工销售截止检查程序。向客户发送月末对账单，调查并解决客户质询的差异	检查系统中销售记录生成的逻辑。重新执行销售截止检查程序。检查客户质询信件并确定问题是否已得到解决
销售发票入账金额可能不准确	营业收入：准确性 应收账款：计价和分摊	系统根据销售发票的信息自动汇总生成当期销售入账记录	复核明细账与总账间的调节。向客户发送月末对账单，调查并解决客户质询的差异	检查系统销售入账记录的生成逻辑，对于手工调整项目进行检查，并调查原因是否合理。检查客户质询信件并确定问题是否已得到解决
销售发票可能被记入不正确的应收账款明细账户	应收账款：计价和分摊	系统将客户代码、商品发送地址、发运凭证、发票与应收账款主文档中的相关信息进行比对	应收账款客户主文档中明细账的汇总金额应与应收账款总分类账核对。对于二者之间的调节项需要调查原因并解决。向客户发送月末对账单，调查并解决客户质询的差异	检查应收账款客户主文档中明细余额汇总金额的调节结果与应收账款总分类账是否核对相符，以及负责该项工作的员工签名。检查客户质询信件并确定问题是否已得到解决

续表

可能发生错报的环节	相关的财务报表项目及认定	存在的内部控制（自动）	存在的内部控制（人工）	内部控制测试程序
5. 记录应收账款的收款				
应收账款记录的收款与银行存款可能不一致	应收账款/货币资金：完整性、存在、权利和义务、计价和分摊	在每日编制电子版存款清单时，系统自动贷记应收账款	将每日收款汇总表、电子版收款清单和银行存款清单相比较。定期取得银行对账单，独立编制银行存款余额调节表。向客户发送月末对账单，对客户质询的差异应予以调查并解决	检查核对每日收款汇总表、电子版收款清单和银行存款清单的核对记录和核对人签名。检查银行存款余额调节表和负责编制的员工的签名。检查客户质询信件并确定问题是否已被解决
收款可能被记入不正确的应收账款账户	应收账款：计价和分摊、存在	电子版的收款清单与应收账款明细账之间建立连接界面，根据对应的客户名称、代码、发票号等将收到的款项对应到相应的客户账户。对于无法对应的款项生成例外事项报告。系统定期生成按客户细分的应收账款账龄分析表	将生成的例外事项报告的项目进行手工核对，或调查产生的原因并解决。向客户发送月末对账单，对客户质询的差异应予以调查并解决管理层每月复核按客户细分的应收账款账龄分析表，并调查长期余额或其他异常余额	检查系统中的对应关系审核设置是否合理。检查对例外事项报告中的信息进行核对的记录以及无法核对事项的解决情况。检查客户质询信件并确定问题是否已被解决。检查管理层对应收账款账龄分析表的复核及跟进措施
6. 坏账准备计提及坏账核销				
坏账准备的计提可能不充分	应收账款：计价和分摊	依据公司计提坏账的规则，自动生成应收账款账龄分析表	管理层对财务人员依据账龄分析表计算编制的坏账准备计提表进行复核。对存在客观证据表明将无法按应收账项原有条款收回款项时，复核财务人员是否已经获得该证据，并恰当计算了应计提坏账准备金额。复核无误后需在坏账准备计提表上签字。管理层复核坏账核销依据，进行审批	检查财务系统计算账龄分析表的规则是否正确。询问管理层如何复核坏账准备计提表的计算，检查是否有复核人员的签字。检查坏账核销是否经过管理层的恰当审批

在上述控制测试中，如果人工控制在执行时，依赖信息系统生成的报告，那么注册会计师还应当针对于系统生成报告的准确性执行测试。例如，与坏账准备计提相关的管理层控制中使用了系统生成的应收账款账龄分析表，其准确

性影响管理层控制的有效性，因此，注册会计师需要同时测试应收账款账龄分析表的准确性。

需要说明的是，表 5 - 4 列示的为销售与收款循环中一些较为常见的内部控制和相应的控制测试程序，目的在于帮助注册会计师根据具体情况设计能够应对已识别风险、实现审计目标的控制测试。该表既未包含销售和收款循环所有的内部控制和控制测试，也并不意味着审计实务应当按此执行。一方面，被审计单位所处行业不同、规模不一、内部控制制度的设计和执行方式不同，以前期间接受审计的情况也各不相同；另一方面，受审计时间、审计成本的限制，注册会计师除了确保审计质量、审计效果外，还需要提高审计效率，尽可能地消除重复的测试程序，保证检查某一凭证时能够一次完成对该凭证的全部审计测试程序，并按最有效的顺序实施审计测试。因此，在审计实务工作中，注册会计师需要从实际出发，设计适合被审计单位具体情况的实用高效的控制测试计划。

四、实施销售与收款循环的实质性程序

（一）销售与收款交易的实质性分析程序

通常，注册会计师在对交易和余额实施细节测试前实施实质性分析程序，符合成本效益原则。具体到销售与收款交易和相关余额，其应用包括以下几个步骤。

1. 识别需要运用分析程序的账户余额或交易。就销售与收款交易和相关余额而言，通常需要运用分析程序的是销售交易、收款交易、营业收入项目和应收账款项目。

2. 确定期望值。基于注册会计师对经营活动、市场份额、经济形势和发展历程的了解，与营业额、毛利率和应收账款等的预期相关。

3. 确定可接受的差异额。在确定可接受的差异额时，注册会计师应当确定管理层使用的关键业绩指标，并考虑这些指标的适当性和监督过程。

4. 识别需要进一步调查的差异并调查异常数据关系。注册会计师应当计算实际和期望值之间的差异，这涉及一些比率和比较，包括：

（1）观察月度（或每周）的销售记录趋势，与往年或预算或者全行业公司的销售情况相比较。任何异常波动都必须与管理层讨论，如果有必要的话还应作进一步的调查。

（2）将销售毛利率与以前年度和预算相比较。如果被审计单位各种产品的销售价格是不同的，那么就应当对每个产品或者相近毛利率的产品组进行分类比较。任何重大的差异都需要与管理层沟通。

（3）计算应收账款周转率和存货周转率，并与以前年度相比较。未预期的差异可能由很多因素引起，包括未计入销售、虚构销售记录或截止问题。

（4）检查异常项目的销售，例如对大额销售以及未从销售记录过入销售总账的销售应予以调查。对临近年末的异常销售记录更应加以特别关注。

5. 调查重大差异并作出判断。注册会计师在分析上述与预期相联系的指标后，如果认为存在未预期的重大差异，就可能需要对营业收入发生额和应收账款余额实施更加详细的细节测试。

6. 评价分析程序的结果。注册会计师应当就收集的审计证据是否能支持其试图证实的审计目标和认定形成结论。

（二）针对销售交易的细节测试

1. 登记入账的销售交易是真实的。对这一目标，注册会计师一般关心三类错误的可能性：一是未曾发货却已将销售交易登记入账；二是销售交易重复入账；三是向虚构的客户发货，并作为销售交易登记入账。

（1）针对未曾发货却已将销售交易登记入账这类错误的可能性，注册会计师可以从主营业务收入明细账中抽取若干笔分录，追查有无发运凭证及其他佐证，借以查明有无事实上没有发货却已登记入账的销售交易。如果注册会计师对发运凭证等的真实性也有怀疑，就可能有必要再进一步追查存货的永续盘存记录，测试存货余额有无减少。

（2）针对销售交易重复入账这类错误的可能性，注册会计师可以通过检查企业的销售交易记录清单以确定是否存在重号、缺号。

（3）针对向虚构的客户发货并作为销售交易登记入账这类错误发生的可能性，注册会计师应当检查主营业务收入明细账中与销售分录相应的销货单。以确定销售是否履行赊销批准手续和发货审批手续。

检查上述三类高估销售错误的可能性的另一有效的办法是追查应收账款明细账中贷方发生额的记录。如果应收账款最终得以收回货款或者由于合理的原因收到退货，则记录入账的销售交易一开始通常是真实的；如果贷方发生额是注销坏账，或者直到审计时所欠货款仍未收回，就必须详细追查相应的发运凭证和客户订货单等，因为这些迹象都说明可能存在虚构的销售交易。

2. 已发生的销售交易均已登记入账。从发货部门的档案中选取部分发运凭证，并追查至有关的销售发票副本和主营业务收入明细账，是测试未开票的发货的一种有效程序。为使这一程序成为一项有意义的测试，注册会计师必须能够确信全部发运凭证均已归档，这一点可以通过检查凭证的编号顺序来查明。

审计人员由原始凭证追查至明细账与从明细账追查至原始凭证的检查方法是有区别的，前者用来测试遗漏的交易（完整性目标），属于顺查，后者用来测试不真实的交易（发生目标），属于逆查。测试发生目标时，起点是明细账，即从主营业务收入明细账中抽取一个发票号码样本，追查至销售发票存根、发运凭证以及客户订货单。测试完整性目标时，起点应是发货凭证，即从发运凭证中选取样本，追查至销售发票存根和主营业务收入明细账，以测试是否存在遗漏事项。

因此，在实施发生目标和完整性目标的审计程序时，确定追查凭证的起点即测试的方向很重要，例如，注册会计师如果关心的是发生目标，但弄错了追查的方向（即由发运凭证追查至明细账），就属于严重的审计缺陷。在测试其他目标时，方向一般无关紧要。例如，测试交易业务计价的准确性时，可以由销售发票追查发运凭证，也可以反向追查。

3. 登记入账的销售交易均经正确计价。销售交易计价的准确性包括按订货数量发货，按发货数量准确地开具账单以及将账单上的数额准确地记入会计账簿，对这三个方面，每次审计中一般都要实施实质性程序，以确保其准确无误。

典型的实质性程序包括复算会计记录中的数据。通常的做法是，以主营业务收入明细账中的会计分录为起点，将所选择的交易业务的合计数与应收账款明细账和销售发票存根进行比较核对。销售发票存根上所列的单价，通常还要与经过批准的商品价目表进行比较核对，其金额小计和合计数也要进行复算。发票中列出的商品的规格、数量和客户代号等，则应与发运凭证进行比较核对。另外，往往还要审核客户订货单和销售单中的同类数据。

4. 登记入账销售交易分类恰当。销售分类恰当的测试一般可与计价准确性测试一并进行。

5. 销售交易的记录及时。发货后应尽快开具账单并登记入账，以防止无意漏记销货业务，确保它们记入正确的会计期间。在执行计价准确性实质性测试程序的同时，一般要将所选取的提货单或其他发运凭证的日期与相应的销售发票存根、主营业务收入明细账和应收账款明细账上的日期作比较。如有重大差异，就可能存在销售截止期限上的错误。

6. 销售交易已经正确地记入明细账并经正确汇总。应收账款明细账的记录若不正确，将影响被审计单位收回应收账款，因此，将全部赊销业务正确地记入应收账款明细账极为重要。同理，为保证财务报表准确，主营业务收入明细账必须正确地加总，并过入总账。在多数审计中，通常都要加总主营业务收入明细账，并将加总数和一些具体内容分别追查至主营业务收入总账和应收账款明细账或库存现金、银行存款日记账，以检查在销售过程中是否存在有意或无意的错报问题。不过这一测试的样本量要受内部控制的影响。从主营业务收入明细账追查至应收账款明细账，一般与为实现其他审计目标所实施的测试一并进行，而将主营业务收入明细账加总，并追查、核对加总数至其总账，则应作为一项单独的测试程序来执行。

热身练习

1. 针对销售交易，被审计单位的以下内部控制中，不满足职责分离要求的是（　　）。

A. 在签订销售合同前，应当由两名以上人员负责谈判并签订合同

B. 在办理销售、发运、收款时应当由不同部门分别执行

C. 企业应收票据的取得和贴现由保管票据以外的主管人员批准

D. 赊销审批和销售审批由不同人员执行

【参考答案】A

2. 审计人员根据主营业务收入明细账中的记录抽取部分销售发票，追查销货合同、发货单等资料，其目的是（　　）。(2007 年中级审计师考试真题)

　　A. 证实主营业务收入的完整性　　　B. 证实主营业务收入的真实性
　　C. 证实主营业务收入的总体合理性　　D. 证实主营业务收入的披露充分性

【参考答案】B

第四节　营业收入审计

一、营业收入审计目标

营业收入项目核算企业在销售商品、提供劳务及让渡资产使用权等日常活动中所产生的收入。其审计目标一般包括确定利润表中记录的营业收入是否已发生，且与被审计单位有关（发生认定）；确定所有应当记录的营业收入是否均已记录（完整性认定）；确定与营业收入有关的金额及其他数据是否已恰当记录，包括对销售退回、销售折扣与折让的处理是否适当（准确性认定）；确定营业收入是否已记录于正确的会计期间（截止认定）；确定营业收入是否已按照企业会计准则的规定在财务报表中作出恰当的列报。

二、营业收入实质性测试程序

1. 获取营业收入明细表，并执行以下工作。
（1）复核加计是否正确，并与总账数和明细账合计数核对是否相符。
（2）检查以非记账本位币结算的主营业务收入使用的折算汇率及折算是否正确。
2. 实施实质性分析程序。
（1）针对已识别需要运用分析程序的有关项目，并基于对被审计单位及其环境的了解，通过进行以下比较，同时考虑有关数据间关系的影响，以建立有关数据的期望值。
①将本期的主营业务收入与上期的主营业务收入、销售预算或预测数等进行比较，分析主营业务收入及其构成的变动是否异常，并分析异常变动的原因。
②计算本期重要产品的毛利率，与上期预算或预测数据比较，检查是否存在异常，各期之间是否存在重大波动，查明原因。
③比较本期各月各类主营业务收入的波动情况，分析其变动趋势是否正常，是否符合被审计单位季节性、周期性的经营规律，查明异常现象和重大波动的原因。
④将本期重要产品的毛利率与同行业企业进行对比分析，检查是否存在异常。
（2）确定可接受的差异额。
（3）将实际金额与期望值相比较，计算差异。

（4）如果差异额超过确定的可接受差异额，调查并获取充分的解释和恰当的、佐证性质的审计证据（如通过检查相关的凭证等）。需要注意的是，如果差异超过可接受差异额，注册会计师需要对差异额的全额进行调查证实，而非仅针对超出可接受差异额的部分。

（5）评估实质性分析程序的结果。

3. 检查主营业务收入确认方法是否符合企业会计准则的规定。根据 2017 年最新《企业会计准则第 14 号——收入》的规定，企业应当在履行了合同中的履约义务即在客户取得相关商品控制权（客户可以使用该商品或者是从中获得几乎全部的经济利益）时，确认收入。企业应在下列条件均能满足时予以确认收入：

（1）合同各方已批准并承诺履行该合同义务——合同各方都"签字画押"了。

（2）该合同明确了合同各方与所转让的商品（或提供的服务）相关的权利和义务——明确了权利和义务。

（3）该合同有明确的与所转让的商品相关的支付条款——多少钱、怎么付合同都说好了。

（4）该合同具有商业实质。即发生的交易对双方取得现金流和收益有实际的好处。

（5）企业因向客户转让商品而有权取得的对价很可能收回，即货卖出去能收到钱。客户有到期时支付对价的能力和意图（即客户的信用风险），如果不能满足这个条件，企业只能在不再负有向客户转让商品的剩余义务，且已向客户收取的对价无须退回时，才能将已收取的对价确认为收入，否则只能先作为合同负债。

企业在将商品的控制权转移给客户或者向客户提供劳务时，需要判断履约义务是否满足在某一时段内履行的条件，如不满足，则该履约义务属于在某一时点履行的履约义务。

对于在某一时段内履行的履约义务，企业应当在该段时间内按照履约进度确认收入，履约进度不能合理确定的除外。企业应当考虑商品的性质，采用产出法或投入法确定恰当的履约进度。其中产出法是指企业应根据已转移给客户的商品对于客户的价值确定履约进度，主要包括：按照实际测量的完工进度、评估已实现的结果、已达到的里程碑、时间进度、已完工或交付的产品等产出指标确定履约进度。

当履约进度不能合理确定时，企业已经发生的成本预计能够得到补偿的，应当按照已经发生的成本金额确认收入，直到履约进度能够合理确定为止（成本回收法）。

在资产负债表日，企业按照履约进度及时确认当期收入，结转当期营业成本：

当期收入 = 合同交易价格 × 履约进度 − 以前期间累计已确认的收入

$$当期营业成本 = 合同预计成本 \times 履约进度 - \frac{以前期间累计已}{确认的营业成本}$$

对于在某一时点履行的履约义务，企业应当在客户取得相关商品控制权时点确认收入，即只有当客户获得主导该商品的使用并从中获得几乎全部剩余利益的现时权利时企业才能确认收入。具体来说，被审计单位采取的销售方式不同，确认收入的时点也是不同的。

（1）采用交款提货销售方式，通常应于交易双方已经充分履行了合同，即商品控制权发生转移，已将发票和提货单交给购货单位，且货款已收到或取得收取货款的权利时，确认收入。对此，注册会计师应着重检查被审计单位是否收到货款，发票和提货单是否已交付购货单位。注意有无扣压结算凭证，将当期收入转入下期入账的现象，或者虚记收入、开具假发票、虚列购货单位，虚记当期未实现的收入，在下期予以冲回的现象。

（2）采用预收账款销售方式，通常应于商品发出时确认收入。注册会计师重点检查被审计单位是否收到了货款，商品是否已经发出。注意是否存在对已收货款并已将商品发出的交易不入账、转为下期收入，或开具虚假出库凭证、虚增收入等现象，确认履行合同符合收入确认条件时再确认收入。

（3）采用托收承付结算方式，通常应于商品已经发出，劳务已经提供，并已将发票提交银行、办妥收款手续时确认收入。注册会计师重点检查被审计单位是否发货，托收手续是否办妥，货物发运凭证是否真实，托收承付结算回单是否正确。

（4）销售合同或协议明确采用递延方式收取货款，可能实质上具有融资性质，应当按照应收的合同或协议价款的公允价值确定销售商品收入金额。应收的合同或协议价款与其公允价值之间的差额，通常应当在合同或协议期间内采用实际利率法进行摊销，计入当期损益。

（5）长期工程合同收入，如果合同的结果能够可靠估计，通常应当根据产出法或投入法确认合同履约进度，按履约进度确认劳务收入。注册会计师重点检查收入的计算、确认方法是否合乎规定，并核对应计收入与实际收入是否一致，注意查明有无随意确认收入、虚增或虚减本期收入的情况。

4. 核对收入交易的原始凭证与会计分录。以主营业务收入明细账中的会计分录为起点，检查相关原始凭证如订购单、销售单、发运凭证、发票等，以评价已入账的营业收入是否真实发生。检查订购单和销售单，用以确认存在真实的客户购买要求，销售交易已经过适当的授权批准。销售发票存根上所列的单价，通常还要与经过批准的商品价目表进行比较核对，对其金额小计和合计数也要进行复算。发票中列出的商品的规格、数量和客户代码等，则应与发运凭证进行比较核对，尤其是由客户签收商品的一联，确定已按合同约定完成交易，可以确认收入。同时，还要检查原始凭证中的交易日期，以确认收入计入了正确的会计期间。

5. 从发运凭证中选取样本，追查至销售发票存根和主营业务收入明细账，以确定是否存在遗漏事项（完整性认定）。也就是说，如果注册会计师测试收入的"完整"这一目标，起点应是发货凭证。为使这一程序成为一项有意义的测试，注册会计师必须能够确信全部发运凭证均已归档，这一点一般可以通过检查发运凭证的顺序编号来查明。

6. 结合对应收账款实施的函证程序，选择主要客户函证本期销售额。

7. 实施销售截止测试。对销售实施截止测试，主要是确定被审计单位主营业务收入的会计记录归属期是否正确，应记入本期或下期的主营业务收入是否被推延至下期或提前至本期。

注册会计师对销售交易实施的截止测试可能包括以下程序：

（1）选取资产负债表日前后若干天的发运凭证，与应收账款和收入明细账进行核对；同时，从应收账款和收入明细账选取在资产负债表日前后若干天的凭证，与发运凭证核对，以确定销售是否存在跨期现象。

（2）复核资产负债表日前后销售和发货水平，确定业务活动水平是否异常，并考虑是否有必要追加实施截止测试程序。

（3）取得资产负债表日后所有的销售退回记录，检查是否存在提前确认收入的情况。

（4）结合对资产负债表日应收账款的函证程序，检查有无未取得对方认可的销售。

实施截止测试前提是注册会计师充分了解被审单位收入确认会计实务，并识别能够证明某笔销售符合收入确认条件的关键单据。例如，货物出库时，与货物相关的风险和报酬可能尚未转移，不符合收入确认的条件，因此，仓储部门留存的发运凭证可能不是实现收入的充分证据，需要检查有客户签署的那一联发运凭证。销售发票与收入相关，但是发票开具日期不一定与收入实现的日期一致。实务中由于增值税发票涉及企业的纳税和抵扣问题，开票日期滞后于收入可确认日期的情况并不少见，因此，通常不能将开票日期作为收入确认的日期。

假定某一般制造型企业在货物送达客户并由客户签收时确认收入，注册会计师可以考虑选择两条审计路径实施主营业务收入的截止测试。

一是以账簿记录为起点。从资产负债表日前后若干天的账簿记录追查至记账凭证和客户签收的发运凭证，目的是证实已入账收入是否在同一期间已发货并由客户签收，有无多记收入。这种方法的优点是比较直观，容易追查至相关凭证记录，以确定其是否应在本期确认收入，特别是在连续审计两个以上会计期间时，检查跨期收入十分便捷，可以提高审计效率。缺点是缺乏全面性和连贯性，只能查多记，无法查漏记，尤其是当本期漏记收入延至下期而审计时被审计单位尚未及时登账时，不易发现应记入而未记入报告期收入的情况。因此，使用这种方法主要是为了防止多计收入。

二是以发运凭证为起点。从资产负债表日前后若干天的已经客户签收的发运凭证查至账簿记录，确定主营业务收入是否已记入恰当的会计期间。

上述两条审计路径在实务中均被广泛采用，它们并不是孤立的，注册会计师可以考虑在同一主营业务收入科目审计中并用这两条路径。实际上，由于被审计单位的具体情况各异，管理层意图各不相同，有的为了完成利润目标、承包指标，更多地享受税收等优惠政策，便于筹资等，可能会多计收入，有的则为了以丰补歉、留有余地、推迟缴税时间等而少计收入。因此，为注册会计师需要凭借专业经验和所掌握的信息进行风险评估，作出正确判断，选择适当的审计路径实施有效的收入截止测试。

8. 存在销货退回的，检查相关手续是否符合规定，结合原始销售凭证检查其会计处理是否正确，结合存货项目审计关注其真实性。

9. 检查销售折扣与折让。企业在销售交易中，往往会因产品品种不符、质量不符合要求以及结算方面的原因发生销售折扣与折让。销售折扣与折让均是对收入的抵减，直接影响收入的确认和计量。注册会计师针对销售折扣与折让的实质性程序可能包括：

（1）获取折扣与折让明细表，复核加计是否正确，并与明细账合计数核对是否相符；

（2）了解被审计单位有关折扣与折让的政策和程序，抽查折扣与折让的授权批准情况，与实际执行情况进行核对。

（3）检查折扣与折让的会计处理是否正确。

10. 检查主营业务收入在财务报表中的列报和披露是否符合企业会计准则的规定。

职业考试

下列各项审计程序中，可以为营业收入发生认定提供审计证据的有（　　）。(2014 年 CPA 考试审计真题)

A. 对应收账款余额实施函证

B. 从营业收入明细账中选取若干记录，检查相关原始凭证

C. 检查应收账款明细账的贷方发生额

D. 调查本年新增客户的工商资料、业务活动及财务状况

【参考答案】ABCD

三、营业收入的特别审计程序

除了上述较为常规的审计程序外，注册会计师还要根据被审计单位的特定情况和收入的重大错报风险程度，考虑是否有必要实施一些特别的审计程序。

（1）附有销售退回条件的商品销售，如果对退货部分能作合理估计的，确定其是否按估计不会退货部分确认收入；如果对退货部分不能作合理估计的，确定其是否在退货期满时确认收入。

（2）售后回购，分析特定销售回购的实质，判断其是属于真正的销售交易，还是属于融资行为。

（3）以旧换新销售，确定销售的商品是否按照商品销售的方法确认收入，

回收的商品是否作为购进商品处理。

（4）出口销售，根据交易的定价和成交方式（离岸价格、到岸价格或成本加运费价格等），并结合合同（包括购销合同和运输合同）中有关货物运输途中风险承担的条款，确定收入确认的时点和金额。

如果注册会计师认为被审计单位存在通过虚假销售做高利润的舞弊风险，可能采取一些非常规的审计程序应对该风险，例如：

（1）调查被审计单位客户的工商登记资料和其他信息，了解客户是否真实存在，其业务范围是否支持其采购行为；

（2）检查与已收款交易相关的收款记录及原始凭证，检查付费方是否为销售交易对应的客户；

（3）考虑利用反舞弊专家的工作、对被审计单位和客户的关系及交易进行调查。

对于与关联方发生的销售交易，注册会计师要结合对关联方关系和交易的风险评估结果，实施特定的审计程序。

四、其他业务收入的实质性程序

其他业务收入的实质性程序一般包括以下内容：

1. 获取其他业务收入明细表，复核加计是否正确，并与总账数和明细账合计数核对是否相符，结合主营业务收入科目与营业收入报表数核对是否相符。

2. 计算本期其他业务收入与其他业务成本的比率，并与上期该比率比较，检查是否有重大波动，并查明原因。

3. 检查其他业务收入是否真实准确，收入确认原则及会计处理是否符合规定，抽查原始凭证予以核实。

4. 对异常项目，追查入账依据及有关法律文件是否充分。

5. 抽查资产负债表日前后一定数量的记账凭证，实施截止测试，确定入账时间是否正确。

6. 确定其他业务收入在财务报表中的列报是否恰当。

资格测试

为了核实营业收入的截止期，审计人员可实施的审计程序有（　　）。（2011年初级审计师考试真题）

A. 对存货进行监盘

B. 核对主营业务收入总账和明细账

C. 计算重要产品的毛利率并与上期比较

D. 核对比较有关发票、运单、收据的日期

E. 审查决算日前后的营业收入记录并核对相关销售发票和发运单

【参考答案】DE

第五节　应收及预收款项审计

一、应收账款审计

应收账款余额一般包括应收账款账面余额和相应的坏账准备两部分。

应收账款指企业因销售商品、提供劳务而形成的债权，即由于企业销售商品、提供劳务等原因，应向购货客户或接受劳务的客户收取的款项或代垫的运杂费，是企业的债权性资产。坏账是指企业无法收回或收回可能性极小的应收款项（包括应收票据、应收账款、预付款项、其他应收款和长期应收款等）。由于发生坏账而产生的损失称为坏账损失。企业通常应采用备抵法按期估计坏账损失。企业通常应当定期或者至少于每年年度终了，对应收款项进行全面检查，合理预计各项应收款项可能发生的坏账，相应计提坏账准备。

企业的应收账款是在销售交易或提供劳务过程中产生的。因此，应收账款的审计应结合销售交易来进行。一方面，收入的发生认定直接影响应收账款的存在认定；另一方面，由于应收账款代表了尚未收回货款的收入，通过审计应收账款获取的审计证据也能够为收入提供审计证据。

（一）应收账款的审计目标

应收账款的审计目标一般包括：确定资产负债表中记录的应收账款是否存在（存在认定）；确定所有应当记录的应收账款是否均已记录（完整性认定）；确定记录的应收账款是否由被审计单位拥有或控制（权利和义务认定）；确定应收账款是否可收回，坏账准备的计提方法和比例是否恰当，计提是否充分（计价和分摊认定）；确定应收账款及其坏账准备是否已按照企业会计准则的规定在财务报表中作出恰当列报。

（二）应收账款的实质性程序

针对应收账款的实质性程序通常有以下几种：

1. 取得应收账款明细表。

（1）复核加计是否正确，并与总账数和明细账合计数核对是否相符，结合"坏账准备"科目与报表数核对是否相符。应收账款报表数反映企业因销售商品、提供劳务等应向购买单位收取的各种款项，减去已计提的相应的坏账准备后的净额。

（2）检查非记账本位币应收账款折算汇率及折算是否正确。对于用非记账本位币（外币）结算的应收账款，注册会计师检查被审单位外币应收账款的增减变动是否采用交易发生日的即期汇率将外币金额折算为记账本位币金额，或者采用按照系统合理的方法确定的、与交易发生日即期汇率近似的汇率折算，选择采用汇率的方法前后各期是否一致；期末外币应收账款余额是否采用期末即期汇率折合为记账本位币金额；折算差额的会计处理是否正确。

（3）分析有贷方余额的项目，查明原因，必要时，建议作重分类调整。

（4）结合其他应收款、预收款项等往来项目的明细余额，调查有无同一客户多处挂账、异常余额或与销售无关的其他款项（代销、关联方或员工账户）。必要时提出调整建议。

2. 分析与应收账款相关的财务指标。

（1）复核应收账款借方累计发生额与主营业务收入关系是否合理，并将当期应收账款借方发生额占销售收入净额的百分比与管理层考核指标和被审计单位相关赊销政策比较，如存在异常查明原因。

（2）计算应收账款周转率、应收账款周转天数等指标，并与被审计单位相关赊销政策、被审计单位以前年度指标、同行业同期相关指标对比，分析是否存在重大异常并查明原因。

3. 检查应收账款账龄分析是否正确。

（1）获取应收账款账龄分析表。被审计单位通常会编制应收账款账龄分析报告，以监控货款回收情况、及时识别可能无法收回的应收账款并作为计提坏账准备的依据之一。注册会计师可以通过查看应收账款账龄分析表了解和评估应收账款的可收回性。应收账款账龄分析表参考格式如表 5 – 5 所示。

表 5 – 5 应收账款账龄分析表

客户名称	期末余额	账龄			
		1 年以内	1 ~ 2 年	2 ~ 3 年	3 年以上
合计					

（2）测试应收账款账龄分析表计算的准确性，并将应收账款账龄分析表中的合计数与应收账款总分类账余额相比较，并调查重大调节项目。

（3）从账册分析表中抽取一定数量项目，追查至销售原始凭证，测试账龄划分准确性。

本项程序与下文（三）坏账准备的实质性程序紧密相关。

4. 对应收账款实施函证程序。函证应收账款的目的在于证实应收账款账户余额是否真实准确。通过第三方提供的函证回复，可以比较有效地证明被询证者的存在和被审计单位记录的可靠性。

注册会计师根据被审单位经营环境、内部控制的有效性、应收账款账户的性质、被询证者处理询证函的习惯做法及回函的可能性等，确定应收账款函证的范围、对象、方式和时间。

（1）函证决策。除非有充分证据表明应收账款对被审计单位财务报表而言是不重要的，或者函证很可能是无效的，否则，注册会计师应当对应收账款进行函证。如果注册会计师不对应收账款进行函证，应当在审计工作底稿中说明理由。如果认为函证很可能是无效的，注册会计师应当实施替代审计程序，获取相关、可靠的审计证据。

（2）函证的范围和对象。函证范围是由诸多因素决定的，主要有：

①应收账款在全部资产中的重要程度。若应收账款在全部资产中所占的比重较大，则函证的范围应相应大一些。

②被审计单位内部控制的有效性。若相关内部控制有效，则可以相应减少函证范围；反之，则扩大函证范围。

③以前期间的函证结果。若以前期间函证中发现过重大差异，或欠款纠纷较多，则函证范围应相应扩大一些。

注册会计师选择函证项目时，除了考虑金额较大的项目，也需要考虑风险较高的项目，例如，账龄较长的项目；与债务人发生纠纷的项目；重大关联方项目；主要客户（包括关系密切的客户）项目；新增客户项目；交易频繁但期末余额较小甚至余额为零的项目；可能产生重大错报或舞弊的非正常的项目。这种基于一定的标准选取样本的方法具有针对性，比较适用于应收账款余额金额和性质差异较大的情况。如果应收账款余额由大量金额较小且性质类似的项目构成，则注册会计师通常采用抽样技术选取函证样本。

（3）函证的方式。注册会计师可采用积极的或消极的函证方式实施函证，也可将两种方式结合使用。由于应收账款通常存在高估风险、且与之相关的收入确认存在舞弊风险假定，因此，实务中通常对应收账款采用积极的函证方式。下文均假设为积极式函证。

（4）函证时间的选择。注册会计师通常以资产负债表日为截止日，在资产负债表日后适当时间内实施函证。如果重大错报风险评估为低水平，注册会计师可选择资产负债表日前适当日期为截止日实施函证，并对所函证项目自该截止日起至资产负债表日止发生的变动实施其他实质性程序。

积极式询证函和消极式询证函参考格式

（5）函证的控制。注册会计师通常利用被审计单位提供的应收账款明细账户名称及客户地址等资料编制询证函，但注册会计师应当对函证全过程保持控制。并对确定需要确认或填列的信息、选择适当的被询证者、设计询证函以及发出和跟进（收回）询证函保持控制。

注册会计师可通过函证结果汇总表的方式对询证函的收回情况加以汇总。函证结果汇总表如表5-6所示。

（6）对不符事项的处理。对回函中出现的不符事项，注册会计师需要调查核实原因，确定其是否构成错报。注册会计师不能仅通过询问被审计单位相关人员对不符事项的性质和原因得出结论，而是要在询问原因的基础上，检查相关的原始凭证和文件资料予以证实。必要时与被询证方联系，获取相关信息和解释。对应收账款而言，登记入账的时间不同而产生的不符事项主要表现为：①客户已经付款，被审计单位尚未收到货款；②被审计单位的货物已经发出并已作销售记录，但货物仍在途中，客户尚未收到货物；③客户由于某种原因将货物退回，而被审计单位尚未收到；④客户对收到的货物的数量、质量及价格等方面有异议而全部或部分拒付货款等。

表5-6　　　　　　　　　　　　应收账款函证结果汇总表

被审计单位名称：　　　　　　　　　制表：　　　　　　　　　日期：

结账日：　　年　　月　　日　　　复核：　　　　　　　　　日期：

询证函编号	客户名称	地址及联系方式	账面金额	函证方式	函证日期		回函日期	替代程序	确认余额	差异金额及说明	备注
					第一次	第二次					
	合计										

（7）对未回函项目实施替代程序。如果未收到被询证方的回函，注册会计师应当实施替代审计程序，例如：

①检查资产负债表日后收回的货款，值得注意的是，注册会计师不能仅查看应收账款的贷方发生额，而是要查看相关的收款单据，以证实付款方确为该客户且确与资产负债表日的应收账款相关。

②检查相关的销售合同、销售单、发运凭证等文件。注册会计师需要根据被审计单位的收入确认条件和时点，确定能够证明收入发生的凭证。

③检查被审计单位与客户之间的往来邮件，如有关发货、对账、催款等事宜邮件。

在某些情况下，注册会计师可能认为取得积极式函证回函是获取充分、适当的审计证据的必要程序，尤其是识别出有关收入确认的舞弊风险，导致注册会计师不能信赖从被审计单位取得的审计证据，替代程序不能提供注册会计师需要的审计证据。在这种情况下，如果为获取回函，注册会计师应当确定其对审计工作和审计意见的影响。

需要指出的是，注册会计师应当将询证函回函作为审计证据，纳入审计工作底稿管理，询证函回函的所有权归属所在会计师事务所。

5. 对应收账款余额实施函证以外的细节测试。在未实施应收账款函证的情况下（例如，由于实施函证不可行），注册会计师需要实施其他审计程序获取有关应收账款的审计证据。这种程序通常与上述未收到回函情况下实施的替代程序相似。

6. 检查坏账的冲销和转回。首先，注册会计师检查有无债务人破产或者死亡的，以及破产或以遗产清偿后仍无法收回的，或者债务人长期未履行清偿义务的应收账款；其次，应检查被审计单位坏账的处理是否经授权批准，有关会计处理是否正确。

7. 确定应收账款的列报是否恰当。除了企业会计准则要求的披露之外，如果被审计单位为上市公司，注册会计师还要评价其披露是否符合证券监管部门的特别规定。

（三）坏账准备的实质性程序

企业会计准则规定，企业应当在期末对应收账款进行检查，并合理预计可能产生的坏账损失。应收款项包括应收票据、应收账款、预付账款、其他应收款和长期应收款等。下面以应收账款相关的坏账准备为例，阐述坏账准备审计常用的实质性程序。

1. 取得坏账准备明细表，复核加计是否正确，与坏账准备总账数、明细账合计数核对是否相符。

2. 将应收账款坏账准备本期计提数与资产减值损失相应明细项目发生额核对是否相符。

3. 检查应收账款准备本期计提和核销的批准程序，取得书面报告等证明文件，结合应收账款函证回函结果，评价计提坏账准备所依据的资料、假设及方法。

企业应根据所持应收账款的实际可收回情况，合理计提坏账准备，不得多提或少提，否则应视为滥用会计估计，按照重大会计差错更正的方法进行会计处理。

对于单项金额重大的应收账款，企业应当单独进行减值测试，如有客观证据证明已发生减值，应当计提坏账准备。对于单向金额不重大的应收账款，可以单独进行减值测试，或包括在具有类似信用风险特征的应收账款组合中（例如账龄分析）进行减值测试，此外，单独测试未发生减值的应收账款，应当包括在具有类似信用风险特征的应收账款组合中（例如账龄分析）再进行减值测试。

采用账龄分析法时，收到债务单位当期偿还的部分债务后，剩余的应收账款不应改变其账龄，仍应按原账龄加上本期应增加的账龄确定；在存在多笔应收账款且各笔应收账款账龄不同的情况下，收到债务单位当期偿还的部分债务，应当逐笔认定收到的是哪笔应收账款；如果确实无法确认的，按先发先收回的原则确定，剩余应收账款的账龄按上述同一原则确认。

在确定坏账准备的计提比例时，企业应当在综合考虑以往的经验、债务单位的实际财务状况和预计未来现金流量（不包括尚未发生的未来信用缺失）等因素，以及其相关信息的基础上作出合理估计。

4. 实际发生坏账损失的，检查转销依据是否符合有关规定会计处理是否正确。对于被审计单位在被审计期间内发生的坏账损失，注册会计师应检查其原因是否清楚，是否符合有关规定，有无授权批准，有无已作坏账处理后又重新收回的应收账款，相应的会计处理是否正确。对有确凿证据表明确实无法收回的应收账款，如债务单位已撤销、破产、资不抵债、现金流量严重不足等，企业应根据管理权限，经股东（大）会或董事会，或经理（厂长）办公会或类似机构批准作为坏账损失，冲销提取的坏账准备。

5. 已经确认并转销的坏账重新收回的，检查其会计处理是否正确。

6. 确定应收账款坏账准备的披露是否恰当。企业应当在财务报表附注中清晰地说明坏账的确认标准、坏账准备的计提方法和计提比例。上市公司还应在财务报表附注中分项披露以下主要事项：

（1）本期全额计提坏账准备，或计提坏账准备的比例较大的（计提比例一般超过40%及以上的，下同），应说明计提的比例以及理由；

（2）以前期间已全额计提坏账准备，或计提坏账准备的比例较大但在本期又全额或部分收回的，或通过重组等其他方式收回的，应说明其原因、原估计计提比例的理由以及原估计计提比例的合理性；

（3）本期实际冲销的应收款项及其理由等，其中，实际冲销的关联交易产生的应收账款应单独披露。

二、预收账款审计

（一）预收账款审计目标

1. 确定预收账款的发生及偿还记录是否完整。
2. 确定预收账款的期末余额是否正确。
3. 确定预收账款在财务报表上的披露是否恰当。

（二）预收账款实质性程序

预收账款是在企业销售业务成立以前，预先收取的部分货款，由于预收账款是随着企业销货业务的发生而发生，注册会计师应结合企业销货业务对预收账款进行审计。预收账款的实质性程序一般包括：

（1）获取或编制预收账款明细表，复核加计是否正确，并核对其期末余额合计数与报表数、总账数和明细账合计数是否相符。

（2）请被审计单位协助，在预收账款明细表上标出截止审计日已转销的预收账款，对已转销金额较大的预收账款进行检查，核对记账凭证、仓库发运凭证、销售发票等，并注意这些凭证发生日期的合理性。

（3）抽查与预收账款有关的销售合同、仓库发运凭证、收款凭证，检查已实现销售的商品是否及时转销预收账款，确保预收账款期末余额的正确性和合理性。

（4）选择预收账款的若干重大项目函证，根据回函情况编制函证结果汇总表。函证测试样本通常应考虑选择大额或账龄较长的项目、关联方项目以及主要客户项目。对于回函金额不符的，应查明原因并作出记录或建议作适当调整；对于未回函的，应再次函证或通过检查资产负债表日后已转销的预收账款是否与仓库发运凭证、销售发票相一致等替代程序，确定其是否真实、正确。

（5）检查预收账款是否存在借方余额，是否决定建议作重分类调整。

（6）检查预收账款长期挂账的原因，并作出记录，必要时提请被审计单位予以调整。

（7）检查预收账款是否已在资产负债表上作恰当披露。

职业考试

下列有关注册会计师是否实施应收账款函证程序的说法中正确的是（　　）。（2013 年 CPA 考试审计真题）

A. 对上市公司财务报表执行审计时，注册会计师应当实施应收账款函证程序

B. 对小型公司财务报表执行审计时，注册会计师可以不实施应收账款函证程序

C. 如果有充分证据表明函证很可能无效，注册会计师可以不实施应收账款函证程序

D. 如果在收入确认方面不存在由于舞弊导致的重大错报风险，注册会计师可以不实施应收账款函证程序

【参考答案】C

第六节　销售与收款循环其他项目审计

销售与收款循环中，除了以上介绍的项目除外，还有应收票据、应交税费、税金及附加、销售费用、其他应交款等项目。对这些账户审计的主要目标和实质性程序如表 5 - 7 所示。

表 5 - 7　　　销售与收款循环其他账户审计的主要目标和实质性程序

账户名称	审计目标	实质性程序
应收票据	1. 确定应收票据是否存在； 2. 确定应收票据是否归被审计单位所有； 3. 确定应收票据增减变动的记录是否完整； 4. 确定应收票据是否有效、能否收回； 5. 确定应收票据期末余额是否正确； 6. 确定应收票据在财务报表上的披露是否恰当	1. 获取或编制应收票据明细表，复核其加计数是否正确，并核对其期末合计数与报表数、总账数和明细账合计数是否相符； 2. 监盘库存票据； 3. 函证应收票据，证实其存在性和可收回性； 4. 检查应收票据的利息收入是否正确入账，注意逾期应收票据是否按规定停止计提利息； 5. 对于已贴现应收票据，审计人员应审查其贴现额、贴现息的计算是否正确，会计处理方法是否恰当； 6. 复核、统计已贴现以及已转让但未到期应收票据金额； 7. 对以非记账本位币结算的应收票据，应检查其采用的折算汇率和汇兑损益处理的正确性； 8. 确定应收票据是否已在资产负债表上恰当披露

续表

账户名称	审计目标	实质性程序
应交税费	1. 确定应计和已缴税费的记录是否完整； 2. 确定应交税费的期末余额是否正确； 3. 确定应交税费在财务报表上的披露是否恰当	1. 获取或编制应交税费明细表，复核其加计数是否正确，并核对其期末合计数与报表数、总账数和明细账合计数是否相符； 2. 查阅相关文件，确认其在被审计期间的应纳税内容； 3. 核对期初未交税费与税务机关认定数是否一致，如有差异应查明原因作出记录，必要时建议作适当的调整； 4. 检查应交增值税、应交消费税、应交资源税、应交城镇土地使用税计算是否正确，是否按规定进行会计处理； 5. 确定应交税费是否已在资产负债表上作恰当披露
税金及附加	1. 确定税金及附加的记录是否完整； 2. 确定税金及附加的计算和会计处理是否正确； 3. 确定税金及附加在财务报表中的披露是否恰当	1. 获取或编制税金及附加明细表，复核加计数是否正确，核对其与报表数、总账数和明细账合计数是否相符； 2. 确定被审计单位纳税范围与税种是否符合国家规定； 3. 检查税金及附加的计算及对应关系是否正确； 4. 确定被审计单位减免税的项目是否真实，理由是否充分，手续是否完备； 5. 确定税金及附加是否已在利润表中作恰当披露
销售费用	1. 确定销售费用的内容是否完整； 2. 确定销售费用的分类、归属和会计处理是否正确； 3. 确定销售费用在财务报表中的披露是否恰当	1. 获取或编制销售费用明细表，复核加计数是否正确，并核对其与报表数、总账数和明细账合计数是否相符，并检查其明细项目的设置是否符合规定的核算内容与范围，是否划清了销售费用和其他费用的界限； 2. 检查销售费用各项目开支标准和内容是否符合有关规定，计算是否正确； 3. 实施分析程序，将本期销售费用与上期进行比较，将本期各月销售费用进行比较，确认有无重大波动和异常情况，如有，应查明原因并作适当处理； 4. 检查其原始凭证是否合法，会计处理是否正确，必要时可进行截止测试； 5. 核对勾稽关系，检查销售费用的结转是否正确、合规； 6. 检查销售费用是否已在利润表中恰当披露
其他应交款	1. 确定其他应交款的记录是否完整； 2. 确定其他应交款的计算和会计处理是否正确； 3. 确定其他应交款的期末余额是否正确； 4. 确定其他应交款在财务报表中的披露是否恰当	1. 获取或编制其他应交款明细表，复核加计数是否正确，并核对期末余额合计数与报表数、总账数和明细账合计数是否相符； 2. 了解被审计单位其他应交款的种类、计算基础与税率，注意其前后期是否一致； 3. 结合税金及附加和其他业务利润等项目，检查教育费附加等计算是否正确，是否按规定进行会计处理； 4. 抽查上缴款项是否与银行付款通知、税务机关缴款单或收款单位收据相符，相关会计处理是否正确； 5. 检查其他应交款是否已在资产负债表中作恰当披露

【本章小结】

财务会计报表的审计范围是指为实现财务会计报表审计目标，注册会计师根据审计准则和职业判断实施的恰当的审计程序的总和。财务会计报表审计测试主要包括控制测试和对交易、账户余额实施实质性程序两大类。

审计企业销售与收款循环业务的相关项目的内容包括：获取和了解销售与收款循环中主要业务活动和销售与收款循环所涉及的主要凭证及账户等两部分内容。若以控制目标为起点，销售与收款循环控制测试是对职责分离、授权审批、凭证和记录、凭证和编号、按月对账、内部检查等关键控制点进行控制测试。注册会计师也可以选择以风险为起点的控制测试。

主营业务收入的余额测试中，主要测试程序包括获取或编制主营业务收入明细表、检查收入的确认、执行分析程序、相关凭证的审查、实施销售的截止测试、销货退回、销售折扣与折让业务测试和检查报表列报的适当性。

应收账款的余额测试中，主要测试程序包括：核对应收账款、分析应收账款账龄、对未函证的应收账款应抽查原始凭证、分析应收账款明细账的余额、检查应收账款的财务报表上的列报是否恰当等。在坏账准备的余额测试中，特别注意坏账准备计提的审计内容和列报内容。

在销售与收款循环中还包括：针对预收账款、应收票据、长期应收款、应交税费、税金及附加、销售费用等项目的审计目标和实质性的审计测试程序。

【课后练习】

一、单项选择题

1. 进行应收账款的账龄分析，有助于帮助财务报表使用者（　　　）

A. 了解应收账款坏账准备的计提是否充分

B. 发现销售业务中发生的差错或舞弊行为

C. 确信应收账款账户余额的真实性、正确性

D. 分析应收账款的可收回性

2. 在下列情况中，注册会计师可以采用积极式函证的是（　　　）。

A. 重大错报风险评估为低水平

B. 预期不存在大量的错误

C. 有理由相信被询证者不认真对待函证

D. 涉及大量余额较小的账户

3. 为了证实某月份被审计单位关于营业收入的发生认定，下列程序中最有效的是（　　　）。

A. 从发运凭证追查到销售发票副本和主营业务收入明细账

B. 从销售发票追查到发运凭证

C. 从主营业务收入明细账追查到发运凭证

D. 从销售发票追查到主营业务收入明细账

4. 销售与收款循环业务的起点是（　　）。

A. 顾客提出订货要求 B. 向顾客提供商品或劳务

C. 商品或劳务转化为应收账款 D. 收入货币资金

5. 为了确保销售收入截止的正确性，注册会计师最希望被审计单位（　　）。

A. 建立严格的赊销审批制度 B. 发运单连续编号并顺序签发

C. 经常与顾客对账核对 D. 年初及年末停止销售业务

6. 销售与收款循环审计中，注册会计师如果采取由原始凭证追查至明细账的查账法，则适合查出（　　）目标。

A. 完整性 B. 发生 C. 存在 D. 及时性

二、多项选择题

1. 对于未函证应收账款，注册会计师可以抽查（　　）等有关原始凭据来验证与其相关的应收账款的真实性。

A. 销售合同及销售订单 B. 销售发票副本

C. 发运凭证 D. 回款单据

2. 注册会计师为验证被审计单位登记入账的销货是否已发货给真实的顾客，可采用（　　）程序进行测试。

A. 复核销货总账、明细账、应收账款明细账中大额项目和异常项目

B. 将发运凭证与存货永续记录中发运分录核对

C. 将应收账款明细账中贷方收款分录与相关的凭据核对

D. 核对销货明细账、销货发票副联及发运凭证

3. 在对被审计单位的主营业务收入进行审计时，注册会计师应重点关注的与被审计单位主营业务收入的确认有密切关系的日期包括（　　）。

A. 发票开具日期 B. 记账日期

C. 资产负债表日 D. 发货日期或提供劳务日期

4. 以下关于截止测试的说法中，正确的有（　　）。

A. 截止测试的范围是审查结账日前后若干天的业务，看是否有跨期现象

B. 截止测试是由被审计单位对财务报表的分类和可理解性认定推论得来的

C. 截止测试的方法一般都是审查所审业务的凭证与记账的日期

D. 截止测试是由被审计单位对财务报表的计价和分摊认定推论得来的

5. 注册会计师在对主营业务收入进行审计时，如果认为有必要实施分析程序，下列说法中正确的有（　　）。

A. 比较本期各月各类主营业务收入的波动情况，分析其变动趋势是否正常，是否符合被审计单位季节性、周期性的经营规律

B. 将本期重要产品的毛利率与同行业进行对比分析，估算全年收入，与实际收入金额比较

C. 将本期重要产品的毛利率与上期比较，检查是否存在异常，各期之间是否存在重大波动，查明原因

D. 根据增值税发票申报表或普通发票，分析产品销售的结构和价格变动是

否异常，并分析异常变动的原因

6. 下列各项中，属于注册会计师函证应收账款时需要考虑选择的项目有（　　）。

A. 与债务人发生纠纷的项目

B. 交易量少且期末余额较小甚至余额为零的项目

C. 可能产生重大错报或舞弊的非正常的项目

D. 新增客户项目

三、判断题

1. 对期末余额较大的应收账款，审计人员往往应采取积极式函证方式。

（　　）

2. 注册会计师应当将应收账款询证函作为审计证据，纳入审计工作底稿管理，询证函回函的所有权归所在会计师事务所。　　　　　　　　　（　　）

3. 应收票据的贴现，须经保管票据的有关人员的书面批准。　（　　）

4. 在销售业务审计中，测试真实性目标时，起点应是发货凭证；测试完整性目标时，起点应是相关明细账。　　　　　　　　　　　　　　　（　　）

5. 在审查其他应收款时，通常无须实施函证程序。　　　　　（　　）

6. 如果应收账款余额由大量金额较小且性质不同的项目构成，则注册会计师通常采用抽样技术选取函证样本。　　　　　　　　　　　　　（　　）

四、简答题

A 注册会计师负责审计 X 公司 2019 年度财务报表。审计工作底稿记载了审计项目组对应收账款实施进一步审计程序的相关情况。部分内容如下：

（1）控制测试表明，X 公司赊销审批及信用管理制度执行有效，控制风险很低，A 注册会计师拟不对应收账款的计价和分摊认定实施实质性程序。

（2）X 公司应收甲公司 3 笔货款，账龄分别为 5 个月、15 个月和 38 个月。2019 年 12 月收到甲公司偿还的 2019 年 7 月产生的部分货款后，X 公司直接抵减了"3 年以上"账龄组的应收账款余额。A 注册会计师认为该情况不影响应收账款余额，从而不构成错报。

（3）A 注册会计师没有将 2019 年末账龄为"2～3 年"的应收账款纳入函证范围，并在审计工作底稿中说明了未函证的原因是这部分应收账款与 2018 年末账龄为"1～2 年"的应收账款相比没有任何变化。

（4）A 注册会计师基于应收账款违反存在认定必然引起营业收入违反发生认定这一关系，要求项目组成员根据应收账款违反存在认定的金额和相关税率推算出营业收入违反发生认定的发生额，一并建议 X 公司调整。

（5）X 公司 2019 年末以应收丙公司的货款向某银行办理了贴现。项目组成员检查后确认了 X 公司进行了正确的账务处理，A 注册会计师认为无须实施其他审计程序。

（6）编制财务报表时，X 公司将 2019 年 12 月 31 日应收账款借方余额与预收账款借方余额之合计数填列在资产负债表的应收账款项目中。A 注册会计师检查后没有发现异常。

要求：针对上述每种情况，假定不考虑其他情况，分别指出 A 注册会计师的做法是否恰当，简要说明理由。

五、综合题

2020 年 12 月 ABC 会计师事务所接受委托，对戊公司 2020 年财务报表实施审计，戊公司主要从事电子的生产和销售业务。A 注册会计师担任项目合伙人。A 注册会计师在审计工作底稿中记录了所了解的戊公司情况及其环境，部分内容摘录如下：

资料一：（1）由于 2019 年 W 产品供不应求，戊公司治理层提出 2020 年将 W 产品销量提高 10%、毛利率提高 3% 的目标，规定高级管理人员薪酬升降幅度为毛利升降幅度 5 倍。

（2）2020 年初，由于人工的上升，戊公司 X 产品的单位成本比上年上升了 10%，与此同时，X 产品的销售价格也比上年上升了 5%。

（3）2020 年，电子行业原材料价格基本保持稳定，但随着产品的快速更新换代，销售价格频繁变化，戊公司也多次调整商品价目表，竞争进一步加剧。

（4）为实现年度经营目标，提高工作效率和各部门之间的相互协调性，戊公司决定由销售经理兼任信用管理部门负责人。

资料二：A 注册会计师在审计工作底稿中记录了所获取的戊公司财务数据，部分内容摘录如表 5-8 所示。

表 5-8

金额单位：万元

年份	2020 年未审数	2019 年已审数
主要产品	X 产品	X 产品
营业收入	9 003	8 125
营业成本	6 300	6 501

资料三：A 注册会计师在审计作底稿中记录了实施的相关实质性程序，部分内容摘录如下：

（1）从接近 2020 年末发运凭证中选取样本，追查销售发票和营业收入明细账。

（2）从营业收入明细账中选取大额记录，追查至营业成本明细账，确认所记载的销售产品数量与所结转的存货数量是否一致。

（3）追查销售发票上的详细信息至发运凭证、经批准的商品价目表和客户订购单。

（4）将主营业务收入明细账加总，追查其至总账的过账。

要求：

（1）针对资料一第（1）至（4）项，结合资料二，假定不考虑其他条件，逐项判断资料一所列事项是否可能表明存在重大错报风险。如果认为存在，说明该风险属于财务报表层次还是认定层次。如果认为属于认定层次，指出相关事项主要与哪些财务报表项目（仅限于：营业收入、营业成本、应收账款）的哪些认定相关。相关分析判断填入表5-9。

表5-9

事项序号	是否可能存在重大错报风险（是/否）	理由	风险的层次（报表层/认定层）	财务报表项目及相关认定
(1)				
(2)				
(3)				
(4)				

（2）逐项判断资料三所列实质性程序对发现根据资料一识别的认定层次重大错报是否直接有效。如果直接有效，指出资料三所列实质性程序与资料一的第几个事项的认定层次重大错报风险直接相关，并简要说明理由。相关分析判断填入表5-10。

表5-10

资料三所列实质性程序序号	所列实质性程序对发现根据资料一识别的认定层次重大错报是否直接有效（是/否）	与资料一的第几个事项的认定层次重大错报风险直接相关	理由
(1)			
(2)			
(3)			
(4)			

六、思考题

1. 简述销货交易常用的实质性测试程序。

2. 注册会计师在确定应收账款函证范围时应主要考虑哪些因素？

3. 注册会计师一般应以什么项目作为应收账款函证对象？

4. 在对营业收入实施实质性程序时，注册会计师拟实施实质性分析程序，请列出对营业收入进行实质性分析程序的内容。

5. 注册会计师在审查应收账款时，未得到被审计单位个别债务人对积极式询证函的答复，若第二次询证函仍未得到答复，注册会计师应如何推进下一步的审计程序？

第六章 采购与付款循环审计

【引导案例】

如何对新能源公司采购业务进行恰当审计

山东新能源股份有限公司成立于 2003 年 1 月，2010 年 6 月进行了股份制改造，公司发行前总股本 3 000 万元。2012 年 8 月上市，向社会公开发行 1 000 万股，本次发行股份为发行后总股本 25%。2012 年 8 月，新能源公司在创业板上市。在 2012 年 9 月底至 11 月底上涨了 22%，紧接着的 5 个交易日股价突然下滑 16.75%。2012 年 12 月以来，新能源公司 19 日连阳，大涨 163%，股价也由发行时 26 元每股上涨到 70 元每股以上。2012 年 12 月底，在连续涨停后，由于股价价格非正常波动，新能源公司突然公告，为了投资者的利益，公司决定将股票临时停牌。由于媒体和公众的质疑越来越多，新能源公司也发布了澄清公告，但还是无法自圆其说，因此从 2013 年 8 月新能源公司股票再次临时停牌。由于多项财务指标显示异常，2013 年 8 月山东监管局发布了《山东新能源股份有限公司 2012 年年报监管案例》，调查取证，发现了许多问题。然而作为新能源公司的财务报表的审计机构 RH 会计师事务所却对其财务报表出具了标准审计意见。

虽然证监部门没有追究 RH 的审计责任，但并不意味着 RH 在新能源公司的审计中勤勉尽责。从上述山东证监局对其审查的结论来看，RH 的审计存在下述问题：

第一，RH 的相关注册会计师没有具备基本的专业胜任能力。2012 年新能源公司与天丰节能进行虚假交易，使用虚假银行承兑汇票复印件入账，若审计人员能够审慎核对付款记录与销售费用等的配比关系，付款记录的虚构必然要调整一系列的费用支出。而新能源公司为了抹平账面资金，又将该虚假银行承兑汇票付给了第三方亚东贸易，审计人员对于企业在采购与付款环节的账务审计存在严重的缺失。面对如此拙劣的作假手段，RH 仍给出了无保留意见，审计人员的失职，会计师事务所也缺乏有效的监督。

第二，相关审计人员没有履行应尽的审计责任。新能源公司为取得上市资格，2007~2009 年，主要原材料单体聚醚的采购数据涉嫌造假。其最大供应商滨化股份 2008 年和 2009 年两年的销售数据 4 472.08 万元与新能源公司自身的采购数据 3 280 万元之间存在 1 264 万元的差额。通过隐瞒采购成本，调节利润，粉饰利润表的效果，给市场营造一种盈利的假象，由此骗取上市资格最终达到圈钱的目的。

第三，RH 的相关注册会计师在执业过程中未保持应有的职业怀疑，审计程序执行不到位，对公司内控存在的重大缺陷未予以应有的关注。如在执行穿行测试及存货截止测试时，注册会计师选取样本的原材料入库金额与原始附件无法对应一致，期末盘点记录与账务记录存在高于重要性水平的差异等问题。上述问题注册会计师均未予以关注。

资料来源：杨争媛. 企业审计案例与分析［M］. 北京：中国市场出版社，2014.

案例分析要求：

1. 结合新能源公司采购与付款循环审计，注册会计师应当如何发现其与天丰节能的虚假交易？

2. 结合新能源公司案例，注册会计师怎样才能更准确地发现上市公司财务报告异常情况？

3. 采购与付款审计的重点审计的项目是什么？

【学习目标】

1. 了解企业采购与付款循环的主要业务、经营凭证与会计记录。
2. 掌握企业采购与付款循环的内部控制及控制测试。
3. 掌握企业应付账款和应付票据项目审计的实质性程序。
4. 掌握固定资产与累计折旧项目审计的实质性程序。

第一节　采购与付款循环业务及记录

采购与付款循环是制造型企业关键的业务循环之一，该循环涉及原材料、固定资产等实物资产的购买。注册会计师对这一循环的审计，目的主要是防止企业低估债务、低估成本费用，从而导致财务报表中出现高估利润的现象，由此尽可能地降低由于采购与循环业务而造成财务报表发生重要错误或漏报的重大错报风险。本章将介绍有关企业采购与付款循环审计的基本知识（采购与付款循环的特征、内部控制和控制测试、应付账款和应付票据审计、固定资产审计以及其他相关账户的审计）。

注册会计师了解企业的采购与付款循环时主要包括了解两个部分的内容：一是本循环中所涉及的主要业务活动；二是本循环所涉及的主要凭证和会计记录。

一、企业采购与付款循环的主要业务活动

（一）制定采购计划

基于企业的生产经营计划，生产、仓库等部门定期编制采购计划，经部门负责人等适当的管理人员审批后提交采购部门，具体安排商品及服务采购。

（二）供应商认证及信息维护

企业通常事先对合作的供应商进行资质审核、将通过审核的供应商信息录入系统，形成完整的供应商清单，并及时对供应商信息进行更新，采购部门只能向通过审核的供应商进行采购。

（三）请购商品和劳务

生产部门根据采购计划，对需要购买的已列入存货清单的原材料等项目填写请购单，其他部门也可以对所需要购买的商品或劳务编制请购单。大多数企业对于正常经营所需物质的购买均作一般授权，例如，生产部门在现有库存达到再订购点时就可以提出采购申请，其他部门也可为正常的维修工作和类似工作直接申请采购有关物品。请购单可由手工或计算机编制。由于企业内不少部门都可以填列请购单，可以分别部门设置请购单连续编号，每张请购单必须经过对这类支出预算负责的主管人员签字。

（四）编制订购单

采购部门在收到请购单后，只能对经过恰当批准的请购单发出订购单。对每张订购单，采购部门应确定最佳的供应来源。对一些大额、重要的采购项目，应采取竞价方式来确定供应商，以保证供货的质量、及时性和成本的低廉。

订购单正确填写所需要的商品品名、数量、价格、厂商名称和地址等，预先予以顺序编号并经过被授权的采购人员签名。其正联应送交供应商，副联则送至企业内部的验收部门、应付凭单部门和编制请购单的部门。随后，应独立检查订购单的处理，以确定是否确实收到商品并正确入账。这项检查与采购交易的完整性和发生认定有关。

（五）验收商品

有效的订购单代表企业已授权验收部门接受供应商发运来的商品。验收部门首先应比较所收到商品与订购单上的要求是否相符，如商品的品名、摘要、数量、到货时间等，然后再盘点商品并检查商品有无损坏。

验收后，验收部门应对已收货的每张订购单编制一式多联、预先按顺序编号的验收单，作为验收和检验商品的依据。验收人员将商品送交仓库或其他请购部门时，应取得经过签字的收据，或要求其在验收单的副联上签收，以确定他们对所采购的资产应付的保管责任。验收人员还将其中的一联验收单送交应付凭单部门。

验收单是支持资产以及与采购有关的负债的存在或发生认定重要凭据。定期独立检查验收单顺序以确定每笔采购交易都已编制凭单，与采购交易的完整性认定有关。

（六）储存已验收的商品

将已验收商品的保管与采购的其他职责相分离，可减少未经授权的采购和盗用的商品的风险。存放商品的存储区应相对独立，限制无关人员接近。这些控制与商品的存在认定相关。

（七）编制付款凭证

记录采购交易之前，应付凭单部门应核对订购单、验收单和卖方发票的一致性并编制付款凭单。这项控制的功能包括：

1. 确定供应商发票的内容与相关的验收单、订购单的一致性。

2. 确定供应商发票计算的正确性。

3. 编制有预先顺序编号的付款凭单，并附上支持性凭单（如订购单、验收单和供应商发票等）。这些支持性凭证的种类，因交易对象的不同而不同。

4. 独立检查付款凭单计算的正确性。

5. 在付款凭单上填入应借记的资产或费用账户名称。

6. 由被授权人员在凭单上签字，以示批准照此凭单要求付款。所有未付凭单的副联应保存在未付凭单档案中，以待日后付款。经适当批准和有预先编号的凭单为记录采购交易提供了依据，因此，这些控制与存在、发生、完整性、权利和义务以及计价和分摊等认定有关。

（八）确认与记录负债

正确确认已验收货物和已接受劳务的债务，对企业财务报表和实际现金支出具有重大影响。与应付账款确认和记录相关的部门一般有责任核查购置的财产，并在应付凭单登记簿或应付账款明细账中加以记录。在收到供应商发票时，应付账款部门应将发票上所记载的品名、规格、价格、数量、条件及运费与订购单上的有关资料核对，如有可能，还应与验收单上的资料进行比较。

应付账款确认与记录的一项重要控制是要求记录现金支出的人员不得经手现金、有价证券和其他资产。恰当的凭证、记录与记账手续，对业绩的独立考核和应付账款职能而言是必不可少的控制。

在手工系统下，应将已批准的未付款凭单送达会计部门，据以编制有关记账凭证和登记有关账簿。会计主管应监督为采购交易而编制的记账凭证中账户分类的适当性；通过定期核对编制记账凭证的日期与凭单副联的日期，监督入账的及时性。而独立检查会计人员则应核对所记录的凭单总数与应付凭单部门送来的每日凭单汇总表是否一致，并定期独立检查应付账款总账余额与应付凭单部门未付款凭单档案中的总金额是否一致。对于每月末尚未收到供应商发票的情况，则需根据验收单和订购单暂估相关的负债。

（九）办理付款

通常是由应付凭单部门负责确定未付凭单在到期日付款。企业有多种款项结算方式，以支票结算方式为例，编制和签署支票的有关控制包括：

1. 独立检查已签发支票的总额与所处理的付款凭单的总额的一致性。

2. 应由被授权的财务部门的人员负责签署支票。

3. 被授权签署支票的人员应确定每张支票都附有一张已经适当批准的未付款凭单，并确定支票收款人姓名和金额与凭单内容的一致。

4. 支票一经签署就应在其凭单和支持性凭证上用加盖印戳或打洞等方式将其注销，以免重复付款。

5. 支票签署人不应签发无记名甚至空白的支票。

6. 支票应预先顺序编号，保证支出支票存根的完整性和作废支票处理的恰当性。

7. 应确保只有被授权的人员才能接近未经使用的空白支票。

（十）记录现金、银行存款支出

以支票结算方式为例，在手工系统下，会计部门应根据已签发支票编制付款记账凭证。据以登记银行存款日记账及其他相关账簿。以记录银行存款支出为例，有关控制包括：

1. 会计主管应独立检查记入银行存款日记账和应付账款明细账的金额的一致性，以及与支票汇总记录的一致性。

2. 通过定期比较银行存款日记账记录的日期与支票副本的日期，独立检查入账及时性。

3. 独立编制银行存款余额调节表。

制造型企业的采购与付款循环的主要业务活动可概括如图 6 - 1 所示。

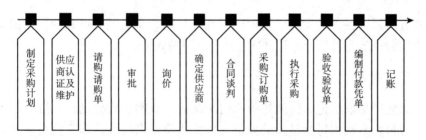

图 6 - 1　采购业务流程的关键控制活动

二、采购与付款循环业务涉及的主要凭证和会计记录

采购与付款交易通常要经过请购—订货—验收—付款这样的程序，同销售与收款交易一样，在内部控制比较健全的企业，处理采购与付款交易通常需要使用很多单据与会计记录。典型的采购与付款循环所涉及的主要单据和会计记录有以下几种（不同被审计单位的单据名称可能不同）。

（一）采购计划书

企业以销售和生产计划为基础，考虑供需关系及市场计划变化等因素，编制采购计划书，并经适当的管理层审批后执行。

（二）供应商清单

企业经过文件审核及实地考察等方式对合作的供应商进行认证，将通过认证的供应商信息进行手工或系统维护，并及时进行更新。

（三）请购单

请购单是由生产、仓库等相关部门的有关人员填写，送交采购部门，是申请购买商品、劳务或其他资产的书面凭据。

（四）订购单

订购单是由采购部门填写，经适当的管理层审核后发送供应商，是向供应商购买订单上所指定的商品和劳务的书面凭据。

（五）验收及入库单

验收单是收到商品时所编写的凭据，列示通过质量检验的、从供应商处收到的商品的种类和数量等内容。入库单是由仓库管理人员填写的验收合格入库的凭证。

（六）卖方发票

卖方发票（供应商发票）是由供应商开具的，交给买方以载明发运的货物或提供的劳务、应付款金额和付款条件等事项的凭证。

（七）付款凭单

付款凭单是采购企业付款凭单部门编制的，载明已收到商品、资产或接受劳务、应付款金额和付款日期的凭证。付款凭单是采购方内部交易记录和支付负债的授权证明文件。

（八）转账凭证

转账凭证是指记录转账交易额记账凭证，它是根据有关转账交易（即不涉及库存现金、银行存款收付的各项交易）的原始凭证编制的。

（九）付款凭证

付款凭证包括现金付款凭证和银行付款凭证，是指用来记录库存现金和银行存款支出交易的记账凭证。

（十）应付账款明细账

应付账款是企业报告期内因采购商品或劳务，按照双方签订的合同或协议应向供应商或客户支付，但实际未及时支付的货款。应付账款明细账是企业财务部门按照具体欠交货款的单位或客户为明细科目设置的明细分类账目，反映企业针对具体某供应商或某客户形成的债务状况。

（十一）库存现金日记账和银行存款日记账

库存现金日记账和银行存款日记账是反映企业因为采购业务而设置的专门用以登记以库存现金或银行转账等结算方式发生的往来现金与银行存款等货币资金业务的序时账目。

（十二）供应商对账单

在采购与付款循环审计实务中，企业对采购及应付账款的定期对账通常由供应商发起。供应商对账单是由供应商编制的、用于核对与采购企业往来款项的凭据，通常标明期初余额、本期购买、本期支付给供应商的款项和期末余额等信息。供应商对账单是供应商对有关交易的陈述，如果不考虑买卖双方在收发货物上可能存在的时间差等因素，其期末余额通常应与采购方相适应的应付账款期末余额一致。

采购与付款循环涉及的企业交易的主要类别、财务报表科目、主要业务活动及主要会计凭证如表6-1所示。

表6-1 采购与付款循环的交易类别、财务报表科目、业务活动、单据及会计记录

交易类别	相关财务报表科目	主要业务活动	主要单据及会计记录
采购	存货、其他流动资产、销售费用、管理费用、应付账款、其他应付款、预付账款等	• 编制采购计划 • 维护供应商清单 • 请购商品和劳务 • 编制订购单 • 验收商品 • 储存已验收的商品 • 编制付款凭单 • 确认与记录负债	• 采购计划 • 供应商清单 • 请购单 • 订购单 • 验收单 • 卖方发票 • 付款凭证
付款	应付账款、其他应付款、应付票据、货币资金等	• 办理付款 • 记录现金、银行存款支出 • 与供应商定期对账	• 转账凭证/付款凭证 • 应付账款明细账 • 库存现金日记账和 • 银行存款日记账 • 供应商对账单

第二节 采购与付款循环的审计测试

一、了解企业采购与付款循环的内部控制

企业的采购与付款循环的内部控制主要包括以下方面：

（一）职责分离

适当的职责分离有助于防止各种有意或者无意的错误。与销售与收款交易一样，采购与付款循环也需要适当的职责分离。企业应当建立采购与付款交易的岗位责任制，明确相关部门和岗位的职责、权限，确保办理采购与付款交易的不相容岗位相互分离、制约和监督。采购与付款循环交易中不相容的职位有：请购与审批；询价与确定供应商；采购合同的订立与审批；采购与验收；采购、验收与相关会计记录；付款审批与付款执行。这些都是对企业提出的、有关采购与付款交易相关职责适当分离的基本要求，以确保办理采购与付款交易的不相容岗位相互分离、制约和监督。

（二）授权审批

在采购与付款循环中，需要注意授权审批的有：未经授权审批的请购单不得生成订购单进行采购；已到期的应付款项须经有关授权人员审批后方可办理结算与支付。对于重要的和技术性较强的采购业务，单位应当组织专家进行论证，实行集体决策和审批，防止出现因决策失误而造成严重损失的情况。未经授权的机构或人员不得办理采购与付款业务。

（三）凭证和记录

单位应当按照采购与付款业务流程设置相关的记录，填制相应的凭证，建立完整的采购登记制度，应该恰当使用的凭证包括请购单、订单、验收单、入库单、支票等，而且这些凭证应当预先按顺序编号，并按顺序使用。同时，固定资产明细账、应付账款明细账、库存现金日记账、银行存款日记账以及相关总账也要充分和完善。

（四）实物控制

对现金和固定资产的接触限制属于很典型的实物控制措施。此外，重要的实物控制措施还包括限制接触那些能够用来授权不正当固定资产移动以及接触付款凭证、记录和会计电算化系统。

（五）独立核查

独立核查主要核查采购与付款的内部控制是否健全、是否得到了有效执行，包括采购与付款的相关岗位设置和人员分工、授权审批制度的执行、应付款项和预收账款的管理、凭证和记录的使用和保管等。

二、实施企业采购与付款循环的内部控制测试

注册会计师对于采购与付款循环的内部控制进行测试的相关内容如表 6 – 2 所示。

表 6 – 2 　　　　　　　　　采购与付款循环的控制测试

可能错报环节	财务报表项目及认定	对应内控示例/自动	对应内控示例/人工	内部控制测试程序
采购计划未经适当审批	存货：存在 其他费用：发生 应付账款：存在		生产、仓储等部门根据生产计划制定需求计划，采购部门汇总需求，按采购类型制定采购计划，经复核人复核后执行	• 询问复核人复核采购计划的过程，检查采购计划是否经复核人恰当复核
新增供应商或供应商信息变更未经恰当的认证	存货：存在 其他费用：发生 应付账款：存在	采购订单上的供应商代码必须在系统供应商清单中存在匹配的代码，才能生效并发送供应商	复核人复核并批准每一对供应商数据变更请求。包括供应商地址或银行账户的变更以及新增供应商等。复核时，评估拟进行的供应商数据变更是否得到合适文件的支持，诸如由供应商数据变更提供的新地址或银行账户明细或经批准新供应商的授权表格。当复核完成且复核人提出的问题、要求的修改已经得到满意的解决后，复核人在系统中确认复核完成	• 询问复核人复核供应商数据变更请求的过程，抽样检查变更需求是否有相关文件支持及复核人的复核确认。检查系统中采购订单的生成逻辑，确认是否存在供应商代码匹配的要求
录入系统的供应商数据可能未经恰当复核	存货：存在 其他费用：发生 应付账款/其他应付款：存在	系统定期生成对供应商信息所有新增变更的报告（新增供应商、更改银行账户）	复核人员定期复核生成报告中的项目是否均经恰当授权，当复核工作完成或要求的修改得到满意解决后签字确认复核工作完成	• 检查系统报告的生成逻辑及完整性。询问复核人对报告的检查过程，确认其是否签署

可能错报环节	财务报表项目及认定	对应内控示例/自动	对应内控示例/人工	内部控制测试程序
采购订单与有效的请购单不符	存货：存在、准确性 其他费用：发生、准确性 应付账款/其他应付款：存在、准确性		复核人复核并批准每一个采购订单，包括复核采购订单是否经适当权限人员签署的请购单支持。复核人也确认采购订单的价格与供应商一致且该供应商已通过审批。当复核完成且复核人提出的问题、要求的修改已经得到满意的解决后，签署确认复核完成	• 询问复核人复核采购订单的过程，包括复核人提出的问题及其跟进记录。抽样检查采购订单是否有对应的请购单及复核人签署确认
订单未被录入系统或在系统中重复录入	存货：存在性、完整性 其他费用：发生、完整性 应付账款/其他应付款：存在、完整	系统每月末生成列明条码或重码的采购订单的例外报告	复核人定期复核明码或跳码的采购订单编号的例外报告，以确定所有采购订单是否都输入系统，且仅输入了一次	• 检查系统例外报告生成逻辑。询问复核人对例外报告检查过程，确认发现的问题是否及时得到了跟进的处理
接收了缺乏有效采购订单或未经验收的商品	应付账款：存在性、完整性 存货：存在性、完整性 其他费用：发生、完整性	入库确认后，系统生成连续编号的入库单	收货人员只有完成以下程序，才能在系统中确认商品入库： • 检查是否存在有效采购订单； • 检查是否存在有效的验收单； • 检查收到的货物的数量是否与发货单一致	• 检查系统入库单编号的连续性。 • 询问收货人员收货过程，抽样检查入库单是否有对应一致采购订单验收单
临近会计期末的采购未被记录在正确的会计期间	应付账款：完整性 存货/其他费用：完整性	系统每月末生成列明跳码或重码的入库单的例外报告	复核人复合系统生成的例外报告，检查是否有遗漏、重复的入库单。当复核完成且复核人提出的问题、要求的修改已得到满意解决后，签署确认复核已经完成	• 检查系统例外报告的生成逻辑。 • 询问复核人对例外报告的检查过程，确认发现问题是否及时跟进处理
	应付账款：存在性、完整性 存货：存在性、完整性 其他费用：发生、完整性	系统每月末生成包含所有已收货但相关发票未录入系统货物信息的例外报告	复核人复核该例外报告中的项目，确定采购是否被记录在正确期间及负债计提是否有效。当复核完成且复核人提出的问题、要求的修改已经得到满意的解决后，签署确认复核已经完成	• 检查系统例外报告的生成逻辑 • 询问复核人对报告复核过程，核对报告中采购是否计提相应负债，检查复核人的签署确认

续表

可能错报环节	财务报表项目及认定	对应内控示例/自动	对应内控示例/人工	内部控制测试程序
	存货：准确性、完整性；其他费用：准确性、完整性应付账款：存在性、完整性	系统自动将相关的发票归集入对应的总分类账费用科目	每张发票开具前均经复核人复核并批准，复核人评估正确的总分类账代码是否被应用到该项目	• 询问复核人对发票编号、总分代码复核过程，抽样检查发票是否被恰当分类到了相关费用
发票未被正确编码，导致在成本或费用之间的错误分类	费用/成本：完整性、计价和分摊应付账款：完整性、计价和分摊		定期编制所选定关键绩效指标（例如，分成本中心/部门费用、费用占收入的比例等）与管理层预期（包括以前期间或预算的信息）相比较的报告，复核人识别关键绩效指标与预期之间差异的相关问题（例如波动、例外或异常调整），并与相关人员跟进。所有问题会被合理应对，复核人通过签署关键绩效指标报告以证明完成复核	• 按样本量要求选取关键绩效报告，确定是否经管理层复核；是否在合理时间内完成；检查关键绩效指标的计算是否准确、是否与账面记录核对一致；评估用于调查重大差异的界限适当？ • 向复核人询问复核方法，对于其提出的问题，检查是否经恰当根据处理评价数据完整性、准确性
批准付款的发票上存在价格、数量错误或劳务尚未提供的情形	应付账款：完整性、计价和分摊存货/成本：完整性、计价和分摊	当入库单录入系统后，系统将其与采购订单进行核对。当发票录入系统后，系统将其详细信息与采购订单及入库单进行核对。如信息相符或差异不超过可接受差异，系统将自动批准发票可以付款。信息不符，发票将被列示于例外报告中，由人工跟进	负责应付账款且无职责冲突的人员负责跟进例外报告中的所有项目。仅当不符信息从例外报告中消除后发票才可以付款	• 检查系统报告生成逻辑，确认例外报告完整性及准确性。 • 与复核人讨论复核过程，抽样选取例外/删改情况报告。检查报告并确定：复核是否在合理的时间范围内完成；复核人提出问题的跟进是否适当、是否能使交易恰当记录于会计系统。 • 抽样发票，检查与入库单和采购订单的价格、供应商、日期及数量一致

可能错报 环节	财务报表项目 及认定	对应内控 示例/自动	对应内控示例/ 人工	内部控制 测试程序
现金支付未记录、未记录在正确的供应商账户（串户）或记录金额不正确	应付账款：准确性、存在性 存货：准确性 其他费用：准确性		独立于负责现金交易处理的会计人员每月末编制银行存款余额调节表。所有重大差异由调节表编制人跟进，并根据具体情形进行跟进处理。经授权的管理人员复核所有编制的银行余额调节表，当复核工作完成或复核人提出问题、要求的修改已得到满意解决后，签署确认复核工作已完成	• 询问复核人对银行存款余额调节表的复核过程 • 抽样检查银行余额调节表，检查是否及时得到复核、复核问题是否得到恰当跟进处理、复核人对否签署确认
	应付账款：存在性、完整性、准确性 存货：存在性、完整性、计价和分摊 其他费用：发生、完整性、计价和分摊		应付账款会计人员将供应商提供的对账单与应付账款明细表进行核对，并对差异跟进处理。复核人定期复核供应商对账结果，该对账通过从应付账款中抽取的一定数量应付供应商余额与供应商提供的对账单进行核对。当复核工作完成或复核人提出的问题已得到满意解决，签署确认复核工作完成	• 询问复核人对供应商对账结果的复核过程，抽样选取供应商对账单，检查其是否与应付账款明细账得到了正确的核对，差异是否得到了恰当的跟进处理。检查复核人的相关签署确认
员工具有不适当访问权利，使其能够实施违规交易或隐瞒错误	应付账款：存在性、完整性、准确性 存货：存在性、完整性、计价和分摊 其他费用：发生、完整性、计价和分摊	采购系统根据管理层的授权进行权限设置，以支持采购职能所要求的上述职责分离	管理层分离以下活动：供应商主信息维护；请购授权；输入采购订单；开具供应商发票；按照订单收取货物；存货盘点调整等	• 检查系统中相关人员的访问权限 • 复核管理层授权职责分配表，对不相容职位（申请与审批等）是否设置了恰当的职责分离
总账与明细账中的记录不一致	应付账款：完整性及准确性 其他费用：完整性及准确性	应付账款/费用明细账总余额与总账户间的调节表会在每个期间末及时执行	• 任何差异会被调查，如恰当，将进行调整 • 复核人会复核调节表及相关支持文档，任何差异及/或调整会批准	• 核对总账与明细账的一致性，检查复核人的复核及差异跟进记录

资格考试

下列各项中，符合采购与付款循环内部控制要求的是（ ）。（2010 年初级审计师考试真题）

A. 采购人员负责审批采购申请

B. 采购人员审批并代表本单位签订采购合同

C. 验收人员填制验收单

D. 仓库保管人员负责验收货物

【参考答案】C

第三节 应付账款及应付票据审计

一、应付账款审计

应付账款是企业在正常经营过程中，因购买材料、商品或接受劳务供应等而应付给供应单位的款项。可以看出，应付账款业务是随着企业赊购交易的发生而发生的，注册会计师应结合购货业务进行应付账款的审计。

（一）应付账款的审计目标

应付账款的审计目标一般包括：确定资产负债表中记录的应付账款是否存在（存在性认定）；确定所有应当记录的应付账款是否均记录（完整性认定）；确定资产负债表中记录的应付账款是否为被审计单位应当履行的现时义务；确定应付账款是否以恰当的金额包括在财务报表中，与之相关的计价调整是否已恰当记录（计价认定）；确定应付账款是否已按照企业会计准则的规定在财务报表中作出恰当的列报。

具体的审计程序计划则需要根据评估的重大错报风险确定。对于一般以营利为导向的企业而言，采购与付款交易的重大错报风险常见的情况下是通过低估费用和应付账款，高估利润、粉饰财务状况。但某些企业可能为平滑各年度利润，在经营情况和预算完成情况较好的年度倾向于高估费用，则高估费用和负债可能是其相关年度审计时需要应对的重大错报。

（二）应付账款的实质性程序

1. 获取或编制应付账款明细表。

（1）复核加计是否正确，并与报表数、总账数和明细账合计数核对是否相符。

（2）检查非记账本位币应付账款的折算汇率及折算是否正确。

（3）检查应付账款是否存在借方余额。如有，应查明原因，必要时建议被审计单位作重分类调整。

（4）结合预付账款的明细余额，查明是否存在应付账款和预付账款同时挂账的项目；结合其他应付账款的明细余额，查明有无不属于应付账款的其他应付款。

2. 执行实质性分析程序。

（1）将期末应付账款余额与期初余额进行比较，分析波动原因。

（2）分期长期挂账的应付账款，要求被审计单位作出解释，判断被审计单位是否缺乏偿债能力或利用应付账款隐瞒收入和利润，并注意其是否可能无须支付。对确实无须支付的应付款的会计处理是否正确，依据是否充分；关注账龄超过3年的大额应付账款在资产负债表日后是否偿付，检查偿付记录、单据及披露情况。

（3）计算应付账款与存货的比率，应付账款与流动负债的比率，并与以前年度相关比率比较分析，评价应付账款整体的合理性。

（4）分析存货和营业成本等项目的增减变动，判断应付账款增减变动的合理性。

应付账款函证是否是必须的审计行为

3. 函证应付账款。获取适当的供应商相关清单，例如本期采购量清单，所有现存供应商名单或应付账款明细账。询问该清单是否完整并考虑该清单是否包括预期负债等附加项目。选取样本进行测试并执行如下程序：

（1）向债权人发送询证函。注册会计师应根据审计准则的规定对询证函保持控制，包括确定需要确认或填列的信息、选择适当的被询证者、设计询证函、包括正确填列被询证者的姓名和地址，以及被询证者直接向注册会计师回函的地址等信息，必要时再次向被询证者寄发询证函等。

（2）将询证函余额与已记录金额相比较，如存在差异，检查支持性文件，评价已记录金额是否适当。

（3）对于未作回复的函证实施替代程序，如检查至付款文件（如现金支出、电汇凭证和支票复印件）、相关的采购文件（采购订单、验收单、发票和合同）或其他适当文件。

（4）如果认为回函不可靠，评价对评估的重大错报风险以及其他审计程序的性质、时间安排和范围的影响。

4. 其他重要审计程序。

（1）查找未入账的应付账款。为了防止企业低估负债，注册会计应检查被审计单位有无故意漏记应付账款的行为。

①注册会计师应检查被审计单位在资产负债表日未处理的不相符的购货发票（如抬头不符，与合同某项规定不符等）及有材料入库凭证但未收到购货发票的经济业务。

②检查资产负债表日后应付账款明细账贷方发生额的凭证，确认入账时间是否正确。

③获取被审计单位与其供应商之间的对账单，并将对账单和被审计单位财务记录之间的差异进行调节（如在途款项、在途商品、付款折扣、未记录的负

债等），查找有无未入账的应付账款，确定应付账款金额的准确性。

④针对资产负债表日后付款项目，检查银行对账单及有关付款凭证（银行汇款通知、供应商收据），询问被审计单位内部或外部的知情人员，查找有无未及时入账的应付账款。

⑤结合存货监盘程序，检查被审计单位在资产负债表日前后的存货入库资料（验收报告或入库单），检查是否有大额货到单未到的情况，确认相关负债是否计入了正确的会计期间。如果注册会计师通过这些审计程序发现某些未入账的应付账款，应将有关情况详细记入审计工作底稿，并根据其重要性确定是否需建议被审计单位进行相应的调整。

（2）针对已偿付的应付账款，追查至银行对账单、银行付款单据和其他原始凭证，检查其是否在资产负债表日前真实偿付。

（3）针对异常或者大额交易及重大调整事项（如大额的购货折扣或退回，会计处理异常的交易，未经授权的交易，或缺乏支持性凭证的交易等），检查相关原始凭证和会计记录，以分析交易的真实性、合理性。

（4）被审计单位与债权人进行债务重组的，检查不同债务重组方式下的会计处理是否正确。

（5）表明应付关联方的款项，执行关联方及其交易审计程序，并注明合并报表时应抵销的金额。

（6）查明应付账款在资产负债表中的披露是否恰当。一般来说，"应付账款"项目应根据"应付账款"科目和"预付账款"科目所属明细科目的期末贷方余额的合计数填报。

二、应付票据审计

应付票据是企业为了购买材料、商品和接受劳务供应等而开出、承兑的商业汇票，包括银行承兑汇票和商业承兑汇票。注册会计师对应付票据的审计应实施以下实质性程序。

1. 获取或编制应付票据明细表。随着商业活动的票据化，企业票据业务将越来越多，为了确定被审计单位应付票据账户、金额是否正确无误，本期应付利息是否正确，注册会计师在对应付票据账户进行审计时，应取得或编制应付票据明细表，并同有关明细账及总分类账进行核对。一般来说，应付票据明细表应列示票据类别及编号、出票日期、面额、到期日、收款人名称、利息率、付息条件、抵押品名称、数量、金额等。在进行核对时，注册会计师应注意被审计单位有无漏报或错报票据，有无漏列作为抵押担保的资产，有无漏计、多计或少计应付利息费用等情况。

2. 函证应付票据。进行函证时，注册会计师可分票据种类进行。对于应付银行的重要票据，应结合银行存款余额一起函证。凡是本年度与客户单位有往来的银行均应成为函证的对象，因为可能某一银行的存款虽已结清，但开给客户的应付票据仍未销案。询证函也要求银行列示借款抵押券，如用有价证券、应收账款及其他资产做担保时，应在询证函中详细列明这些项目。应付其他债权人的重要票据，应以客户单位名义，由注册会计师直接向债权人发函。函证时，询证函应包括出票日、到期日、票面金额、未付金额、已付息期间、利息率以及票据的抵押担保品等项内容。

3. 检查逾期未付票据。注册会计师应审查有关会计记录和原始凭证，检查被审计单位有关到期仍未偿付的应付票据。如有逾期未付票据，应查明原因，如有抵押的票据，应作出记录，并提请被审计单位进行必要的披露。

实战演练

1. 下列实质性程序中，与查找未入账应付账款无关的是（　　）。

A. 检查财务报表日后应付账款明细账贷方发生额的相应凭证

B. 检查财务报表日后现金支出的主要凭证

C. 以截止至财务报表日的应付账款明细账为起点，选取异常项目追查至相关验收单、供应商发票以及订购单等原始凭证

D. 结合存货监盘程序，检查被审计单位的资产负债表日前后的存货入库资料，检查相关应付账款是否计入正确的会计期间

【参考答案】C

2. 为查找资产负债表日未入账的应付账款，审计人员可实施的审计程序有（　　）。（2010 年初级审计师考试真题）

A. 审查资产负债表日后货币资金支出凭证

B. 追踪资产负债表日后若干天的购货发票，审查相应的收货记录

C. 取得卖方对账单，并与应付账款明细表相核对

D. 核对应付账款明细账与总账

E. 追踪资产负债表日之前签发的验收单

【参考答案】ABC

第四节　固定资产审计

由于被审计单位的固定资产使用期长、价值大、更新慢，增减变化发生的频率较之流动资产来说要小得多，相对来说，发生数量上的差错或弊端的数量或规模也较少。因此，审计人员在制定整个审计计划时，通常安排用于固定资产审计的时间较少，审计程序和方法也比较简单。而且由于固定资产单位价值高，且其价值总额在资产总额中一般占有较大比重，固定资产的安全与完整对企业的生产经营影响极大，所以对固定资产审计的重要性又必须给予高度的重视。此外，固定资产审计通常还会涉及累计折旧的审计问题。

（一）固定资产的审计目标

固定资产的审计目标一般包括：确定资产负债表中记录的固定资产是否存在；确定所有应记录的固定资产是否均已记录；确定记录的固定资产是否由被审计单位拥有或控制；确定固定资产以恰当的金额包括在财务报表中，与之相关的计价或分摊已恰当记录；确实固定资产原价、累计折旧和固定资产减值准备是否已按照企业会计准则的规定在财务报表中作出恰当列报。

（二）固定资产的实质性程序

1. 获取或编制固定资产及累计折旧分类汇总表。固定资产及累计折旧分类汇总表是分析固定资产账户余额变动情况的重要依据，是固定资产审计的重要工作底稿，其格式如表 6 – 3 所示。注册会计师应注意检查固定资产的分类是否正确并与总账数和明细账合计数核对是否相符，结合累计折旧、固定资产减值准备科目与报表数核对是否相符。如不符，则应将明细分类账与有关的原始凭证进行核对，查出异常原因并予以更正。核对无误后，获取或编制固定资产及累计折旧分类汇总表，具体内容如表 6 – 3 所示。

表 6 – 3　　　　　　　　**固定资产及累计折旧分类汇总表**

年　月　日

被审计单位：_____

固定资产类别	固定资产				累计折旧					
	期初余额	本期增加	本期减少	期末余额	折旧方法	折旧率	期初余额	本期增加	本期减少	期末余额
合计										

2. 实施分析程序。注册会计师针对固定资产审计通常采用的分析程序相关内容如表 6 – 4 所示。

表 6 – 4　　　　　　　　**分析程序的内容与可能存在的信息**

比较内容	可能存在的信息（即注册会计师的合理疑问）
将本期折旧额与固定资产总成本的比率同上期比较	本期折旧额计算上的错误
将本期折旧额与制造费用的比率同上年比较	折旧计算方面的错误
将本期累计折旧与固定资产总成本的比率同上期比较	累计折旧额计算上的错误
将累计折旧占制造费用的比率同上年比较	累计折旧记录中的错误

比较内容	可能存在的信息（即注册会计师的合理疑问）
将本期固定资产原值与本期产品产量的比率同上期比较	闲置固定资产或已减少固定资产未在账户注销问题
将本期的修理及维护费用同上期比较	资本性支出和收益性支出区分上存在的错误
将本期固定资产增加率同上期比较	分析其差异，并根据被审单位以往和今后生产经营趋势判断差异产生的原因是否合理
将固定资产的构成及其增减变动与相关信息交叉核对	固定资产相关金额的合理性和准确性

3. 固定资产增加的审计。被审计单位如果不能正确核算固定资产的增加，将对资产负债表和利润表产生长期的影响。因此，审计固定资产的增加，是固定资产实质性测试中的重要内容。固定资产的增加有购置、自制自建、投资者投入、更新改造增加、债务人抵债增加等多种途径。注册会计师的审计要点如下：

（1）对于外购的固定资产，通过核对购货合同、发票、保险单、发运凭证等资料，抽查测试其入账价值是否正确，授权批准手续是否齐备，会计处理是否正确；如果购买的是房屋建筑物，还应检查契税的会计处理是否正确；检查分期付款购买固定资产的入账价值及会计处理是否正确。

（2）对于在建工程转入的固定资产，应检查竣工决算、验收和移交报告是否正确，与在建工程相关的记录是否核对相符，借款费用资本化金额是否恰当；对已经在用或已经达到预定可使用状态但尚未办理竣工决算的固定资产，检查其是否已经以暂估价入账，并按规定计提折旧；竣工决算完成后，是否及时调整。

（3）对于投资者投入的固定资产，应检查其入账价值与投资合同中关于固定资产作价的规定是否一致，确认的公允价值是否公允，须经评估确认的是否有评估报告并经国有资产管理部门等确认；固定资产交接手续是否齐全。

（4）对于更新改造增加的固定资产，应查明增加的固定资产原值是否真实；重新确定的剩余折旧年限是否恰当。

（5）对于融投租赁增加的固定资产，获取融资租赁租入固定资产的相关证明文件，检查融资租赁合同的主要内容，并结合长期应付款、未确认融资费用科目检查相关的会计处理是否正确。

（6）对于因债务人抵债而获得的固定资产，应检查产权过户手续是否齐备，固定资产计价及确认的损益是否符合相关会计制度的规定。

（7）对于以非货币性资产交换换入的固定资产，应检查是否按换出资产的账面价值加上应支付的相关税费作为入账价值。若涉及补价的，换入固定资产的入账价值是否符合相关会计制度的规定。

（8）对于因其他原因增加的，应检查相应的原始凭证，核对其计价及会计处理是否正确，法律手续是否齐全。

4. 固定资产减少的审查。固定资产的减少主要包括出售、向其他单位投资转出、向债权人抵债转出、报废、毁损、盘亏等。有的被审计单位在全面清查固定资产时，常常会出现固定资产账存实亡现象，这可能是由于固定资产管理或使用部门不了解报废固定资产与会计核算两者间的关系，擅自报废固定资产而未及时通知财务部门作相应的会计处理所致，这样势必造成财务报表反映失真。审计固定资产减少的主要目的就在于查明已减少的固定资产是否已作适当的会计处理。其审计要点如下：

（1）结合固定资产清理科目，抽查固定资产账面转销额是否正确。

（2）检查出售、盘亏、转让、报废或毁损固定资产是否授权批准，会计处理是否正确。

（3）检查因修理、更新改造而停止使用的固定资产的会计处理是否正确。

（4）检查投资转出固定资产的会计处理是否正确。

（5）检查债务重组或非货币性资产交换转出固定资产的会计处理是否正确。

（6）检查转出的投资性房地产账面价值及会计处理是否正确。

（7）检查其他减少固定资产的会计处理是否正确。

5. 对固定资产进行实地观察。实施实地观察审计程序时，注册会计师可以以固定资产明细分类账为起点，进行实地追查，以证明会计记录中所列固定资产确实存在，并了解其目前的使用状况；也可以以实地为起点、追查至固定资产明细分类账，以获取实际存在的固定资产均已入账的证据。

当然，注册会计师实地观察重点是本期新增加的重要固定资产，有时观察范围也会扩展到以前期间增加的固定资产。观察范围的确定需要依据被审计单位内部控制的强弱、固定资产的重要性以及注册会计师的经验来判断。如为初次审计，则应适当扩大观察范围。

6. 检查固定资产的所有权或控制权。对各类固定资产，应获取、收集不同的证据以确定其是否归被审计单位所有：对外购的机器设备等固定资产，通常经审核采购发票、采购合同等予以确定；对于房地产类固定资产，需查阅有关的合同、产权证明、财产税单、抵押借款的还款凭据、保险单等书面文件；对融资租入的固定资产，应验证有关融资租赁合同，证实是非经营租赁；对汽车等运输设备，应验证有关运营证件等；对受留置权限制的固定资产，通常还应审核被审计单位的有关负债项目等予以证实。

7. 检查本期固定资产的后续支出。检查固定资产的后续支出，确定固定资产有关的后续支出是否满足资产的确认条件。如不满足，该支出是否在该后续支出发生时计入当期损益。

8. 检查固定资产的租赁。企业在生产经营过程中，有时可能有闲置的固定资产供其他单位租用；有时由于生产经营的需要，又需租用固定资产。租赁一般分为经营租赁和融资租赁两种。

在经营租赁中，租入固定资产的企业按合同规定的时间，交付一定的租金，享有固定资产的使用权，而固定资产的所有权仍属出租单位。因此，租入固定资产企业的固定资产价值并未因此而增加，企业对以经营性租赁方式租入的固定资产，不在"固定资产"账户内核算，只是另设备查簿进行登记。而租出固定资产的企业，仍继续提取折旧，同时取得租金收入。检查经营性租赁时，应查明：

（1）固定资产的租赁是否签订了合同、租约，手续是否完备，合同内容是否符合国家规定，是否经相关管理部门的审批。

（2）租入的固定资产是否确属企业必需，或出租的固定资产是否确属企业多余、闲置不用的，双方是否认真履行合同，是否存在不正当交易。

（3）租金收取是否在合同中明确规定，有无多收、少收现象。

（4）租入固定资产有无久占不用、浪费损坏的现象；租出的固定资产有无长期不收租金、无人过问，是否有变相馈送、转让等情况。

（5）租入固定资产是否已登入备查簿。

（6）必要时，向出租人函证租赁合同及执行情况。

（7）租入固定资产改良支出的核算是否符合规定。

在融资租赁中，租入企业在租赁期间，对融资租入的固定资产应按企业自有固定资产一样管理，并计提折旧、进行维修。如果被审计单位的固定资产中融资租赁占有相当大的比例，应当复核租赁协议，确定租赁是否符合融资租赁的条件，结合长期应付款、未确认融资费用等科目检查相关的会计处理是否正确（入账价值、折旧、负债）。在审计融资租赁固定资产时，除可参照经营租赁固定资产检查要点以外，还应补充实施以下审计程序：复核租赁的折现率是否合理。检查租赁相关税费、保险费、维修费等会计处理是否符合企业会计准则规定。检查融资租入固定资产的折旧计提方法是否合理。检查租赁费用付款情况。检查租入固定资产的成新程度。检查融资租入固定资产发生的固定资产后续支出，其会计处理是否遵循自有固定资产发生的后续支出的处理原则。

9. 调查未使用和不需用的固定资产。注册会计师应调查被审计单位有无已完工或已构建但尚未交付使用的新增固定资产、因改建扩建等原因暂停使用的固定资产，以及多余或不适用的需要进行处理的固定资产，如有则应作彻底调查，以确定其是否真实。同时，还应调查未使用、不需用固定资产的构建启用及停用的时点，并进行记录。

10. 检查固定资产的抵押、担保情况。结合对银行借款等的检查，了解固定资产是否存在抵押、担保情况。如存在，应取证、记录，并提请被审计单位作必要披露。

11. 检查固定资产是否已在资产负债表中恰当披露。财务报表附注通常应说明固定资产的标准、分类、计价方法和折旧方法，包括：融资租入固定资产的计价方法；固定资产的预计使用寿命和预计净残值；对固定资产所有权的限制及其金额；已承诺将为购买固定资产支付的金额；暂时闲置的固定资产的账面价值；已提足折旧仍继续使用的固定资产的账面价值；已报废和准备处置的固定资产的账面价值。如固定资产已处于处置状态而尚未转销，企业应披露这些固定资产的账面价值。

（三）累计折旧审计

企业计提固定资产折旧，是为了把固定资产的成本分配于各个受益期，实现期间收入与费用的正确配比。折旧核算是一个成本分配过程，因而折旧计提和核算的正确性、合规性就成了固定资产审计中一项重要的内容。对固定资产折旧的审查，就是为了确定固定资产折旧的计算、提取和分配是否合法与公允。

1. 累计折旧的审计目标。固定资产折旧的特性决定了累计折旧审计的主要目标是：确定折旧政策和方法是否符合企业会计准则的规定；确定累计折旧增减变动的记录是否正确、完整；确定折旧费用的计算、分摊是否正确、合理；确定累计折旧的期末余额是否正确；确定累计折旧在财务报表上的披露是否恰当。

2. 累计折旧的实质性测试。

（1）编制或索取固定资产及累计折旧分类汇总表。注册会计师应通过编制或索取固定资产及累计折旧分类汇总表概括了解被审计单位固定资产的折旧计提情况，在此基础上，对表内有关数字进行加计复核，并与报表数、总账和明细账进行核对。

（2）对固定资产累计折旧实施分析程序。应对本期增加和减少固定资产、使用年限长短不一和折旧方法不同的固定资产作适当调整。用应计提折旧的固定资产乘以本期的折旧率，如果总的计算结果与被审计单位的折旧总额相近，且固定资产及累计折旧内部控制较健全时，则可以适当减少累计折旧和折旧费用的其他实质性测试工作量。应计算本期计提折旧额占固定资产原值的比率并与上期比较，分析本期折旧计提额的合理性和准确性。计算累计折旧额占固定资产原值的比率，评估固定资产的老化率，并估计因闲置、报废等原因可能发生的固定资产损失。

（3）审查被审计单位固定资产折旧政策的执行情况。主要应检查折旧政策和折旧方法是否符合企业会计准则规定，如有无随意变更固定资产折旧政策和方法的问题。确定其所采用的折旧方法能否在固定资产预计使用寿命内合理分摊其成本，前后期是否一致，预计使用寿命和预计净残值是否合理。

（4）审查固定资产折旧计算和分配。应审阅、复核固定资产折旧计算表，并对照记账凭证、固定资产卡片和固定资产分类表，通过核实月初固定资产原值、分类或个别折旧率，复算折旧额计算是否正确，折旧费用分配是否合理，分配方法与上期是否一致。

（5）审查折旧计入成本的合理性。将"累计折旧"账户贷方本期计提折旧额与相应成本费用中折旧费用明细账户的借方进行比较，以查明所计提折旧金额是否全部摊入本期产品成本费用。一旦发现差异，应及时追查原因，并考虑是否应建议被审单位作适当调整。

（6）检查累计折旧的披露是否恰当。被审计单位应在其财务报表附注中按固定资产类别列示累计折旧期初金额、本期计提额、本期减少额及期末余额。

（四）固定资产减值准备审计

固定资产减值迹象

固定资产的可收回金额低于其账面价值称为固定资产减值。可收回金额应当根据固定资产的公允价值减去处置费用后的净额与资产预计未来现金流量的现值两者之间的较高者确定。当存在减值迹象的时候，应当将固定资产的账面金额减记至可收回金额，将减记的金额确认为固定资产减值损失，记入当期损益，同时计提相应的固定资产减值准备。

注册会计师对固定资产减值准备的实质性测试程序一般包括：

（1）获取或编制固定资产减值准备明细表，复核加计正确，并与总账数和明细账合计数核对相符。

（2）检查固定资产减值准备计提和核销的批准程序、取得书面报告等证明文件。

（3）检查被审计单位计提固定资产减值准备的依据是否充分及会计处理是否正确。

（4）检查资产组的认定是否恰当，计提固定资产减值准备的依据是否充分，会计处理是否正确。

（5）实施分析程序，计算本期末固定资产减值准备占期末固定资产原值的比率，并与期初数比较，分析固定资产的质量状况。

（6）检查被审计单位处置固定资产时原计提减值准备是否同时结转，会计处理是否正确。

（7）检查是否存在转回固定资产减值准备的情况。按照企业会计准则规定，固定资产减值损失一经确认，在以后会计期间不得转回。

（8）确定固定资产减值准备的披露是否恰当。如果企业计提了固定资产减值准备，应当在财务报表附注中披露：当期确认的固定资产减值损失金额；企业提取的固定资产减值准备累计金额。

热身练习

在审查固定资产业务时，发现被审计单位调整了某项设备的入账价值，对此审计人员认为合理的解释有（　　）。

A. 该设备已提足折旧但仍在使用　　B. 根据国家规定对设备重新估价

C. 增加补充设备和改良装置　　D. 调整原计固定资产价值的错误

E. 根据实际价值调整原来的暂估价值

【参考答案】 BCDE

第五节　采购与付款循环其他账户审计

在采购与付款循环中，除了以上介绍的财务报表项目外，还有预付账款、工程物资、在建工程、投资性房地产等项目。对这些项目审计的阐述，一般直接列示其相应的实质性程序，具体内容如表 6 - 5 所示。

表 6 - 5　　采购与付款循环其他账户的审计目标和实质性程序

账户名称	审计目标	实质性程序
预付账款	1. 确定预付账款是否存在。 2. 确定预付账款是否归被审计单位所有。 3. 确定预付账款增减变动的记录是否完整。 4. 确定预付账款期末余额是否正确。 5. 确定预付账款在财务报表中披露是否恰当	1. 获取或编制预付账款明细表，复核其加计数是否正确，并核对其期末合计数与报表数、总账数和明细账合计数核对相符。 2. 选择大额或异常的预付账款重要项目（包括零账户），函证其余额是否正确，并根据回函情况编制函证结果汇总表。 3. 抽查入库记录，审核有无重复付款或将同一笔已付清的账款在预付账款和应付账款这两个账户同时挂账的情况。 4. 分析预付账款明细账余额，对于出现贷方余额的项目，应查明原因，必要时建议作重分类调整。 5. 确定应付账款是否已在资产负债表中恰当披露
工程物资	1. 确定工程物资是否存在。 2. 确定工程物资是否归被审计单位所有。 3. 确定工程物资增减变动的记录是否完整。 4. 确定工程物资期末余额是否正确。 5. 确定工程物资在财务报表上的披露是否恰当	1. 获取或编制工程物资明细表，对有关数字进行复核，并将其与报表数、总账数和明细账合计数进行核对，若不相符，应查明原因并进行调整。 2. 对工程物资实施监盘，确定其是否存在，账实是否相符，并观察有无呆滞、积压的工程物资。 3. 抽查工程物资采购合同、发票、货物验收单等原始凭证，检查其内容是否齐全、有无得到授权批准、会计处理是否正确。 4. 检查工程物资领用手续是否齐全、使用是否合理、会计处理是否正确。 5. 检查被审计单位对工程物资有无定期盘点制度，对盘盈、盘亏、报废、毁损的，是否将减去保险公司和过失人的赔偿部分后的净额，正确地冲减了在建工程成本或计入营业外支出。 6. 检查工程完工后剩余工程物资的处理，如将剩余工程物资转入存货，是否将其所含增值税进项税额进行了正确分离；对外销售的，是否先结转其进项税额，待出售时再结转相应成本

续表

账户名称	审计目标	实质性程序
在建工程	1. 确定在建工程是否存在。 2. 确定在建工程是否归被审计单位所有。 3. 确定在建工程增减变动的记录是否完整。 4. 确定计提在建工程减值准备的方法和比例是否恰当，在建工程减值准备的计提是否充分。 5. 确定在建工程期末余额是否正确。 6. 确定在建工程在财务报表上的披露是否恰当	1. 获取或编制在建工程明细表，对有关数字进行复核，并将其与报表数、总账数和明细账合计数进行核对。 2. 检查在建工程的增减数额是否正确。 3. 检查在建工程项目期末余额的构成内容，并实地观察工程现场，确定在建工程是否存在，了解工程项目的实际完工进度，对在建工程累计发生额进行技术测定，并将其与账簿记录数进行核对，检查其是否差距较大，判断其有无多计、虚计或少计，漏计工程费用的问题。 4. 检查在建工程减值准备的计提。 5. 确定在建工程在资产负债表中的披露是否恰当
投资性房地产审计	1. 确定资产负债表中记录的投资性房地产是否存在。 2. 确定所有应记录的投资性房地产是否均已记录。 3. 确定记录的投资性房地产由被审单位拥有或控制。 4. 确定投资性房地产是否以恰当金额包括在报表中。 5. 确定投资性房地产、投资性房地产累计折旧和投资性房地产减值准备是否已按照企业会计准则的规定在财务报表中作出恰当列报	1. 获取或编制投资性房地产明细表，复核加计正确，并与总账数和明细账合计数核对相符；结合累计折旧、投资性房地产减值准备科目与报表数核对相符。 2. 检查纳入投资性房地产范围的建筑物和土地使用权是否符合企业会计准则的规定。 3. 检查投资性房地产后续计量模式选用的依据是否充分。与上年会计政策进行比较，确定后续计量模式的一致性。 4. 确定投资性房地产后续计量选用公允价值模式的政策是否恰当，计算复核期末计价是否正确。 5. 如投资性房地产后续计量选用成本计量模式，确定投资性房地产累计摊销折旧政策是否恰当，计算复核本年度折旧的计提是否正确。 6. 期末对公允价值计量的房地产进行如下逐项检查，以确定投资性房地产是否已经发生减值？ 7. 确定投资性房地产后续计量模式的转换是否恰当？

【本章小结】

通过对采购与付款循环的审计，对固定资产、应付账款和应付票据的实质性程序的具体操作有一定的理解和掌握。

首先，要了解采购与付款的循环的业务活动，包括了解本循环涉及的主要凭证与会计记录以及本循环涉及的主要业务活动，通过对这两个方面的了解，可以了解采购与付款循环的整个流程。

其次，进行控制测试，检查被审计单位的内部控制是否得到有效的执行。明确本循环的内部控制主要包括职责分离、授权审批、凭证和记录、实物控制及独立检查这五个方面。除此之外，理解本循环以风险为起点的控制测试，即可能发生错报的环节、相关财务报表项目及认定、对应的内部控制示例、内部控制测试程序。

最后，对固定资产、应付账款和应付票据等重要项目实施实质性程序，进一步从金额上确定他们的准确性、从而确定被审计单位财务报表的合法性、公允性。在此之中，要明确固定资产项目审计范围，包括固定资产科目余额审计、累计折旧科目余额审计以及固定资产减值准备科目余额审计；明确应付账款审计应从四个方面实施实质性程序，包括获取或编制应付账款明细表，执行实质性分析程序，函证应付账款以及其他重要审计程序；明确应付票据审计、预付账款审计、工程物资审计、在建工程审计、投资性房地产审计等这些采购与付款循环审计中的审计项目的审计流程。

【课后练习】

一、单项选择题

1. 以下控制活动中，与采购交易发生认定最相关的是（　　）。

A. 检查验收单是否连续编号

B. 检查有无未记录的供应商发票

C. 检查付款凭单是否附有购货发票

D. 审核批准采购价格和折扣的授权签字

2. 注册会计师从验收单追查至相应的供应商发票，同时再追查至应付账款明细账的审计程序，与应付账款的（　　）认定最相关。

A. 计价和分摊　　B. 完整性　　　C. 存在　　　　D. 准确性

3. 下列实质性程序中，与未入账负债最相关的是（　　）。

A. 审查供应商发票与债权人名单

B. 审查应付账款、应付票据的函证回函

C. 审查采购价格和折扣

D. 审查资产负债表日后货币资金支出情况的有关付款凭证

4. 注册会计师对固定资产实施控制测试时需关注的内容不包括（　　）。

A. 固定资产的取得和处置是否均依据预算

B. 固定资产的取得和处置是否经企业管理当局的书面认可

C. 固定资产的取得、记录、保管、使用、维修、处置等是否明确划分责任

D. 固定资产的购置是否存在于资本性支出有关的财务承诺

5. 以下有关付款业务的控制活动中，存在设计缺陷的是（　　）。

A. 建立了退货管理制度，对退货条件、退货手续、货物出库、退货货款回收等作出明确的规定

B. 对已到期的应付款项由会计主管负责办理付款的审批与支付

C. 财务部门在办理付款业务时，对供应商发票、结算凭证、验收单、订购单等相关凭证进行核对

D. 定期与供应商核对应付账款、应付票据、预付账款等往来款项

6. 下列审计证据中，与应付账款完整性认定最相关的是（　　）。

A. 被审计单位编制的连续编号的验收单

B. 被审计单位编制的连续编号的订购单

C. 供应商发票

D. 供应商提供的月末对账单

二、多项选择题

1. 下列实质性程序中，与采购交易完整性认定相关的包括（　　　）。

A. 从连续编号的付款凭单追查至相应的供应商发票

B. 从连续编号的验收单追查至应付账款明细账

C. 从连续编号的订购单追查至相应的验收单

D. 从供应商发票追查至应付账款明细账

2. 下列各项审计程序中，可以为未入账应付账款提供审计证据的有（　　　）。

A. 检查资产负债表日后应付账款明细账贷方发生额的相应凭证，关注其购货发票的日期，确认其入账时间是否合理

B. 获取被审计单位与其供应商之间的对账单，并将对账单和被审计单位财务记录之间的差异进行调节，查找有无未入账的应付账款，确定应付账款金额的准确性

C. 针对资产负债表日后付款项目，检查银行对账单及有关付款凭证，询问被审计单位内部或外部的知情人员，查找有无未及时入账的应付账款

D. 结合存货监盘程序，检查被审计单位在资产负债日前后的存货入库资料，检查是否有大额货到单未到的情况，确认相关负债是否计入了正确的会计期间

3. 在接近审计报告日，获取期后收取、记录或支付的发票明细，注册会计师从中选取项目并实施以下（　　　）程序，以寻找未入账负债。

A. 检查相关的发票、采购合同等，以确定收到商品的日期及应在期末之前入账的日期

B. 追踪已选取项目至应付账款明细账、货到票未到的暂估入账或预提费用明细表，并关注费用所计入的会计期间

C. 检查接受劳务明细等，以确定接受劳务的日期及应在期末之前入账的日期

D. 评价费用是否被记录于正确的会计期间，并相应确定是否存在期末未入账负债

4. 在下列审计程序中，属于预付账款实质性测试程序的有（　　　）。

A. 核对年末预付账款总账与明细账余额是否相符

B. 检查预付账款长期挂账的原因

C. 选择重要的预付账款项目进行函证

D. 检查被审计单位是否定期核对预付账款总账及相关明细账

5. 下列有关记录负债环节控制活动的说法中，正确的有（　　　）。

A. 定期独立检查应付账款总账余额与应付凭单部门未付款凭单档案中的总

金额是否一致

B. 定期核对编制付款记账凭证的日期与付款凭单副联的日期，监督付款入账的及时性

C. 记录现金支出的人员不得经手现金，其他有价证券除外

D. 应付账款部门在收到供应商发票时应将发票上所记载的品名、规格、价格、数量、条件及运费与订货单上的有关资料核对，如有可能，还应与验收单上的资料进行比较

6. 注册会计师对固定资产取得和处置实施控制测试的重点包括（　　）。

A. 审查固定资产的取得是否与预算相符，有无重大差异

B. 审查固定资产的取得和处置是否经过授权批准

C. 审查是否正确划分资本性支出和收益性支出

D. 审查与固定资产取得和处置相关的项目如应付账款、银行存款、固定资产清理和营业外收支等会计记录的适当性

三、判断题

1. 应付账款通常不需函证，如函证，最好采用否定式函证。　（　　）

2. 请购单可由手工或计算机编制，不但需要事先编号，而且每张请购单必须经过对这类支出负预算责任的主管人员签字批准。　（　　）

3. 在初次审计的情况下，注册会计师应对固定资产在累计折旧的期初余额进行较全面的审计，最理想的方法是彻底审计自被审计单位设立起的"固定资产"和"累计折旧"账户中所有重要的借贷记录。　（　　）

4. 对应付票据的函证未回函的，可再次函证或采取其他替代审计程序。

（　　）

5. 进行应付账款函证时，注册会计师应选择的函证对象是较大金额的债权人，那些在资产负债表日金额为零的债权人不必函证；同样，当选择重要的应付票据项目进行函证时，不包括余额为零的项目。　（　　）

6. 在检查固定资产减值准备的披露是否恰当时，只需关注其在财务报表附注披露上的恰当性。　（　　）

四、简答题

ABC 会计师事务所的 A 注册会计师负责审计甲公司 2020 年度财务报表，审计工作底稿中与负债审计相关的部分内容摘录如下：

（1）基于对甲公司及其环境的了解，A 注册会计师发现管理层承受较高的盈利预期，拟重点关注以及应对相关负债及资产减值损失等的低估风险。

（2）为查找未入账的负债，A 注册会计师获取了期后收取、记录或支付的发票明细，评价费用是否被记录于正确的会计期间，并相应确定是否存在期末未入账负债，结果满意。

（3）基于甲公司存在应付关联方的款项，A 注册会计师了解了交易的商业理由，检查了发票、合同、协议及入库和运输单据等相关文件以及甲公司和关联的对账记录，结果满意。

（4）甲公司有一笔账龄三年以上金额重大的其他应付款，因 2020 年未发生变动，A 注册会计师未实施进一步审计程序。

（5）甲公司将经批准的合格供应商信息录入信息系统形成供应商主文档，生产部员工在信息系统中填制连续编号的请购单时只能选择该主文档中的供应商。供应商的变动需由采购部经理批准，并由其在系统中更新供应商主文档。A 注册会计师认为该内部控制设计合理，拟予以信赖。

要求：针对上述第（1）至第（5）项，逐项指出 A 注册会计师的做法是否恰当。如不恰当，简要说明理由。

五、思考题

1. 应收账款函证与应付账款函证有何异同？

2. 什么情况下采用函证方式查证未入账的应付账款最有效？

3. 注册会计师如何查找未入账的应付账款？

4. 如何对在建工程实施实质性程序？

5. 固定资产及累计折旧的实质性程序主要有哪些？

第七章　生产与存货循环审计

【引导案例】

华安会计师事务所对宝硕公司的财务审计有何问题?

河北宝硕股份有限公司（以下简称宝硕股份或公司）系经河北省人民政府股份制领导小组办公室冀股办〔1988〕第24号文批准，由原河北保塑集团有限公司（后更名为河北宝硕集团有限公司）独家发起，以募集方式设立的股份有限公司。2014年8月1日，宝硕股份接到证监会下发的《行政处罚决定书》，2006年宝硕股份因涉嫌虚假陈述被立案调查一事已经调查完毕，公司违法违规事实也随之公布。然而宝硕股份的审计主体河北华安会计师事务所（以下简称华安所）却出具了无保留意见的审计报告。证监会在对宝硕股份进行立案调查中发现，华安所作为审计机构应对宝硕股份财务信息披露虚假行为承担相关审计责任。经查明，华安所存在以下违法事实。

在宝硕股份2005年年度财务报告审计中，下属创业分公司于2005年自制采购凭证79单，自制采购发票266张，通过虚假原材料采购虚增主营业务成本184 710 194.3元。创业分公司当年主营业务成本审定数为456 140 569.59元。创业分公司当年虚开采购原材料的发票中，有227张是用本公司的销售发票加盖"保定市轻工物资供销公司"的章充当采购原材料的发票，上述发票存根联在创业分公司保存。华安所制定存货审计程序、编制存货审定表、库存商品审定表、原材料审定表、存货计价测试表等表格，存货审定表中对当年采购的原材料数量、金额予以确认。但是，抽查凭证中没有对保定市轻工物资供销公司的采购发票进行抽查，生产的领料与存货监盘环节错误，华安所没有对创业分公司原材料采购的第一供应商——保定市轻工物资供销公司进行关注。

2005年，创业分公司自制销售凭证289份，虚开销售发票，虚开结算中心单据，通过虚假销售虚增主营业务收入269 179 998.14元。2005年，创业分公司以收到销售货款的名义，通过资金结算中心进账单的形式增加13001665208050000169-04账号的账面银行存款269 179 998.14元。华安所未向结算中心核验销售回款的真实情况，也未取得外部结算单据，就对创业分公司当年销售收入531012 987.66元予以确认。

创业分公司通过上述虚假行为，当年虚增主营业务收入269 179 998.14元，虚增主营业务成本184 710 194.3元，虚增销售利润84 469 803.84元。华安所未对创业分公司2005年度虚增主营业务收入269 179 998.14元、虚增主营业务成本 184 710 194.3、虚增销售利润 84 469 803.34 元的行为提出异议。华安所对创业分公司当年主营业务利润 74 872 418.07 元予以确认。

资料来源：邵军，李春玲．审计案例分析［M］．北京：首都经济贸易大学出版社，2014.

思考问题：

1. 请您结合宝硕公司生产与存货循环的审计案例，回答华安所的注册会计师在审计宝硕股份通过虚假原材料采购虚增营业成本的问题上应负什么责任？

2. 请结合生产与存货循环审计，注册会计师应识别出被审计单位的常用的舞弊手段有哪些？

3. 注册会计师针对该公司生产与存货循环的重点审计项目是什么？

【学习目标】

1. 了解生产与存货循环的主要业务、经营凭证与会计记录。
2. 掌握生产与存货循环的审计测试（了解内部控制和进行内控测试）。
3. 掌握针对存货项目审计的实质性程序及要求。
4. 掌握应付职工薪酬审计的实质性程序及要求。
5. 掌握企业营业成本的实质性程序。

第一节　生产与存货循环的业务及记录

被审计单位的生产与存货循环主要是指根据生产计划的需要进行存货收、发、存业务的数量和金额，并根据各种消耗计算生产成本金额。因此，生产与存货循环的审计范围主要涉及资产负债表和利润表的有关项目。因此，本章将介绍与阐述生产与存货循环审计的基本知识（生产与存货循环审计的特征、内部控制和控制测试、存货审计、应付职工薪酬和营业成本审计）。

注册会计师对企业生产与存货循环的了解主要包括：一是本循环涉及的主要业务活动；二是本循环涉及的主要凭证与会计记录。

一、生产与存货循环的主要业务

生产与存货循环的原始凭证

在本业务循环审计之前，注册会计师需要了解企业生产与存货循环的主要业务活动，具体内容现在分述如下。

（一）计划和安排生产

生产计划部门的职责是根据客户订购单或者销售部门对销售预测和产品需求的分析来决定生产授权。如决定授权生产，即签发预先编号的生产通知单。该部门通常将发出的所有生产通知单顺序编号并加以记录控制。此外，通常该部门还需编制一份材料需求报告，列示所需的材料和零件及其库存。

（二）发出原材料

仓储部门的责任是根据从生产部门收到的领料单发出原材料。领料单上必须列示所需的材料数量和种类，以及领料部门的名称。领料单可以一料一单，也可以多料一单，通常需一式三联。仓库管理人员发料并签署后，将其中一联连同材料交给领料部门（生产部门存根联），一联留在仓库登记材料明细账（仓库联），一联交会计部门进行材料收发核算和成本核算（财务联）。

（三）生产产品

生产部门在收到生产通知单及领取原材料后，便将生产任务分解到每一个生产工人，并将所领取的原材料交给生产工人，据以执行生产任务。生产工人在完成生产任务后，将完成的产品交生产部门统计人员查点，然后转交检验员验收并办理入库手续；或是将所完成的半成品移交下一个部门，作进一步加工。

（四）核算产品成本

为了正确核算并有效控制产品成本，必须建立健全成本会计制度，将生产控制和成本核算有机结合在一起。一方面，生产过程中的各种记录、生产通知单、领料单、计工单、产量统计记录表、生产统计报告、入库单等文件资料都要汇集到会计部门，由会计部门对其进行检查和核对，了解和控制生产过程中存货的实物流转；另一方面，会计部门要设置相应的会计账户，会同有关部门对生产过程中的成本进行核算和控制。成本会计制度可以非常简单，只是在期末记录存货余额，也可以是完善的标准成本制度，持续地记录所有材料处理、在产品和产成品，并形成对成本差异的分析报告。完善的成本会计制度应该提供原材料转为在产品，在产品转为产成品，以及按成本中心、分批次生产任务通知单或生产周期所消耗的材料、人工和间接费用的分配与归集的详细资料。

（五）产成品入库及储存

产成品入库，须由仓储部门先行点验和检查，然后签收。签收后，将实际入库数量通知会计部门。据此，仓储部门确立了本身应承担的责任，并对验收部门的工作进行验证。除此之外，仓储部门还应根据产成品的品质特征分类存放，并填制标签。

（六）发出产成品

产成品的发出必须由独立的发运部门进行。装运产成品时必须持有经有关部门核准的发运通知单，并据此编制出库单。出库单一般为一式四联：一联交仓储部门；一联由发运部门留存；一联送交客户；一联作为开具发票的依据。

（七）存货盘点

管理人员编制盘点指令，安排适当人员对存货实物（包括原材料、在产品和产成品等所有存货类别）进行定期盘点，将盘点结果与存货账面数量进行核对，调查差异并进行适当调整。

（八）计提存货跌价准备

财务部门根据存货货龄分析表信息及相关部门提供的有关存货状况的信息，结合存货盘点过程中对存货状况的检查结果，对出现损毁、滞销、跌价等降低存货价值的情况进行分析计算，计提存货跌价准备。

总之，企业生产与存货业务循环是企业最重要和最关键的业务循环之一，涉及多个业务活动和多个成本核算项目及会计账户，有关生产与存货循环的成本结转流程如图 7-1 所示。

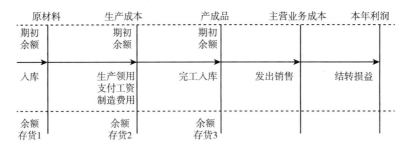

图 7-1 企业生产与存货成本结转流程图

二、生产与存货循环业务活动涉及的主要凭证和会计记录

内部控制比较健全的企业，处理生产和存货业务通常需要使用很多单据与会计记录。典型的生产与存货循环所涉及的主要单据与会计记录有以下几种（不同被审计单位的单据名称可能不同）。

（一）生产指令

生产指令又称生产任务通知单或生产通知单，是企业下达制造产品等生产任务的书面文件，用以通知供应部门组织材料发放，生产车间组织产品制造，会计部门组织成本计算。广义生产指令包括用于指导产品加工的工艺规程，如机械加工企业"路线图"。

（二）领发料凭证

领发料凭证是企业为控制材料发出所采用的各种凭证，如材料发出汇总表、领料单、限额领料单、领料登记簿、退料单等。

（三）产量和工时记录

产量和工时记录是登记工人或生产班组在出勤时间内完成产品数量、质量和生产这些产品所耗费工时数量的原始记录。产量和工时记录的内容与格式是多种多样的，在不同的生产企业中，甚至在同一企业的不同生产车间中，由于生产类型不同而采用不同格式的产量和工时记录。常见的产量和工时记录主要有工作通知单、工序进程单、工作班产量报告、产量通知单、产量明细表、废品通知单等。

（四）工薪汇总表及工薪费用分配表

工薪汇总表是为了反映企业全部工薪的结算情况，并据以进行工薪总分类核算和汇总整个企业工薪费用而编制的，它是企业进行工薪费用分配的依据。工薪费用分配表反映了各生产车间各产品应负担的生产工人工薪及福利费。

（五）材料费用分配表

材料费用分配表是用来汇总反映各生产车间各产品所耗费的材料费用的原始记录。

（六）制造费用分配工总表

制造费用分配汇总表是指汇总反映各生产车间各产品所应负担的制造费用的原始记录。

（七）成本计算单

成本计算单是用来归集某一成本计算对象所应承担的生产费用，计算该成本计算对象的总成本和单位成本的记录。

（八）产成品入库单和出库单

产成品入库单是产品生产完成并经检验合格后从生产部门转入仓库的凭证。产成品出库单是根据经批准的销售单发出产成品的凭证。

（九）存货明细账

存货明细账是反映各种存货增减变动情况和期末库存数量及成本信息的会计记录。

（十）存货盘点指令、盘点表及盘点标签

制造型企业通常会定期对存货实物进行盘点，将实物盘点数量与账面数量进行核对，对差异进行分析调查，必要时作账务调整，以确保账实相符。实施存货盘点之前，管理人员通常编制存货盘点指令，对存货盘点时间、人员、流程及后续处理等方面作出安排。盘点过程中，通常会使用盘点表记录盘点结果，使用盘点标签对已盘点存货及数量作标识。

（十一）存货货龄分析表

很多制造型企业通过编制存货货龄分析表，识别流动较慢或滞销的存货，并根据市场情况和经营预测，确定是否需要计提存货跌价准备。这对于管理具有保质期的存货（如食物、药品、化妆品等）尤其重要。

有关企业生产与存货循环涉及的业务交易类别、财务报表项目、主要业务活动及常见凭证和会计记录汇总数，如表 7 – 1 所示。

表 7 – 1　生产与存货循环的交易、财务报表项目、业务活动、凭证与会计记录

交易类型	相关财务报表项目	主要业务活动	常见主要凭证和会计记录
生产	营业成本	• 计划和安排生产 • 发出原材料 • 生产产品和成本核算	• 生产通知单 • 材料通知单 • 领料单 • 产量统计记录表 • 生产统计报告 • 入库单 • 材料费用分配表 • 工时统计记录表 • 人工费用分配汇总表 • 制造费用分配汇总表 • 存货明细表
存货	存货管理	• 产成品入库及存货保管 • 发出产成品 • 提取存货跌价准备	• 验收单 • 入库单 • 存货台账 • 盘点计划 • 盘点表单 • 盘点明细账 • 出库单 • 营业成本明细账 • 存货货龄分析表

第二节　生产与存货的风险评估及内控测试

一、了解生产与存货循环的内部控制状况

生产与存货循环的内部控制状况主要包括以下五个方面的内容。

1. 适当的职责分离。企业的生产与存货循环也需要适当的职责分离，因此，企业应当建立生产与存货循环的岗位责任制，明确相关部门和岗位的职责、权限，确保办理生产与存货循环的不相容岗位相互分离、相互制约和彼此监督。生产与存货循环的不相容岗位主要包括：货物的采购与验收、保管；存货的存储与生产（或使用）；计划的制定与审批；产品的生产与检验；存货的保管、盘点与相关会计记录等。所以，企业必须进行职责分工，主要的职责分工有：

（1）采购部门与验收、保管部门相互分离，防止购入不合格材料。

（2）仓储部门与生产（或使用）部门相互分离，防止多领材料或存货被盗。

（3）生产计划的制定与审批相互分离，防止生产计划不合理。

（4）产成品的生产与检验相互分离，防止不合格产品入库和售出。

（5）存货的保管与会计记录相互分离，防止篡改会计记录、财产流失。

（6）存货的盘点与保管相互分离，防止存货盘点虚假或存货流失，也就是说，应由独立于保管之外的其他部门人员定期进行存货盘点，以保证盘点的客观真实和存货的真实完整。

2. 授权程序。有效的内部控制要求生产与存货循环的各个环节都要经过适当的授权批准，主要有：由被授权的企业领导审批生产计划，经批准下达生产通知单，经批准领料，产品完工经检验入库，产品发出须经核准的发出通知单方可办理，存货报废经专门小组审批，存货盘盈或盘亏的账务处理由被授权人批准，会计方法变更由企业财会主管批准等。

3. 成本控制。企业生产与存货的价值流转控制，主要是由财会部门来执行的。为了正确核算和有效控制生产与存货成本，必须建立健全生产与存货成本管理制度，将生产控制与成本控制有机结合起来，主要有：制定成本计划，费用预算或控制目标，严格审核原始凭证，设置生产与存货总账及明细账并进行核算，选择适当的成本计算方法并正确计算产品成本，进行生产与存货分析，建立成本和费用的归口分级管理控制制度等。

4. 永续盘存制。设置存货明细账，及时反映存货的收发及结存情况，根据有关会计凭证逐日逐笔登记各种存货的收发及结存的数量和金额，并及时反映存货的结存数量和金额；设置存货总分类账，及时汇总和记录存货收发及结存的数量和金额，并据以控制存货明细账；经常核对存货的总分类账与明细账、存货的账面结存数与实际库存数，保证账账、账实相符；应由财会部门而不是仓储部门负责永续盘存记录，做到管物与管账相分离。

5. 实物控制。在生产与存货循环中，存货种类繁多、收发业务频繁，因而必须加强实物控制。其主要措施有：（1）授权控制，即限制未经授权人员接近或接触存货，确保只有被授权的人员才能接近或接触存货；（2）盘点控制，即进行定期盘点，检查存货管理情况；（3）职务控制，即明确验收、保管与记录的业务分工，严格实行职责分离等。

二、评估生产与存货循环的重大错报风险

(一) 生产与存货循环存在的重大错报风险

以一般制造类企业为例,影响生产与存货循环交易和余额的风险因素可能包括:

1. 交易的数量和复杂性。制造类企业交易的数量庞大,业务复杂,这就增加了错误和舞弊的风险。

2. 成本核算的复杂性。制造类企业的成本核算比较复杂。虽然原材料和直接人工等直接成本的归集和分配比较简单,但间接费用的分配可能较为复杂,并且,同一行业中的不同企业也可能采用不同的认定和计量基础。

3. 产品的多元化。这可能要求聘请专家来验证其质量、状况或价值。另外,计算库存存货数量的方法也可能是不同的。例如,计量煤堆、筒仓里的谷物或糖、黄金或贵重宝石、化工品和药剂产品的存储量的方法都可能不一样。这并不是要求注册会计师每次清点存货都需要专家配合,如果存货容易辨认、存货数量容易清点,就无须专家帮助。

4. 某些存货项目的可变现净值难以确定。例如价格受全球经济供求关系影响的存货,由于其可变现净值难以确定,会影响存货采购价格和销售价格的确定,并将影响注册会计师对与存货计价和分摊认定有关的风险进行的评估。

5. 将存货存放在很多地点。大型企业可能将存货存放在很多地点,并且可以在不同的地点之间配送存货,这将增加商品途中毁损或遗失的风险,或者导致存货在两个地点被重复列示,也可能产生转移定价的错误或舞弊。

6. 寄存的存货。有时候存货虽然还存放在企业,但可能已经不归企业所有。反之,企业的存货也可能被寄存在其他企业。

由于存货与企业各项经营活动的紧密联系,存货的重大错报风险往往与财务报表其他项目的重大错报风险紧密相关。如收入确认的错报风险往往与存货的错报风险共存;采购交易的错报风险与存货的错报风险共存,存货成本核算的错报风险与营业成本的错报风险共存。

综上所述,一般制造型企业的存货的重大错报风险通常包括:

(1) 存货实物可能不存在(存在认定);

(2) 属于被审计单位的存货可能未在账面反映(完整性认定);

(3) 存货的所有权可能不属于被审计单位(权利和义务认定);

(4) 存货的单位成本可能存在计算错误(计价和分摊认定/准确性认定);

(5) 存货账面价值可能无法实现,即跌价损失准备计提可能不充分(计价和分摊认定)。

(二) 根据重大错报风险评估结果设计进一步审计程序

注册会计师基于生产与存货循环的重大错报风险评估结果,制定实施进一

步审计程序的总体方案（包括综合性方案和实质性方案）（见表 7-2），继而实施控制测试和实质性程序，以应对识别出的认定层次的重大错报风险。注册会计师通过控制测试和实质性程序获取的审计证据综合起来应足以应对识别出的认定层次的重大错报风险。

表 7-2　　　　生产与存货循环的重大错报风险和进一步审计程序总体方案

重大错报风险额描述	财务报表项目及认定	风险程度	是否信赖控制	进一步审计程序的总体方案	拟从控制测试中获取的保证程度	拟从实质性程序中获取的保证程度
存货实物可能不存在	存货：存在	特别	是	综合性	中	高
存货的单位成本可能存在计算方面的错误	存货：计价和分摊；营业成本：准确性	一般	是	综合性	中	低
已销售产品的成本可能没有准确结转至营业成本	存货：计价和分摊；营业成本：准确性	一般	是	综合性	中	低
存货的账面价值可能无法实现	存货：计价和分摊	特别	否	实质性	无	高

　　注册会计师根据重大错报风险的评估结果初步确定实施进一步审计程序的具体审计计划，因为风险评估和审计计划都是贯穿审计全过程的动态的活动，而且控制测试的结果可能导致注册会计师改变对内部控制的信赖程度，因此，具体审计计划并非一成不变，可能需要在审计过程中进行调整。

　　然而，无论是采用综合性方案还是实质性方案，获取的审计证据都应当能够从认定层次应对所识别的重大错报风险，直至针对该风险所涉及的全部相关认定均已获取了足够的保证程度。我们将在本章第四节和第五节中，说明内部控制测试和实质性程序是如何通过认定与识别的重大错报风险相对应的。

三、实施生产与存货循环的内部控制测试

　　总体上看，生产与存货循环的内部控制主要包括存货数量的内部控制和存货单价的内部控制两方面。由于生产与存货循环与其他业务循环的紧密联系，生产与存货循环中某些审计程序，特别是对存货余额的审计程序，与其他相关业务循环的审计程序同时进行将更为有效。例如，原材料的采购和记录是作为采购与付款循环的一部分进行测试的，人工成本（包括直接人工成本和制造费用中的人工费用）是作为工薪循环的一部分进行测试的。因此，在对生产与存

货循环的内部控制实施测试时，要考虑其他业务循环的控制测试是否与本循环相关，避免重复测试。

风险评估和风险应对是整个审计过程的核心，因此，注册会计师通常以识别的重大错报风险为起点，选取拟测试的控制并实施控制测试。表 7-3 列示了通常情况下注册会计师对生产与存货循环实施的控制测试。

表 7-3　　　　　　　　生产与存货循环的风险、内部控制及其测试程序

可能发生错报的环节	相关财务报表项目及认定	存在的内部控制（自动）	存在的内部控制（人工）	内部控制测试程序
发出原材料				
原材料的发出可能未经授权	存货——生产成本：存在		所有领料单由生产主管签字批准，仓库管理员凭经批准的领料单发出原材料	选取领料单，检查是否有生产主管的签字授权
发出的原材料可能未正确记入相应产品的生产成本中	存货——生产成本：计价和分摊	领料单信息输入系统时须输入对应的生产任务单编号和所生产的产品代码，每月末系统自动归集生成材料成本明细表	生产主管每月末将其生产任务单相关领料单存根联与材料成本明细表进行核对，调查差异并处理	检查生产主管核对材料成本明细表的记录，并询问其核对过程及结果
记录人工成本				
生产工人的人工成本可能未得到准确反映	存货——生产成本：计价和分摊	所有员工有专属员工代码和部门代码，员工的考勤记录记入相应员工代码	人事部门每月编制工薪费用分配表，按员工所属部门将工薪费用分配至生产成本、制造费用、管理费用和销售费用，经财务经理复核后入账	检查系统中员工的部门代码设置是否与其实际职责相符。询问并检查财务经理复核工资费用分配表的过程和记录
记录制造费用				
发生的制造费用可能没有得到完整归集	存货——制造费用：完整性	系统根据输入的成本和费用代码自动识别制造费用并进行归集	成本会计每月复核系统生成的制造费用明细表并调查异常波动。必要时由财务经理批准进行调整	检查系统的自动归集设置是否符合有关成本和费用的性质，是否合理。询问并检查成本会计复核制造费用明细表的过程和记录，检查财务经理对调整制造费用的分录的批准记录

续表

可能发生错报的环节	相关财务报表项目及认定	存在的内部控制（自动）	存在的内部控制（人工）	内部控制测试程序
计算产品成本				
生产成本和制造费用在不同产品之间、在产品和产成品之间的分配可能不正确	存货：计价和分摊 营业成本：准确性		成本会计执行产品成本核算日常成本核算，财务经理每月末审核产品成本计算表及相关资料（原材料成本核算表、工薪费用分配表、制造费用分配表等），并调查异常项目	询问财务经理如何执行复核及调查。选取产品成本计算表及相关资料，检查财务经理的复核记录
产成品入库				
已完工产品的生产成本可能没有转移到产成品中	存货：计价和分摊	系统根据当月输入的产成品入库单和出库单信息自动生成产成品收（入库）发（出库）存（余额）报表	成本会计将产成品收发存报表中的产品入库数量与当月成本计算表中结转的产成品成本对应的数量进行核对	询问和检查成本会计将产成品收发存报表与成本计算表进行核对的过程和记录
发出产成品				
销售发出的产成品的成本可能没有准确转入营业成本	存货：计价和分摊 营业成本：准确性	系统根据确认的营业收入所对应的售出产品自动结转营业成本	财务经理和总经理每月对毛利率进行比较分析，对异常波动进行调查和处理	检查系统设置的自动结转功能是否正常运行，成本结转方式是否符合公司成本核算政策。询问和检查财务经理和总经理进行毛利率分析的过程和记录，并对异常波动的调查和处理结果进行核实
盘点存货				
存货可能被盗或因材料领用/产品销售未入账而出现账实不符	存货：存在		仓库保管员每月末盘点存货并与仓库台账核对并调节一致；成本会计监督其盘点与核对，抽查部分存货进行复盘。每年末盘点所有存货，并根据盘点结果分析盘盈盘亏并进行账面调整	

可能发生 错报的环节	相关财务报表 项目及认定	存在的内部 控制（自动）	存在的内部 控制（人工）	内部控制 测试程序
计提存货跌价准备				
可能存在残冷背次的存货，影响存货的价值	存货：计价和分摊 资产减值损失：完整性	系统根据存货入库日期自动统计货龄，每月末生成存货货龄分析表	财务部根据系统生成的存货货龄分析表，结合生产和仓储部门上报的存货损毁情况及存货盘点中对存货状况的检查结果，计提存货减值准备，报总经理审核批准后入账	询问财务经理识别减值风险并确定减值准备的过程，检查总经理的复核批准记录

在完成控制测试之后，注册会计师基于控制测试的结果（即控制运行是否有效），确定从控制测试中已获得的审计证据及其保证程度，确定是否需要对具体审计计划中设计的实质性程序的性质、时间安排和范围作出适当调整。在实务中，注册会计师通过计划阶段执行的风险评估程序，已经确定了已识别重大错报风险的相关认定。在下面的介绍中，我们从风险对应的具体审计目标和相关认定的角度出发，对实务中较为常见的针对存货和营业成本的实质性程序进行阐述。这些程序可以从一个或多个认定方面应对识别的重大错报风险。

第三节　存货项目审计

一、存货审计概述

存货是指企业在日常活动中持有以备出售的产成品或商品、处在生产过程中的在产品、在生产过程或提供劳务过程中耗用的材料或物料等，包括各类材料、在产品、半成品、产成品或库存商品以及包装物、低值易耗品、委托加工物资等。

通常情况下，存货对企业经营特点的反应能力强于其他资产项目。存货对于生产制造业、贸易行业一般十分重要。通常，存货的重大错报对于财务状况和经营成果都会产生直接的影响。审计中许多复杂和重大的问题都与存货有关。存货、产品生产和销售成本构成了会计、审计乃至企业管理中最为普遍、重要和复杂的问题。

存货审计，尤其是对年末存货余额的测试，通常是审计中最复杂也最费时的部分。对存货存在和存货价值的评估常常十分困难。导致存货审计复杂的主要原因包括：

（1）存货通常是资产负债表中的一个主要项目，而且通常是构成营运资本的最大项目。

（2）存货存放于不同的地点，这使得对它的实物控制和盘点都很困难。企业必须将存货置放于便于产品生产和销售的地方，但是这种分散也带来了审计的困难。

（3）存货项目的多样性也给审计带来了困难。例如，化学制品、宝石、电子元件以及其他的高科技产品。

（4）存货本身的陈旧以及存货成本的分配也使得存货的估价存在困难。

（5）不同企业采用的存货计价方法存在多样性。

正是由于存货对于企业的重要性、存货问题的复杂性以及存货与其他项目密切的关联度，要求注册会计师对存货项目的审计应当予以特别关注。相应地，要求实施存货项目审计的注册会计师应具备较高的专业素质和相关业务知识，分配较多的审计工时，运用多种有针对性的审计程序。

二、存货审计的目标

存货的审计目标一般包括：确定资产负债表中记录的存货是否存在；确定所有应当记录的存货是否均已记录；确定资产负债表中记录的存货是否归被审计单位所有；确定存货是否以恰当的金额包括在财务报表中且与之相关的计价调整是否已恰当记录；确定存货是否已按照企业会计准则的规定在财务报表中作出恰当的列报。

三、存货审计的实质性程序

（一）存货监盘

1. 存货监盘的作用。如果存货对财务报表是重要的，注册会计师应当实施下列审计程序，对存货的存在和状况获取充分、适当的审计证据：

（1）在存货盘点现场实施监盘（除非不可行）；

（2）对期末存货记录实施审计程序，以确定其是否准确反映实际的存货盘点结果。

在存货盘点现场实施监盘时，注册会计师应当实施下列审计程序：

（1）评价管理层用以记录和控制存货盘点结果的指令和程序；

（2）观察管理层制定的盘点程序的执行情况；

（3）检查存货；

（4）执行抽盘。

存货监盘的相关程序可以用作控制测试或者实质性程序。注册会计师可以根据风险评估结果、审计方案和实施的特定程序作出判断。例如，如果只有少数项目构成了存货的主要部分，注册会计师可能选择将存货监盘用作实质性程序。

存货盘点表模板

需要说明的是，尽管实施存货监盘，获取有关期末存货数和状况的充分、适当的审计证据是注册会计师的责任，但这并不能取代被审计单位管理层定期盘点存货、合理确定存货的数量和状况的责任。事实上，管理层通常制定程序，对存货每年至少进行一次实物盘点，以作为编制财务报表的基础，并用以确定被审计单位永续盘存制的可靠性（如适用）。

注册会计师监盘存货的目的在于获取有关存货数量和状况的审计证据。因此，存货监盘针对的主要是存货的存在认定，对存货的完整性认定及计价和分摊认定，也能提供部分审计证据。此外，注册会计师还可能在存货监盘中获取有关存货所有权的部分审计证据。例如，如果注册会计师在监盘中注意到某些存货已经被法院查封，需要考虑被审计单位对这些存货的所有权是否受到限制。但如《〈中国注册会计师审计准则第 1311 号——对存货、诉讼和索赔、分部信息等特定项目获取审计证据的具体考虑〉应用指南》第 6 段所述，存货监盘本身并不足以供注册会计师确定存货的所有权，注册会计师可能需要执行其他实质性审计程序以应对所有权认定的相关风险。

2. 制定存货监盘计划。

（1）制定存货监盘计划的基本要求。注册会计师应当根据被审计单位存货的特点、盘存制度和存货内部控制的有效性等情况，在评价被审计单位管理层制定的存货盘点程序的基础上，编制存货监盘计划，对存货监盘作出合理安排。

有效的存货监盘需要制定周密、细致的计划。为了避免误解并有助于有效地实施存货监盘，注册会计师通常需要与被审计单位就存货监盘等问题达成一致意见。因此，注册会计师应当充分了解被审计单位存货的特点、盘存制度和存货内部控制的有效性等情况，并考虑获取、审阅和评价被审计单位预定的盘点程序。根据计划过程所搜集到的信息，有助于注册会计师合理确定参与监盘的地点以及存货监盘的程序。

（2）制定存货监盘计划应考虑的相关事项。在编制存货监盘计划时，注册会计师需考虑：

①与存货相关的重大错报风险。存货通常具有较高水平的重大错报风险，影响重大错报风险的因素具体包括：存货的数量和种类、成本归集的难易程度、陈旧过时的速度或易损坏程度、遭受失窃的难易程度。由于制造过程和成本归集制度的差异，制造企业存货与其他企业（如批发企业）存货相比往往具有更高重大错报风险，对于注册会计师的审计工作而言则更具复杂性。外部因素也会对重大错报风险产生影响。例如，技术进步可能导致某些产品过时，从而导致存货价值更容易发生高估。以下类别的存货就可能增加审计的复杂性与风险：

＊ 具有漫长制造过程的存货。制造过程漫长的企业（如飞机制造和酒类产品酿造企业）的审计重点包括递延成本、预期发生成本以及未来市场波动可能对当期损益的影响等事项。

＊ 具有固定价格合约的存货。预期发生成本的不确定性是其重大审计问题。

＊ 与时装相关的服装行业。由于服装产品的消费者对服装风格或颜色的偏

好容易发生变化，因此，存货是否过时是重要的审计事项。

* 鲜活、易腐商品存货。因为物质特性和保质期短暂、此类存货变质的风险很高。

* 具有高科技含量的存货。由于技术进步，此类存货容易过时。

* 单位价值高昂、容易被盗窃的存货。例如，珠宝存货的错报风险通常高于铁质纽扣之类存货的错报风险。

②与存货相关的内部控制的性质。在制定存货监盘计划时，注册会计师应当了解被审计单位与存货相关的内部控制，并根据内部控制的完善程度确定进一步审计程序的性质、时间安排和范围。与存货相关的内部控制涉及被审计单位供、产、销各个环节，包括采购、验收、仓储、领用、加工、装运出库等方面。需要说明的是，与存货内部控制相关的措施有很多，其有效程度也存在差异。

与采购相关的内部控制的总体目标是所有交易都已获得适当的授权与批准。使用购货订购单是一项基本的内部控制措施。购货订购单应当事先连续编号，事先确定采购价并获得批准。此外，还应当定期清点购货订购单。

与存货验收相关的内部控制的总体目标是所有收到的商品都已得到记录。使用验收报告单是一项基本的内部控制措施。被审计单位应当设置独立的部门负责验收商品，该部门具有验收存货实物、确定存货数量、编制验收报告、将验收报告传送至会计核算部门以及运送商品至仓库等一系列职能。

与仓储相关的内部控制的总体目标是确保与存货实物的接触必须得到管理层的指示和批准。被审计单位应当采取实物控制措施，使用适当的存储设施，以使存货免受意外损毁、盗窃或破坏。

与领用相关的内部控制的总体目标是所有存货的领用均应得到批准和记录。使用存货领用单是一项基本的内部控制措施。对存货领用单，应当定期进行清点。

与加工（生产）相关的内部控制的总体目标是对所有的生产过程作出适当的记录。使用生产报告是一项基本的内部控制措施。在生产报告中，应当对产品质量缺陷和零部件使用及报废情况及时作出说明。

与装运出库相关的内控总体目标是所有的装运都得到了记录。使用发运凭证是一项基本的内部控制措施。发运凭证应当预先编号，定期进行清点，并作为以后开具收款账单的依据。

被审计单位与存货实地盘点相关的内部控制通常包括：制定合理的存货盘点计划；确定合理的存货盘点程序；配备相应的监督人员；对存货进行独立的内部验证；将盘点结果与永续存货记录进行独立的调节；对盘点表和盘点标签进行充分控制。

③对存货盘点是否制定了适当的程序，并下达了正确的指令。注册会计师一般需要复核或与管理层讨论其存货盘点程序。在复核或与管理层讨论其存货盘点程序时，注册会计师应当考虑下列主要因素，以评价其能否合理地确定存

货的数量和状况；盘点的时间安排；存货盘点范围和场所的确定；盘点人员的分工及胜任能力；盘点前的会议及任务布置；存货的整理和排列，对毁损、陈旧、过时、残次及所有权不属于被审让单位的存货的区分；存货的计量工具和计量方法；在产品完工程度的确定方法；存放在外单位的存货的盘点安排；存货收发截止的控制；盘点期间存货移动的控制；盘点表单的设计、使用与控制；盘点结果的汇总以及盘盈或盘亏的分析、调查与处理。如果认为被审计单位的存货盘点程序存在缺陷，注册会计师应当提请被审计单位调整。

④存货盘点的时间安排。如果存货盘点在财务报表日以外的其他日期进行，注册会计师除实施存货监盘相关审计程序外，还应当实施其他审计程序，以获取审计证据，确定存货盘点日与财务报表日之间的存货变动是否已得到恰当的记录。

⑤被审计单位是否一贯采用永续盘存制。存货数量的盘存制度一般分为实地盘存制和永续盘存制。存货盘存制度不同，注册会计师需要作出的存货监盘安排也不同。如果被审计单位通过实地盘存制确定存货数量，则注册会计师要参加此种盘点。如果被审计单位采用永续盘存制，注册会计师应在年度中一次或多次参加盘点。

⑥存货的存放地点（包括不同存放地点的存货的重要性和重大错报风险），以确定适当的监盘地点。

如果被审计单位的存货存放在多个地点，注册会计师可以要求被审计单位提供一份完整的存货存放地点清单（包括期末库存量为零的仓库、租赁的仓库，以及第三方代被审计单位保管存货的仓库等），并考虑其完整性。根据具体情况下的风险评估结果，注册会计师可以考虑执行以下一项或多项审计程序：

＊询问被审计单位除管理层和财务部门以外的其他人员，如营销人员、仓库人员等，以了解有关存货存放地点的情况；

＊比较被审计单位不同时期的存货存放地点清单，关注仓库变动情况，以确定是否存在因仓库变动而未将存货纳入盘点范围的情况发生；

＊检查被审计单位存货的出、入库单，关注是否存在被审计单位尚未告知注册会计师的仓库（如期末库存量为零的仓库）；

＊检查费用支出明细账和租赁合同，关注被审计单位是否租赁仓库并支付租金，如果有，该仓库是否已包括在被审计单位提供的仓库清单中；

＊检查被审计单位"固定资产——房屋建筑物"明细清单，了解被审计单位可用于存放存货的房屋建筑物。

在获取完整的存货存放地点清单的基础上，注册会计师可以根据不同地点所存放存货的重要性及对各个地点与存货相关的重大错报风险的评估结果（例如，注册会计师在以往审计单中可能注意到某些地点存在存货相关的错报，因此，在本期审计时对其予以特别关注），选择适当的地点进行监盘，并记录选择这些地点的原因。

如果识别出由于舞弊导致的影响存货数量的重大错报风险，注册会计师在检查被审计单位存货记录的基础上，可能决定在不预先通知的情况下对特定存放地点的存货实施监盘，或在同一天对所有存放地点的存货实施监盘。

同时，连续审计中，注册会计师可考虑在不同期间审计中变更所选择实施监盘的地点。

⑦是否需要专家协助。注册会计师可能不具备其他专业领域专长与技能。在确定资产数量或资产实物状况（如矿石堆），或在收集特殊类别存货（如艺术品、稀有玉石、房地产、电子器件、工程设计等）的审计证据时，注册会计师可以考虑利用专家的工作。

（3）存货监盘计划的主要内容。存货监盘计划应当包括以下主要内容：

①存货监盘的目标、范围及时间安排。存货监盘的主要目标包括获取被审计单位资产负债表日有关存货数量和状况以及有关管理层存货盘点程序可靠性的审计证据，检查存货的数量是否真实完整，是否归属被审计单位，存货有无毁损、陈旧、过时、残次和短缺等状况。

存货监盘范围的大小取决于存货的内容、性质以及与存货相关的内部控制的完善程度和重大错报风险的评估结果。

存货监盘的时间，包括实地察看盘点现场的时间、观察存货盘点的时间和对已盘点存货实施检查的时间等，应当与被审计单位实施存货盘点的时间相协调。

②存货监盘的要点及关注事项。存货监盘要点主要包括注册会计师实施存货监盘程序的方法、步骤，各个环节应注意的问题以及所要解决的问题。注册会计师需要重点关注的事项包括盘点期间的存货移动、存货的状况、存货的截止确认、存货的各个存放地点及金额等。

③参加存货监盘人员的分工。注册会计师应当根据被审计单位参加存货盘点人员分工、分组情况、存货监盘工作量的大小和人员素质情况，确定参加存货监盘的人员组成以及各组成人员的职责和具体的分工情况，并加强督导。

④检查存货的范围。注册会计师应当根据对被审计单位存货盘点和对被审计单位内部控制的评价结果确定检查存货的范围。在实施观察程序后，如果认为被审计单位内部控制设计良好且得到有效实施，存货盘点组织良好，可以相应缩小实施检查程序的范围。

3. 存货监盘程序。在存货盘点现场实施监盘时，注册会计师应当实施下列审计程序。

（1）评价管理层用以记录和控制存货盘点结果的指令和程序。注册会计师需要考虑这些指令和程序是否包括下列方面：

①适当控制活动的运用，例如，收集已使用的存货盘点记录，清点未使用的存货盘点表单，实施盘点和复盘程序；

②准确认定在产品的完工程度，流动缓慢（呆滞）、过时或毁损的存货项目，以及第三方拥有的存货（如寄存货物）；

③在适用的情况下用于估计存货数量的方法，如可能需要估计煤堆的重量；

④对存货在不同存放地点之间的移动以及截止日前后期间出入库的控制。

一般而言，被审计单位在盘点过程中停止生产并关闭存货存放地点确保停止存货的移动，有利于保证盘点的准确性。但特定情况下，被审计单位可能由于实际原因无法停止生产或收发货物。这种情况下，注册会计师可以根据被审计单位的具体情况考虑其无法停止存货移动的原因及其合理性。

同时，注册会计师可以通过询问管理层以及阅读被审计单位的盘点计划等方式，了解被审计单位对存货移动所采取的控制程序和对存货收发截止影响的考虑。例如，如果被审计单位在盘点过程中无法停止生产，可以考虑在仓库内划分出独立的过渡区域，将预计在盘点期间领用的存货移至过渡区域、对盘点期间办理入库手续的存货暂时存放在过渡区域，以此确保相关存货只被盘点一次。

在实施存货监盘程序时，注册会计师需要观察被审计单位有关存货移动的控制程序是否得到执行。同时，注册会计师可以向管理层索取盘点期间存货移动相关的书面记录以及出、入库资料作为执行截止测试的资料，以为监盘结束的后续工作提供证据。

（2）观察管理层制定的盘点程序（如对盘点时及其前后的存货移动的控制程序）的执行情况。这有助于注册会计师获取有关管理层指令和程序是否得到适当设计和执行的审计证据。尽管盘点存货时最好能保持存货不发生移动，但在某些情况下存货的移动是难以避免的。如果在盘点过程中被审计单位的生产经营仍将持续进行，注册会计师应通过实施必要的检查程序，确定被审计单位是否已经对此设置了相应的控制程序，确保在适当的期间内对存货作出了准确记录。

此外，注册会计师可以获取有关截止性信息（如存货移动的具体情况）的复印件，有助于日后对存货移动的会计处理实施审计程序。具体来说，注册会计师一般应当获取盘点日前后存货收发及移动的凭证，检查库存记录与会计记录期末截止是否正确。注册会计师在对期末存货进行截止测试时，通常应当关注：所有在截止日以前入库的存货项目是否均已包括在盘点范围内；所有在截止日以前装运出库的存货项目是否均未包括在盘点范围内；所有已确认为销售但尚未装运出库的商品是否均未包括在盘点范围内；在途存货和被审计单位直接向顾客发运的存货是否均已得到了适当的会计处理。

注册会计师通常可观察存货的验收入库地点和装运出库地点以执行截止测试。在存货入库和装运过程中采用连续编号的凭证时，注册会计师应当关注截止日期前的最后编号。如果被审计单位没有使用连续编号的凭证，注册会计师应当列出截止日期以前的最后几笔装运和入库记录。如果被审计单位使用运货车厢或拖车进行存储、运输或验收入库，注册会计师应当详细列出存货场地上满载和空载的车厢或拖车，并记录各自的存货状况。

（3）检查存货。在存货监盘过程中检查存货，虽然不一定能确定存货的所有权，但有助于确定存货的存在，以及识别过时、毁损或陈旧的存货。注册会计师应当把所有过时、毁损或陈旧存货的详细情况记录下来，这既便于进一步追查这些存货的处置情况，也能为测试被审计单位存货跌价准备计提的准确性提供证据。

（4）执行抽盘。在对存货盘点结果进行测试时，注册会计师可以从存货盘点记录中选取项目追查至存货实物，以及从存货实物中选取项目追查至盘点记录，以获取有关盘点记录准确性和完整性的审计证据。需要说明的是，注册会计师应尽可能避免让被审计单位事先了解将抽盘的存货项目。除记录注册会计师对存货盘点结果进行的测试情况外，获取管理层完成的存货盘点记录的复印件也有助于注册会计师日后实施审计程序，以确定被审计单位的期末存货记录是否准确地反映了存货的实际盘点结果。

注册会计师在实施抽盘程序时发现差异，很可能表明被审计单位的存货盘点在准确性或完整性方面存在错误。由于检查的内容通常仅仅是已盘点存货中的一部分，所以在检查中发现的错误很可能意味着被审计单位的存货盘点还存在着其他错误。一方面，注册会计师应当查明原因，并及时提请被审计单位更正；另一方面，注册会计师应当考虑错误的潜在范围和重大程度，在可能的情况下，扩大检查范围以减少错误的发生。注册会计师还可要求被审计单位重新盘点。重新盘点的范围可限于某一特殊领域的存货或特定盘点小组。

（5）需要特别关注的情况。

①存货盘点范围。在被审计单位盘点存货前，注册会计师应当观察盘点现场，确定应纳入盘点范围的存货是否已经适当整理和排列，并附有盘点标识，防止遗漏或重复盘点。对未纳入盘点范围的存货，注册会计师应当查明未纳入的原因。

②对所有权不属于被审计单位的存货，注册会计师应取得其规格、数量等有关资料，确定是否已单独存放、标明，且未被纳入盘点范围。在存货监盘过程中，注册会计师应当根据取得的所有权不属于被审计单位的存货的有关资料，观察这些存货的实际存放情况，确保其未被纳入盘点范围。即使在被审计单位声明不存在受托代存存货的情形下，注册会计师在存货监盘时也应当关注是否存在某些存货不属于被审计单位的迹象，以避免盘点范围不当。

③对特殊类型存货的监盘。对某些特殊类型的存货而言，被审计单位通常使用的盘点方法和控制程序并不完全适用。这些存货通常或者没有标签，或者其数量难以估计，或者其质量难以确定，或者盘点人员无法对其移动实施控制。在这些情况下，注册会计师需要运用职业判断，根据存货的实际情况，设计恰当的审计程序，对存货的数量和状况获取审计证据。

表7-4列举了被审计单位特殊存货的类型、通常采用的盘点方法与存在的潜在问题，以及可供注册会计师实施的监盘程序。注册会计师在审计实务中，应当根据被审计单位所处行业的特点、存货的类别和特点以及内部控制等具体情况，并在通用的存货监盘程序基础上，设计关于特殊类型存货监盘的具体审计程序。

表 7 – 4   特殊类型存货的监盘程序

存货类型	盘点方法与潜在问题	可供实施的审计程序
木材、钢筋盘条、管子	通常无标签，但在盘点时会做上标记或用粉笔标识；难以确定存货的数量或等级	• 检查标记或标识 • 利用专家或被审计内部有经验人员的工作
堆积型存货（如糖、煤、钢废料）	通常既无标签也不做标记；在估计存货数量时存在困难	• 运用工程估测、几何计算、高空勘测，并依赖详细的存货记录 • 如果堆场中的存货堆不高，可进行实地监盘，或通过旋转存货堆加以估计
使用磅秤测量的存货	在估计存货数量时存在困难	• 在监盘前和监盘过程中均应检验磅秤精准度，并留意磅秤位置移动与重新调校程序 • 将检查和重新衡量程序相结合 • 检查称量尺度的换算问题
散装物品（如贮窖存货，使用桶、箱、罐、槽等容器储存的液体、气体、谷类粮食、流体存货）	在盘点时通常难以识别和确定；在估计存货数量时存在困难；在确定存货质量时存在困难	• 使用容器进行监盘或通过预先编号的清单列表加以确定 • 使用浸蘸、测量棒、工程报告以及依赖永续存货记录 • 选择样品化验与分析，或利用专家工作
贵金属、石器、艺术品与收藏品	存货辨认与质量确定方面存在困难	• 选择样品进行化验与分析，利用专家工作
生产纸浆用木材、牲畜	存货辨认与数量确定方面存在困难；可能无法对此类存货移动实施控制	• 通过高空摄影以确定其存在，对不同时点的数量进行比较，并依赖永续存货记录

（6）存货监盘结束时的工作。在被审计单位存货盘点结束前，注册会计师应当：再次观察盘点现场，以确定所有应纳入盘点范围的存货是否均已盘点。取得并检查已填用、作废及未使用盘点表单的号码记录。确定其是否连续编号，查明已发放的表单是否均已收回，并与存货盘点的汇总记录进行核对。注册会计师应当根据自己在存货监盘过程中获取的信息对被审计单位最终的存货盘点结果汇总记录进行复核，并评估其是否正确地反映了实际盘点结果。

如果存货盘点日不是资产负债表日，注册会计师应当实施适当的审计程序，确定盘点日与资产负债表日之间存货的变动是否已得到恰当的记录。

在实务中，注册会计师可以结合盘点日至财务报表日之间间隔期的长短、相关内部控制的有效性等因素进行风险评估，设计和执行适当的审计程序。在实质性程序方面，注册会计师可以实施的程序示例包括：

其一，比较盘点日和财务报表日之间的存货信息以识别异常项目，并对其执行适当的审计程序（例如实地查看等）；

其二，对存货周转率或存货销售周转天数等实施实质性分析程序；

其三，对盘点日至财务报表日之间的存货采购和存货销售分别实施双向检查（例如，对存货采购从入库单查至其相应的永续盘存记录及从永续盘存记录查至其相应的入库单等支持性文件，对存货销售从货运单据查至其相应的永续盘存记录及从永续盘存记录查至其相应的货运单据等支持性文件）；

其四，测试存货销售和采购在盘点日和财务报表日的截止是否正确。

4. 特殊情况的处理。

（1）在存货盘点现场实施存货监盘不可行。在某些情况下，实施存货监盘可能是不可行的。这可能是由存货性质和存放地点等因素造成的，例如，存货存放在对注册会计师的安全有威胁的地点。然而，对注册会计师带来不便的一般因素不足以支持注册会计师作出实施存货监盘不可行的决定。审计中的困难、时间或成本等事项本身，不能作为注册会计师省略不可替代的审计程序或满足于说服力不足的审计证据的正当理由。

如果在存货盘点现场实施存货监盘不可行，注册会计师应当实施替代审计程序（如检查盘点日后出售盘点日之前取得或购买的特定存货的文件记录），以获取有关存货的存在和状况的充分、适当的审计证据。

但在其他一些情况下，如果不能实施替代审计程序，或者实施替代审计程序可能无法获取有关存货的存在和状况的充分、适当的审计证据，注册会计师需要按照《中国注册会计师审计准则第1502号——在审计报告中发表非无保留意见》的规定发表非无保留意见。

（2）因不可预见的情况导致无法在存货监盘现场实施监盘。有时，由于不可预见情况而可能导致无法在预定日期实施存货监盘，两种比较典型的情况包括：一是注册会计师无法亲临现场，即由于不可抗力导致其无法到达存货存放地实施存货监盘；二是气候因素，即由于恶劣的天气导致注册会计师无法实施存货监盘程序，或由于恶劣的天气无法观察存货，如木材被积雪覆盖。

如果由于不可预见的情况无法在存货盘点现场实施监盘，注册会计师应当另择日期实施监盘，并对间隔期内发生的交易实施审计程序。

（3）由第三方保管或控制的存货。如果由第三方保管或控制的存货对财务报表是重要的，注册会计师应当实施下列一项或两项审计程序，以获取有关该存货存在和状况的充分、适当的审计证据：

①向持有被审计单位存货的第三方函证存货的数量和状况。

②实施检查或其他适合具体情况的审计程序。根据具体情况（如获取的信息使注册会计师对第三方的诚信和客观性产生疑虑），注册会计师可能认为实施其他审计程序是适当的。其他审计程序可以作为函证的替代程序，也可以作为追加的审计程序。

其他审计程序的示例包括：

①实施或安排其他注册会计师实施第三方的存货监盘（如可行）；

②获取其他注册会计师或服务机构注册会计师针对用以保证存货得到恰当盘点和保管的内部控制的适当性而出具的报告；

③检查与第三方持有的存货相关的文件记录，如仓储单；

④当存货被作为抵押品时，要求其他机构或人员进行确认。

考虑到第三方仅在特定时点执行存货盘点工作，在实务中，注册会计师可以事先考虑实施函证的可行性。如果预期不能通过函证获取相关审计证据，可以事先计划和安排存货监盘等工作。

此外，注册会计师可以考虑由第三方保管存货的商业理由的合理性，以进行存货相关风险（包括舞弊风险）的评估，并计划和实施适当的审计程序，例如检查被审计单位和第三方所签署的存货保管协议的相关条款、复核被审计单位调查及评价第三方工作的程序等。

实战演练

1. 下列有关存货监盘的说法中，正确的是（　　　）。（CPA 考试审计真题）

A. 注册会计师在实施存货监盘过程中不应协助被审计单位的盘点工作

B. 注册会计师实施存货监盘通常可以确定存货的所有权

C. 由于不可预见的情况而导致无法在预定日期实施存货监盘，注册会计师可以实施替代审计程序

D. 注册会计师主要采用观察程序实施存货监盘

【参考答案】A

2. 下列各项中，属于对生产与存货业务循环内部控制测试的有（　　　）。（初级审计师考试真题）

A. 观察存货保管与盘点职责是否分离

B. 追踪原材料入库业务各项控制的执行情况

C. 计算存货周转率并与上年进行比较

D. 抽取存货盘点记录，检查盘点范围、组织方式等

E. 对存货实施监盘

【参考答案】ABD

（二）存货计价测试

存货监盘程序主要是对存货的数量进行测试。为验证财务报表上存货余额的真实性，还应当对存货的计价进行审计。存货计价测试包括两个方面：一是被审计单位所使用的存货单位成本是否正确；二是是否恰当计提了存货跌价损失准备。

在对存货计价实施细节测试之前，注册会计师通常先要了解被审计单位本年度的存货计价方法与以前年度是否保持一致。如发生变化，变化的理由是否合理，是否经过适当的审批。

1. 存货单位成本测试。针对原材料的单位成本，注册会计师通常基于企业

的原材料计价方法（如先进先出法，加权平均法等），结合原材料的历史购买成本，测试其账面成本是否准确，测试程序包括核对原材料采购的相关凭证（主要是与价格相关的凭证，如合同、采购订单、发票等）以及验证原材料计价方法的运用是否正确。

针对产成品和在产品的单位成本，注册会计师需要对成本核算过程实施测试，包括直接材料成本测试、直接人工成本测试、制造费用测试和生产成本在当期完工产品与在产品之间分配的测试四项内容，具体如表 7 - 5 所示。

表 7 - 5　　　　　　　　　　产成品和在产品单位成本核算过程测试

	项目	测试内容
直接材料成本测试	对采用定额单耗企业	选择某一成本报告期若干种具有代表性的产品成本计算单，获取样本的生产指令或产量统计记录及其直接材料单位消耗定额，根据材料明细账或采购业务测试工作底稿中各该直接材料的单位实际成本，计算直接材料的总消耗量和总成本，与该样本成本计算单中的直接材料成本核对
	对未采用定额单耗企业	获取材料费用分配汇总表、材料发出汇总表（或领料单）、材料明细账（或采购业务测试工作底稿）中各该直接材料的单位成本，作如下检查：成本计算单中直接材料成本与材料费用分配汇总表中该产品负担的直接材料费用是否相符，分配标准是否合理；将抽取的材料发出汇总表或领料单中若干种直接材料的发出总量和各该种材料的实际单位成本之积，与材料费用分配汇总表中各该种材料费用进行比较
	对采用标准成本法企业	获取样本生产指令或产量统计记录、直接材料单位标准用量、直接材料标准单价及发出材料汇总表或领料单，检查下列事项：按生产量、直接材料单位标准用量和标准单价计算的标准成本与成本计算单中的直接材料成本核对是否相符；直接材料成本差异的计算与账务处理是否正确
直接人工成本测试	对采用计时工资制企业	获取样本实际工时统计记录、员工分类表和员工工薪手册（工资率）及人工费用分配汇总表，作如下检查：成本计算单中直接人工成本与人工费用分配汇总表中该样本的直接人工费用核对是否相符；样本的实际工时统计记录与人工费用分配汇总表中该样本的实际工时核对是否相符；抽取生产部门若干天的工时台账与实际工时统计记录核对是否相符；当没有实际工时统计记录时，则可根据员工分类表及员工工薪手册中的工资率，计算复核人工费用分配汇总表中该样本的直接人工费用是否合理
	对采用计件工资制企业	获取样本产量统计报告、个人（小组）产量记录和经批准的单位工薪标准或计件工资制度，检查下列事项：根据样本的统计产量和单位工薪标准计算的人工费用与成本计算单中直接人工成本核对是否相符；抽取若干个直接人工（小组）的产量记录，检查是否被汇总计入产量统计报告
	对采用标准成本法企业	获取样本生产指令或产量统计报告、工时统计报告和经批准的单位标准工时、标准工时工资率、直接人工的工薪汇总表等资料，检查下列事项：根据产量和单位标准工时计算的标准工时总量与标准工时工资率之积同成本计算单中直接人工成本核对是否相符；直接人工成本差异计算与账务处理是否正确，并注意直接人工的标准成本在当年内有无重大变更

续表

项目		测试内容
间接费用测试	制造费用测试	获取样本制造费用分配汇总表、按项目分列的制造费用明细账、与制造费用分配标准有关的统计报告及其相关原始记录，作如下检查：制造费用分配汇总表中，样本分担的制造费用与成本计算单中的制造费用核对是否相符；制造费用分配汇总表中合计数与样本所属成本报告期的制造费用明细账总计数核对是否相符；制造费用分配汇总表选择的分配标准（机器工时数、直接人工工资、直接人工工时数、产量等）与相关的统计报告或原始记录核对是否相符，并对费用分配标准的合理性作出评估
生产成本分配测试	生产成本在当期完工产品与在产品之间分配的测试	检查成本计算单中在产品数量与生产统计报告或在产品盘存表中的数量是否一致；检查在产品约当产量计算或其他分配标准是否合理；计算复核样本的总成本和单位成本

2. 存货跌价损失准备的测试。注册会计师在测试存货跌价损失准备时，需要从以下两个方面进行测试。

（1）识别需要计提跌价损失准备的存货项目。注册会计师可以通过询问管理层和相关部门（生产、仓储、财务、销售等）员工，了解被审计单位如何收集有关滞销、过时、陈旧、毁损、残次存货的信息并为之计提必要的跌价损失准备。如被审计单位编制存货货龄分析表，则可以通过审阅分析表识别滞销或陈旧的存货。此外，注册会计师还要结合存货监盘过程中检查存货状况而获取的信息，以判断被审计单位的存货跌价损失准备计算表是否有遗漏。

（2）检查可变现净值的计量是否合理。在存货计价审计中，由于被审计单位对期末存货采用成本与可变现净值孰低的方法计价，所以注册会计师应充分关注其对存货可变现净值的确定及存货跌价准备的计提。

可变现净值是指企业在日常活动中存货的估计售价减去至完工时估计将要发生的成本、估计的销售费用以及相关税费后的金额。企业确定存货的可变现净值，应当以取得的确凿证据为基础，并且考虑持有存货的目的以及资产负债表日后事项的影响等因素。

实战演练

被审计单位甲公司存在生产成本和制造费用在不同产品之间，在产品和产成品之间分配不正确的风险，该风险与存货的（　　）认定相关。（2021 年 CPA 考试真题）

　　A. 存在　　　　B. 准确性　　　　C. 准确性、计价和分摊　　　　D. 完整性

【参考答案】C

第四节　营业成本项目审计

营业成本是指企业对外销售商品、产品或对外提供劳务等发生的实际成本。

对营业成本的实质性测试，应通过审阅营业收入明细账、产成品明细账等记录并核对有关原始凭证和记账凭证进行。其实质性测试程序包括：

（1）获取或编制主营业务成本明细账，复核加计是否正确，并与总账数和明细账合计数核对是否相符，结合"其他业务成本"科目与营业成本报表数，核对是否相符。

（2）复核主营业务成本明细表的正确性，编制生产成本与主营业务成本倒轧表（见表7-6），并与"库存商品"等相关科目勾稽。

表7-6　　　　　　　　　生产成本与主营业务成本倒轧表　　　　　　　单位：万元

项目	未审数	调整或重分类金额（借/贷）	审定数
原材料期初余额			
加：本期购进			
减：原材料期末余额			
其他发出额			
直接材料成本			
加：直接人工成本			
制造费用			
生产成本			
加：在产品期初余额			
减：在产品期末余额			
产品生产成本			
加：产成品期初余额			
减：产成品期末余额			
主营业务成本			

（3）检查主营业务成本的内容和计算方法是否符合企业会计准则的规定以及前后期是否一致。

（4）必要时，实施实质性分析程序：比较当年与以前年度不同品种产品的主营业务成本和毛利率，并查明异常情况的原因；比较当年与以前年度各月主营业务成本的波动趋势，并查明异常情况的原因；比较被审计单位与同行业的毛利率，并查明异常情况的原因；比较当年及以前年度主要产品的单位产品成本，并查明异常情况的原因。

（5）抽取若干月份的主营业务成本结转明细清单，结合生产成本的审计，检查销售成本结转数额的正确性，比较计入主营业务成本的商品品种、规格、数量与计入主营业务收入的口径是否一致，是否符合配比原则。

（6）针对主营业务成本中重大调整事项（如销售退回）、非常规项目，检查相关原始凭证，评价其真实性和合理性，检查其会计处理是否正确。

（7）在采用计划成本、定额成本、标准成本或售价核算存货的条件下，应检查产品成本差异或商品进销差价的计算、分配和会计处理是否正确。

（8）结合期间费用审计，判断被审计单位是否通过将应计入生产成本的支出计入期间费用或将应计入期间费用的支出计入生产成本等手段调节生产成本，从而调节主营业务成本。

（9）检查营业成本是否已在财务报表中作出了恰当列报。

第五节　应付职工薪酬项目审计

应付职工薪酬是企业支付给员工的劳动报酬，其主要核算方式有计时制和计件制两种。职工薪酬可能采用现金的形式支付，因而相对于其他业务更容易发生错误或舞弊行为，例如，虚报、冒领和贪污等。同时，职工薪酬是构成企业成本费用的重要项目，所以在审计中显得十分重要。

一、应付职工薪酬的审计目标

应付职工薪酬的审计目标一般包括：确定期末应付职工薪酬是否存在；确定应付职工薪酬计提和支出依据是否合理、记录是否完整；确定期末应付职工薪酬是否是被审计单位应履行的现实支付义务；确定应付职工薪酬期末余额是否正确；确定应付职工薪酬是否作出恰当的列报。

二、应付职工薪酬的实质性程序

（一）获取或编制应付职工薪酬明细表

应付职工薪酬
底稿模板

获取或编制应付职工薪酬明细表，复核加计是否正确，并与报表数、总账数和明细账合计数核对是否相符。

（二）对本期职工薪酬实行分析程序

1. 针对已识别需要运用分析程序的有关项目，并基于对被审计单位及其环境的了解，通过进行以下比较，同时考虑有关数据间关系的影响，以建立有关数据的期望值。

（1）比较被审计单位员工人数的变动情况，检查被审计单位各部门各月工薪费用的发生额是否有异常波动，若有，则查明波动原因是否合理。

（2）比较本期与上期工薪费用总额以及预期的工薪费用总额，要求被审计单位解释其增减变动或差异原因，或取得公司管理层关于员工工薪标准的决议。

（3）比较社会保险费（包括医疗、养老、失业、工伤、生育保险费）、住房公积金、工会经费和辞退福利等项目的本期实际计提数与按照相关规定独立计算的预期计提数，要求被审计单位解释其增减变动或差异原因。

（4）核对下列相互独立部门的相关数据：工薪部门记录的工薪支出与出纳记录的工薪支付数，工薪部门记录的工时与生产部门记录的工时；比较本期应付职工薪酬余额与上期应付职工薪酬余额，是否有异常变动。

2. 确定可接受的差异额。

3. 将实际的情况与期望值相比较，识别需要进一步调查的差异。

4. 如果其差额超过可接受的差异额，调查并获取充分的解释和恰当的佐证审计证据（如通过检查相关的凭证）。

5. 评估实质性分析程序的测试结果。

（三）检查工薪、奖金、津贴和补贴

1. 计提是否正确，依据是否充分。将执行的工薪标准与有关规定核对，并对工薪总额进行测试；被审计单位如果实行工效挂钩的，应取得有关主管部门确认的效益工薪发放额认定证明，结合有关合同文件和实际完成的指标，检查其计提额是否正确，是否应作纳税调整；结合员工社保缴纳情况，明确被审计单位员工范围，检查是否与关联公司员工工薪混淆列支。

2. 检查分配方法与上年是否一致。除因解除与职工的劳动关系给予的补偿直接计入管理费用外，被审计单位是否根据职工提供服务的受益对象，分别下列情况进行处理：

（1）应由生产产品、提供劳务负担的职工薪酬，计入产品成本或劳务成本；

（2）应由在建工程、无形资产负担的职工薪酬，计入相关资产成本；

（3）被审计单位为外商投资企业，按规定从净利润中提取的职工奖励及福利基金，是否以董事会决议为依据，是否相应记入"利润分配——提取的职工奖励及福利基金"科目；

（4）其他职工薪酬，是否计入当期损益。

3. 检查发放金额是否正确，代扣的款项及其金额是否正确。

4. 检查是否存在属于拖欠性质的职工薪酬，并了解拖欠的原因。

（四）检查社会保险费等

检查社会保险费（包括医疗、养老、失业、工伤、生育保险费）、住房公积金、工会经费等计提（分配）和支付（使用）的会计处理是否正确，依据是否充分。

（五）检查辞退福利

1. 对于职工没有选择权的辞退计划，检查按辞退职工数量、辞退补偿标准计提辞退福利负债金额是否正确。

2. 对于自愿接受裁减的建议，检查按接受裁减建议的预计职工数量、辞退补偿标准（该标准确定）等计提辞退福利负债金额是否正确。

3. 检查实质性辞退工作在一年内完成，但付款时间超过一年的辞退福利，是否按折现后的金额计量，折现率的选择是否合理。

4. 检查计提辞退福利负债的会计处理是否正确，是否将计提金额计入当期管理费用。

5. 检查辞退福利交付凭证是否真实正确。

（六）检查非货币性福利

1. 检查以自产产品发放给职工的非货币性福利，是否根据受益对象，按照该产品的公允价值，计入相关资产成本或当期损益，同时确认应付职工薪酬；对于难以认定受益对象的非货币性福利，是否直接计入当期损益和应付职工薪酬。

2. 检查无偿向职工提供住房的非货币性福利，是否根据受益对象，将该住房每期应计提的折旧计入相关资产成本或当期损益，同时确认应付职工薪酬。对于难以认定受益对象的非货币性福利，是否直接计入当期损益和应付职工薪酬。

3. 检查租赁住房等资产供职工无偿使用的非货币性福利，是否根据受益对象，将每期应付的租金计入相关资产成本或当期损益，并确认应付职工薪酬。对于难以认定受益对象的非货币性福利，是否直接计入当期损益和应付职工薪酬。

（七）检查以现金与职工结算的股份支付

1. 检查授予后立即可行权的以现金结算的股份支付，是否在授予日以企业承担负债的公允价值计入相关成本或费用。

2. 检查完成等待期内的服务或达到规定业绩条件以后才可行权的以现金结算的股份支付，在等待期内的每个资产负债表日，是否以对可行权情况的最佳估计为基础，按照企业承担负债的公允价值金额，将当期取得的服务计入成本或费用。在资产负债表日，后续信息表明企业当期承担债务的公允价值与以前估计不同，是否进行调整，并在可行权日，调整至实际可行权水平。

3. 检查在行权日，实际以现金结算的股份支付金额是否正确，会计处理是否恰当。

（八）检查应付职工薪酬的期后付款情况

检查应付职工薪酬的期后付款情况，并关注在资产负债表日至财务报表批准报出日之间，是否有确凿的证据表明需要调整资产负债表日原确认的应付职工薪酬事项。

（九）检查应付职工薪酬是否已作出恰当的列报

1. 检查是否在附注中披露与职工薪酬有关的下列信息：

（1）应当支付给职工的工薪、奖金、津贴和补贴，及其期末应付未付金额。

（2）应当为职工缴纳的医疗、养老、失业、工伤和生育等社会保险费，及其期末应付未付金额；应当为职工缴存住房公积金，及其期末应付未付金额。

（3）为职工提供的非货币性福利，及其计算依据。

（4）应当支付的因解除劳动关系给予的补偿，及其期末应付未付金额。

（5）其他职工薪酬。

2. 检查因自愿接受裁减建议的职工数量、补偿标准等不确定而产生的预计负债（应付职工薪酬），是否按照《企业会计准则第 13 号——或有事项》进行披露。

职业测试

1. 下列各项中，属于应付职工薪酬审计的实质性测试程序的是（　　）。（2015 年 CPA 考试审计真题）

A. 询问和观察人事、考勤、工薪发放、记录等职责执行情况

B. 复核人事政策、组织结构图

C. 对本期工资费用进行分析性复核

D. 检查工资分配表、工资汇总表、工资结算表，并核对员工工资手册、员工手册等

【参考答案】C

2. 对薪酬业务循环进行审计时，审计人员可以通过观察与询问方法进行审查的是（　　）。（2016 年初级审计师考试真题）

A. 薪酬计算是否正确

B. 职工福利费的提取是否正确

C. 薪酬费用账务处理是否正确

D. 薪酬结算和发放职责是否分离

【参考答案】D

【本章小结】

通过对生产与存货循环的审计，对存货、成本及工薪的控制测试和实质性程序的具体操作有一定理解和掌握。

首先，了解生产与存货循环的业务活动，包括了解本循环涉及的主要凭证与会计记录以及本循环涉及的主要业务活动，通过对这两个方面的了解，可以了解生产与存货循环的整个流程。

其次，进行控制测试，检查被审计单位的内部控制是否得到有效执行。明确本循环的内部控制主要包括适当的职责分离、授权程序、成本控制、永续盘存制、实物控制这五个方面。除此之外，理解本循环以风险为起点的控制测试，即可能发生错报的环节、相关财务报表项目及认定、对应的内部控制示例、内部控制测试程序。

最后，对存货、应付职工薪酬和营业成本等重要项目实施实质性程序，进一步从金额上确定它们的准确性、从而确定被审计单位财务报表的合法性、公允性。在此之中，要明确存货审计目标、存货监盘和存货计价测试的主要内容；要明确应付职工薪酬的审计目标以及实质性程序应包含的具体内容，即应付职工薪酬审计应从九个方面实施实质性程序，包括获取或编制应付职工薪酬明细

表、对本期职工薪酬实行分析程序、检查工薪、奖金、津贴和补贴、检查社会保险费等、检查辞退福利、检查非货币性福利、检查以现金与职工结算的股份支付、检查应付职工薪酬的期后付款情况、检查应付职工薪酬是否已作出恰当的列报；要明确营业成本审计的实质性测试，即应通过审阅营业收入明细账、产成品明细账等记录并核对有关原始凭证和记账凭证进行。

【课后练习】

一、单项选择题

1. 下列有关存货监盘目的的说法中，错误的是（　　　）。

A. 存货监盘针对的主要是存货的存在认定

B. 存货监盘针对的主要是存货的存在认定、完整性认定

C. 存货监盘可以获取存货完整性认定及计价和分摊认定的部分证据

D. 存货监盘本身并不足以供注册会计师确定存货的所有权，注册会计师可能需要执行其他实质性程序以应对所有权认定的相关风险

2. 下列有关对存货实施抽盘程序的说法中，错误的是（　　　）。

A. 抽盘时如果发现抽盘差异，注册会计师应当考虑错误的潜在范围和重大程度，在可能的情况下，扩大检查范围以减少错误的发生

B. 注册会计师应尽可能地让被审计单位了解自己将抽取测试的存货项目，以便双方协调提高效率

C. 抽盘的目的主要是获取有关盘点记录准确性和完整性的审计证据

D. 获取管理层完成的存货盘点记录的复印件有助于注册会计师日后实施审计程序，以确定被审计单位的期末存货记录是否准确地反映了存货的实际盘点结果

3. 由于天气原因导致注册会计师无法在存货盘点现场实施监盘，以下应对措施中，正确的是（　　　）。

A. 实施替代程序，如果替代程序无法获取有关存货存在和状况的充分、适当的审计证据，则考虑是否发表非无保留意见

B. 另择日期进行监盘，并对间隔期内的交易实施审计程序

C. 在审计报告中说明审计范围因不可预见的情况受到限制

D. 评价被审计单位有关存货盘点的内部控制，判断是否信赖被审计单位的存货盘点结果

4. 存货监盘程序所得到的是（　　　）。

A. 书面证据　　　B. 口头证据　　　C. 环境证据　　　D. 实物证据

5. 下列有关存货监盘审计程序的说法中，错误的是（　　　）。

A. 被审计单位相关人员完成存货盘点后，注册会计师进入存货存放地点对已盘点存货实施检查程序

B. 对于受托代存的存货，实施向存货所有权人函证等审计程序

C. 对于因性质特殊而无法监盘的存货，实施向客户或供应商函证等审计

程序

D. 对于已作质押的存货，向被审计单位债权人函证与被质押存货相关的内容

6. 假设注册会计师负责审计被审计单位 2016 年度财务报表。注册会计师了解到被审计单位存货采用实地盘存制，2017 年 1 月 2 日在复核存货监盘备忘记录及相关审计工作底稿时，注意到以下情况，其中做法正确的是（　　）。

A. 索取全部盘点表并按编号顺序汇总后，进行账账、账实核对

B. 监盘前将抽盘范围告知被审计单位，以便其做好相关准备

C. 抽盘后将抽盘记录交予被审计单位，要求被审计单位调整存货盘点表

D. 由于未能监盘期初存货，拟订根据期末监盘结果倒推存货期初余额，并予以确认

二、多项选择题

1. 在存货盘点现场实施监盘时，注册会计师应当实施的审计程序包括（　　）。

A. 执行抽盘

B. 检查存货

C. 评价管理层用以记录和控制存货盘点结果的指令和程序

D. 观察管理层制定的盘点程序的执行情况

2. 下列有关存货监盘地点的职业判断中，不恰当的有（　　）。

A. 如果存货存放在多个地点，注册会计师可以要求被审计单位提供一份完整的存货存放地点清单，第三方代被审计单位保管存货的仓库除外

B. 如果存货存放在多个地点，注册会计师可以要求被审计单位提供一份完整的存货存放地点清单，租赁的仓库除外

C. 如果存货存放在多个地点，注册会计师可以要求被审计单位提供一份完整的存货存放地点清单，并考虑其完整性

D. 如果存货存放在多个地点，注册会计师可以要求被审单位提供一份完整的存货存放地点清单，期末存货量为零的仓库除外

3. 下列关于确定存货盘点范围的说法中，恰当的有（　　）。

A. 对所有权不属于被审计单位的存货，应当取得其规格、数量等有关资料，确定是否已单独存放、标明，且未被纳入盘点范围

B. 对被审计单位未纳入盘点范围的存货，注册会计师应当直接实施替代审计程序

C. 在被审计单位盘点存货前，注册会计师应当观察盘点现场，确定应纳入盘点范围的存货是否已经适当整理和排列，并附有盘点标识，防止遗漏或重复盘点

D. 即使在被审计单位声明不存在受托代存存货的情形下，注册会计师也应当关注是否存在某些存货不属于被审计单位的迹象，以避免盘点范围不当

4. 在考虑被审计单位委托其他单位保管的存货时，注册会计师应当拟定的审计程序有（　　）。

A. 实施监盘

B. 对存放于外单位的存货，通常需要向该单位获取受托代管存货的书面确认函

C. 视审计范围受到限制考虑对审计报告的影响

D. 向被审计单位存货的保管人函证

5. 注册会计师在审计上市公司财务报表的存货项目时，能够根据估价或分摊认定推论得出的审计目标有（　　　）。

A. 存货账面数量与实物数量相符，金额的计算正确

B. 当存货成本低于可变现净值时，已调整为可变现净值

C. 年末采购、销售截止是恰当的

D. 存货项目余额与其各相关总账余额合计数一致

三、判断题

1. 注册会计师监盘的时间以会计期末以后为优。 （　　）

2. 只要各类存货间的转换凭证十分可靠，分散盘点即可提供可靠的审计证据。 （　　）

3. 为了满足审计的要求，注册会计师应当负责制定盘点计划，这样一方面可以使企业更加了解审计对存货盘点的要求，另一方面也有利于注册会计师掌握企业存货管理的情况及企业对存货盘点的初步安排。 （　　）

4. 存货正确截止的要求是，12 月 31 日前购入的存货，即使未验收入库，也必须纳入存货盘点的范围。 （　　）

5. 应付职工薪酬审计目标应包括：确定其是否存在；确定计提和支出的记录是否完整；确定计提依据是否合理；确定期末余额是否正确；确定披露是否恰当。 （　　）

6. 注册会计师应在企业盘点人员盘点后，根据自己观察的情况，在盘点标签尚未取下之前，进行复盘抽点，抽点样本一般不得低于存货总量的 20%。

（　　）

四、简答题

1. A 注册会计师是甲公司 2020 年度财务报表审计业务的项目合伙人。甲公司是一家时装加工企业，存货占其资产总额的比例很大，主营来料加工类业务。A 注册会计师计划于 2020 年 12 月 31 日实施存货监盘程序。A 注册会计师编制的存货监盘计划和计价测试部分内容摘录如下：

（1）基于存货风险较高的评估结果，针对甲公司存货存放地点较多的情况，拟询问被审计单位的管理层，比较不同时期的存货存放地点的清单、检查存货的出、入库单等。

（2）在到达存货盘点现场后，监盘人员观察来料加工业务的原材料是否已经单独存放并予以标明，确定其未被纳入存货盘点范围。

（3）对盘点过程中收到的存货，纳入盘点和监盘范围。

（4）在和被审计单位沟通存货盘点程序时，对于盘点程序的缺陷，不予指明。

（5）计价测试时，充分关注甲公司对存货可变现净值的确定及存货跌价准备的计提。

要求：

（1）根据以上注册会计师对被审单位的了解，请评估甲公司与存货相关的经营风险。

（2）针对（1）至（5）事项，逐项指出是否存在不当之处。如存在简要说明理由。

2. ABC会计师事务所的A注册会计师负责审计甲公司2020年度财务报表，与存货审计相关的部分事项如下：

（1）甲公司的存货存在特别风险。A注册会计师在了解部分内部控制后，未测试控制运行的有效性，直接实施了细节测试。

（2）2020年12月25日，A注册会计师对存货实施监盘，结果满意。因年末存货余额与盘点日余额差异较小，A注册会计师根据监盘结果认可了年末存货数量。

（3）在执行抽盘时，A注册会计师从存货盘点记录中选取项目追查至存货实物，从存货实物中选取项目追查至盘点记录，以获取有关盘点记录准确性和完整性的审计证据。

（4）A注册会计师向乙公司函证由其保管的甲公司存货的数量和状况，收到的传真件回函显示，数量一致，状况良好。A注册会计师据此认可了回函结果。

（5）A注册会计师获取了甲公司的存货货龄分析表，考虑了生产和仓储部门上报的存货损毁情况及存货监盘中对存货状况的检查情况，认为甲公司财务人员编制的存货可变现净值计算表中计提跌价准备的项目不存在遗漏。

要求：针对上述第（1）至第（5）项，逐项指出A注册会计师的做法是否恰当，如不恰当，简要说明理由。

五、思考题

1. 审计人员为何应对存货进行监盘？如何实施监盘程序？

2. 审计人员为何进行存货截止测试？如何进行截止测试？

3. 存货监盘的替代审计程序有哪些？

4. 针对应付职工薪酬项目应如何进行审计？

5. 存货正确截止的关键是什么？如何进行存货的截止测试？

第八章　筹资与投资循环审计

【引导案例】

注册会计师如何对投资业务进行恰当审计

新华会计师事务所自 2017 年开始接受 SF 股份有限公司董事会委托，对 SF 股份有限公司进行年度会计报表审计。根据双方所签订的审计约定书，由以张某为组长及以李某、王某、刘某为组员的项目组于 2019 年 2 月 10 日至 3 月 4 日对该公司 2018 年度的会计报表进行了审计。本案例主要反映投资的审计过程及相关问题。投资审计包括对企业交易性金融资产、持有至到期投资、可供出售金融资产和长期股权投资的审计。投资活动的安全和有效对企业生产经营活动有着重要影响。在对投资审计时，审计项目小组对《企业会计准则第 2 号——长期股权投资》《企业会计准则第 22 号——金融工具确认和计量》《企业会计准则第 23 号——金融资产转移》《企业会计准则第 37 号——金融工具列报》等予以了特别关注。SF 公司主营业务范围为：水产品养殖、加工、销售及深度综合开发，生物工程研究、开发及食品、饮料的销售。2018 年，公司把经营工作的重点继续放在拓展主营业务上，除了抓好传统养殖和扩大水面养殖规模、引进新的养殖品种外，还在合理利用水面资源，发展"三网"养殖，增加名特优新水产品养殖投入等方面，使水产养殖继续保持稳定增长的势头。

根据审计计划，李某负责投资的审计测试与取证工作。

（1）李某对 SF 公司长期投资业务进行审查时，将"长期股权投资"账户与有关货币资金及"应收股利"等账户相互核对，从而判明其入账的价值是否合规适当。结果发现 2018 年 4 月 10 日购入 H 公司股票 200 000 股，实际买价为 800 000 元，其中买价中包含已宣告但尚未支付的股利 18 000 元，另支付印花税 6 400 元，经纪人佣金 2 400 元，该公司将所支付的款项全部作为权益资本，记入"长期股权投资"账户，5 月 8 日立益公司发放红利，该公司将所得红利记入"其他业务收入"账户。

（2）李某发现该公司于 2018 年 4 月购入 W 公司的股票 50 000 股，预计持有时间为 4 个月。每股面值为 1 元，每股购入价 1.2 元，实际支付金额为 62 000 元，其中包含已宣告发放但未支付的股利 2 000 元。该公司作以下分录：

借：可供出售金融资产　　　　　　　　　　　　　　　　60 000
　　投资收益　　　　　　　　　　　　　　　　　　　　 2 000
　　　贷：银行存款　　　　　　　　　　　　　　　　　　　　　62 000

（3）根据不同的保管方式，李某采取不同的审查方法。由证券公司代为保管的，由于保管机构拥有严密的财产保管制度和证券存取制度，一般不会发生资产的个人盗用，通过询证的方式加以证实。对存放在 SF 公司内部的有价证券，采取突击式的盘点，在证券保管员、会计人员、有关领导和审计人员同时在场的情况下进行。清点时由原证券保管员将证券和经双方签字的证券移交记录交给清点人员，清点人员每清点一批就将数目报给持有证券明细表的审计人员，边清点边核对，清点后将证券交给保管员，双方在移交记录上再次签字。清点时，审计人员不仅清点数目，同时检查证券的真伪，警惕伪造证券的可能性。此外，审计人员还确定了证券的所有权。对盘点数与账面数的差异，审计人员进一步查明原因。

资料来源：胡春元. 审计案例：源于中国证券市场［M］. 大连：大连出版社，2010.

讨论问题：

1. SF 公司在 2018 年 4 月 10 日购入 H 公司股票的会计处理是否恰当？

2. SF 公司在 2018 年 4 月购入 W 公司的股票作为可供出售金融资产是否合理？如果不合理，应当划分为什么？

3. 审计人员对 SF 公司内部有价证券的审查还可以采用哪些方式？

【学习目标】

1. 了解筹资与投资循环的特点、所涉及的凭证及主要业务活动。

2. 理解筹资与投资循环的内部控制、相关控制测试及交易实质性测试的内容。

3. 掌握应付债券和投资活动中有关内部控制的内容、控制测试和实质性测试的程序和方法。

4. 掌握借款审计、所有者权益审计、投资审计的程序和方法。

第一节　筹资与投资循环的业务及记录

筹资活动是企业为满足生存和发展的需要，通过改变企业的资本及债务规模和结构而筹集资金的活动。投资活动是企业为合理有效地使用资金获取经济效益，将资产让渡给其他单位而获得另一项资产的活动。筹资与投资循环由筹资活动和投资活动的交易事项构成，筹资活动主要由借款交易和股东权益交易组成，投资活动主要由权益性投资交易和债权性投资交易组成。筹资与投资业务循环通常具有如下三个方面的特征：（1）审计年度内筹资与投资循环的交易数量较小，而每笔交易金额通常较大。（2）漏记或不恰当地对每笔业务进行会计处理将会导致重大错误，从而对企业会计报表的公允性产生较大影响。（3）筹资与投资循环交易必须遵守国家法律、法规和相关契约规定。

一、筹资与投资循环涉及的主要业务活动

（一）筹资所涉及的主要业务活动

1. 审批授权。企业通过借款筹集资金需经管理当局的审批，其中，债券的发行每次均要由董事会授权；企业发行股票必须依据国家有关法规或企业章程的规定，报经企业最高权力机构（如股东大会）及国家有关管理部门批准。
2. 签订合同或协议。向银行或其他金融机构融资须签订借款合同，发行债券须签订债券契约和债券承销或包销合同。
3. 取得资金。企业实际取得银行或金融机构划入的款项或债券、股票的融入资金。
4. 计算利息或股利。企业应按有关合同或协议的规定，及时计算利息或股利。
5. 偿还本息或发放股利。银行借款或发行债券应按有关合同或协议的规定偿还本息，融入的股本根据股东大会的决定发放股利。

（二）投资所涉及的主要业务活动

1. 审批授权。投资业务应由企业的高层管理机构进行审批。
2. 取得证券或其他投资。企业可以通过购买股票或债券进行投资，也可以通过与其他被审计单位联合形成投资。
3. 取得投资收益。企业可以取得股权投资的股利收入、债券投资的利息收入和其他投资收益。
4. 转让证券或收回其他投资。企业可以通过转让证券实现投资的收回，其他投资一经投出，除联营合同期满，或由于其他特殊原因联营企业解散外，一般不得抽回投资。

有关筹资与投资循环所涉及的主要业务活动如表 8 - 1 所示。

表 8 - 1　　　　　　　　　筹资与投资循环所涉及的主要业务活动

筹　资	投　资
1. 审批授权	1. 审批授权
2. 签订合同或协议	—
3. 取得资金	2. 取得证券或其他投资
4. 计算利息或股利	3. 取得投资收益
5. 偿还本息或发放股利	4. 转让证券或收回其他投资

二、筹资与投资循环涉及的主要凭证与会计记录

（一）筹资活动的凭证和会计记录

1. 债券或股票。债券或股票是被审单位在融资过程中给予投资者或债权人的权利凭证。

2. 债券契约。债券契约是一张明确债券持有人与发行企业双方所拥有的权利与义务的法律性文件。其内容主要包括：债券发行的标准；债券的明确表述；利息或利息率；受托管理认证书；登记和背书；抵押债券所担保的财产；债券发生拖欠情况的处理办法；对偿债基金、利息支付、本金偿还等的处理。

3. 股东名册。股东名册对于记名股票和无记名股票记载的内容不同。发行记名股票应记载的内容一般包括：股东姓名或名称及住所；各股东所持股份数；各股东所持股票的编号；各股东取得其股份的日期。发行无记名股票，公司应记载其股票数量、编号及发行日期。

4. 公司债券存根簿。发行记名公司债券的公司应记载的内容一般包括：债券持有人的姓名或名称及住所；债券持有人取得债券的日期及债券的编号；债券总额、债券的票面金额、债券的利率、债券还本付息的期限和方式；债券的发行日期。发行无记名债券，公司应记载债券总额、利率、偿还期限和方式、发行日期和债券编号。

5. 承销或包销协议。公司向社会公开发行股票或债券时，应由依法设立的证券公司承销或包销，公司与证券公司签订承销或包销协议。

6. 借款合同或协议。公司在向银行或其他非银行金融机构借入款项时，其签订的合同或协议。

7. 有关记账凭证、有关会计明细账和总账。

（二）投资活动的凭证和会计记录

1. 股票或债券。股票是公司签发的证明股东所持股份的凭证。债券是公司依据法定程序发行、约定在一定期间内还本付息的有价证券。企业所持有的股票或债券一般可证明企业投资的真实性，但应注意其伪造的可能性。

2. 股票或债券登记簿。股票或债券登记簿是接受投资被审计单位所记载的有关投资者或债权人的各项情况。通过查阅股票或债券登记簿或向接受投资者函证可证明企业投资的真实性。

3. 经纪人通知单。当投资是通过经纪人代理进行的，对经纪人通知单的审查可证实企业投资业务的合理性、投资账务处理的正确性。

4. 债券契约。债券契约是一张明确债券持有人与发行企业双方所拥有的权利与义务的法律性文件。

5. 被投资企业的章程及有关的投资协议。

6. 与投资有关的记账凭证。

7. 与投资有关的会计明细账和总账。

有关筹资与投资循环所涉及的会计凭证与记录如表 8-2 所示。

表 8-2   筹资与投资循环所涉及的主要凭证和会计记录

筹　资	投　资
1. 债券或股票	1. 股票或债券
2. 债券契约	2. 股票或债券登记簿
3. 股东名册	3. 经纪人通知单
4. 公司债券存根簿	4. 债券契约
5. 承销或包销协议	5. 被投资企业的章程及有关的投资协议
6. 借款合同或协议	6. 与投资有关的记账凭证
7. 有关记账凭证、会计明细账和总账	7. 与投资有关的会计明细账和总账

三、筹资与投资循环业务涉及的财务报表项目

筹资与投资循环中所涉及的资产负债表项目主要包括交易性金融资产、应收利息、应收股利、可供出售金融资产、持有至到期投资、长期股权投资、投资性房地产、短期借款、交易性金融负债、应付利息、应付股利、长期借款、应付债券、实收资本（或股本）、资本公积、盈余公积、未分配利润等；筹资与投资循环中所涉及的利润表项目主要包括财务费用、投资收益等。

第二节　筹资与投资循环的风险评估及控制测试

一、投资活动的风险评估和控制测试

（一）了解企业投资活动的内部控制

一般来讲，投资活动的内部控制主要包括下列内容。

1. 合理的职责分工。投资业务应在业务的授权、业务的执行、业务的会计记录以及投资资产的保管等方面都有明确的分工，不得由一人同时负责上述任何两项工作。比如，投资业务在企业高层管理机构核准后，可由高层负责人员授权签批，由财务经理办理具体的股票或债券的买卖业务，由会计部门负责进行会计记录和财务处理，并由专人保管股票或债券。

2. 健全的资产保管制度。（1）由独立的专门机构保管，可以防止各种证券及单据的失窃或毁损，并且由于它与投资业务的会计记录工作完全分离，可以大大降低舞弊的可能性。（2）由企业自行保管，在这种方式下，至少要由两名

以上人员共同控制，不得一人单独接触证券。

3. 详细的会计核算制度。

4. 严格的记名登记制度。

5. 完善的定期盘点制度。应由内部审计人员或不参与投资业务的其他人员进行定期盘点，检查是否确实存在，并将盘点记录与账面记录相互核对以确认账实的一致性。

（二）评估投资业务的重大错报风险

注册会计师应当通过实施询问、检查文件记录或观察控制程序的执行情况等程序获取确证的信息以支持对重大错报风险的评估。

注册会计师不应低估衍生金融工具交易的复杂性，以及潜在的重大错报风险。注册会计师可能需要利用专家的工作。

（三）实施内部控制测试

投资的控制测试一般包括如下内容。

1. 检查控制执行留下的轨迹。注册会计师应抽取投资业务的会计记录和原始凭证，确定各项控制程序运行情况。

2. 审阅内部盘点报告。如果各期盘核报告的结果未发现账实之间存在差异（或差异不大），说明投资资产的内部控制得到了有效执行。

3. 分析企业投资业务管理报告。

二、筹资活动的风险评估和控制测试

（一）了解企业筹资活动的内部控制

股东权益增减变动业务较少而金额较大，注册会计师在审计中一般直接执行实质性程序。

无论是否依赖内部控制，注册会计师均应对筹资活动的内部控制获得足够的了解，以识别错报的类型、方式及发生可能性。

如果企业应付债券业务不多，注册会计师可根据成本效益原则采取实质性方案；如果企业应付债券业务繁多，注册会计师就可考虑采取综合性方案。如果决定采取综合性方案，则应进行控制测试。

应付债券内部控制的主要内容包括：

1. 应付债券的发行要有正式的授权程序，每次均要由董事会授权。

2. 申请发行债券时，应履行审批手续，向有关机关递交相关文件。

3. 应付债券的发行，要有受托管理人来行使保护发行人和持有人合法权益的权利。

4. 每种债券发行都必须签订债券契约。

5. 债券的承销或包销必须签订有关协议。

6. 记录应付债券业务的会计人员不得参与债券发行。

7. 如果企业保存债券持有人明细分类账，应同总分类账核对相符，若这些记录由外部机构保存，则须定期同外部机构核对。

8. 未发行的债券必须由专人负责。

9. 债券的回购要有正式的授权程序。

（二）评估筹资业务的重大错报风险

考虑到严格的监管环境和董事会针对筹资活动设计的严格控制，除非注册会计师对管理层的诚信产生疑虑，否则重大错报风险一般应当评估为低水平。

1. 企业会计准则以及监管法规对借款和权益的披露要求，可能引起完整性、计价和分摊、列报认定的潜在重大错报风险。尽管账户余额发生错报的可能性不大，仍然可能存在权利和义务被忽略或发生错报的可能，例如，如果一个集团公司用资产为另一集团公司做抵押或担保的情况。

2. 如果被审计单位是国际资本市场上的大型公众公司，其股票在国内和国外同时上市，其他国家的法律法规的复杂性可能影响到注册会计师对重大错报风险的评估。在这种情况下，企业可能从国外获得借款，从而应当在利润表中确认汇兑损益。这种情况下的筹资交易和余额重大错报风险可能评估为中到高水平，存在完整性和计价认定风险以及未记录负债和或有负债的风险。

（三）实施筹资业务的内部控制测试

注册会计师对股东权益、长期借款账户和余额的重大错报风险通常评估为低水平，除非筹资活动形成一种重要的交易类型，如果注册会计师拟依赖内部控制，应实施控制测试。因此，检查风险的可接受水平较高，注册会计师应主要采用实质性分析程序和有限的细节测试。

资格测试

下列各项中，违反筹资与投资业务循环内部控制要求的有（　　）。（初级审计师考试真题）

A. 企业财务部门制定举债政策及内部审批程序

B. 企业偿还债务时，直接根据债务协议执行，无须经过正式的授权审批程序

C. 盈余公积的提取和使用由股东大会或董事会作出决定

D. 企业利用筹集的资金进行重大项目投资时，进行可行性研究

E. 增资或减资时，由财务部门提出建议，财务主管审批后实施

【参考答案】ABE

表8-3和表8-4清晰地展示了投资活动与筹资活动的控制目标、内部控制、控制测试与实质性程序四者之间的相互关系。

表 8–3　　投资业务的内部控制目标、内部控制环节和内部控制测试一览表

内部控制目标	关键内部控制程序	控制测试	实质性程序
投资账面余额为资产负债表日确实存在的投资，投资收益（或损失）是由被审计期间实际发生的投资交易事项引起（存在或发生）	投资业务经过授权审批；与被投资单位签订合同、协议，并获取被投资单位出具的投资证明	索取投资的授权批准文件，检查权限是否恰当，手续是否齐全；索取投资合同或协议，检查是否合理有效；索取被投资单位的投资证明，检查其是否合理有效	获取或编制投资明细表，符合加计正确，并与报表数、总账数和明细账合计数核对相符；向被投资单位函证投资金额、持股比例及发放股利情况
投资增减变动及其收益（或损失）均已登记入账（完整性）	投资业务会计记录与授权、执行和保管等方面明确职责分工；健全证券投资资产的保管制度，或者委托专门机构保管，或者在内部建立至少两名人员以上的联合控制制度，证券的存取均需详细记录和签名	观察并描述投资业务的职责分工；了解证券资产的保管制度，检查被审计单位自行保管时，存取证券是否进行详细的记录并由所有经手人员签字	检查年内投资增减变动原始凭证，对于增加项目要核实其入账基础是否符合投资合同、协议的规定，会计处理是否正确；对于减少的项目要核实其变动原因及授权批准手续
投资均为被审计单位所有（权利和义务）	内部审计人员或其他不参与投资业务的人员定期盘点证券投资资产，检查是否为企业实际拥有	了解企业是否定期进行证券投资资产的盘点；审阅盘核报告，检查盘点方法是否恰当、盘点结果与会计记录核对情况以及出现差异的处理是否合规	盘点证券投资资产；向委托的专门保管机构函证，以证实投资证券的真实存在
投资的计价方法正确，期末余额正确（准确性、计价和分摊）	建立详尽的会计核算制度，按每一种证券分别设立明细账，详细记录相关资料；核算方法符合会计准则的规定；期末进行成本与市价孰低比较，并正确记录投资跌价准备	抽查投资业务的会计记录，从明细账抽取部分会计记录，按原始凭证到明细账、总账顺序核对有关数据和情况，判断其会计处理过程是否合规完整	检查投资入账价值是否符合投资合同、协议规定，会计处理是否正确，重大投资项目，应查阅董事会有关决议，并取证检查长期股权投资的核算是否按规定采用权益法或成本法；检查长期债券投资的溢价或折价，是否按照有关规定摊销
投资在资产负债表上的披露正确（列报）	投资明细账与总账的登记职务分离；投资披露符合会计准则的要求	观察职务是否分离	查明库存股票是否已提供质押或受到其他的约束，应取证并提请被审计单位作恰当披露；验明投资的披露是否恰当，注意一年内到期的长期投资是否列入流动资产

表 8 - 4　　筹资业务的内部控制目标、内部控制环节和内部控制测试一览表

内部控制目标	关键内部控制程序	内部控制测试	实质性程序
借款和所有者权益账面余额在资产负债表日确定存在，借款利息费用和已支付的股利是由被审计期间实际发生的交易事项引起的（存在或发生）	借款或发行股票经过授权批准	索取借款或发行股票的授权批准文件，检查权限是否恰当，手续是否齐全	获取或编制借款和股本明细表，符合加计正确，并与报表数、总账数和明细账合计数核对相符；审计与借款或股票发行有关的原始凭证，确认其存在，并与会计记录核对；检查利息计算的依据，复核应计利息的正确性，并确认全部利息计入相关账户
	签订借款合同或协议、债券契约、承销或包销协议等相关法律性文件	索取借款合同或协议、债券契约、承销或包销协议	
借款和所有者权益的增减变动及其利息和股利已登记入账（完整性）	筹资业务的会计记录与授权和执行等方面明确职责分工	观察并描述筹资业务的职责分工	检查年度内借款和所有者权益增减变动的原始凭证，核实变动的存在、合规性，检查授权批准手续是否完备、入账是否及时准确
	借款合同或协议由专人保管，如保存债券持有人的明细资料，应同总分类账核对相符，如由外部机构保存，需定期同外部机构核对	了解债券持有人明细资料的保管程度，检查被审计单位是否与总账或外部机构核对	
借款均为被审计单位承担的债务，所有者权益代表所有者的法定求偿权（权利与义务）			向银行或其他金融机构、债券包销人函证，与账面余额核对检查股东是否已按合同、协议、章程约定时间缴付出资额，出资额经注册会计师审验
借款和所有者权益的期末余额正确（准确性、计价或分摊）	建立严密完善的账簿体系和记录制度；核算方法符合会计准则和会计制度的规定	抽查筹资业务的会计记录，从明细账抽取部分会计记录，按原始凭证到明细账、总账顺序核对有关数据和情况，判断其会计处理过程是否合规完整	
借款和所有者权益在资产负债表上的披露正确（列报）	筹资业务明细账与总账登记职责分离；筹资披露符合会计准则和会计制度的要求	观察职务是否分离	确定借款和所有者权益的披露是否恰当，注意一年内到期的借款是否列入流动负债

表8-3和表8-4中所示内容，目的在于帮助注册会计师掌握设计实现审计目标的审计方案的方法。在实际操作中，注册会计师应运用上述方法，根据被审计单位的具体情况，设计富有效率和效果的审计方案。如果前一年度该企业的审计工作是由同一事务所进行的，注册会计师应将调查重点放在企业内部控制的变动部分，掌握各项变动的原因影响。

职业考试

注册会计师在了解H公司筹资与投资循环内部控制后，准备对H公司投资业务的内部控制进行测试，以验证所有投资账面余额均是存在的，执行的主要程序是（　　）。（CPA考试审计真题）

A. 获取或编制投资明细表，复核加计并与合计数核对相符
B. 索取投资的授权批准文件，检查权限是否恰当，手续是否齐全
C. 向被投资单位函证投资金额、持股比例及发放股利情况
D. 检查年度内投资增减变动的原始凭证

【参考答案】B

第三节　借款业务项目审计

借款是企业承担的一项经济业务，是企业的负债项目。一般情况下，被审计单位不会高估负债，因为这样于自身不利，且难以与债权人的会计记录相互印证。除少数情况外，负债的金额都是真实的。注册会计师对于负债项目的审计，主要是防止企业低估负债。低估负债经常伴随着低估成本费用，从而达到高估利润的目的。因此，低估负债不仅影响财务状况的反映，而且会影响企业财务成果的反映。所以，注册会计师在执行借款业务审计时，应将被审计单位是否低估负债作为一个关注的重点。借款业务流程如图8-1所示。

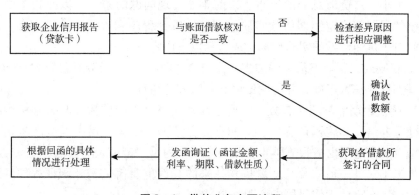

图8-1　借款业务主要流程

一、借款的审计目标

借款的审计目标一般包括：了解并确定被审计单位有关借款的内部控制是否存在、有效且一贯遵守；确定被审计单位在特定期间内发生的借款业务是否均已记录完毕、有无遗漏；确认被审计单位所记录的借款在特定期间是否确实存在，是否为被审计单位所承担；确认被审计单位所有借款的会计处理是否正确；确定被审计单位各项借款的发生是否符合有关法律的规定，被审计单位是否遵守了有关债务合同的规定；确认被审计单位借款余额在有关财务报表中的反映是否恰当。

职业考试

企业借款业务的审计目标包括（　　　）。（CPA 考试审计真题）

A. 确定期末借款是否存在

B. 确定期末借款是否为被审计单位应履行的偿还义务

C. 确定借款期末余额是否正确

D. 确定借款余额期末在会计报表上的表达与披露是否恰当

【参考答案】 ABCD

二、借款业务的实质性测试

企业的对外借款业务的实质性测试内容包括短期借款实质性测试、长期借款实质性测试、应付债券实质性测试和财务费用的实质性测试。

（一）短期借款的实质性测试

短期借款实质性程序审计工作底稿

对短期借款进行实质性测试，注册会计师应根据被审计单位年末短期借款余额的大小、占负债总额的比重、以前年度发现问题的多少，以及相关内部控制系统的强弱等确定短期借款实质性测试的审计程序和方法。一般而言，注册会计师对于短期借款的实质性测试应包括以下内容。

1. 获取或编制短期借款明细表。注册会计师应获取或编制短期借款明细表，复核其加计数是否正确，并与明细账和总账核对相符。

2. 函证短期借款的实有数。注册会计师应当对银行借款及与金融机构往来的其他重要信息实施函证程序，除非有充分证据表明某一借款及金融机构往来的其他重要信息对财务报表不重要且与之相关的重大错报风险很低。

如果不对某一借款及与金融机构往来的其他重要信息实施函证程序，注册会计师应当在审计工作底稿中说明理由。

3. 检查短期借款的增加。对年度内增加的短期借款，注册会计师应检查借款合同和授权批准，了解借款数额、借款条件、借款日期、还款期限、借款利率，与相关会计记录相核对。

4. 检查短期借款的减少。对年度内减少的短期借款，注册会计师应检查相关记录和原始凭证，核实还款数额。

5. 检查有无到期未偿还的短期借款。注册会计师应检查相关记录和原始凭证，检查被审计单位有无到期未偿还的短期借款，如有，则应查明是否已向银行提出申请并经同意后办理延期手续。

6. 复核短期借款利息。注册会计师应根据短期借款的利率和期限，复核被审计单位短期借款的利息计算是否正确，有无多算或少算利息的情况，如有未计利息和多计利息，应作出记录，必要时进行调整。

7. 检查外币借款的折算。如果被审计单位有外币短期借款，注册会计师应检查外币短期借款的增减变动是否按业务发生时的市场汇率或期初市场汇率折合为记账本位币金额；期末是否按市场汇率将外币短期借款余额折合为记账本位币金额；折算差额是否按规定进行会计处理；折算方法是否前后期一致。

8. 检查短期借款在资产负债表中的列报是否恰当。企业的短期借款在资产负债表中通常设"短期借款"项目单独列示，对于因抵押而取得的短期借款，应在资产负债表附注中揭示，注册会计师应注意被审计单位对短期借款项目的披露是否充分。

资格考试

审计人员审查短期借款的增加情况时，应检查并与相关会计记录相核对的内容有（　　）。（中级审计师考试真题）

A. 借款合同和授权批准情况　　　B. 借款数额、借款日期

C. 借款利率、还款期限　　　D. 金融机构的授信情况

【参考答案】ABC

（二）长期借款的实质性测试

长期借款与短期借款一样，都是企业向银行或其他金融机构借入的款项，因此，长期借款的实质性测试与短期借款的实质性测试较为类似。注册会计师在进行长期借款的实质性测试时，一般需要执行的程序包括：

1. 获取或编制长期借款明细表，复核其加计数是否正确，并与明细账和总账核对相符。

2. 了解金融机构对被审计单位的授信情况以及被审计单位的信用等级评估情况，了解被审计单位获得长期借款的抵押和担保情况，评估被审计单位的信誉和融资能力。

3. 对年度内增加的长期借款，应检查借款合同和授权批准，了解借款数额、借款条件、借款日期、还款期限、借款利率，并与相关会计记录相核对。

4. 向银行或其他债权人函证重大的长期借款。

5. 对年度内减少的长期借款，注册会计师应检查相关记录和原始凭证，核

实还款数额。

6. 检查一年内到期的长期借款是否已转列为流动负债。

7. 计算短期借款、长期借款的各个月份的平均余额，选取适用的利率匡算利息支出总额，并与财务费用的相关记录核对，判断被审计单位是否高估或低估利息支出，必要时进行适当调整。

8. 检查借款费用的会计处理是否正确。

9. 审查企业抵押长期借款的抵押资产的所有权是否属于企业，其价值和现实状况是否与抵押契约中的规定相一致。

10. 确定长期借款是否已在资产负债表上充分披露。长期借款在资产负债表中列示于长期负债类下，该项目应根据"长期借款"科目的期末余额扣减将于一年内到期的长期借款后的数额填列。注册会计师应根据审计结果，确定被审计单位长期借款在资产负债表中的列示是否充分，并注意长期借款的抵押和担保是否已在财务报表注释中作了充分的说明。

应付债券实质性程序审计工作底稿

（三）应付债券的实质性测试

被审计单位应付债券业务不多，但每笔业务可能都是重要的，因此，注册会计师应重视此项负债的实质性测试工作。应付债券的实质性测试一般包括：

1. 注册会计师应索取或编制应付债券明细表并与明细账及备查账簿核对相符，必要时，询证债权人及债券的承销人或包销人，以验证应付债券期末余额的正确性。

2. 审查被审计单位债券业务是否真实、合法。注册会计师应着重审查被审计单位发行债券是否经过有关部门的批准，发行债券所形成的负债是否及时记录等。

3. 审查被审计单位债券是否按期计提利息，溢价或折价发行债券，其实际收到的金额与债券票面金额的差额，是否存在债券存续期间分期摊销。

4. 审查被审计单位在发行债券时，是否将待发行债券的票面金额、债券票面利率、还本期限与方式、发行总额、发行日期和编号、委托代售部门、转换股份等情况在备查簿中进行登记。

5. 检查利息费用的会计处理是否正确。

6. 检查应付债券是否已在资产负债表中充分披露。应付债券在资产负债表中列示于长期负债类下，该项目应根据"应付债券"科目的期末余额扣除将于一年内到期的应付债券后的数额填列。注册会计师应根据审计结果，确定被审计单位应付债券在财务报表上的反映是否充分，应注意有关应付债券的类别是否已在财务报表注释中作了充分的说明。

职业考试

1. 在审计应付债券时，如果被审计单位应付债券业务不多，审计人员可以（　　）。（CPA考试审计真题）

A. 直接进行符合性测试　　　　　B. 直接进行实质性测试

C. 直接进行实地盘点　　　D. 不进行实质性测试

【参考答案】B

2. 审计人员在对被审计单位长期借款实施函证程序时，其函证对象为（　　）。（2011年中级审计师考试真题）

A. 借款银行的上级单位　　　B. 当地的银行监管部门

C. 借款银行和其他债权人　　D. 当地的工商行政管理部门

【参考答案】C

（四）财务费用的实质性测试

注册会计师对财务费用的实质性测试一般包括以下工作：

1. 获取或编制财务费用明细表，复核加计是否正确，与报表数、总账数及明细账合计数核对是否相符。

2. 将本期、上期财务费用各明细项目作比较分析，必要时比较本期各月份财务费用，如有重大波动和异常情况应追查原因，扩大审计范围或增加测试量。

3. 检查利息支出明细账，确认利息收支真实及正确性。检查各项借款期末应计利息有无预计入账。

4. 审阅下期期初的财务费用明细账，检查财务费用各项目有无跨期入账的现象，对于重大跨期项目，应作必要的调整建议。

5. 检查从其他企业或非银行金融机构取得的利息收入是否按规定计缴相关税费。

6. 检查财务费用的披露是否恰当。

第四节　所有者权益项目审计

企业资产负债表上的所有者权益，是企业投资者对企业净资产的所有权，包括投资者对企业的投入资本以及企业存续过程中形成的资本公积、盈余公积和未分配利润。所有者权益在数量上等于企业全部资产减去全部负债后的余额，即企业净资产数额。根据这一平衡原理，可以清晰地看出，如果注册会计师能够对企业的资产和负债进行充分审计，证明两者的期初余额、期末余额和本期变动都是正确的，便从侧面为所有者权益的期末余额和本期变动的正确性提供了有力的证据。同时，由于所有者权益增减变动的业务较少、金额较大的特点，注册会计师在审计了企业的资产和负债之后，往往只花费相对较少的时间对所有者权益进行审计。尽管如此，在审计过程中，对所有者权益进行单独审计仍然非常重要。

一、所有者权益的审计目标

所有者权益的审计目标主要包括：

1. 确定被审计单位有关所有者权益内部控制是否存在、有效且一贯遵守，包括对投资的有关协议、合同和企业章程条款，利润分配的决议、分配方案，会计处理程序等方面的检查，并为被审计单位改善内部控制提供意见或建议。

2. 确定投入资本、资本公积的形成、增减及其他有关经济业务会计记录的合法性与真实性，为投资者及其他有关方面研究企业的财务结构，进行投资决策提供依据。

3. 确定盈余公积和未分配利润的形成和增减变动的合法性、真实性，为投资者及其他有关方面了解企业的增值、积累情况等提供资料。

4. 确定会计报表中所有权益的反映是否恰当。

二、所有者权益的实质性测试

（一）股本或实收资本的实质性测试

股本是股份有限公司按照公司章程、合同和投资协议的规定向股东募集的资本，代表股东对公司净资产的所有权。股份有限公司的股本，是在核定的资本总额及核定的股份总额的范围内，通过向股东发行股票的方式募集的。通常股本不发生变化，只有在股份有限公司设立、增资扩股和减资时发生变化。

除股份有限公司的投入资本在"股本"科目中核算外，其他组织形式的企业，其投入资本集中在"实收资本"科目中核算。实收资本实质性测试程序与股本的实质性测试程序基本相同。

对于股本的实质性测试，注册会计师应通过"股本"账户进行，其程序一般包括：

1. 审阅公司章程、实施细则和股东大会、董事会会议记录。注册会计师应向被审计单位索取公司章程及实施细则和股东大会、董事会会议记录的副本，认真研究其中有关股本的规定。注册会计师应了解的资料包括：核定股份和已发行股份的份数、股票面值、股票收回、股票分割及认股权证等。通过这些资料，注册会计师应进一步确定被审计单位股本的交易是否符合有关的法规规定及股东大会或董事会的决议。

2. 检查股东是否按照公司章程、合同、协议规定的出资方式出资，各种出资方式的比例是否符合规定。我国法律规定股份有限公司的出资可以采取货币资金、实物、知识产权、土地使用权方式，但法律、行政法规规定不得作为出资的财产除外。股份有限公司的设立，可以采取发起设立或募集设立的方式。注册会计师审计时，应当了解企业章程、合同、协议中的出资方式、出资比例，确定其内容的合法性。在具体分析企业实际募股时，是否存在与公司章程、合同、协议内容存在差异的情况，了解形成差异的原因，将有关问题与公司有关人员协商，对审计过程及有关问题的处理，以适当的方式记录于工作底稿中。

3. 索取或自己编制股本明细表。注册会计师应向被审计单位索取或自己编制股本明细表，作为永久性档案存档，以供本年度和以后年度检查股本时使用。股本明细表的内容应包括各类股本变动的详细记载及有关的分析评价。编制时应将每次变动情况逐一记载并与有关的原始凭证和会计账目进行核对。

4. 审查与股票发行、收回有关的原始凭证和会计记录，验证股票发行、收回是否确实存在。应审查的原始凭证包括已发行股票的登记簿、向外界收回的股票、募股清单、银行对账单等。会计记录则主要包括银行存款日记账与总账、股本明细账与总账等。

5. 函证发行在外的股票。注册会计师应检查已发行的股票数量是否真实，是否均已收到股款或资产。目前我国股票发行和转让大都由企业委托证券交易所和金融机构进行，由证券交易所和金融机构对发行在外的股票份数进行登记和控制。因为这些机构一般既了解公司发行股票的总数，又掌握公司股东的个人记录以及股票转让的情况，故在审计时可采取与证券交易所和金融机构函证及查阅的方法来验证发行股份的数量，并与股本账面数额进行核对，确定是否相符。对个别自己发行股票、自己进行有关股票发行数量、金额及股东情况登记的企业，由于企业已在股票登记簿和股东名单上进行了记录，在进行股本审计时，可在检查这些记录的基础上，抽查其记录是否真实有据，核对发行的股票存根，看其数额是否与股本账面数额相符。

6. 审查股票发行费用的会计处理。发行股票时，一般要发生股票的印刷费和委托其他单位发行股票时的手续费、佣金等。注册会计师应检查相关会计记录和原始凭证，确定被审计单位对股票发行费用的会计处理是否正确。

7. 确定股本是否已在资产负债表上恰当披露。股本应在资产负债表和所有者权益变动表中单独列示，注册会计师应核对被审计单位资产负债表和所有者权益变动表中股本项目的数字是否与审定数相符，并检查是否在财务报表附注中披露与股本有关的重要事项，如股本的种类、各类股本金额及股票发行的数额、每股股票面值、本会计期间发行的股票等。

(二) 资本公积的实质性测试

资本公积是非经营性因素形成的不能计入实收资本的所有者权益，主要包括投资者实际缴付的出资额超过其资本份额的差额（股本或资本溢价）、接受捐赠非现金资本准备、接受现金捐赠、股权投资准备、拨款转入、外币资本折算差额、关联交易差价、其他资本公积等。

注册会计师对资本公积进行实质性测试，其测试内容应包括以下方面。

1. 检查资本公积形成的合法性。进行资本公积的实质性测试，注册会计师应首先检查资本公积增减变动的内容及其依据，并查阅相关会计记录和原始凭证，确认资本公积增减变动的合法性和正确性。资本公积形成的审计包括审查股本溢价或资本溢价、审查接受非现金资产捐赠、审查接受现金捐赠、审查外币资本折算差额、审查其他资本公积等。

（1）审查资本溢价或股本溢价。当新的投资者向企业投入资本时，为了保证原有投资者的利益，新投资者一般投入比其在实收资本中所占份额多的金额，多出部分即为资本溢价；企业溢价发行股票时，发行收入超出股票面值部分的即为股本溢价；按照有关规定，股本溢价应扣除相关发行费用（减去发行股票冻结期间所产生的利息收入）后，方可计入资本公积。对资本溢价应检查是否在企业吸收新的投资者时形成，资本溢价的确定是否按实际出资额扣除其投资比例所占的资本额计算，其投资是否经企业董事会决定并已报原审批机关批准；对股本溢价应检查发行是否合法，是否经有关部门批准，股票发行价格与其面值的差额是否全部计入资本公积，是否已扣除委托证券商代理发行股票而支付的手续费、佣金（减去发行股票冻结期间所产生的利息收入）。

（2）审查接受捐赠非现金资产。对接受捐赠非现金资产应审查接受捐赠资产是否按规定办理了移交手续，是否经过验收，资产计价是否取得有关报价单或按同类资产的市场价格确认，接受的固定资产是否应计提折旧，是否存在捐赠资产不入账等情况，有关账务处理是否符合国家有关规定。

（3）审查接受现金捐赠。对于接受现金捐赠，注册会计师应注意审查其银行对账单、银行存款日记账和"资本公积——接受现金捐赠"明细账是否核对相符，是否确实收到有关捐赠款项。

（4）审查外币资本折算差额。企业接受外币投资时，由于资产账户与实收资本账户所采用的折合汇率不同而产生的折算差额。对于实收资本账户，合同约定汇率的，按合同约定汇率折合；合同没有约定汇率的，按收到出资额时的汇率折合。

（5）审查可供出售金融资产形成的资本公积和同一控制下企业合并形成的资本公积。注册会计师应结合金融资产审计，对这些形成资本公积的项目核对相符。

2. 审查资本公积运用的合法性。注册会计师应审查资本公积是否挪作他用。对于资本公积转增股本，注册会计师应审查转增股本是否经股东大会决定并报经工商行政管理机关批准，并依法办理增资手续；获得批准后，资本公积运用的账务处理是否及时准确。

3. 确定资本公积是否在资产负债表和所有者权益变动表中恰当反映。注册会计师应审查资本公积是否在资产负债表中单独列示，同时还应将资本公积明细账与所有者权益变动表中列示的资本公积的期末余额及期初余额对比相符。

资格考试

下列各项中，属于资本公积实质性审查程序的有（　　　）。（初级审计师考试真题）

A. 编制资本公积明细表并与财务报表核对

B. 审查资本溢价账务处理的正确性

C. 审查有无挪用资本公积发放现金股利

D. 审查举债筹资的溢价或折价计算是否正确

E. 审查资本公积的核算范围是否符合规定

【参考答案】ABCE

（三）盈余公积的实质性测试

盈余公积是企业按照规定从税后利润中提取的积累资金，是具有特定用途的留存收益，主要用于弥补亏损和转增资本，也可以按规定用于分配股利。盈余公积包括法定盈余公积、任意盈余公积和公益金。

注册会计师对盈余公积进行实质性测试，其一般程序包括：

1. 获取或编制盈余公积明细表。进行盈余公积的实质性测试，注册会计师应获取或编制盈余公积明细表，分别列示法定盈余公积、任意盈余公积和公益金，并与明细账和总账的余额核对相符。在此基础上，对盈余公积各明细项目的发生额，逐项检查其原始凭证。

2. 检查盈余公积的提取。对盈余公积的提取，注册会计师主要应检查盈余公积提取是否符合规定并经过批准，提取手续是否完备，提取的依据（即税后利润）是否真实、正确，提取项目是否完整，提取比例是否合法，有无多提或少提。对于不同组织形式的企业，提取盈余公积的要求不同，主要有两种情况：一是股份有限公司的盈余公积包括法定盈余公积、公益金和任意盈余公积三个部分；二是其他企业的盈余公积包括法定盈余公积和公益金两个部分。法定盈余公积应按规定比例和要求提取；公益金和任意盈余公积应按企业章程或董事会决定提取。提取盈余公积的依据主要是税后利润按规定作必要的扣除后的余额（一般应扣除被没收财物损失、违反税法规定支付的滞纳金和罚款、弥补以前年度亏损等项目）。

3. 检查盈余公积的使用。对盈余公积的使用，注册会计师应主要检查盈余公积的使用是否符合规定用途并经过批准。按规定盈余公积的使用必须经过一定的授权批准手续，法定盈余公积和任意盈余公积用于弥补亏损、转增资本和特别批准后支付股利，但必须符合国家规定的限制条件（如转增资本或分配利润后剩余额不得低于注册资本的25%，支付股利时支付比率不超过股票面值的6%）；转增资本还必须经批准，依法办理增资手续，取得合法的增资文件；弥补亏损也必须按批准数额转账；公益金只能用于职工集体福利设施，不得挪作他用。对公益金，注册会计师还应检查动用公益金举办集体福利设施是否按规定将公益金转入一般盈余公积金。

4. 检查盈余公积是否已在资产负债表上恰当披露。企业的法定盈余公积、任意盈余公积、公益金应合并在盈余公积中并在资产负债表中列示，股份有限公司盈余公积和公益金项目则在资产负债中分项列示，同时还应在会计报表附注中说明各项盈余公积的期末余额及其期初至期末间的重要变化。注册会计师对此应加以检查。

（四）未分配利润的实质性测试

未分配利润是指未作分配的净利润，即这部分利润没有分配给投资者，也未指定用途。未分配利润是企业当年税后利润在弥补以前年度亏损、提取公积金和公益金以后加上上年末未分配利润，再扣除向所有者分配的利润后的结余额，是企业留于以后年度分配的利润。它是企业历年积存的利润分配后的余额，也是所有者权益的一个重要组成部分。企业的未分配利润通过"利润分配——未分配利润"明细科目核算，其年末余额反映历来积存的未分配利润（或未弥补亏损）。

注册会计师对未分配利润进行实质性测试，其程序一般应包括：

1. 检查利润分配比例是否符合合同、协议、章程以及董事会纪要的规定，利润分配数额及年末未分配数额是否正确。

2. 根据审计结果调整本年损益数，直接增加或减少未分配利润，确定调整后的未分配利润数。

3. 检查未分配利润是否已在资产负债表上恰当披露。

第五节　投资相关项目审计

与投资相关的金融资产包括：交易性金融资产、可供出售金融资产、持有至到期投资、长期股权投资等。注册会计师对金融资产的审计，就是对这些项目的审计。

一、交易性金融资产审计

交易性金融资产，是指企业为了近期出售而持有的金融资产。在会计科目设置上，企业持有的直接指定为以公允价值计量且其变动计入当期损益的金融资产，也通过该科目核算。

（一）交易性金融资产的审计目标

交易性金融资产的审计目标一般包括：确定交易性金融资产是否存在；确定交易性金融资产是否归属被审计单位所有；确定交易性金融资产的增减变动及其损益的记录是否完整；确定交易性金融资产的计价是否正确；确定交易性金融资产期末余额是否正确；确定交易性金融资产的披露是否恰当。

（二）交易性金融资产的实质性测试程序

注册会计师对交易性金融资产的实质性测试程序通常包括：

1. 获取或编制交易性金融资产明细表，复核加计是否正确，并与报表数、

交易性金融资产实质性程序审计工作底稿

总账数和明细账合计数核对是否相符。核对期初余额与上期审定期末余额是否相符（计价和分摊）。

2. 获取股票、债券及基金、期货（如有）账户对账单，与明细账余额核对，需要时，向证券公司等发函询证，注意期末资金账户余额会计处理是否正确；检查非记账本位币交易性金融资产的折算汇率及折算是否正确（存在、权利和义务、计价和分摊）。

3. 监盘库存有价证券并与相关账户余额进行核对，如有差异，应查明原因作出记录或进行适当调整（存在、权利和义务）。

4. 对在外保管的有价证券，查阅有关保管的证明文件，需要时，向保管人函证。

5. 检查被审计单位对交易性金融资产的分类是否正确，是否符合《企业会计准则第 22 号——金融工具确认和计量》的有关要求（列报）。

（1）检查归类为交易性金融资产的项目，是否包括全部被审计单位为交易目的所持有的债券投资、股票投资、基金投资等交易性金融资产，以及被审计单位持有的直接指定为以公允价值计量且其变动计入当期损益的金融资产（存在、权利和义务、计价和分摊）；

（2）分析管理层的持有意图和能力，检查有关原始凭证，包括检查董事会会议纪要、有关合同、协议等相关文件，以验证其真实性（存在、权利和义务、计价和分摊）；

（3）检查有无不属于交易性金融资产核算的项目，如有，应作出记录或作适当调整（存在、权利和义务、计价和分摊）。

6. 查阅有关交易性金融资产的协议、合同、董事会决议及有关出资的凭证和记录，检查交易性金融资产购入、借出或兑现的原始凭证是否完整。取得证券交易账户流水单，对照账面记录是否完整，检查购入证券是否有本企业控股公司的股票（存在、完整性、权利和义务、计价和分摊）。

7. 检查交易性金融资产持有期间收到被投资单位宣告发放的股利或债券利息会计处理是否正确；检查资产负债表日，交易性金融资产公允价值与其账面余额差额的会计处理是否正确（存在、权利和义务、计价和分摊）。需注意：公允价值与账面余额的差额计入公允价值变动损益。

8. 抽取 X 张或金额为 X 元以上的交易性金融资产增加及减少项目的记账凭证，检查其原始凭证是否完整合法，会计处理是否正确。注意入账成本的确定是否符合相关规定，检查与交易性金融资产有关的会计记录，以确定被审计单位是否按规定进行相应的会计处理和披露（存在、完整性、计价和分摊）。需注意：交易性金融资产取得时发生的相关交易费用计入损益（投资收益），不计入交易性金融资产成本。

9. 验明交易性金融资产的列报和披露是否恰当，检查附注中是否披露与交易性金融资产有关的信息（列报）。

资格考试

在对交易性金融资产进行审计时。如期末发现该资产的公允价值与账面价值不符，注册会计师应该（　　）。（2011 年 CPA 考试审计真题）

A. 提请被审计单位按公允价值调整交易性金融资产的全额

B. 不建议被审计单位作任何会计处理

C. 应提请被审计单位按公允价值与账面价值就低调整相关会计记录

D. 在审计报告中进行适当反映

【参考答案】A

二、可供出售金融资产审计

可供出售金融资产，是指初始确认时即被指定为可供出售金融资产的非衍生金融资产，以及除下列各类资产以外的金融资产：贷款和应收账款；持有至到期投资；以公允价值计量且其变动计入当期损益的金融资产。

（一）可供出售金融资产的审计目标

可供出售金融资产的审计目标一般包括：确定可供出售金融资产是否存在；确定可供出售金融资产是否归属被审计单位所有；确定可供出售金融资产的增减变动及其损益的记录是否完整；确定可供出售金融资产的计价是否正确；确定可供出售金融资产减值准备的计提方法是否恰当，计提是否充分；确定可供出售金融资产及其减值准备期末余额是否正确；确定可供出售金融资产及其减值准备的披露是否恰当。

（二）可供出售金融资产的实质性测试程序

可供出售金融资产实质性程序审计工作底稿

注册会计师对可供出售金融资产的实质性测试程序通常包括：

1. 获取或编制可供出售金融资产明细表，复核加计是否正确，并与总账数和明细账合计数核对是否相符。

2. 获取可供出售金融资产对账单，与明细账核对，并检查其会计处理是否正确。

3. 检查库存可供出售金融资产，并与相关账户余额进行核对，如有差异，应查明原因，并作出记录或进行调整。

4. 向相关金融机构发函询证可供出售金融资产期末数量，并记录函证过程。取得回函时应检查相关签章是否符合要求。

5. 对期末结存的可供出售金融资产，向被审计单位核实其持有目的，检查本科目核算范围是否恰当。

6. 抽取可供出售金融资产增减变动的相关凭证，检查其原始凭证是否完整合法，会计处理是否正确。

7. 复核可供出售金融资产的期末公允价值是否合理，是否需要计提减值准备，检查会计处理是否正确。

8. 检查可供出售金融资产出售时，其相关损益计算及会计处理是否正确，已计入资本公积的公允价值累计变动额是否转入投资收益科目。

9. 复核可供出售金融资产划转为持有至到期投资的依据是否充分，会计处理是否正确。

10. 检查可供出售金融资产的披露是否恰当。结合银行借款等科目，了解是否存在已用于担保的可供出售金融资产。如有，则应取证并作相应的记录，同时提请被审计单位作恰当披露。

资格考试

可供出售金融资产的审计目标一般包括（　　）。（2013 年初级审计师考试真题）

A. 确定可供出售金融资产是否存在

B. 确定可供出售金融资产是否归被审计单位所有

C. 确定可供出售金融资产的增减变动及其损益的记录是否真实

D. 确定可供出售金融资产的计价是否正确

E. 确定可供出售金融资产减值准备的计提方法是否恰当，计提是否充分

【参考答案】 ABCDE

三、持有至到期投资审计

持有至到期投资，是指到期日固定、回收金额固定或可确定，且企业有明确意图和能力持有至到期的非衍生金融资产。

（一）持有至到期投资的审计目标

持有至到期投资的审计目标一般包括：确定持有至到期投资是否存在；确定持有至到期投资是否归属被审计单位所有；确定持有至到期投资的增减变动及其损益的记录是否完整；确定持有至到期投资的计价是否正确；确定持有至到期投资减值准备的计提方法是否恰当，计提是否充分；确定持有至到期投资及其减值准备期末余额是否正确；确定持有至到期投资及其减值准备的披露是否恰当。

（二）持有至到期投资的实质性测试程序

注册会计师对可供出售金融资产的实质性测试程序通常包括：

1. 获取或编制持有至到期投资明细表，复核加计是否正确，并与总账数和明细账合计数核对是否相符。

持有至到期投资实质性程序审计工作底稿

2. 获取持有至到期投资对账单，与明细账核对，并检查其会计处理是否正确。

3. 检查库存持有至到期投资，并与相关账户余额进行核对，如有差异，应查明原因，并作出记录或进行调整。

4. 向相关金融机构发函询证持有至到期投资期末数量，并记录函证过程。取得回函时应检查相关签章是否符合要求。

5. 对期末结存的持有至到期投资，向被审计单位核实其持有目的，检查本科目核算范围是否恰当。

6. 抽取持有至到期投资增减变动的相关凭证，检查其原始凭证是否完整合法，会计处理是否正确。

7. 结合投资收益科目，复核处置持有至到期投资的损益计算是否准确，已计提的减值准备是否同时结转。

8. 检查当持有目的改变时，持有至到期投资划转为可供出售金融资产的会计处理是否正确。

9. 当有客观证据表明持有至到期投资发生减值的，应当复核相关资产项目的预计未来现金流量现值，并与其账面价值进行比较，检查相关减值准备计提是否充分。

10. 检查持有至到期投资的披露是否恰当。注意一年内到期的持有至到期投资是否已重分类至一年内到期的非流动资产，了解是否存在已用于债务担保的持有至到期投资。如有，则应取证并作相应的记录，同时提请被审计单位作恰当披露。

四、长期股权投资审计

长期股权投资是指企业持有的采用权益法或成本法核算的长期股权投资，具体包括：（1）企业持有的能够对被投资单位实施控制的权益性投资，即对子公司的投资。（2）企业持有的能够与其他合营方一同对被投资单位实施共同控制的权益性投资，即对合营企业的投资。（3）企业持有的能够对被投资单位施加重大影响的权益性投资，即对联营企业的投资。

（一）长期股权投资的审计目标

长期股权投资的审计目标一般包括：确定资产负债表中记录的长期股权投资是否存在；确定所有应当记录的长期股权投资是否均已记录；确定记录的长期股权投资是否由被审计单位拥有或控制；确定长期股权投资是否以恰当的金额包括在财务报表中，与之相关的计价调整是否已恰当记录；确定长期股权投资是否已按照企业会计准则的规定在财务报表中作出恰当列报。

（二）长期股权投资的实质性测试程序

注册会计师对长期股权投资的实质性测试程序通常包括：

1. 获取或编制长期股权投资明细表，复核加计是否正确，并与总账数和明细账合计数核对是否相符；结合长期股权投资减值准备科目与报表数核对是否相符。

2. 根据有关合同和文件，确认股权投资的股权比例和持有时间，检查股权投资核算方法是否正确。

3. 对于重大的投资，向被投资单位函证被审计单位的投资额、持股比例及被投资单位发放股利等情况。

4. 对于应采用权益法核算的长期股权投资，获取被投资单位已经注册会计师审计的年度财务报表，如果未经注册会计师审计，则应考虑对被投资单位的财务报表实施适当的审计或审阅程序：

（1）复核投资收益时，应以取得投资时被投资单位各项可辨认资产等的公允价值为基础，对被投资单位的净利润进行调整后加以确认；被投资单位采用的会计政策及会计期间与被审计单位不一致的，应当按照被审计单位的会计政策及会计期间对被投资单位的财务报表进行调整，据以确认投资损益。

（2）将重新计算的投资收益与被审计单位所计算的投资收益相核对，如有重大差异，则查明原因，并作适当调整。

（3）检查被审计单位按权益法核算长期股权投资，在确认应分担被投资单位发生的净亏损时，应首先冲减长期股权投资的账面价值，其次冲减其他实质上构成对被投资单位净投资的长期权益账面价值（如长期应收款等）；如果按照投资合同和协议约定被审计单位仍需承担额外损失义务的，应按预计承担的义务确认预计负债，并与预计负债中的相应数字核对无误；被投资单位以后期间实现盈利的，被审计单位在其收益分享额弥补未确认的亏损分担额后，恢复确认收益分享额。审计时，应检查被审计单位会计处理是否正确。

（4）检查除净损益以外被投资单位所有者权益的其他变动，是否调整计入所有者权益。

5. 对于采用成本法核算的长期股权投资，检查股利分配的原始凭证及分配决议等资料确定会计处理是否正确；对被审计单位实施控制而采用成本法核算的长期股权投资，比照权益法编制变动明细表，以备合并报表使用。

6. 对于成本法和权益法相互转换的，检查其投资成本的确定是否正确。

7. 确定长期股权投资的增减变动的记录是否完整：

（1）检查本期增加的长期股权投资，追查至原始凭证及相关的文件或决议及被投资单位验资报告或财务资料等，确认长期股权投资是否符合投资合同、协议的规定，并已确实投资，会计处理是否正确。

（2）检查本期减少的长期股权投资，追查至原始凭证，确认长期股权投资的收回有合理的理由及授权批准手续，并已确实有没有收回投资，会计处理是否正确。

8. 期末对长期股权投资进行逐项检查，以确定长期股权投资是否已经发生减值：

（1）核对长期股权投资减值准备本期与以前年度计提方法是否一致，如有差异，查明政策调整的原因，并确定政策改变对本期损益的影响，提请被审计单位作适当披露。

（2）对长期股权投资逐项进行检查，根据被投资单位经营政策、法律环境的变化，市场需求的变化、行业的变化、盈利能力等各种情形来判断长期股权投资是否存在减值迹象。确有出现导致长期股权投资可收回金额低于账面价值的，将可收回金额低于账面价值的差额作为长期股权投资减值准备予以计提。并与被审单位已计提数相核对。如有差异，查明原因。

（3）将本期减值准备计提金额与利润表资产减值损失中的相应数字核对无误。

（4）长期股权投资减值准备按单项资产计提，计提依据充分，得到适当批准。减值损失一经确认，在以后会计期间不得转回。

9. 结合银行借款等的检查，了解长期股权投资是否存在质押、担保情况。如有，则应详细记录，并提请被审计单位进行充分披露。

10. 确定长期股权投资在资产负债表上已恰当列报。与被审计单位人员讨论确定是否存在被投资单位由于所在国家和地区及其他方面的影响，其向被审计单位转移资金的能力受到限制的情况，如存在，应详细记录受限情况，并提请被审计单位进行充分披露。

职业考试

注册会计师确定长期股权投资是否已在资产负债表上恰当披露时，应当（   ）。（CPA考试审计真题）

A. 检查资产负债表上长期股权投资项目的数额与审定数是否相符

B. 检查长期股权投资存在纠纷时，是否已在附注中恰当披露

C. 盘点股票数量，并审查其账实是否相符

D. 检查长期股权投资计提的减值准备是否符合规定

E. 检查长期股权投资转为短期投资是否符合规定

【参考答案】ABCDE

第六节　筹资与投资循环其他项目审计

对于筹资与投资循环审计，除以上介绍的财务报表项目审计外，还有其他应收款审计、应付股利审计、无形资产审计、长期待摊费用审计、营业外收入审计、营业外支出审计、所得税审计等其他项目。对这些项目审计的阐述，一般只列示相应的实质性测试程序。

一、其他应收款项目的审计

其他应收款核算企业除应收票据、应收账款、预付账款等以外的其他各种应收、暂付款项，包括不设置"备用金"科目的企业拨出的备用金、应收的各种赔款、罚款，应向职工收取的各种垫付款项等。

(一) 其他应收款的审计目标

其他应收款的审计目标为：确定其他应收款是否存在；确定其他应收款是否归被审计单位所有；确定其他应收款增减变动的记录是否完整；确定其他应收款是否可收回；确定其他应收款年末余额是否正确；确定其他应收款在会计报表上的披露是否恰当。

(二) 其他应收款的实质性测试程序

对于其他应收款，注册会计师应实施以下实质性测试程序：

1. 核对其他应收款明细账与总账的余额是否相符。

2. 编制或获取其他应收款明细表，复核加计数是否准确，是否与总账、明细账核对相符，并标明截止审计日已收回或转销的项目。

3. 选择金额较大和异常的项目，检查原始凭证或签发询证函。

4. 对发出询证函未能收回的，采用替代程序，如查核下一年度明细账，或追踪至其他应收款发生时的付款凭证。

5. 对于长期未能收回的项目，应查明原因，确定是否可能发生坏账损失。

6. 审查转作坏账损失的项目，是否符合规定并办妥审批手续。

7. 分析明细账余额，对于出现贷方余额的项目，应查明原因，必要时作重分类调整。

8. 验明其他应收款是否已在资产负债表上恰当披露。

二、应付股利项目的审计

应付股利是指企业根据年度利润分配方案，确定分配的股利。是企业经董事会或股东大会，或类似机构决议确定分配的现金股利或利润。

(一) 应付股利的审计目标

应付股利项目的审计目标为：确定资产负债表中记录的应付股利确实存在；确定所有应当记录的应付股利均已记录于相关账面和报表项目；确定记录的应付股利是被审计单位应当履行的现时义务；确定应付股利的金额正确的，与之相关的计价调整已恰当记录；确定应付股利在财务报表中已作出了恰当列报。

应付股利实质性程序审计工作底稿

（二）应付股利的实质性测试程序

对于应付股利，注册会计师应实施以下实质性测试程序：

1. 获取或编制应付股利明细表，复核加计是否正确，并与报表数、总账数及明细账合计数核对是否相符。

2. 审阅公司章程、股东大会和董事会会议纪要中有关股利的规定，了解股利分配标准和发放方式是否符合有关规定并经法定程序批准。

3. 审查应付股利的计提是否根据董事会或股东大会决定的利润分配方案，从税后可供分配利润中计算确定，并复核应付股利计算和会计处理的正确性。

4. 审查股利支付的原始凭证的内容、金额和会计处理是否正确。审查现金股利是否按公告规定的时间、金额予以发放。

5. 向主要股东函证，以确定未付股利的真实性和完整性。

6. 审查董事会或类似机构通过的利润分配方案中拟分配的现金股利或利润，是否按规定未作账务处理，并已在附注中披露。

7. 审查应付股利的列报是否恰当，按主要投资者列示欠付的应付股利金额并说明原因。

三、无形资产项目的审计

无形资产是指企业拥有或控制的没有实物形态的非货币资产。无形资产主要包括专利权、非专利技术、商标权、著作权、土地使用权等。

（一）无形资产的审计目标

无形资产的审计目标为：确定无形资产是否存在；确定无形资产是否归被审计单位所有；确定无形资产增减变动及其摊销的记录是否完整；确定无形资产的摊销政策是否恰当；确定无形资产的年末余额是否正确；确定无形资产在会计报表上的披露是否恰当。

（二）无形资产的实质性测试程序

1. 获取或编制无形资产明细表，复核加计数是否正确，并与报表数、总账数和明细账合计数核对是否相符。

2. 获取有关协议和董事会纪要等文件、资料，检查无形资产的性质、构成内容、计价依据，其所有权是否归被审计单位所有；检查无形资产各项目的摊销政策是否符合有关规定，是否与上期一致，若改变摊销政策，检查其依据是否充分。

3. 获取无形资产的增加。对股东投入的无形资产，检查是否符合有关规定，并经过适当的检查审批，无形资产的价值是否与验资报告及资产评估结果确认书或合同协议等证明文件一致，会计处理是否正确；对自行取得或购入的无形资产，检查其原始凭证，确认计价是否正确，法律程序是否完备，会计处理是否正确。

4. 检查无形资产转让的会计处理是否正确，注意转让的是所有权还是使用权。

5. 检查本期摊销额是否正确，会计处理是否正确。

6. 检查无形资产减值准备的计提是否正确，是否符合企业会计准则的规定。

7. 检查无形资产的披露是否恰当。

四、长期待摊费用项目的审计

长期待摊费用是指企业已经支出，但其影响不限于支付当期，因而应由支付当期和以后各受益期共同分摊的费用支出。如租入固定资产的改良支出以及摊销期限在 1 年以上的其他待摊费用。

（一）长期待摊费用的审计目标

长期待摊费用的审计目标为：确定资产负债表中记录的长期待摊费用是否存在；所确定有应当记录的长期待摊费用是否均已记录；确定记录的长期待摊费用是否由被审计单位拥有或控制；确定资产负债表中的长期待摊费用是否以恰当的金额包括在财务报表中，与之相关的计价或分摊调整是否已恰当记录；确定长期待摊费用是否已按照企业会计准则的规定在财务报表中作出恰当列报。

（二）长期待摊费用的实质性测试程序

1. 获取或编制长期待摊费用明细表，复核加计是否正确，并与总账数和明细账合计数核对是否相符，减去将于一年内（含一年）摊销的数额后与报表数核对是否相符。

2. 抽查长期待摊费用的原始凭证，查阅有关合同、协议等资料，确定其真实性，检查会计处理是否正确。

3. 检查摊销政策是否符合企业会计准则的规定，复核计算摊销额及相关的会计处理是否正确，前后期是否保持一致，是否存在随意调节利润的情况。

4. 检查被审计单位筹建期间发生的开办费是否在发生时直接计入管理费用。

5. 对于经营租赁方式租入的固定资产发生的改良支出，检查相关的原始资料（如承租合同、装修合同和决算书等），确定改良支出金额是否正确，摊销期限是否合理，摊销额的计算及会计处理是否正确。

6. 检查被审计单位是否将预期不能为其带来经济利益的长期待摊费用项目的摊余价值予以转销。

7. 检查长期待摊费用是否已按照企业会计准则的规定在财务报表中作出恰

当列报，注意剩余摊销期一年以内的长期待摊费用是否在资产负债表中的"一年内到期的非流动资产"项目反映。

五、营业外收入项目的审计

营业外收入，是指企业取得的与生产经营活动没有直接关系的各种收入，主要包括处置非流动资产利得、非货币性资产交换利得、债务重组利得、罚没收入、政府补助、捐赠利得、盘盈利得及无法支付的应付账款等。

（一）营业外收入的审计目标

营业外收入的审计目标为：确定营业外收入确实已经发生；确定营业外收入的记录是否完整；确定营业外收入的计算是否正确；确定营业外收入在会计报表上的披露是否恰当。

（二）营业外收入的实质性测试程序

1. 获取或编制营业外收入明细表，复核加计数是否正确，并与明细账和总账核对是否相符。

2. 检查营业外收入明细项目的设置是否符合规定的核算内容与范围，是否划清营业外收入与其他收入的界限。

3. 检查非流动资产处置利得。应结合非流动资产的审计，检查是否在授权范围内履行了必要的批准程序，抽查相关原始凭证，审核其内容的真实性和依据的充分性，检查会计处理是否符合相关规定。

4. 检查非货币性资产交换利得。应结合非货币性资产交换的审计，检查是否在授权范围内履行了必要的批准程序，并抽查相关原始凭证，审核其内容的真实性和依据的充分性，检查会计处理是否符合相关规定。

5. 检查债务重组利得。应结合债务重组的审计，是否在授权范围内履行了必要的批准程序，并抽查相关原始凭证，审核其内容的真实性和依据的充分性，检查会计处理是否符合相关规定。

6. 结合递延收益审计，检查政府补助的批准文件，复核收入的性质、金额、入账时间是否正确。

7. 结合相关资产的盘点及监盘资料，检查盘盈利得金额计算是否正确，是否获得必要的审批程序，抽查相关原始凭证，审核其内容的真实性和依据的充分性，检查会计处理是否符合相关规定。

8. 检查捐赠利得相关原始凭证，相关的税金是否提取，金额计算及账务处理是否正确。

9. 检查营业外收入是否已按照企业会计准则的规定在财务报表中作出恰当列报。

六、营业外支出项目的审计

营业外支出，是指企业发生的与生产经营活动没有直接关系的各种支出，主要包括处置非流动资产损失、非货币性资产交换损失、债务重组损失、罚款支出、捐赠支出、非常损失、盘亏损失等。

（一）营业外支出的审计目标

营业外支出的审计目标为：确定利润表中记录的营业外支出是否已发生，且与被审计单位有关；确定所有应当记录的营业外支出是否均已记录；确定与营业外支出有关的金额及其他数据是否已恰当记录；确定营业外支出是否已记录于正确的会计期间；确定营业外支出是否已记录于恰当的账户；确定营业外支出是否已按照企业会计准则的规定在财务报表中作出恰当的列报。

（二）营业外支出的实质性测试程序

1. 获取或编制营业外支出明细表，复核加计数是否正确，并与报表数、总账数及明细账合计数核对是否相符。

2. 检查营业外支出内容是否符合企业会计准则的规定。

3. 对营业外支出的各项目，包括非流动资产处理损失、非货币性资产交换损失、债务重组损失、盘亏损失、公益性捐赠支出等，与固定资产、无形资产等相关账户记录核对是否相符，并追查至相关原始凭证。

4. 检查是否存在非公益性捐赠支出、税收滞纳金、罚金、罚款支出、各种赞助会费支出，必要时进行应纳税所得额调整。

5. 对非常损失应详细检查有关资料、被审计单位实际损失和保险理赔情况及审批文件检查有关会计处理是否正确。

6. 检查营业外支出的列报是否恰当。

七、所得税费用项目的审计

所得税费用，是指根据企业会计准则的要求确认的应从当期利润总额中扣除的所得税费用，包括当期所得税费用和递延所得税费用（或收益）。

（一）所得税费用的审计目标

所得税费用的审计目标为：确定利润表中记录的所得税费用已发生，且与被审计单位有关；确定所有应当记录的所得税费用均已记录；确定与所得税费用有关的金额及其他数据准确；确定所得税费用记录于正确的会计期间；确定被审计单位记录的所得税费用记录于恰当的账户；确定所得税费用已按照企业会计准则的规定在利润表中作出恰当列报。

（二）所得税费用的实质性测试程序

1. 获取或编制所得税费用明细表，复核加计数是否正确，并与报表数、总账数和明细账合计数核对是否相符。

2. 检查被审计单位所得税费用核算所采用的会计政策是否为资产负债表债务法。

3. 根据审计结果和税法规定，核实当期的纳税调整事项，确定应纳税所得额，结合应交税费——应交所得税的审计，计算当期所得税费用，检查会计处理是否正确；应纳税所得额为负数的，应检查形成负数的年份与金额，必要时，取得经税务机关审核的前 5 年应纳税所得额，以确定可以以当期利润弥补的亏损额。

4. 根据资产及负债的账面价值与其计税基础之间的差异，以及未作为资产和负债确认的项目的账面价值与按照税法规定的计税基础的差异，结合递延所得税资产和递延所得税负债的审计，计算递延所得税资产、递延所得税负债期末余额，并根据递延所得税资产、递延所得税负债的期初余额，倒轧出递延所得税费用（收益）本期发生额，并检查会计处理是否正确。

5. 检查被审计单位当期所得税和递延所得税作为所得税费用或收益计入当期损益中，是否包括下列不应计入当期损益的所得税，如有，应提请被审计单位调整：企业合并；直接在所有者权益中确认的交易或者事项。

6. 将当期所得税费用与递延所得税费用之和与利润表上的"所得税"项目金额核对。

7. 检查所得税费用是否已按照企业会计准则的规定在财务报表中作出恰当列报。

【本章小结】

筹资与投资循环主要具有业务较少、金额较大且影响较大、约束性强三个特点，注册会计师应充分考虑这些特点对审计的影响，对发生业务较少且金额较大的项目，可以直接进行实质性测试。

筹资包括权益筹资和负债筹资两种方式，不同的筹资方式其业务活动虽各有所不同，但大致是相同的，归纳起来主要包括制定融资计划、审批授权、签订合同或协议、取得资金、计算利息或股利、偿还本息和发放股利等。投资循环主要包括投资决策、审批授权、取得证券或其他投资、取得投资收益、到期收回投资等业务活动。

企业负债筹资涉及短期借款、长期借款、应付债券等报表项目，它们的内部控制政策和程序基本上是相同的，以应付债券为例，其内部控制主要包括授权审批、受托管理制度、合同或契约制度、职责分工制度、定期核对制度、保管制度等。投资循环的内部控制包括职责分工制度、资产保管制度、会计核算制度、记名登记制度、定期盘点制度等。对筹资与投资循环相关内部控制进行测试一般包括了解、测试、评价三项工作。

本章重点阐述了实收资本、资本公积、盈余公积、未分配利润、长期借款、投资等项目的实质性测试程序。学习本章，应该重点掌握这些实质性测试程序，并结合审计工作底稿加以理解。

【课后练习】

一、单项选择题

1. 为了证实大华公司是否存在高估利润的情况，在注册会计师所列的以下关于财务费用的各项审计目标中不属于主要审计目标的是（　　）。

A. 确定所记录的财务费用是否为被审计期间发生的

B. 确定与财务有关的金额及其他数据是否已恰当记录

C. 确定财务费用的内容是否正确

D. 确定财务费用的披露是否恰当

2. 注册会计师在对应付债券业务实施实质性程序时，往往要检查债券交易的原始凭证，其检查的内容不包括（　　）。

A. 检查用以偿还债券的支票存根、并检查利息费用的计算

B. 检查发行债券所收入现金的收据、汇款通知单、送款登记簿、银行对账单

C. 检查企业现有债券副本，确定其内容是否与相关的会计记录一致

D. 检查是否已在财务报表附注中对债券的类别作了充分的说明

3. 当发现记录的债券利息费用大大超过相应的应付债券账面余额与票面利率乘积时，注册会计师应当怀疑（　　）。

A. 应付债券的折价被低估　　　　　B. 应付债券被高估

C. 应付债券被低估　　　　　　　　D. 应付债券的溢价被高估

4. 在对应付债券进行实质性程序时，注册会计师应当（　　）。

A. 审查应付债券原始凭证保管人同会计记录人员是否职责分离

B. 审查营业费用明细账

C. 审查债券持有人明细账是否由专人保管

D. 审查应付债券是否已在资产负债表或其附注中分类反映

5. 注册会计师李明在执行天星公司年度审计业务时，为确认被审计单位借款和所有者权益的增减变动及其利息和股利已登记入账这一认定目标，应执行的实质性程序是（　　）。

A. 检查股东是否已按合同、协议、章程约定时间缴付出资额，其出资额是否经注册会计师审验

B. 向银行或其他金融机构、债券包销人进行函证，并与账面余额核对

C. 检查年度内借款和所有者权益增减的原始凭证，核实变动的真实性、合规性，检查授权批准手续是否完备，入账是否及时准确

D. 确定借款和所有者的披露是否恰当，注意一年内到期的借款是否列入流动负债

6. 下列与投资交易的发生认定相关的实质性程序是（　　）。

A. 询问投资业务的职责分工情况及内部对账情况

B. 检查与投资有关的原始凭证，包括投资授权文件、被投资单位出具的股权或债权证明、投资付款记录等

C. 索取投资授权批准文件，检查审批手续是否齐全

D. 检查董事会会议记录、投资合同、交易对方提供的对账单、盘点报告等，确定有无未入账的交易

二、多项选择题

1. 注册会计师陈华对筹资活动和投资活动实施控制测试和实质性程序，运用得当的有（　　）。

A. 由于 HP 公司长期投资的交易数量较少，每笔交易的金额较大，陈华考虑到漏记或不恰当地对一笔业务进行会计处理，将会导致重大错误，从而对 HP 公司财务报表的公允反映产生较大的影响，所以决定对长期投资业务进行详细审计

B. 根据"所有者权益＝资产－负债"这一等式，陈华已经对资产和负债进行了充分的审计，从审计效率方面考虑，陈华认为无须对所有者权益进行审计

C. HP 公司应付债券业务不多，注册会计师陈华没有对其内部控制进行测试，而是在了解其内部控制的基础上，直接进行实质性程序

D. 注册会计师在审阅公司投资资产的盘核报告时，发现 HP 公司每年盘点方法恰当，盘核结果与会计记录相核对没有差异，陈华认为 HP 公司投资资产的内部控制得到了有效执行

2. 注册会计师在对借款审计时，处理正确的有（　　）。

A. 由于企业流动资金短缺，向银行借款 2 000 万元。后来经董事会同意，将其中的 1 000 万元用于修复在洪灾中损坏的厂房和设备，公司将其中 1 000 万元借款的利息计入在建工程价值（符合资本化条件），助理人员复核了其借款利率和资本化的时间后予以确认

B. 结合银行存款审计，在函证银行存款的同时，对所有存过款的银行（包括企业存款账户已结清的银行）函证借款是否存在

C. 助理人员建议将一年内到期的长期借款在非流动负债中予以反映

D. 复核借款利率与期限，并与财务费用、在建工程等相关记录核对，判断是否高估或低估利息支出

3. 在审计短期借款项目时，应当结合财务费用项目的审计，测试被审计单位本期反映的短期借款利息的整体合理性。以下各项审计程序中，与实现上述审计目标相关的有（　　）。

A. 根据被审计单位本期发生的各项短期借款的金额、期限、利率，重新计算利息

B. 索取被审计单位全部付息单并进行汇总后，与被审计单位会计记录进行核对

C. 根据被审计单位各月平均短期借款余额以及平均借款利率测算利息

D. 运用审计抽样方法，从被审计单位短期借款明细账抽取若干笔相关经济业务，测试利息计算是否准确

4. 在了解 TM 公司所有者权益的内部控制时，注册会计师陈华应关注下列的内容包括（　　）。

A. 公司发行股本、股息宣布等业务的正当批准

B. 正确记账和现金、股票处理职责的适当分工

C. 重新计算股本是否正确估价和正确反映

D. 独立的股票登记代理人和股票过户代理人

5. H 注册会计师计划测试 C 公司 2020 年末长期投资余额的存在性，以下审计程序中，可能实现该审计目标的有（　　）。

A. 向受托代管 C 公司长期证券的托管机构寄发询证函

B. 查阅 C 公司董事会与长期投资业务有关的会议记录

C. 检查长期股权投资中股票投资的 2020 年末市价变动情况

D. 索取投资授权批准文件，检查审批手续是否齐全

6. 下列审计程序中，可以用于审查长期借款入账完整性的有（　　）。

A. 向债权人函证负债金额

B. 查阅被审单位管理部门会议记录和文件资料

C. 审阅账簿记录并与原始凭证核对

D. 分析利息费用账户，验证利息支出的合理性

7. 下列各项中，属于实收资本实质性测试程序的有（　　）。

A. 观察负责资本投入交易事项的有关部门和人员的职责分工是否明确

B. 将实收资本明细表与实收资本总账核对

C. 审查实物投资的原始发票和投资协议，确认其所有权

D. 审阅账册、凭证，查明有无以借入资金顶替资本情况

三、判断题

1. 如果能够对被审计单位的资产和负债进行充分审计，且能证实两者的期初余额、期末余额和本期发生额，注册会计师可不必对所有者权益进行单独审计。　　　　　　　　　　　　　　　　　　　　　　　　（　　）

2. 注册会计师在审查公开发行股票的公司已发行的股票是否真实、是否已收到股款时，应向主要股东函证。　　　　　　　　　　　　　　（　　）

3. 向银行或其他债权人函证短期借款是审查短期借款的一个必要的、不可替代的程序。　　　　　　　　　　　　　　　　　　　　　　（　　）

4. 如果企业的长期投资证券是委托某些专门机构代为保管，注册会计师应向这些保管机构进行函证，以证实投资证券的存在性和金额的准确性。（　　）

5. 为了解投资证券的真实性，无论其是由被审计单位保管，还是由某些专门机构代为保管，在审计实施阶段，注册会计师都应参与对这些证券的盘点。
　　　　　　　　　　　　　　　　　　　　　　　　　　　　　　（　　）

四、思考题

1. 为什么说注册会计师在执行借款审计时应将被审计单位是否低估借款作为一个关注的要点？

2. 简述筹资与投资循环业务的特点。

3. 如何实施股本或实收资本的实质性程序？

4. 资本公积、盈余公积、未分配利润的实质性程序有哪些？

5. 如何实施投资的实质性程序？

6. 如何实施所得税费用的实质性程序？

第九章　货币资金审计

【引导案例】

长鑫股份有限公司货币资金审计发现的问题

恒信会计师事务所派出以李伟为项目组长及以张峰、小明、小华为组员的项目组对长鑫股份有限公司进行年报审计。恒信会计师事务所与被审计单位长鑫股份有限公司有长期的签约关系。自2018开始，恒信会计师事务所就已经开始接受长鑫股份有限公司委托，对其进行年度会计报表审计。

长鑫股份有限公司是一家上市较早的商业类公司，公司主营为零售业务，同时兼营一部分房地产开发业务，并与某网站合作开展网上售货业务。公司对零售业务部分采用售价金额核算法，毛利率的计算结转采用分类毛利率法，定期对库存商品进行盘点，有一套相对严密的内部管理制度。公司自上市后业绩一直较为平稳，股价波动不大。注册会计师李伟等在长鑫股份有限公司2020年度的会计报表审计中主要负责货币资金及相关问题的审计。

在对该公司货币资金的内部控制采用调查表法、检查凭证法和实地考察法进行符合性测试的基础上，注册会计师发现该公司货币资金的内部控制存在一定漏洞，主要表现在以下三个方面：

第一，财务报稽核人员对收款的现金盘点不及时，未能坚持经常进行不定期盘点。

第二，通过查看支票登记本发现，存在领用的票据号码不连续、领用支票不登记的现象。

第三，基本能坚持对现金和银行存款的支付审批制度，但在审批的职责权限划分上不够明确，从抽查的支付凭证来看，对相同业务的审批有时是财务经理签字，有时是业务经理的签字，控制不够严格。

在发现上述问题之后，注册会计师确认该公司的内部控制属于中等信赖程度，因此，适当地扩大了对长鑫股份有限公司货币资金的实质性测试范围。注册会计师实施的部分审计程序如下：

1. 采取盘点法对现金进行突击性盘点。盘点时间为2020年2月2日下午5点，盘点日确认的现金实存数为460元，长鑫股份有限公司2月1日账面库存现金余额为1 000元，2月2日发生的现金收支尚未入账，其中，现金收入5 000元，现金支出3 000元，2020年1月1日至2月1日库存现金账上记录的现金收入总额为16 000元，现金支出总额为15 000元。

2. 采取抽查法检查库存现金日记账和银行存款日记账。

3. 取得银行余额调节表，采取审阅法、调节法等方法检查真实性。

4. 利用函证对银行存款的真实性和合法性进行审查。函证前，被审计单位财务人员提出，注册会计师不必对 A 银行和 B 银行进行函证，原因是 A 银行目前账户余额为零，而 B 银行已经将银行对账单交给注册会计师。注册会计师拒绝了被审计单位财务人员的建议，向长鑫股份有限公司本年发生过存款业务的所有银行发出了询证函。

资料来源：李凌，徐爱菲. 审计案例分析［M］. 北京：中国财政经济出版社，2018.

案例分析要求：

（1）企业货币资金业务的关键控制点有哪些？

（2）结合案例中注册会计师执行的现金盘点程序，请分析：现金盘点方式和盘点时间应如何安排？盘点时应要求被审计单位哪些人员参加？如果出纳人员临时外出尚未归还，注册会计师应该怎么办？

（3）对现金和银行存款进行凭证抽查时应重点关注哪些方面？

【学习目标】

1. 了解货币资金的特征以及货币资金业务循环。

2. 了解货币资金内部控制及控制测试的要点。

3. 理解并掌握库存现金审计的实质性程序。

4. 理解并掌握银行存款的实质性程序。

第一节　货币资金与交易循环的关系

一、企业货币资金及其审计的概述

货币资金是企业资产的重要组成部分，是企业资产中流动性最强的一种资产。任何企业进行生产经营活动都必须拥有一定数额的货币资金，持有货币资金是企业生产经营活动的基本条件，可能关乎企业的命脉。货币资金主要来源于股东投入、债权人借款和企业经营累积，主要用于资产的取得和费用的结付。总的来说，只有保持健康的、正的现金流，企业才能够继续生存；如果出现现金流逆转现象，产生了不健康的、负的现金流，长此以往，企业将会陷入财务困境，并导致对企业的持续经营能力产生疑虑。因此，企业的全部经营活动都可以通过货币资金表现出来，同时货币资金也是不法分子盗窃、贪污、挪用的重要对象。

货币资金审计是指对企业的现金、银行存款和其他货币资金收付业务及其结存情况的真实性、正确性和合法性所进行的审计。加强货币资金审计，评审货币资金内部控制制度的健全性和有效性，审查货币资金结存数额的真实性和货币资金收付业务的合法性，对于保护货币资金的安全完整，揭示违法犯罪行为，维护财经法纪，以及如实反映被审计单位的即期偿债能力等，都具有十分重要的意义。

货币资金项目审计是企业财务报表审计主要类型之一——资产负债表审计的一个重要组成部分，审计内容主要包括库存现金、银行存款和其他货币资金的审计。由于货币资金较容易产生舞弊，因此，货币资金的审计风险较高，需要花费的时间较长，涉及面也较广。

本章以货币资金循环的特征为起点，进而对相关内部控制和控制测试进行分析，着重讲解库存现金的审计、银行存款的审计以及其他货币资金的审计，使读者在宏观上对货币资金审计有更加全面的了解与体会。

二、货币资金审计与各类交易循环之间的关系

企业资金运营过程，从资金流入企业形成货币资金开始，到通过销售收回货币资金、成本补偿确定利润、部分资金流出企业为止。企业资金的不断循环，构成企业的资金周转。

货币资金的余额同各交易循环中的业务活动存在着密切的关系。一些最终影响货币资金的错误只有通过销售、采购、投资和筹资的交易循环的审计测试才会发现。但是限制货币资金付款和货币资金收款的错误可在货币资金业务控制测试中发现，或通过对其余额测试程序发现。例如，对已记录的现金支出通过缺省支票达到贪污的目的，或现金的截止期错误，这均可通过减产现金业务发现。货币资金审计同各交易循环测试之间的关系如图9-1所示。

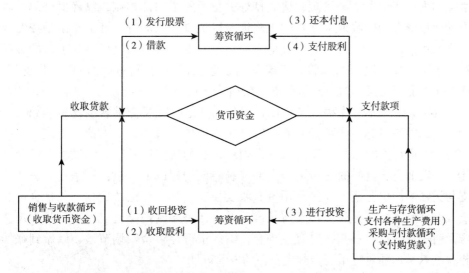

图9-1　货币资金业务与各类主要交易循环之间的关系

三、货币资金业务涉及的凭证和会计记录

货币资金涉及的凭证和会计记录主要包括：

1. 库存现金盘点表。
2. 银行对账单。
3. 银行存款余额调节表。
4. 有关科目的记账凭证（如库存现金收付款凭证、银行收付款凭证）。
5. 有关会计账簿（如库存现金日记账、银行存款日记账）。

因此，凡是企业经营管理和交易中涉及货币资金业务及其取得相关原始凭证及其他会计记录等资料，均是注册会计师进行货币资金审计涵盖的主要对象与内容，必须予以高度重视与关注。

第二节　货币资金的审计测试

一、企业货币资金的内部控制内容及其要求

按照企业会计准则的规定，企业财务报表中的货币资金项目包括库存现金、银行存款和其他货币资金等账户，是这三类账户金额的汇总，是排列在资产负债表的首位项目。货币资金通常被视为是企业流动性最强的资产，周转速度最快的资产，是影响企业期末盈利状况变化的主要变量和关键因素。因此，企业必须加强对货币资金的管理，建立良好的货币资金内部控制，以确保全部应收取的货币资金均能收取，并及时正确地予以记录；全部货币资金支出是按照经批准的用途进行的，并及时正确地予以记录；库存现金、银行存款项目的金额报告正确，并得以恰当保管；正确预测企业正常经营所需的货币资金收支额，确保企业有充足又不过剩的货币资金余额。

在会计实务中，库存现金、银行存款和其他货币资金的转换比较频繁，三者的内部控制目标、内部控制制度的制定与实施大致相似，因此，先统一对货币资金的内部控制作一个概述，各自内部控制的特点以及控制测试将在后面分述。一般而言，良好的货币资金内部控制应该达到以下六点：一是货币资金收支与记账的岗位分离。二是货币资金收支要有合理、合法的凭据。三是全部收支及时准确入账，并且支出要有核准手续。四是控制现金坐支，当日收入现金应及时送存银行。五是按月盘点现金，编制银行存款余额调节表，以做到账实相符。六是加强对货币资金收支业务的内部审计。

尽管由于每个企业的性质、所处行业、规模以及内部控制健全程度等不同，使得其与货币资金相关的内部控制内容有所不同，但以下要求通常应当共同遵循。

（一）建立岗位分工及授权批准的内控制度

1. 企业应当建立货币资金业务的岗位责任制，明确相关部门和岗位的职责权限，确保办理货币资金业务的不相容岗位相互分离、制约和监督。出纳人员不得兼任稽核、会计档案保管和收入、支出、费用、债权债务账目的登记工作。企业不得由一人办理货币资金业务的全过程。

2. 企业应当对货币资金业务建立严格的授权批准制度，明确审批人对货币资金业务的授权批准方式、权限、程序、责任和相关控制措施，规定经办人办理货币资金业务的职责范围和工作要求：审批人应当根据货币资金授权批准制度的规定，在授权范围内进行审批，不得超越审批权限。经办人应当在职责范围内，按照审批人的批准意见办理货币资金业务。对于审批人超越授权范围审批的货币资金业务，经办人员有权拒绝办理，并及时向审批人的上级授权部门报告。

3. 企业应当按照规定的程序办理货币资金支付业务。

（1）支付申请。企业有关部门或个人用款时，应当提前向审批人提交货币资金支付申请，注明款项的用途、金额、预算、支付方式等内容，并附有效经济合同或相关证明。

（2）支付审批。审批人根据其职责、权限和相应程序对支付申请进行审批。对不符合规定的货币资金支付申请，审批人应当拒绝批准。

（3）支付复核。复核人应当对批准后的货币资金支付申请进行复核，复核货币资金支付申请的批准范围、权限、程序是否正确，手续及相关单证是否齐备，金额计算是否准确，支付方式、支付企业是否妥当等。复核无误后，交由出纳人员办理支付手续。

（4）办理支付。出纳人员应当根据复核无误的支付申请，按规定办理货币资金支付手续，及时登记库存现金日记账和银行存款日记账。

4. 企业对于重要货币资金支付业务，应当实行集体决策和审批，并建立责任追究制度，防范贪污、侵占、挪用货币资金等行为。

5. 严禁未经授权的机构或人员办理货币资金业务或直接接触货币资金。

（二）加强对货币现金和银行存款的管理与控制

1. 企业应当加强现金库存限额的管理，超过库存限额的现金应及时存入银行。

2. 企业必须根据《现金管理暂行条例》的规定，结合本企业的实际情况，确定本企业现金的开支范围。不属于现金开支范围的业务应当通过银行办理转账结算。

3. 企业现金收入应当及时存入银行，不得用于直接支付企业自身的支出。因特殊情况需坐支现金的，应事先报经开户银行审查批准。

企业借出款项必须执行严格的授权批准程序，严禁擅自挪用、借出货币资金。

4. 企业取得的货币资金收入必须及时入账，不得私设"小金库"，不得账外设账，严禁收款不入账。

5. 企业应当严格按照《支付结算办法》等国家有关规定，加强银行账户的管理，严格按照规定开立账户，办理存款、取款和结算。

企业应当定期检查、清理银行账户的开立及使用情况，发现问题，及时处理。

企业应当加强对银行结算凭证的填制、传递及保管等环节的管理与控制。

6. 企业应当严格遵守银行结算纪律，不准签发没有资金保证的票据或远期支票，套取银行信用；不准签发、取得和转让没有真实交易和债权债务的票据，套取银行和他人资金；不准无理拒绝付款，任意占用他人资金；不准违反规定开立和使用银行账户。

7. 企业应当指定专人定期核对银行账户（每月至少核对一次），编制银行存款余额调节表，使银行存款账面余额与银行对账单调节相符。如调节不符，应查明原因，及时处理。

8. 企业应当定期和不定期地进行现金盘点，确保现金账面余额与实际库存相符。发现不符，及时查明原因，作出处理。

（三）实施票据及有关印章的管理与控制

1. 企业应当加强与货币资金相关的票据的管理，明确各种票据的购买、保管、领用、背书转让、注销等环节的职责权限和程序，并专设登记簿进行记录，防止空白票据的遗失和被盗用。

企业因填写、开具失误或者其他原因导致作废的法定票据，应当按规定予以保存，不得随意处置或销毁。对超过法定保管期限、可以销毁的票据，在履行审核手续后才进行销毁，但应当建立销毁清册并由授权人监销。

2. 企业应当加强银行预留印鉴的管理。财务专用章应由专人保管，个人名章必须由本人或其授权人员保管。严禁一人保管支付款项所需的全部印章。

按规定需要有关负责人签字或盖章的经济业务，必须严格履行签字或盖章手续。

（四）进行货币资金的内部监督检查。

1. 企业应当建立对货币资金业务的监督检查制度，明确监督检查机构或人员的职责权限，定期和不定期地进行检查。

2. 货币资金监督检查的内容。

（1）货币资金业务相关岗位及人员的设置情况。重点检查是否存在货币资金业务不相容职务混岗的现象。

（2）货币资金授权批准制度的执行情况。重点检查货币资金支出的授权批准手续是否健全，是否存在越权审批行为。

（3）支付款项印章的保管情况。重点检查是否存在办理付款业务所需的全部印章交由一人保管的现象。

（4）票据的保管情况。重点检查票据的购买、领用、保管手续是否健全，票据保管是否存在漏洞。

3. 对监督检查过程中发现的货币资金内部控制中的薄弱环节，应当及时采取措施加以纠正和完善。

二、实施货币资金的内部控制测试

（一）了解货币资金的内部控制

注册会计师在进行货币资金的控制测试时，要通过查阅被审计单位的有关规章制度等重要文件，现场观察被审计单位的有关业务活动，询问被审计单位有关人员等方法获取被审计单位内部控制的资料（如为再度审计，还可以查阅以前年度有关的审计工作底稿），以掌握被审计单位有关内部控制的情况，并对所掌握的情况进行适当的记录（或称描述）。通常，对于被审计单位是大中型企业的，由于其货币收支的业务量较多，人员分工较细，故可采用编制货币资金的内部控制流程图的方法来记录被审计单位货币资金内部控制情况；对于小型企业由于业务处理流程较为简单，则可以用文字叙述的方法对其内部控制情况予以记载。表9-1列示了货币资金内部控制调查表的格式。

表9-1　　　　　　　　　**企业货币资金内部控制情况调查表**

2022 年 1 月 12 日

提出问题	是	否	不适用	备注
1. 每日收入是否及时存入银行				
2. 现销是否核对发票、销货单				
3. 银行加盖印章的送款单回单联是否退还给非编制送款单人员				
4. 是否核对送款单联与现金记录				
5. 是否由独立人员复核收入明细账和会计记录				
6. 出纳人员是否参与：				
（1）编制销售发票				
（2）核准折让和销售退回				
（3）签发应收票据				
（4）签发支票				
7. 是否所有支票均事先按顺序编号				
8. 是否将作废支票加盖"作废"印章以防止重复使用				
9. 未使用支票是否恰当控制				
10. 签发支票是否经过授权				
11. 签发支票时是否依据核准的发票或其他必需文件				
12. 签发支票人员是否参与：				
（1）核准现金支出				
（2）记录现金收入				

提出问题	是	否	不适用	备注
（3）管理备用金 13. 支票签发后是否将所附发票或其他文件加盖"付讫"印章 14. 填制发票与核准发票是否由两名不同人员执行 15. 是否每月调节银行对账单 16. 编制调节表人员是否： （1）核验所有支票号码 （2）审查签章现金支票 17. 银行间资金转账是否被适当、及时地记录				

注册会计师签字：　　　　　　　　　　　　　被审计单位复核人员签字：

（二）初步评价货币资金内部控制的风险

注册会计师在重点了解是否存在货币资金业务不相容岗位混岗的现象、是否存在审批手续不健全、是否存在越权审批等内部控制不完善现象，并对其固有风险进行评估之后，应对货币资金账户和交易（如记录是否完整，金额或金额的计价是否正确，披露是否充分）所涉及的控制风险状况作出初步评估，在对控制风险状况作出初步评估的时候，注册会计师应当遵循稳健性的原则，宁可高估风险不可低估风险。如果内部控制风险不可接受，注册会计师应该不实施控制测试，直接进行实质性程序。

（三）实施货币资金的内部控制测试

货币资金的内部控制测试一般包括如下内容：

1. 检查一定期间的库存现金、银行存款日记账及相关账户的记录。在检查某一特定时期的库存现金、银行存款时，注册会计师应根据日期和凭证号栏的记载，查明是否是以记账凭证为依据逐笔序时登记并结出余额，有无前后日期和凭证号前后顺序颠倒的情况；根据摘要栏、金额栏和对方科目栏的记载，判断经济业务的会计处理、会计科目的使用是否恰当；根据结存余额栏的记录，查明是否有异常红字，原因是什么。在检查日记账的过程中，还应注意库存现金日记账和银行存款日记账提供的线索，审查总账的库存现金、银行存款、应收账款、应付账款等有关账户记录。库存现金日记账与银行存款日记账审查的范围和广度，视内部控制流程图和其他各方面的情况综合考虑而定；如果在检查中发现严重问题，注册会计师应视情况扩大工作范围或改变实质性程序。

2. 抽取并审查收款凭证。在检查库存现金日记账与银行存款日记账的基础上，还必须按货币资金收款凭证的类别选取适当的样本量，进行如下检查：

（1）将收款凭证与销售发票等相关的原始凭证核对。

（2）将收款凭证与库存现金日记账、银行存款日记账的收入金额和日期核对。

（3）将收款凭证与银行存款簿、银行对账单核对。

（4）将收款凭证与应收账款等相关明细账的有关记录核对。

3. 抽取并审查付款凭证。为测试货币资金付款的内部控制，注册会计师还必须按货币资金付款凭证的类别选取适当的样本量，进行如下检查：

（1）检查付款的授权批准手续是否符合规定。

（2）将付款凭证与购货发票、报销单等相关的原始凭证核对。

（3）将付款凭证与库存现金日记账、银行存款日记账的支出额和日期核对。

（4）将付款凭证与银行对账单核对。

（5）将付款凭证与应付账款等相关明细账的有关记录核对。

4. 抽取一定期间的银行存款余额调节表，查验其是否按月正确编制并经复核。为证实银行存款记录的正确性，注册会计师必须抽取一定期间的银行存款余额调节表，将其同银行对账单、银行存款日记账及总账进行核对，确定被审计单位是否按月编制并复核银行存款余额调节表。

5. 检查外币资金的折算方法是否符合有关规定，是否与上年度一致。对有外币货币资金的被审计单位，注册会计师应检查其外币库存现金日记账、外币银行存款日记账及"财务费用""在建工程"等账户的记录，确定企业有关库存现金、银行存款的增减变动部分是否按业务发生时的市场汇率或业务发生当期期初的市场汇率折合为记账本位币，选取方法是否前后期保持一致；检查企业的外币库存现金、银行存款账户的余额是否按期末市场汇率折合为记账本位币金额，有关汇兑损益的计算和记录是否正确。

（四）评价货币资金的内部控制

注册会计师在完成上述控制测试程序后，即可对被审计单位货币资金的内部控制及其实施情况进行评价。在评价过程中，既要分析其内部控制过程中的薄弱环节和缺点，又要确定其内部控制过程中的较强环节和优点，并据此对原定的审计程序加以修改和变动，最后确定实质性程序的审计程序和重点。

资格测试

1. 下列工作中，出纳可以兼任的工作是（　　）。（2014 年初级审计师考试真题）

A. 固定资产卡片保管员　　　　　B. 应收账款明细账的登记

C. 费用账目的登记　　　　　　　D. 主营业务收入明细账的登记

【参考答案】A

2. 下列各项中，违反货币资金业务内部控制要求的有（　　）。（2015 年初级审计师考试真题）

A. 出纳员记录现金总账　　　　　B. 出纳员记录应收账款明细账

C. 内部审计人员定期监盘库存现金　D. 主管会计同时保管支票与印章

E. 主管会计编制银行存款余额调节表

【参考答案】ABD

第三节　库存现金审计

企业的库存现金是企业根据现金管理制度的规定留用的现金。我国对企业支付、收取和留存的现金数量与金额的多少均有明确的规定，要求各企业单位与组织在涉及相关收支时予以严格遵守。库存现金审计是对库存现金及其收付业务和保管情况的真实性、合法性进行的审查和核实。由于现金流动性大，收付业务繁多，容易被不法分子侵吞，因此，必须把它列为审计的重点。库存现金审计，对巩固和严格现金管理制度，维护结算纪律，揭露错误与舞弊，保护库存现金的安全，都具有十分重要的意义。

一、库存现金的审计目标

库存现金的审计目标一般包括：确定被审计单位资产负债表的货币资金项目中的库存现金在资产负债表日是否确实存在；确定被审计单位所有应当记录的现金收支业务是否均已记录完毕，有无遗漏；确定记录的库存现金是否为被审计单位所拥有或控制；确定库存现金以恰当的金额包括在财务报表的货币资金项目中，与之相关的计价调整已恰当记录；确定库存现金是否已按照企业会计准则的规定，在财务报表中作恰当的列报。

二、库存现金的实质性测试程序

注册会计师对库存现金的实质性测试程序一般包括以下方面。

（一）核对现金日记账与总账的余额是否相符

注册会计师现金余额的起点，是核对现金日记账与总账的余额是否相符。如果不相符，应查明原因并建议作出适当调整。

（二）分析程序

注册会计师应比较现金余额的本期实际数与预算数以及上年度账户余额的差异变动，还要比较有关项目的一些比率（如流动比率、速动比率、现金比率等）的变动情况。对本期数字与上期实际数或本期预算数的异常差异或显著波动必须进一步追查原因，确定审计重点。

（三）盘点库存现金

盘点库存现金是证实资产负债表所列现金是否存在的一项重要程序（库存现金盘点表式样如表9-2所示）。

库存现金监盘和存货监盘的比较

表 9 - 2 ×××企业库存现金盘点表

单位名称			A1 – 1/1	第 页
项目	人民币现金		截止日	
盘点日			核对账目	
货币面额	张数	金额（元）	项目	金额
100 元			截止日人民币现金账面余额	
50 元			加：截止日至盘点日收入	
20 元			减：截止日至盘点日支出	
10 元			加：跨入收入	
5 元			减：跨入借条	
2 元			调整后现金余额	
1 元			现金清点日实点现金	
5 角			短款	
2 角			长款	
1 角				
2 分				
1 分				
实点	合计			

企业负责人： 盘点人员：

盘点库存现金通常包括对已收到但未存入银行的现金、零用金、找换金等的盘点。盘点库存现金的时间和人员应视被审计单位的具体情况而定，但必须有出纳员和被审计单位会计主管人员参加，并由注册会计师进行监督。盘点库存现金的步骤和方法有：

1. 制定库存现金盘点程序，实施突击性检查。时间最好选择上午上班前或下午下班时进行，盘点的范围一般包括企业各部门经管的现金。在进行现金盘点前，应由出纳员将现金集中起来存入保险柜，必要时可加以封存，然后由出纳员把已办妥现金收付手续的收付款凭证登入库存现金日记账。如企业现金存放部门有两处或两处以上者，应同时进行盘点。

2. 审阅库存现金日记账并同时与现金收付凭证相核对。一方面检查日记账的记录与凭证的内容和金额是否相符；另一方面了解凭证日期与日记账日期是否相符或接近。

3. 由出纳员根据库存现金日记账加累计数额结出现金结余额。

4. 盘点保险柜的现金实存数，同时编制库存现金盘点表。

5. 资产负债表日后进行盘点时，应调整至资产负债表日的金额。

6. 盘点金额与库存现金日记账余额进行核对，如有差异，应查明原因，并作出记录或适当调查。

7. 若有冲抵库存现金的借条，未提现支票，未作报销的原始凭证，应在库存现金盘点表中注明或作出必要的调整。

（四）抽查大额现金收支

注册会计师应抽查大额现金收支的原始凭证内容是否完整，有无授权批准，并核对相关账户的进账情况，如有与被审计单位生产经营业务无关的收支事项，应查明原因，并作出相应的记录。

（五）检查现金收支的正确截止

被审计单位资产负债表中的现金数额，应以结账日实有数额为准。因此，注册会计师必须验证现金收支的正确截止日期。通常，注册会计师可以对结账日前后一段时期内现金收支凭证进行审计，以确定是否存在跨期事项。

（六）检查外币现金、银行存款的折算是否正确

对于有外币现金的被审计单位，注册会计师应检查被审计单位对外币现金的收支是否按所规定的汇率折合为记账本位币金额；外币现金期末余额是否按期末市场汇率折合为记账本位币金额；外币折算差额是否按规定记入相关账户。

（七）检查库存现金是否在资产负债表中恰当披露

库存现金在资产负债表中"货币资金"项目下反映，注册会计师应在实施上述审计程序后，确定现金账户的期末余额是否恰当，据以确定货币资金是否在资产负债表中恰当披露。

职业考试

监盘库存现金是注册会计师证实被审计单位资产负债表所列现金是否存在的一项重要程序，被审计单位必须参加盘点的人员是（　　）。（CPA考试审计真题）

A. 出纳员和会计主管人员　　　B. 出纳员和财务总监

C. 现金出纳员和财务经理　　　D. 会计主管人员和内部审计人员

【参考答案】A

第四节　银行存款审计

企业银行存款是企业存入银行和其他非金融机构的各种存款。企业收入的款项，除国家另有规定外，都应在当日解缴银行。企业一切支出，除规定可以用现金支付外，都必须通过银行办理转账结算。

　　银行存款较之现金，其业务涉及面广、内容复杂，金额较大，收付款凭证数量较多，因而是货币资金审计的重要组成部分。

一、银行存款的审计目标

　　银行存款的审计目标主要包括：确定被审计单位资产负债表的货币资金项目中的银行存款在资产负债表日是否确实存在；确定被审计单位所有应当记录的银行存款业务是否均已记录完毕，有无遗漏；确定记录的银行存款是否为被审计单位所拥有或控制；确定银行存款以恰当的金额包括在财务报表的货币资金项目中，与之相关的计价调整已恰当记录；确定银行存款是否已按照企业会计准则的规定在财务报表中作出恰当列报。

二、银行存款的实质性测试

　　根据重大错报风险的评估和从控制测试（如实施）中所获取的审计证据和保证程度，注册会计师就银行存款实施的实质性测试可能包括以下方面。

　　1. 获取银行存款余额明细表，复核加计数是否正确，并与总账数和日记账合计数核对是否相符；检查非记账本位币银行存款的折算汇率及折算金额是否正确。注册会计师测试银行存款余额的起点是核对银行存款日记账与总账的余额是否相符。如果不相符，应查明原因，必要时应建议作出适当调整。

　　如果对被审计单位银行账户的完整性存有疑虑，例如，当被审计单位可能存在账外账或资本体外循环时，注册会计师可以考虑额外实施以下实质性程序：

　　（1）注册会计师亲自到中国人民银行或基本存款账户开户行查询并打印《已开立银行结算账户清单》，以确认被审计单位账面记录的银行人民币结算账户是否完整。

　　（2）结合其他相关细节测试，关注原始单据中被审计单位的收（付）款银行账户是否包含在注册会计师已获取的开立银行账户清单内。

　　2. 实施实质性分析程序。计算银行存款累计余额应收利息收入，分析比较被审计单位银行存款应收利息收入与实际利息收入的差异是否恰当，评估利息收入的合理性，检查是否存在高息资金拆借，确认银行存款余额是否存在，利息收入是否已经完整记录。

　　3. 检查银行存款账户发生额。注册会计师还可以考虑对银行存款账户的发生额实施以下程序：

　　（1）分析不同账户发生银行日记账漏记银行交易的可能性，获取相关账户相关期间的全部银行对账单。

　　（2）如果对被审计单位银行对账单的真实性存有疑虑，注册会计师可以在被审计单位的协助下亲自到银行获取银行对账单。在获取银行对账单时，注册会计师要全程关注银行对账单的打印过程。

（3）选取银行对账单中记录的交易与被审计单位银行日记账记录进行核对；从被审计单位银行存款日记账上选取样本，核对至银行对账单。

（4）浏览银行对账单，选取大额异常交易，如银行对账单上有一收一付相同金额，或分次转出相同金额等，检查被审计单位银行存款日记账上有无该项收付金额记录。

4. 取得并检查银行对账单和银行存款余额调节表。取得并检查银行对账单和银行存款余额调节表是证实资产负债表中所列银行存款是否存在的重要程序。银行存款余额调节表通常应由被审计单位根据不同的银行账户及货币种类分别编制，其格式如表9-3所示。

表9-3　　　　　　　　　　　　×××企业银行存款余额调节表

企业名称：　　　　　　　　　　　　　　　　　　　　　　　　　　日期：
开户行及账户号：　　　　　　　　　　　　　　　　　　　　　金额单位：元

项目	金额	项目	金额
企业银行存款日记账余额		银行对账单余额	
加：银行已收、企业未收款		加：企业已收、银行未收款	
减：银行已付、企业未付款		减：企业已付、银行未付款	
调节后的存款余额		调节后的存款余额	

经办会计人员：（签字）　　　　　　　　　　　　　　　　　　会计主管：（签字）

有关企业银行存款项目的具体测试程序通常包括如下内容。

（1）取得并检查银行对账单。

①取得被审计单位加盖银行印章的银行对账单，必要时，亲自到银行获取对账单，并对获取过程保持控制；

②将获取的银行对账单余额与银行日记账余额进行核对，如存在差异，获取银行存款余额调节表；

③将被审计单位资产负债表日的银行对账单与银行询证函回函核对，确认是否一致。

（2）取得并检查银行存款余额调节表。

①检查调节表中加计数是否正确，调节后银行存款日记账余额与银行对账单余额是否一致。

②检查调节事项。对于企业已收付、银行尚未入账的事项，检查相关收付款凭证，并取得期后银行对账单，确认未达账项是否存在，银行是否已于期后入账；对于银行已收付、企业尚未入账的事项，检查期后企业入账的收付款凭证，确认未达账项是否存在，必要时，提请被审计单位进行调整。

③关注长期未达账项，查看是否存在挪用资金等事项。

④特别关注银付企未付、企付银未付中支付异常的领款事项，包括没有载明收款人、签字不全等支付事项，确认是否存在舞弊。

（3）检查调节事项的性质和范围是否合理。

①检查是否存在跨期收支和跨行转账的调节事项。编制跨行转账业务明细表，检查跨行转账业务是否同时对应转入和转出，未在同一期间完成的转账业务是否反映在银行存款余额调节表的调整事项中。

②检查大额在途存款和未付票据。检查在途存款的日期，查明发生在途存款的具体原因，追查期后银行对账单存款记录日期，确定被审计单位与银行记账时间差异是否合理，确定在资产负债表日是否需提请被审计单位进行适当调整；检查被审计单位的未付票据明细清单，查明被审计单位未及时入账的原因，确定账簿记录时间晚于银行对账单的日期是否合理；检查被审计单位未付票据明细清单中有记录但截至资产负债表日银行对账单无记录且金额较大的未付票据，获取票据领取人的书面说明，确认资产负债表日是否需要进行调整。

5. 函证银行存款余额，编制银行函证结果汇总表，检查银行回函。

银行函证程序是证实资产负债表所列银行存款是否存在的重要程序。通过向往来银行函证，注册会计师不仅可以了解企业资产的存在，还可以了解企业账面反映所欠银行债务的情况，并有助于发现企业未入账的银行借款和未披露的或有负债。

注册会计师应当对银行存款（包括零余额账户和在本期内注销的账户）、借款及与金融机构往来的其他重要信息实施函证程序，除非有充分证据表明某一银行存款、借款以及与金融机构往来的其他重要信息对财务报表不重要且与之相关的重大错报风险很低。如果不对这些项目实施函证程序，注册会计师应当在审计工作底稿中说明理由。

当实施函证程序时，注册会计师需要以被审计单位名义向银行发函询证，以验证被审计单位的银行存款是否真实、合法、完整。根据《关于进一步规范银行函证及回函工作的通知》，各银行应对询证函列示的全部项目作出回应，并在收到询证函之日起 10 个工作日内，将回函直接寄往会计师事务所。表 9 - 4 列示了通知中给出的银行询证函格式（通用格式）。

表 9 - 4　　　　　CPA 针对银行存款项目的询证函（通用格式）【节选】

编号：

×× （银行）：

本公司聘请的 ×× 会计师事务所正在对本公司　　　年度（或期间）的财务报表进行审计，按照中国注册会计师审计准则的要求，应当询证本公司与贵行相关的信息。下列信息出自本公司的记录：

（1）如与贵行记录相符，请在本函"结论"部分签字、签章；

（2）如有不符，请在本函"结论"部分列明不符项目及具体内容，并签字和签章。

本公司谨授权贵行将回函直接寄至 ×× 会计师事务所，地址及联系方式如下：

回函地址：　　　联系人：　　　电话：　　　传真：　　　邮编：　　　电子邮箱：

本公司谨授权贵行可从本公司 ×× 账户支取办理本询证函回函服务的费用。

截至＿＿＿＿年＿＿＿＿月＿＿＿＿日，本公司与贵行相关的信息列示如下：

续表

1. 银行存款

账户名称	银行账号	币种	利率	账户类型	余额	起止日期	是否用于担保或存在其他使用限制	备注

除上述列示的银行存款外，本公司并无在贵行的其他存款。

注："起止日期"一栏仅适用于定期存款，如为活期或保证金存款，可只填写"活期"或"保证金"字样；"账户类型"列明账户性质，如基本户、一般户等。

2. 银行借款

借款人名称	银行账号	币种	余额	借款日期	到期日期	利率	抵（质）押品/担保人	备注

除上述列示的银行借款外，本公司并无自贵行的其他借款。

注：如存在本金或利息逾期未付行为，在"备注"栏中予以说明。

银行存款函证与应收账款函证的异同

职业考试

注册会计师在检查被审计单位 2018 年 12 月 31 日的银行存款余额调节表时，发现下列调节事项，其中有迹象表明性质或范围不合理的是（ ）。（CPA 考试审计真题）

A．"银行已收、企业未收"项目包含一项 2018 年 12 月 31 日到账的应收账款，被审计单位尚未收到银行的收款通知

B．"企业已付、银行未付"项目包含一项被审计单位于 2018 年 12 月 31 日提交的转账支付申请，用于支付被审计单位 2015 年 12 月份的电费

C．"企业已收、银行未收"项目包含一项 2018 年 12 月 30 日收到的退货款，被审计单位已将供应商提供的支票提交银行

D．"银行已付、企业未付"项目包含一项 2018 年 11 月支付的销售返利，该笔付款已经总经理授权，但由于经办人员未提供相关单据，会计部门尚未入账

【参考答案】D

第五节　其他货币资金审计

企业的其他货币资金项目是指企业除库存现金和银行存款以外的其他各种货币资金，即存放地点和用途均与库存现金和银行存款不同的货币资金。包括

外埠存款、银行汇票存款、银行本票存款、信用卡存款、信用证保证金存款和存出投资款等。其他货币资金的审计，主要是对相关定期存款、存出投资款、保证金存款的检查。

一、其他货币资金的审计目标

其他货币资金审计目标主要包括：确定被审计单位资产负债表中其他货币资金在会计报表日是否确实存在，是否为被审计单位所拥有；确定被审计单位在特定期间内发生的其他货币资金收支业务是否均已记录完毕，有无遗漏；确定其他货币资金的金额是否正确；确定其他货币资金在会计报表上的披露是否恰当。

二、其他货币资金的实质性测试

1. 如果被审计单位有定期存款，注册会计师可以考虑实施以下审计程序：

（1）向管理层询问定期存款存在的商业理由并评估其合理性。

（2）获取定期存款明细表，检查是否与账面记录金额一致，存款人是否为被审计单位，定期存款是否被质押或限制使用。

（3）在监盘库存现金的同时，监盘定期存款凭据。如果被审计单位在资产负债表日有大额定期存款，基于对风险的判断考虑选择在资产负债表日实施监盘。

（4）对未质押的定期存款，检查开户证实书原件，以防止被审计单位提供的复印件是未质押（或未提现）前原件的复印件。在检查时，还要认真核对相关信息，包括存款人、金额、期限等，如有异常，需实施进一步审计程序。

（5）对已质押的定期存款，检查定期存单复印件，并与相应的质押合同核对。对于质押借款的定期存单，关注定期存单对应的质押借款有无入账，对于超过借款期限但仍处于质押状态的定期存款，还应关注相关借款的偿还情况，了解相关质权是否已被行使；对于为他人担保的定期存单，关注担保是否逾期及相关质权是否已被行使。

（6）函证定期存款相关信息。

（7）结合财务费用审计测算利息收入的合理性，判断是否存在体外资金循环的情形。

（8）在资产负债表日后已提取的定期存款，核对相应的兑付凭据等。

（9）关注被审计单位是否在财务报表附注中对定期存款给予充分披露。

2. 除定期存款外，注册会计师对其他货币资金实施审计程序时，通常可能特别关注以下事项：

（1）保证金存款的检查，检查开立银行承兑汇票的协议或银行授信审批文件。可以将保证金账户对账单与相应的交易进行核对，根据被审计单位应付票据的规模合理推断保证金数额，检查保证金与相关债务的比例和合同约定是否一致，特别关注是否存在有保证金发生而被审计单位无对应保证事项的情形。

（2）对于存出投资款，跟踪资金流向，并获取董事会决议等批准文件、开户资料、授权操作资料等。如果投资于证券交易业务，通常结合相应金融资产项目审计，核对证券账户名称是否与被审计单位相符，获取证券公司交易结算资金账户的交易流水，抽查大额的资金收支，关注资金收支的财务账面记录与资金流水是否相符。

职业考试

下列审计程序中，通常不能为定期存款的存在认定提供可靠的审计证据的是（　　）。（2018 年 CPA 考试审计真题）

A. 函证定期存款的相关信息

B. 对于未质押的定期存款，检查开户证实书原件

C. 对于已质押的定期存款，检查定期存单复印件

D. 对于在资产负债表日后已到期的定期存款，核对兑付凭证

【参考答案】C

【本章小结】

本章介绍了企业货币资金业务审计的主要内容。货币资金业务主要涉及库存现金、银行存款和其他货币资金账户，这些账户均具有较高的固有风险，因此，货币资金内部控制是企业内部控制的重点。对于货币资金审计，应重点掌握现金盘点表的编制、银行存款余额调节表的编制和银行存款函证。注册会计师应会同被审计单位主管会计人员盘点库存现金，编制库存现金盘点表，并倒轧至资产负债表日余额，如有差异，应查明原因。注册会计师应向银行（或其他金融机构）函证客户的银行存款（包括余额为零的账户和在本期内注销的账户），借款及金融机构往来的其他重要信息。对银行存款的函证通常采用积极函证的方式。

【课后练习】

一、单项选择题

1. 以下各项中，属于货币资金审计涉及的单据和会计记录的是（　　）。

A. 贷项通知单　　　　　　　　B. 销售发票

C. 银行存款余额调节表　　　　D. 存货计价审计表

2. 以下各项中，不属于注册会计师了解货币资金内部控制的审计程序的是（　　）。

A. 询问销售部门的员工和管理人员

B. 观察被审计单位出纳人员如何进行现金盘点

C. 检查银行存款余额调节表是否恰当编制以及其中的调节是否经会计主款

的恰当复核

D. 实施分析程序，比较被审计单位银行存款应收利息收入与实际利息收入的差异是否适当

3. 注册会计师在对被审计单位实施风险评估程序时发现存在未经授权人员接触现金的情况，在评估重大错报风险时，首先应将货币资金的（　　）认定确定为重点审计领域。

A. 存在　　　　　　B. 完整性　　　　　C. 计价和分摊　　D. 权利和义务

4. 如果被审计单位某银行账户的银行对账单余额与银行存款日记账余额不符，最有效的审计程序是（　　）。

A. 检查该银行账户的银行存款余额调节表

B. 重新测试相关的内部控制

C. 检查银行存款日记账中记录的资产负债表日前后的收付情况

D. 检查银行对账单中记录的资产负债表日前后的收付情况

5. 下列有关注册会计师对银行存款余额调节表实施的审计程序中，不恰当的是（　　）。

A. 了解并评价银行存款余额调节表的编制和复核过程

B. 核对被审计单位银行存款日记账与银行对账单余额是否调节一致

C. 核对银行存款余额调节表中银行对账单余额是否与银行询证函回函一致

D. 检查被审计单位已收而银行未收的大额款项在资产负债表日后银行存款日记账上的相关记录

6. 以下情形中，可能表明被审计单位货币资金内部控制存在重大缺陷的是（　　）。

A. 被审计单位指定出纳员每月必须核对银行账户，针对每一银行账户分别编制银行存款余额调节表，使银行存款账面余额与银行对账单调节相符

B. 被审计单位的财务专用章由财务负责人本人或其授权人员保管，出纳员个人名章由其本人保管

C. 对重要货币资金支付业务，被审计单位实行集体决策授权控制

D. 被审计单位现金收入及时存入银行，特殊情况下，经开户银行审查批准方可坐支现金

7. 如果被审计单位某银行账户的银行对账单余额与银行存款日记账余额不符，最有效的审计程序是（　　）。

A. 检查该银行账户的银行存款余额调节表

B. 重新测试相关的内部控制

C. 检查银行存款日记账中记录的资产负债表日前后的收付情况

D. 检查银行对账单中记录的资产负债表日前后的收付情况

二、多项选择题

1. 被审计单位 2020 年 12 月 31 日的银行存款余额调节表包括一笔"企业已付、银行未付"调节项，其内容为以支票支付赊购材料款。下列审计程序中，

能为该调节项提供审计证据的有（　　）。

    A. 检查付款申请单是否经适当批准

    B. 就 2020 年 12 月 31 日相关供应商的应付账款余额实施函证

    C. 检查支票开具日期

    D. 检查 2021 年 1 月的银行对账单

    2. 被审计单位下列与货币资金相关的内部控制中，存在缺陷的包括（　　）。

    A. 对于审批人超越授权范围审批的货币资金业务，经办人员先行办理后，需要及时向审批人的上级授权部门报告

    B. 不签发、取得和转让没有真实交易和债权债务的票据

    C. 出纳人员应当根据复核无误的支付申请，按规定办理货币资金支付手续，及时登记库存现金和银行存款日记账

    D. 出纳人员支付货币资金后，应及时登记应付账款明细账

    3. 注册会计师实施的下列各项审计程序中能够证实银行存款是否存在的有（　　）。

    A. 分析定期存款占银行存款的比例

    B. 检查银行存款余额调节表

    C. 函证银行存款余额

    D. 检查银行存款收支的正确截止

    4. 注册会计师寄发的银行询证函（　　）。

    A. 是以被审计单位的名义发往开户银行的

    B. 属于积极式、有偿询证函

    C. 要求银行直接回函至会计师事务所

    D. 包括银行存款和借款余额

    5. 注册会计师应按照现金的收款凭证分类，选取适当的样本量，所作的检查有（　　）。

    A. 核对库存现金日记账的收入金额是否正确

    B. 核对收款凭证与应收账款明细账的有关记录是否相符

    C. 核对实收金额与销货发票是否一致

    D. 函证银行存款

    6. 针对库存现金监盘，被审计单位下列人员中，应当参加库存现金监盘的有（　　）。

    A. 现金出纳员　　　B. 财务总监　　　C. 会计主管　　　D. 董事长秘书

三、判断题

    1. 如果现金盘点不是在资产负债表日进行的，注册会计师应将资产负债表日至盘点日的收付金额调整至盘点日金额。　　　　　　　　　　（　　）

    2. 被审计单位资产负债表中的银行存款数额，应以编制或取得银行存款余额调节表日银行存款账户数额为准。　　　　　　　　　　（　　）

3. 被审计单位 1 年以上定期存款或限定用途的银行存款，不属于流动资产。

（　　）

4. 即使企业银行存款账户余额为零，只要存在本期发生额，注册会计师应进行函证。 （　　）

5. 注册会计师应检查银行存款收支的正确截止，其操作方法是抽查资产负债表日前后若干天的银行存款收支凭证实施截止测试，关注业务内容及对应项目，如有跨期收支事项，应考虑是否应提出调整建议。 （　　）

四、案例分析题

甲公司是 ABC 会计师事务所的常年审计客户，在对甲公司 2020 年度财务报表进行审计时，A 注册会计师负责审计货币资金项目。甲公司在总部和营业部均设有出纳部门。2021 年 2 月 3 日，A 注册会计师对甲公司的库存现金进行监盘，为顺利监盘库存现金，A 注册会计师在监盘前一天已通知甲公司会计主管人员做好监盘准备。考虑到出纳日常工作安排，对总部和营业部库存现金的监盘时间分别定在上午 10 点和下午 3 点。监盘时，会计主管人员没有参加，由出纳全权负责，出纳把现金放入保险柜，并将已办妥现金收付手续的交易登入库存现金日记账，结出库存现金日记账余额；然后，A 注册会计师当场盘点现金，在与库存现金日记账核对后填写库存现金监盘表，并在签字后直接形成审计工作底稿。

要求：

（1）请指出上述库存现金监盘工作中有哪些不当之处，并提出改进建议。

（2）假定甲公司盘点金额与库存现金日记账余额存在差异，A 注册会计师应采取哪些措施。

五、思考题

1. 货币资金审计的具体目标有哪些？
2. 其他货币资金的实质性程序有哪些内容？
3. 如何审计现金收支业务？
4. 如何对银行存款余额调节表进行审计？
5. 库存现金监盘的要点有哪些？
6. 函证银行存款余额的实施要点有哪些？

第四编　财务审计成果

第十章 审计完成与审计报告

【引导案例】

会计师事务所对部分上市公司 2015 年度
财务报表审计后的意见是否恰当

（一）带强调事项段的无保留意见财务报表审计报告

1. 天健会计师事务所在对宏达股份财务报表审计后发现：财务报表附注所述，截至 2015 年 12 月 31 日，子公司云南金鼎锌业有限公司低品位氧硫混合铅锌矿库存量为 2 310.87 万吨，账面价值为 10.57 亿元，占净资产总额的 22.99%。目前，该低品位矿利用项目的建设尚处于前期准备阶段。注册会计师提醒财务报表使用者对上述事项予以关注。

2. 立信会计师事务所的注册会计师审计后提醒财务报表使用者关注，由于公司关键岗位决策失误，未及时发现对方客户出现经营困难、资金链断裂、存货被挪用等情况，使得公司出现资金风险，预付款发生了到期未履约的情况、存货发生了重大的损失。目前该事件已进入司法程序，上述相关资产及公司已通过资产重组剥离出上市公司。

（二）保留意见财务报表审计报告

1. 中审亚太会计师事务所对中水渔业公司财务报表审计后发现新并购的子公司厦门新阳洲水产品工贸有限公司（以下简称新阳洲公司）原大股东（个人）占用公司资金 1.68 亿元，其经手的大量应收款项没有收回，导致新阳洲公司现金流量严重不足，持续经营受到重大影响，本期对应收款项计提坏账准备 2.63 亿元。注册会计师已对主要应收款项实施了函证程序，但尚未收到回函，注册会计师也无法实施其他审计程序，以获取充分、适当的审计证据。

2. 瑞华会计师事务所对华泽钴镍子公司陕西华泽镍钴金属有限公司（以下简称陕西华泽）财务报表审计后发现：2013 年至 2015 年主要通过开出的应付票据中银行承兑汇票和本票虚挂往来款，后通过票据公司贴现、回款转入关联公司，年末用无效应收票据冲减往来款，从而形成关联方资金占用。上述资金由两家票据公司代为操作，致使陕西华泽财务记录无法追踪资金流转过程。华泽钴镍认为实际控制人关联企业陕西星王企业集团有限公司占用公司资金并进行了追溯调整，调整后其他应收款——陕西星王企业集团有限公司年初余额 1 414 637 120.86 元，年末余额 1 497 483 402.60 元。注册会计师无法取得充分、适当的审计证据判断该关联方资金占用的真实、准确、完整，以及该调整事项对财务报表的影响。

（三）无法表示意见财务报表审计报告

1. 华普天健会计师事务所对欣泰电气公司审计发现：截至 2015 年 12 月 31 日对大庆欣泰电气有限公司和大庆新恒石油机械设备有限公司的应收账款余额分别为 14 656 045.64 元和 18 362 580.00 元，注册会计师实施了函证、实地走访以及工商查档等必要的审计程序，但由于审计证据之间存在相互矛盾以及不确定性，华普天健会计师事务所注册会计师无法实施进一步审计程序以确认上述应收账款期末的可收回性及对欣泰电气公司财务状况和经营成果的影响。

2. 华普天健会计师事务所对欣泰电气公司财务报表审计后发现：2014 年 12 月 31 日和 2015 年 12 月 31 日其他应收款中分别有 82 311 450.27 元和 41 799 429.70 元的销售人员及非公司人员的个人借款。注册会计师无法获取充分、适当的审计证据以合理判断上述款项的性质，及其对欣泰电气公司财务状况和经营成果的影响。

资料来源：王砚书，董丽英. 审计案例［M］. 大连，东北财经大学出版社，2019.

讨论问题：

1. 你是否知道企业财务报表审计的完成阶段一般应包括哪些必要的内容与程序？

2. 根据上述案例，你认为企业财务报表审计的审计报告应主要包括哪些意见类型的审计报告？

3. 你认为上述相关案例中的注册会计师之所以出具无法表示意见的审计报告的理由是什么？

【学习目标】

1. 了解完成审计工作的基本要求。

2. 掌握期初余额、期后事项、或有事项和持续经营等特殊项目的审计程序。

2. 了解管理层声明和律师声明书。

3. 了解评价审计结果、与治理层沟通和完成质量控制复核等的内容。

4. 掌握审计报告的类型和基本内容。

5. 掌握注册会计师出具标准和非标准审计报告的具体意见情形。

第一节 完成财务审计工作的程序

财务审计完成阶段是注册会计师进行财务报表审计工作的最后一个阶段。注册会计师在按业务循环完成各财务报表项目的审计测试和一些特殊项目的审计工作后，在审计完成阶段汇总审计测试结果，进行更具综合性的审计工作，如评价审计中的重大发现，评价审计过程中发现的错报，关注期后事项对财务报表的影响，复核审计工作底稿和财务报表等。在此基础上，评价审计结果，在与客户沟通以后，获取管理层声明，确定应出具的审计报告的意见类型和措辞，进而编制并向委托单位董事会致送审计报告，正式终结审计工作。

一、评价审计中的重大发现

在财务审计完成阶段，项目合伙人和审计项目组应当考虑针对被审计单位财务报表审计中的重大发现和重要事项等审计证据进行整理复核，并对实施的审计程序的结果进行评价。

二、评价审计过程中发现的错报

（一）错报的沟通和更正

1. 除非法律法规禁止，注册会计师应当及时将审计过程中累积的所有错报与适当层级的管理层进行沟通。注册会计师还应当要求管理层更正这些错报。

2. 如果管理层拒绝更正沟通的部分或全部错报，注册会计师应当了解管理层不更正错报的理由，并在评价财务报表整体是否不存在重大错报时考虑该理由。

（二）评价未更正错报的影响

未更正错报是指注册会计师在审计过程中累积的且被审计单位未予更正的错报。注册会计师应当要求管理层和治理层（如适用）提供书面声明，说明其是否认为未更正错报单独或汇总起来对财务报表整体的影响不重大。注册会计师需要对未更正错报的影响形成结论。

三、关注期后事项对财务报表的影响

资产负债表日后事项，是指资产负债表日至财务报表批准报出日之间发生的有利或不利事项。资产负债表日后事项包括资产负债表日后调整事项和资产负债表日后非调整事项两种类型。调整事项是资产负债表日前已存在或发生的期后事项，非调整事项是资产负债表日后发生的期后事项。

（一）财务报表日后调整事项

1. 财务报表日后诉讼案件结案，法院判决证实了企业在资产负债表日已经存在现时义务，需要调整原先确认的与该诉讼案件相关的预计负债，或确认一项新负债。

2. 财务报表日后取得确凿证据，表明某项资产在资产负债表日发生了减值或者需要调整该项资产原先确认的减值金额。

3. 财务报表日后进一步确定了资产负债表日前购入资产的成本或售出资产的收入。

4. 财务报表日后发现了财务报表舞弊或差错。

（二）财务报表日后非调整事项

1. 财务报表日后发生重大诉讼、仲裁、承诺。
2. 财务报表日后资产价格、税收政策、外汇汇率发生重大变化。
3. 财务报表日后因自然灾害导致资产发生重大损失。
4. 财务报表日后发行股票和债券以及其他巨额举债。
5. 财务报表日后资本公积转增资本。
6. 财务报表日后发生巨额亏损。
7. 财务报表日后发生企业合并或处置子公司。
8. 财务报表日后企业利润分配方案中拟分配的以及经审议批准宣告发放的股利或利润。

四、复核审计工作底稿和已审的财务报表

（一）对财务报表总体合理性实施分析程序

1. 在审计结束或临近结束时，注册会计师运用分析程序的目的是确定经审计调整后的财务报表整体是否与对被审计单位的了解一致，是否具有合理性。

2. 在运用分析程序进行总体复核时，如果识别出以前未识别的重大错报风险，注册会计师应当重新考虑对全部或部分各类交易、账户余额、披露评估的风险是否恰当，并在此基础上重新评价之前计划的审计程序是否充分，是否有必要追加审计程序。

（二）复核审计工作底稿

审计工作底稿复核的两个层次：项目组内部复核和独立的项目质量控制复核。

1. 项目组成员工作相互间内部复核（项目组内部复核）。

（1）复核人员。应由项目组内部经验较多的人员复核经验较少的人员的工作。

（2）复核范围。所有的审计工作底稿至少要经过一级复核（项目经理对项目组成员工作底稿复核）。

（3）复核时间。审计项目复核贯穿审计全过程。在审计计划阶段复核记录审计策略和审计计划的工作底稿；在审计执行阶段复核记录控制测试和实质性程序的工作底稿；在审计完成阶段复核记录重大事项、审计调整及未更正错报的工作底稿等。

（4）项目合伙人的复核。项目合伙人应当对会计师事务所分派的每项审计业务的总体质量负责。

项目合伙人复核的内容包括：对关键领域所作的判断，尤其是执行业务过程中识别出的疑难问题或争议事项；特别风险；项目合伙人认为重要的其他领域。

2. 独立的项目质量控制复核（项目组外部复核）。

（1）质量控制复核人员。会计师事务所应当制定政策和程序，解决项目质量控制复核人员的委派问题，明确项目质量控制复核人员的资格要求：履行职责需要的技术资格，包括必要的经验和权限；在不损害其客观性的前提下，能够提供业务咨询的程度。

（2）质量控制复核范围。项目质量控制复核人员应当客观地评价项目组作出的重大判断以及在编制审计报告时得出的结论。与项目合伙人讨论重大事项；复核财务报表和拟出具的审计报告；复核选取的与项目组作出的重大判断和得出的结论相关的审计工作底稿；评价在编制审计报告时得出的结论，并考虑拟出具审计报告的恰当性。

（3）质量控制复核时间。只有完成了项目质量控制复核，才能签署审计报告。项目质量控制复核人员应在业务过程中的适当阶段及时实施项目质量控制复核，而非在出具审计报告前才实施复核。独立的项目质量控制复核不能减轻项目组内部复核的责任。

五、获取企业管理层的书面声明

管理层书面声明，是指管理层向注册会计师提供的书面陈述，用以确认某些事项或支持其他审计证据。企业管理层书面声明不包括财务报表及其认定，以及支持性账簿和相关记录。

书面声明是注册会计师在财务报表审计中需要获取的必要信息，是审计证据的来源。如果管理层修改书面声明的内容或不提供注册会计师要求的书面声明，可能使注册会计师警觉存在重大问题的可能性。

尽管书面声明提供必要的审计证据，但其本身并不为所涉及的任何事项提供充分、适当的审计证据。而且，管理层已提供可靠书面声明的事实，并不影响注册会计师就管理层责任履行情况或具体认定获取的其他审计证据的性质和范围。管理层声明内容如图 10 - 1 所示。

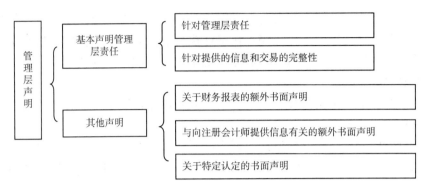

图 10 – 1　企业管理层声明的形式与内容

（一）针对管理层责任的书面声明

注册会计师应当要求管理层提供书面声明。

1. 针对管理层责任。针对财务报表的编制，管理层确认其根据审计业务约定条款，履行了按照适用的财务报告编制基础编制财务报表并使其实现公允反映的责任。

2. 针对提供的信息和交易的完整性。

（1）按照审计业务约定条款，已向注册会计师提供所有相关信息，并允许注册会计师不受限制地接触所有相关信息和被审计单位的相关人员；

（2）所有交易均已记录并反映在财务报表中。

（二）其他书面声明

如果注册会计师认为有必要获取一项或多项其他书面声明，以支持与财务报表或者一项或多项具体认定相关的其他审计证据，注册会计师应当要求管理层提供这些书面声明。

1. 关于财务报表的额外书面声明。除了针对财务报表的编制，注册会计师应当要求管理层提供基本书面声明以确认其履行了责任外，注册会计师可能认为有必要获取有关财务报表的其他书面声明。

2. 与向注册会计师提供信息有关的额外书面声明。除了针对管理层提供的信息和交易的完整性的书面声明外，注册会计师可能认为有必要要求管理层提供书面声明，确认其已将注意到的所有内部控制缺陷向注册会计师通报。

3. 关于特定认定的书面声明。注册会计师可能认为有必要要求管理层提供有关财务报表特定认定的书面声明，尤其是支持注册会计师就管理层的判断或意图或者完整性认定从其他审计证据中获取的了解。

职业考试

1. 下列各项中，注册会计师应当获取书面声明的有（　　　）。

A. 管理层确认其根据审计业务约定条款，履行了按照适用的财务报告编制

基础编制财务报表并使其实现公允反映（如适用）的责任

B. 管理层按照审计业务约定条款，已向注册会计师提供所有相关信息，并允许注册会计师不受限制地接触所有相关信息以及被审计单位内部人员和其他相关人员

C. 管理层确认所有交易均已记录并反映在财务报表中

D. 管理层将按照审计业务约定书中规定的审计报告用途使用审计报告

【参考答案】ABC

2. 下列各项中，注册会计师应当要求被审计单位管理层提出书面声明的有（　　）。

A. 管理层是否认为在作出会计估计时使用的重大假设是合理的

B. 管理层是否已向注册会计师披露了从现任和前任员工、分析师、监管机构方面获得的、影响财务报表的舞弊指控和舞弊嫌疑

C. 管理层是否已向注册会计师披露了所有知悉的且在编制财务报表时应当考虑其影响的违反法律法规行为或怀疑存在的违反法律法规行为

D. 管理层是否认为未更正错报单独或汇总起来对财务报表整体影响不重大

【参考答案】ABCD

第二节　财务审计报告的含义与内容

财务审计报告是指注册会计师根据审计业务准则的要求，在实施了必要审计程序后出具的用于对被审计单位年度财务会计报表发表审计意见的一种具有法律效力的书面文件。此处的被审计单位包括负责编制和报送财务会计报表并接受注册会计师审计监督的企业和实行企业化管理的事业单位。财务审计报告是注册会计师从事财务审计工作的最终成果的体现，具有法定证明效力。注册会计师在实施必要的审计程序后，以经过核实的审计证据为依据，形成审计意见并出具的审计报告，对于企业的各利益相关者而言都具有十分重要的意义。

一、财务审计报告的含义和作用

（一）财务审计报告的含义与特征

审计报告是指审计人员根据相关规范的要求，在执行审计工作的基础上，对被审计事项发表审计意见的书面文件。注册会计师在进行财务审计工作以后，向董事会提交的财务审计报告通常具有以下特征：

1. 注册会计师应当按照审计准则的规定执行审计工作。

2. 注册会计师在实施审计工作的基础上才能出具审计报告。

3. 注册会计师通过对财务报表发表意见履行业务约定书约定的责任。

4. 注册会计师应当以书面形式出具审计报告。

注册会计师应当根据由审计证据得出的结论，清楚表达对财务报表的意见。无论是出具标准审计报告，还是非标准审计报告，注册会计师一旦在审计报告上签名并盖章，就表明对其出具的审计报告负责。

由于审计报告是注册会计师对财务报表是否在所有重大方面按照财务报告编制基础编制并实现公允反映发表审计意见的书面文件，因此，注册会计师应当将已审计的财务报表附于审计报告之后，以便于财务报表使用者正确理解和使用审计报告，并防止被审计单位替换、更改已审计的财务报表。

（二）财务审计报告的作用

审计报告是审计人员在完成审计工作后向委托人、授权人提交的最终产品，主要作用如下。

1. 鉴证作用。审计人员以独立的第三者身份，通过审计报告对被审计单位财务报表所反映的财务状况、经营成果和现金流量情况等是否合法、公允，发表自己的意见，作出客观的鉴证。审计人员接受审计授权人、委托人的授权或委托，按照法定程序，运用专门的审计方法，对被审计人承担和履行经济责任的情况进行审计后，有责任向授权人或委托人报告审计工作的完成情况及查明的结果。审计报告就是审计人员向审计授权人或委托人出具的发表审计意见，提出审计建议的一项重要文件。这种鉴证作用，在注册会计师出具的审计报告中尤其突出。注册会计师发表的审计意见、签发的财务审计报告是具有法律效力的证明文件，可以起到经济鉴证作用，能够得到政府有关部门及社会各界的广泛认同，既可以让政府有关部门了解企业真实情况，为其作出有关宏观调控决策提供重要依据，也可以为企业的投资者和债权人及其他利害关系人进行经济决策提供主要依据。

2. 保护作用。审计人员对被审计单位出具的不同类型审计意见的审计报告，将影响到财务报表信息使用者对财务报表的信赖程度，尤其是揭露被审计单位存在的重大财务和舞弊行为，从而能够在一定程度上对被审计单位的投资者、债权人及其他利害关系人的利益起到保护作用。

3. 证明作用。审计报告是对审计人员审计任务完成情况及其结果所作的总结，它可以表明审计工作的质量并明确注册会计师的审计责任。因此，审计报告可以对审计工作质量和审计人员的审计责任起证明作用。通过审计报告，可以证明审计人员在审计过程中是否实施了必要的审计程序，是否以审计工作底稿为依据发表审计意见，发表的审计意见是否与被审计单位的实际情况相一致，审计工作的质量是否符合要求。通过审计报告可证明审计人员对审计责任履行情况。

二、财务审计报告的类型

注册会计师编报的财务审计报告可以按照不同的分类标准，划分为如下不同类型报告。

（一）按照审计报告的格式分为统一（或标准）格式审计报告和非统一（或非标准）格式审计报告

1. 统一（或标准）格式审计报告，是格式和措辞基本统一的审计报告。为避免理解上的混乱，规范审计业务，审计职业界常常通过准则等形式统一规定审计报告的格式和措辞。统一（或标准）格式审计报告一般用于对外公布，由于格式和措辞是审计准则统一规定的，便于报告使用者理解审计报告的含义。

统一（标准）格式审计报告按照其意见性质又可以分为标准审计报告和非标准审计报告。

（1）标准审计报告是不含有说明段、强调事项段、其他事项段或其他任何修饰性用语的无保留意见的审计报告。无保留意见是审计人员认为财务报表在所有重大方面按照适用的财务报告编制基础编制并实现公允反映时发表的审计意见。包含其他报告责任段，但不含有强调事项段或其他事项段的无保留意见的审计报告也被视为标准审计报告。

（2）非标准审计报告是带强调事项段或其他事项段的无保留意见的审计报告和非无保留意见的审计报告。非无保留意见的审计报告包括保留意见的审计报告、否定意见的审计报告和无法表示意见的审计报告。

2. 非统一（非标准）格式审计报告，是格式和措辞不统一，可以根据具体审计项目及审计的具体情况来决定格式和措辞的审计报告。

（二）按照审计报告使用的目的分为公布目的审计报告和非公布目的审计报告

1. 公布目的审计报告一般是用于对企业投资者、债权人等非特定利害关系人公布的审计报告。在出具这种审计报告时，应同时附送已审计的财务报表。

2. 非公布目的审计报告一般是用于经营管理、合并或业务转让、融通资金等特定目的而实施审计的审计报告。这种审计报告是报送给特定使用者的，如经营者、合并或业务转让的关系人、提供信用的金融机构等。

（三）按照审计报告的详略程度分为简式审计报告和详式审计报告

1. 简式审计报告是审计人员对应公布的财务报表进行审计后所编制的简明扼要的审计报告。其反映的内容是非特定多数的利害关系人共同认为必要的审计事项，具有记载事项为法令或审计准则所规定的特征，格式统一，一般适用于公布目的。

2. 详式审计报告是审计人员对审计对象所有重要的经济业务和情况都要进行详细的说明与分析的审计报告。它主要用于帮助被审计单位改善经营管理，其内容比简式审计报告丰富、详细，没有统一的格式，一般适用于非公布目的。

资格考试

根据审计准则规定，企业财务报表审计报告的收件人应该是（　　　）。

A. 审计业务的委托人　　　　　　B. 社会公众

C. 被审计单位的治理层　　　　　D. 被审计单位管理层

【参考答案】A

三、财务审计报告的基本内容

注册会计师对企业财务报表的审计报告应当包括下列基本内容。

（一）标题

审计报告应当具有标题，统一规范为"审计报告"。

考虑到这一标题已广为社会公众接受，因此，我国注册会计师出具的审计报告的标题没有包含"独立"两个字，但注册会计师在执行财务报表审计业务时，应当遵守独立性的要求。

（二）收件人

审计报告的收件人是指注册会计师按照业务约定书的要求致送审计报告的对象，一般是指审计业务的委托人。审计报告应当按照审计业务的约定载明收件人的全称。

注册会计师应当与委托人在业务约定书中约定致送审计报告的对象，以防止在此问题上发生分歧或审计报告被委托人滥用。针对整套通用目的财务报表出具的审计报告，审计报告的致送对象通常为被审计单位的股东或治理层。

（三）审计意见段

审计报告的第一部分应当包含审计意见，并以"审计意见"作为标题。审计意见段还应当包括下列五个方面。

1. 指出被审计单位的名称。

2. 说明财务报表已经审计。

3. 指出构成整套财务报表的每一财务报表的名称。

4. 提及财务报表附注。

5. 指明构成整套财务报表的每一财务报表的日期或涵盖的期间。

将上述方面加以概括，审计意见段应当说明：注册会计师审计了后附的被审计单位的财务报表，包括指明适用的财务报告编制基础规定的构成整套财务报表的每一财务报表的名称、日期或涵盖的期间以及重要会计政策概要和其他解释性信息。

如果知悉已审计财务报表将包括在含有其他信息的文件（如年度报告）中，在列报格式允许的情况下，注册会计师可以考虑指出已审计财务报表在该文件中的页码。这有助于财务报表使用者识别与审计报告相关的财务报表。

此外，审计意见应当涵盖由适用的财务报告编制基础所确定的整套财务报表。在许多通用目的编制基础中，财务报表包括资产负债表、利润表、所有者权益变动表、现金流量表，以及重要会计政策概要和其他解释性信息。补充信息也可能被认为是财务报表必要组成部分。

如果对财务报表发表无保留意见，除非法律法规另有规定，审计意见应当使用"我们认为，财务报表在所有重大方面按照［适用的财务报告编制基础（如企业会计准则等）］编制，公允反映了［……］"的措辞。

（四）形成审计意见的基础段

该部分应紧接在审计意见部分之后，以"形成审计意见的基础"为标题并包括下列方面：

1. 说明注册会计师按照审计准则的规定执行了审计工作。

2. 提及审计报告中用于描述审计准则规定的注册会计师责任的部分。

3. 声明注册会计师按照与审计相关的职业道德要求独立于被审计单位，并按照这些要求履行了职业道德方面的其他责任。声明中应当指明适用的职业道德要求，如中国注册会计师职业道德守则。

4. 说明注册会计师是否相信获取的审计证据是充分、适当的，为发表审计意见提供基础。

（五）管理层对财务报表的责任段

审计报告应当包含标题为"管理层对财务报表的责任"的段落，用以描述被审计单位中负责编制财务报表的人员的责任。管理层对财务报表的责任段应当说明，编制财务报表是管理层的责任，这种责任包括：

（1）按照适用的财务报告编制基础编制财务报表，使其实现公允反映，并设计、执行和维护必要的内部控制，以使财务报表不存在由于舞弊或错误导致的重大错报；

（2）评估被审计单位的持续经营能力和使用持续经营假设是否适当，并披露与持续经营相关的事项（如适用）。对该评估责任的说明应当包括描述在何种情况下使用持续经营假设是适当的。

注册会计师按照审计准则的规定执行审计工作的前提是管理层和治理层（如适用在某些国家或地区，恰当的术语可能是"治理层"）认可其按照适用的财务报告编制基础编制财务报表，使其实现公允反映（如适用）的责任，并认可其设计、执行和维护内部控制，以使编制的财务报表不存在由于舞弊或错误导致的重大错报的责任。管理层评估被审计单位的持续经营能力和使用持续经营假设是否适当，并披露与持续经营相关的事项的责任。审计报告中对管理层责任的说明包括提及这两种责任，这有助于向财务报表使用者解释执行审计工作的前提。

在某些情况下，根据某一国家或地区的法律法规或被审计单位的性质，管理层需要承担与财务报表编制相关的额外责任，注册会计师可以在上述责任的基础上增加对额外责任的说明。

审计报告提及的管理层责任，与在审计业务约定书或其他适当形式的书面协议中约定的责任在表述形式上保持一致。而且，审计准则允许注册会计师作出以下灵活处理：如果法律法规规定了管理层和治理层（如适用）与财务报告相关的责任，注册会计师根据判断可能确定法律法规规定的责任与《中国注册会计师审计准则第1111号——就审计业务约定条款达成一致意见》的规定在效果上是等同的。对于在效果上等同的责任，注册会计师可以使用法律法规的措辞，在业务约定书或其他适当形式的书面协议中描述管理层的责任。在这种情况下，注册会计师也可以在审计报告中使用这些措辞描述管理层的责任。

一些法律法规可能提及管理层对会计账簿和记录或会计系统的适当性所负的责任。但由于会计账簿和记录或会计系统是内部控制必要的组成部分，所以，无论在审计业务约定书或其他适当形式的书面协议中，还是在审计报告的管理层对财务报表的责任段中，都没有特别提及。

（六）注册会计师对财务报表审计的责任段

审计报告应当包含标题为"注册会计师对财务报表审计的责任"的段落。注册会计师的责任段应当说明下列内容。

（1）说明注册会计师的目标是对财务报表整体是否不存在由于舞弊或错误导致的重大错报获取合理保证，并出具包含审计意见的审计报告。

（2）说明合理保证是高水平的保证，但并不能保证按照审计准则执行的审计在某一重大错报存在时总能发现。

（3）说明错报可能由于舞弊或错误导致。

在说明错报可能由于舞弊或错误导致时，注册会计师应当从下列两种做法中选取一种：

（1）描述如果合理预期错报单独或汇总起来可能影响财务报表使用者依据财务报表作出的经济决策，则错报是重大的；

（2）根据适用的财务报告编制基础，提供关于重要性的定义或描述。

注册会计师对财务报表审计的责任部分还应当包括下列内容：

（1）说明在按照审计准则执行审计工作过程中，注册会计师运用职业判断，并保持职业怀疑；

（2）通过说明注册会计师的责任，对审计工作进行描述。这些责任包括：

①识别和评估由于舞弊或错误导致的财务报表重大错报风险，对这些风险

有针对性地设计和实施审计程序，获取充分、适当的审计证据，作为发表审计意见的基础。由于舞弊可能涉及串通、伪造、故意遗漏、虚假陈述或凌驾于内部控制之上，未能发现由于舞弊导致的重大错报的风险高于未能发现由于错误导致的重大错报的风险。

②了解与审计相关的内部控制，以设计恰当的审计程序，但目的并非对内部控制的有效性发表意见。当注册会计师有责任在财务报表审计的同时对内部控制的有效性发表意见时，应当略去上述"目的并非对内部控制的有效性发表意见"的表述。

③评价管理层选用会计政策的恰当性和作出会计估计及相关披露的合理性。

④对管理层使用持续经营假设的恰当性得出结论。同时，基于所获取的审计证据，对是否存在与特定事项或情况相关的重大不确定性，从而可能导致对被审计单位的持续经营能力产生重大疑虑得出结论。如果注册会计师得出结论认为存在重大不确定性，审计准则要求注册会计师在审计报告中提请报表使用者注意财务报表中的相关披露；如果披露不充分，注册会计师应当发表非无保留意见。注册会计师的结论基于审计报告日可获得的信息。然而，未来的事项或情况可能导致被审计单位不能持续经营。

⑤评价财务报表的总体列报、结构和内容（包括披露），并评价财务报表是否公允反映相关交易和事项。

注册会计师对财务报表审计的责任部分还应当包括下列内容：

（1）说明注册会计师与治理层就计划的审计范围、时间安排和重大审计发现等进行沟通，包括沟通注册会计师在审计中识别的值得关注的内部控制缺陷。

（2）对于上市实体财务报表审计，指出注册会计师就遵守关于独立性的相关职业道德要求向治理层提供声明，并与治理层沟通可能被合理认为影响注册会计师独立性的所有关系和其他事项，以及相关的防范措施（如适用）。

（3）对于上市实体财务报表审计，以及决定按照《中国注册会计师审计准则第1504号——在审计报告中沟通关键审计事项》的规定沟通关键审计事项的其他情况，说明注册会计师从与治理层沟通的事项中确定哪些事项对当期财务报表审计最为重要，因而构成关键审计事项。注册会计师在审计报告中描述这些事项，除非法律法规不允许公开披露这些事项，或在罕见的情形下，注册会计师合理预期在审计报告中沟通某事项造成的负面后果超过产生的公众利益方面的益处，因而确定不应在审计报告中沟通该事项。

除审计准则规定的注册会计师责任外，如果注册会计师在对财务报表出具的审计报告中履行其他报告责任，应当在审计报告中将其单独作为一部分，并以"对其他法律和监管要求的报告"为标题，或使用适合于该部分内容的其他标题，除非其他报告责任与审计准则所要求的报告责任涉及相同的主题。如果涉及相同的主题，其他报告责任可以在审计准则所要求的同一报告要素部分列示。

如果将其他报告责任在审计准则要求的同一报告要素部分列示，审计报告应当清楚区分其他报告责任和审计准则要求的报告责任。如果审计报告为其他报告责任单设一部分，注册会计师对财务报表审计的责任应当置于"对财务报表审计的报告"标题下；"对其他法律和监管要求的报告"部分置于"对财务报表审计的报告"部分之后。

（七）注册会计师的签名和盖章

项目合伙人的姓名应当包含在对上市实体整套通用目的财务报表出具的审计报告中。此外，审计报告应当由注册会计师签名并盖章。注册会计师在审计报告上签名并盖章，有利于明确法律责任。《财政部关于注册会计师在审计报告上签名盖章有关问题的通知》明确规定：

1. 会计师事务所应当建立健全全面质量控制政策与程序以及各审计项目的质量控制程序，严格按照有关规定和本通知的要求在审计报告上签名盖章。

2. 审计报告应当由两名具备相关业务资格的注册会计师签名盖章并经会计师事务所盖章方为有效。

（1）合伙会计师事务所出具的审计报告，应当由一名对审计项目负最终复核责任的合伙人和一名负责该项目的注册会计师签名盖章。

（2）有限责任会计师事务所出具的审计报告，应当由会计师事务所主任会计师或其授权的副主任会计师和一名负责该项目的注册会计师签名盖章。

（八）会计师事务所的名称、地址和盖章

审计报告应当载明会计师事务所的名称和地址，并加盖会计师事务所公章。

根据《中华人民共和国注册会计师法》的规定，注册会计师承办业务，由其所在的会计师事务所统一受理并与委托人签订委托合同。因此，审计报告除了应由注册会计师签名和盖章外，还应载明会计师事务所的名称和地址，并加盖会计师事务所公章。

注册会计师在审计报告中载明会计师事务所地址时，标明会计师事务所所在的城市即可。在实务中，审计报告通常载于会计师事务所统一印刷的、标有该所详细通信地址的信笺上，因此无须在审计报告中注明详细地址。此外，根据国家工商行政管理部门的有关规定，在主管登记机关管辖区内，已登记注册的企业名称不得相同。因此，在同一地区内不会出现重名的会计师事务所。

（九）报告日期

审计报告应当注明报告日期。审计报告日不应早于注册会计师获取充分、适当的审计证据（包括管理层认可对财务报表的责任且已批准财务报表的证据），并在此基础上对财务报表形成审计意见的日期。在确定审计报告日时，注

册会计师应当确信已获取下列两方面的审计证据：构成整套财务报表的所有报表（包括相关附注）已编制完成；被审计单位的董事会、管理层或类似机构已经认可其对财务报表负责。

审计报告的日期向审计报告使用者表明，注册会计师已考虑其知悉的、截至审计报告日发生的事项和交易的影响。注册会计师对审计报告日后发生的事项和交易的责任，在《中国注册会计师审计准则第 1332 号——期后事项》中作出了规定。因此，审计报告的日期非常重要。注册会计师对不同时段的财务报表日后事项有着不同的责任，而审计报告的日期是划分时段的关键时点。由于审计意见是针对财务报表发表的，并且编制财务报表是管理层的责任，所以，只有在注册会计师获取证据证明构成整套财务报表的所有报表（包括相关附注）已经编制完成，并且管理层已认可其对财务报表的责任的情况下，注册会计师才能得出已经获取充分、适当的审计证据的结论。在实务中，注册会计师在正式签署审计报告前，通常把审计报告草稿和已审计财务报表草稿一同提交给管理层。如果管理层批准并签署已审计财务报表，注册会计师即可签署审计报告。注册会计师签署审计报告的日期通常与管理层签署已审计财务报表的日期为同一天，或晚于管理层签署已审计财务报表的日期。

在审计实务中，可能发现被审计单位根据法律法规的要求或者出于自愿选择，将适用的财务报告编制基础没有要求的补充信息与已审计财务报表一同列报。例如，被审计单位列报补充信息以增强财务报表使用者对适用的财务报告编制基础的理解，或者对财务报表的特定项目提供进一步解释。这种补充信息通常在补充报表中或作为额外的附注进行列示。注册会计师应当评价被审计单位是否清楚地将这些补充信息与已审计财务报表予以区分。如果被审计单位未能予以清楚区分，注册会计师应当要求管理层改变未审计补充信息的列报方式。如果管理层拒绝改变，注册会计师应当在审计报告中说明补充信息未审计。

对于适用的财务报告编制基础没有要求的补充信息，如果由于其性质和列报方式导致不能使其清楚地与已审计财务报表予以区分，从而构成财务报表必要组成部分，这些补充信息应当涵盖在审计意见中。例如，财务报表附注中关于该财务报表符合另一财务报告编制基础的程度的解释，属于这种补充信息，审计意见也涵盖与财务报表进行交叉索引的附注或报表。

〖例 10 – 1〗列示了对按照企业会计准则编制的财务报表出具的标准审计报告示例。〖例 10 – 1〗的背景信息如下：（1）对上市实体整套财务报表进行审计。该审计不属于集团审计（即不适用《中国注册会计师审计准则第 1401 号——对集团财务报表审计的特殊考虑》）。（2）管理层按照企业会计准则编制财务报表。（3）审计业务约定条款体现了《中国注册会计师审计准则第 1111 号——就审计业务约定条款达成一致意见》关于管理层对财务报表责任的描述。（4）基于获取的审计证据，注册会计师认为发表无保留意见是恰当的。（5）适用的相关职业道德要求为《中国注册会计师职业道德守则》。（6）基于获取的审计证据，根据《中国注册会计师审计准则第 1324 号——持续经营》，注册会计师认为可能导致对被审计单位持续经营能力产生重大疑虑的相关事项或情况不存在重大不确定性。(7) 已按照《中国注册会计师审计准则第 1504 号——在审计报告中沟通关键审计事项》就关键审计事项进行了沟通。(8) 负责监督财务报表的人员与负责编制财务报表的人员不同。(9) 除财务报表审计外，按照法律法规的要求，注册会计师负有其他报告责任，且注册会计师决定在审计报告中履行其他报告责任。

【例 10 - 1】 对按照企业会计准则编制的财务报表出具的标准审计报告。

审 计 报 告

××股份有限公司全体股东：

一、对财务报表审计的报告

（一）审计意见

我们审计了××股份有限公司（以下简称公司）财务报表，包括 20×1 年 12 月 31 日的资产负债表，20×1 年度的利润表、现金流量表、所有者权益变动表以及财务报表附注。

我们认为，后附的财务报表在所有重大方面按照企业会计准则的规定编制，公允反映了公司 20×1 年 12 月 31 日的财务状况以及 20×1 年度的经营成果和现金流量。

（二）形成审计意见的基础

我们按照《中国注册会计师审计准则》的规定执行了审计工作。审计报告的"注册会计师对财务报表审计的责任"部分进一步阐述了我们在这些准则下的责任。按照《中国注册会计师职业道德守则》，我们独立于公司，并履行了职业道德方面的其他责任。我们相信，我们获取的审计证据是充分适当的，为发表审计意见提供了基础。

（三）关键审计事项

关键审计事项是根据我们的职业判断，认为对本期财务报表审计最为重要的事项。这些事项是在对财务报表整体进行审计并形成意见的背景下进行处理的，我们不对这些事项提供单独的意见。

[按照《中国注册会计师审计准则第 1504 号——在审计报告中沟通关键审计事项》的规定描述每项关键审计事项。]

（四）管理层和治理层对财务报表的责任

管理层负责按照《企业会计准则》的规定编制财务报表，使其实现公允反映，并设计、执行和维护必要的内部控制，以使财务报表不存在由于舞弊或错误导致的重大错报。

在编制财务报表时，管理层负责评估公司的持续经营能力，披露与持续经营相关的事项（如适用），并运用持续经营假设，除非管理层计划清算公司、停止营运或别无其他现实的选择。

治理层负责监督公司的财务报告过程。

（五）注册会计师对财务报表审计的责任

我们的目标是对财务报表整体是否不存在由于舞弊或错误导致的重大错报获取合理保证，并出具包含审计意见的审计报告。合理保证是高水平的保证，但并不能保证按照审计准则执行的审计在某一重大错报存在时总能发现。错报可能由舞弊或错误所导致，如合理预期错报单独或汇总起来可能影响财务报表使用者依据财务报表作出的经济决策，则错报是重大的。

在按照审计准则执行审计的过程中，我们运用了职业判断，保持了职业怀疑。我们同时：

（1）识别和评估由于舞弊或错误导致的财务报表重大错报风险；对这些风险有针对性地设计和实施审计程序；获取充分、适当的审计证据，作为发表审计意见的基础。由于舞弊可能涉及串通伪造、故意遗漏、虚假陈述或凌驾于内部控制之上，未能发现由于舞弊导致的重大错报的风险高于未能发现由于错误导致的重大错报的风险。

（2）了解与审计相关的内部控制，以设计恰当的审计程序，但目的并非对内部控制的有效性发表意见。

（3）评价管理层选用会计政策的恰当性和作出会计估计及相关披露的合理性。

（4）对管理层使用持续经营假设的恰当性得出结论。同时，基于所获取的审计证据，对是否存在与事项或情况相关的重大不确定性，从而可能导致对公司的持续经营能力产生重大疑虑得出结论。如果我们得出结论认为存在重大不确定性，审计准则要求我们在审计报告中提请报告使用者注意财务报表中的相关披露；如果披露不充分，我们应当发表非无保留意见。我们的结论基于审计报告日可获得的信息。然而，未来的事项或情况可能导致公司不能持续经营。

（5）评价财务报表的总体列报、结构和内容（包括披露），并评价财务报表是否公允反映交易和事项。

除其他事项外，我们与治理层就计划的审计范围、时间安排和重大审计发现（包括我们在审计中识别的值得关注的内部控制缺陷）进行沟通。

我们还就遵守关于独立性的相关职业道德要求向治理层提供声明，并就可能被合理认为影响我们独立性的所有关系和其他事项，以及相关的防范措施（如适用）与治理层进行沟通。

从与治理层沟通的事项中，我们确定哪些事项对当期财务报表审计最为重要，因而构成关键审计事项。我们在审计报告中描述这些事项，除非法律法规不允许公开披露这些事项，或在罕见的情形下，如果合理预期在审计报告中沟通某事项造成的负面后果超过产生的公众利益方面的益处，我们确定不应在审计报告中沟通该事项。

二、对其他法律和监管要求的报告

［本部分的格式和内容，取决于法律法规对其他报告责任的性质的规定。

法律法规规范的事项（其他报告责任）应当在本部分处理，除非那些其他报告责任与审计准则所要求的报告责任涉及相同的主题。如果涉及相同的主题，其他报告责任可以在审计准则所要求的同一报告要素部分中列示。当其他报告责任和审计准则规定的报告责任涉及同一主题，并且审计报告中的措辞能够将其他报告责任与审计准则规定的责任予以清楚地区分（如差异存在）时，允许将两者合并列示（即包含在对财务报表审计的报告部分中，并使用适当的副标题）]

负责审计并出具审计报告的项目合伙人是［姓名］。

××会计师事务所　　　　　　　　　　中国注册会计师：×××
　　（盖章）　　　　　　　　　　　　　　（签名并盖章）
　　　　　　　　　　　　　　　　　　中国注册会计师：×××
　　　　　　　　　　　　　　　　　　　　（签名并盖章）

中国××市　　　　　　　　　　　　　二〇×二年×月×日

〖例 10 - 2〗列示了对按照《企业会计准则》编制的合并财务报表出具的标准审计报告示例。〖例 10 - 2〗的背景信息如下：（1）对上市实体整套合并财务报表进行审计。该审计属于集团审计（即适用《中国注册会计师审计准则第 1401 号——对集团财务报表审计的特殊考虑》）。（2）管理层按照《企业会计准则》编制合并财务报表。（3）审计业务约定条款体现了《中国注册会计师审计准则第 1111 号——就审计业务约定条款达成一致意见》关于管理层对合并财务报表责任的描述。（4）基于获取的审计证据，注册会计师认为发表无保留意见是恰当的。（5）适用的相关职业道德要求为《中国注册会计师职业道德守则》。（6）基于获取的审计证据，根据《中国注册会计师审计准则第 1324 号——持续经营》，注册会计师认为可能导致对被审计单位持续经营能力产生重大疑虑的相关事项或情况不存在重大不确定性；（7）已按照《中国注册会计师审计准则第 1504 号——在审计报告中沟通关键审计事项》就关键审计事项进行了沟通；（8）负责监督合并财务报表的人员与负责编制合并财务报表的人员不同；（9）除合并财务报表审计外，按照法律法规的要求，注册会计师负有其他报告责任，且注册会计师决定在审计报告中履行其他报告责任。

【例 10 - 2】对按《企业会计准则》编制的合并财务报表出具的标准审计报告。

审计报告

××股份有限公司全体股东：

一、对合并财务报表审计的报告

（一）审计意见

我们审计了××股份有限公司及其子公司（以下简称集团）合并财务报表，包括 20×1 年 12 月 31 日的合并资产负债表，20×1 年度的合并利润表、合并现金流量表、合并股东权益变动表以及合并财务报表附注。

我们认为，后附的合并财务报表在所有重大方面按照企业会计准则的规定编制，公允反映了集团 20×1 年 12 月 31 日的财务状况以及 20×1 年度的经营成果和现金流量。

（二）形成审计意见的基础

我们按照《中国注册会计师审计准则》的规定执行了审计工作。审计报告的"注册会计师对合并财务报表审计的责任"部分进一步阐述了我们在这些准则下的责任。按照《中国注册会计师职业道德守则》，我们独立于集团，并履行了职业道德方面的其他责任。我们相信，我们获取的审计证据是充分、适当的，为发表审计意见提供了基础。

（三）关键审计事项

关键审计事项是根据我们的职业判断，认为对本期合并财务报表审计最为重要的事项。这些事项是在对合并财务报表整体进行审计并形成意见的背景下进行处理的，我们不对这些事项提供单独的意见。

［按照《中国注册会计师审计准则第 1504 号——在审计报告中沟通关键审计事项》的规定描述每项关键审计事项。］

（四）管理层和治理层对合并财务报表的责任

管理层负责按照《企业会计准则》的规定编制合并财务报表，使其实现公允反映，并设计、执行和维护必要的内部控制，以使合并财务报表不存在由于舞弊或错误导致的重大错报。在编制合并财务报表时，管理层负责评估集团的持续经营能力，披露与持续经营相关的事项（如适用），并运用持续经营假设，除非管理层计划清算集团、停止营运或别无其他现实的选择。

治理层负责监督集团的财务报告过程。

（五）注册会计师对合并财务报表审计的责任

我们的目标是对合并财务报表整体是否不存在由于舞弊或错误导致的重大错报获取合理保证并出具包含审计意见的审计报告。合理保证是高水平的保证，但并不能保证按照审计准则执行的审计在某一重大错报存在时总能发现。错报可能由舞弊或错误所导致，如果合理预期错报单独或汇总起来可能影响财务报表使用者依据合并财务报表做出的经济决策，则错报是重大的。

在按照审计准则执行审计的过程中，我们运用了职业判断，保持了职业怀疑。我们同时：

（1）识别和评估由于舞弊或错误导致的合并财务报表重大错报风险；对这些风险有针对性地设计和实施审计程序；获取充分、适当的审计证据，作为发表审计意见的基础。由于舞弊可能涉及串通、伪造、故意遗漏、虚假陈述或凌驾于内部控制之上，未能发现由于舞弊导致的重大错报的风险高于未能发现由于错误导致的重大错报的风险。

（2）了解与审计相关的内部控制，以设计恰当的审计程序，但目的并非对内部控制的有效性发表意见。

（3）评价管理层选用会计政策的恰当性和做出会计估计及相关披露的合理性。

（4）对管理层使用持续经营假设的恰当性得出结论。同时，基于所获取的审计证据，对是否存在与事项或情况相关的重大不确定性，从而可能导致对集团的持续经营能力产生重大疑虑得出结论。如果我们得出结论认为存在重大不确定性，审计准则要求我们在审计报告中提请报告使用者注意合并财务报表中的相关披露；如果披露不充分，我们应当发表非无保留意见。我们的结论基于审计报告日可获得的信息。然而，未来的事项或情况可能导致集团不能持续经营。

（5）评价合并财务报表的总体列报、结构和内容（包括披露），并评价合并财务报表是否公允反映交易和事项。

（6）就集团中实体或业务活动的财务信息获取充分、适当的审计证据，以对合并财务报表发表意见。我们负责指导、监督和执行集团审计。我们对审计意见承担全部责任。

除其他事项外，我们与治理层就计划的审计范围、时间安排和重大审计发现（包括我们在审计中识别的值得关注的内部控制缺陷）进行沟通。

我们还就遵守关于独立性的相关职业道德要求向治理层提供声明，并就可能被合理认为影响我们独立性的所有关系和其他事项，以及相关的防范措施（如适用）与治理层进行沟通。

从与治理层沟通的事项中，我们确定哪些事项对当期合并财务报表审计最为重要，因而构成关键审计事项。我们在审计报告中描述这些事项，除非法律法规不允许公开披露这些事项，或在罕见的情形下，如果合理预期在审计报告中沟通某事项造成的负面后果超过产生的公众利益方面的益处，我们确定不应在审计报告中沟通该事项。

二、对其他法律和监管要求的报告

[本部分的格式和内容，取决于法律法规对其他报告责任的性质的规定。法律法规规范的事项（其他报告责任）应当在本部分处理，除非那些其他报告责任与审计准则所要求的报告责任涉及相同的主题。如果涉及相同的主题，其他报告责任可以在审计准则所要求的同一报告要素部分中列示。当其他报告责任和审计准则规定的报告责任涉及同一主题，并且审计报告中的措辞能够将其他报告责任与审计准则规定的责任予以清楚地区分（如差异存在）时，允许将两者合并列示（即包含在对合并财务报表审计的报告部分中，并使用适当的副标题）。]

负责审计并出具审计报告的项目合伙人是［姓名］。

××会计师事务所   中国注册会计师：×××
（盖章）   （签名并盖章）

           中国注册会计师：×××
           （签名并盖章）

中国××市   二〇二×年×月×日

第三节　财务审计报告的意见类型

一、财务审计报告中审计意见的形成基础

注册会计师应当就财务报表是否在所有重大方面按照适用的财务报告编制基础编制并实现公允反映形成审计意见。为了形成审计意见，针对财务报表整体是否不存在由于舞弊或错误导致的重大错报，注册会计师应当得出结论，确定是否已就此获取合理保证。

在得出结论时，注册会计师应当考虑下列方面的因素与依据。

1. 按照《中国注册会计师审计准则第 1231 号——针对评估的重大错报风险采取的应对措施》的规定，是否已获取充分、适当的审计证据。

在得出总体结论之前，注册会计师应当根据实施的审计程序和获取的审计证据，评价对认定层次重大错报风险的评估是否仍然适当。在形成审计意见时，注册会计师应当考虑所有相关的审计证据，无论该证据与财务报表认定相互印证还是相互矛盾。

如果对重大的财务报表认定没有获取充分、适当的审计证据，注册会计师应当尽可能获取进一步审计证据。

2. 按照《中国注册会计师审计准则第 1251 号——评价审计过程中识别出的错报》的规定，未更正错报单独或汇总起来是否构成重大错报。

在确定时，注册会计师应当考虑：

（1）相对特定类别的交易、账户余额或披露以及财务报表整体而言，错报的金额和性质以及错报发生的特定环境；

（2）与以前期间相关的未更正错报对相关类别的交易、账户余额或披露以及财务报表整体的影响。

3. 评价财务报表是否在所有重大方面按照适用的财务报告编制基础编制。

注册会计师应当依据适用的财务报告编制基础特别评价下列内容：

（1）财务报表是否充分披露了选择和运用的重要会计政策。

（2）选择和运用的会计政策是否符合适用的财务报告编制基础，并适合被审计单位的具体情况。会计政策是被审计单位在会计确认、计量和报告中采用的原则、基础和会计处理方法。被审计单位选择和运用的会计政策既应符合适用的财务报告编制基础，也应适合被审计单位的具体情况。在考虑被审计单位选用的会计政策是否适当时，注册会计师还应当关注重要的事项。重要事项包括重要项目的会计政策和行业惯例、重大和异常交易的会计处理方法、在新领域和缺乏权威性标准或共识的领域采用重要会计政策产生的影响、会计政策变更等。

（3）管理层作出的会计估计是否合理。会计估计通常是指被审计单位以最

近可利用的信息为基础对结果不确定的交易或事项所作的判断。由于会计估计的主观性、复杂性和不确定性，管理层作出的会计估计发生重大错报的可能性较大。因此，注册会计师应当判断管理层作出的会计估计是否合理，确定会计估计的重大错报风险是否是特别风险，是否采取了有效的措施予以应对。

（4）财务报表列报的信息是否具有相关性、可靠性、可比性和可理解性。财务报表反映的信息应当符合信息质量特征，具有相关性、可靠性、可比性和可理解性。注册会计师应根据《企业会计准则——基本准则》的规定，考虑财务报表反映的信息是否符合信息质量特征。

（5）财务报表是否作出充分披露，使财务报表预期使用者能够理解重大交易和事项对财务报表所传递信息的影响。按照通用目的编制基础编制的财务报表通常反映被审计单位的财务状况、经营成果和现金流量。对于通用目的财务报表，注册会计师需要评价财务报表是否作出充分披露，以使财务报表预期使用者能够理解重大交易和事项对被审计单位财务状况、经营成果和现金流量的影响。

（6）财务报表使用的术语（包括每一财务报表的标题）是否适当。在评价财务报表是否在所有重大方面按照适用的财务报告编制基础编制时，注册会计师还应当考虑被审计单位会计实务的质量，包括表明管理层的判断可能出现偏向的迹象。

管理层需要对财务报表中的金额和披露作出大量判断。在考虑被审计单位会计实务的质量时注册会计师可能注意到管理层判断中可能存在的偏向。注册会计师可能认为缺乏中立性产生的累积影响，连同未更正错报的影响，导致财务报表整体存在重大错报。管理层缺乏中立性可能影响注册会计师对财务报表整体是否存在重大错报的评价。缺乏中立性的迹象包括下列情形：

①管理层对注册会计师在审计期间提请其注意的错报进行选择性更正。例如，如果更正某错报将增加盈利，则对该错报予以更正，反之如果更正某一错报将减少盈利，则对该错报不予更正。

②管理层在作出会计估计时可能存在偏见。

《中国注册会计师审计准则第 1321 号——审计会计估计（包括公允价值会计估计）和相关披露》涉及管理层在作出会计估计时可能存在的偏见。在得出某项会计估计是否合理的结论时，可能存在管理层偏见的迹象本身并不构成错报。然而，这些迹象可能影响注册会计师对财务报表整体是否不存在重大错报的评价。

4. 评价财务报表是否实现公允反映。在评价财务报表是否实现公允反映时，注册会计师应当考虑下列内容：财务报表的整体列报、结构和内容是否合理；财务报表（包括相关附注）是否公允地反映了相关交易和事项。

5. 评价财务报表是否恰当提及或说明适用的财务报告编制基础。管理层和治理层（如适用）编制的财务报表需要恰当说明适用的财务报表编制基础。由于这种说明向财务报表使用者告知编制财务报表所依据的编制基础，因此非常重要。但只有财务报表符合适用的财务报告编制基础（在财务报表所涵盖的期间内有效）的所有要求，声明财务报表按照该编制基础编制才是恰当的。在对适用的财务报告编制基础的说明中使用不严密的修饰语或限定性的语言（如"财务报表实质上符合国际财务报告准则的要求"）是不恰当的，因为这可能误导财务报表使用者。

在某些情况下，财务报表可能声明按照两个财务报告编制基础（如某一国家或地区的财务报告编制基础和国际财务报告准则）编制。这可能是因为管理层被要求或自愿选择同时按照两个编制基础的规定编制财务报表，在这种情况下，两个财务报告编制基础都是适用的财务报告编制基础。只有当财务报表分别符合每个财务报告编制基础的所有要求时，声明财务报表按照这两个编制基础编制才是恰当的。财务报表需要同时符合两个编制基础的要求并且不需要调节，才能被视为按照两个财务报告编制基础编制。在实务中，同时遵守两个编制基础的可能性很小，除非某一国家或地区采用另一财务报告编制基础（如国际财务报告准则）作为本国或地区的财务报告编制基础，或者已消除遵守另一财务报告编制基础的所有障碍。

二、基于不同意见的财务审计报告

（一）无保留意见的审计报告

无保留意见的审计报告是注册会计师对被审计单位的财务报表，依照审计准则的要求进行审计后，确认被审计单位采用的会计处理方法遵循了适用的会计准则及相关会计制度的规定，财务报表反映的内容符合被审计单位的实际情况，财务报表内容完整、表达清楚、无重要遗漏，报表项目的分类和编制方法符合规定要求，因而对被审计单位的财务报表无保留地表示满意时，所出具的审计报告。无保留意见意味着注册会计师认为财务报表的反映是公允的，能满足非特定多数的利害关系人的共同需要，并对所表示的意见负责。

注册会计师实施审计后，认为被审计单位财务报表的编制同时符合下述情况时，应出具无保留见的审计报告：（1）财务报表在所有重大方面按照适用的财务报告编制基础编制并实现公允反映；（2）不存在未调整的对财务报表整体产生影响的重大错报；（3）注册会计师已经按照审计准则的规定计划和实施审计工作，并获取充分、适当的审计证据。

注册会计师在出具无保留意见的审计报告时，应当以"我们认为"这一术语作为意见段的开头以表明本段内容为审计人员提出的意见，并表示其承担对该审计报告意见的责任。

（二）非无保留意见的审计报告

1. 非无保留意见的含义。非无保留意见是指对财务报表发表保留意见、否定意见或无法表示意见。当存在下列情形之一时，注册会计师应当在审计报告中发表非无保留意见。

（1）根据获取的审计证据，得出财务报表整体存在重大错报的结论。为了形成审计意见，针对财务报表整体是否不存在由于舞弊或错误导致的重大错报，注册会计师应当得出结论，确定是否已就此获取合理保证。得出结论时，注册会计师需要评价未更正错报对财务报表的影响。

错报是指某一财务报表项目的金额、分类、列报或披露，与按照适用的财务报告编制基础应当列示的金额、分类、列报或披露之间存在的差异。财务报表的重大错报可能源于以下方面。

①编制报表的财务人员选择的会计政策的恰当性。在选择的会计政策的恰当性方面，当出现下列情形时，财务报表可能存在重大错报：选择的会计政策与适用的财务报告编制基础不一致；财务报表（包括相关附注）没有按照公允列报的方式反映交易和事项。

财务报告编制基础通常包括对会计处理、披露和会计政策变更的要求。如果被审计单位变更了重大会计政策，且没有遵守这些要求，财务报表可能存在重大错报。

②编制报表的财务人员所选择的会计政策的运用。在对所选择的会计政策的运用方面，当出现下列情形时，财务报表可能存在重大错报：管理层没有按照适用的财务报告编制基础的要求一贯运用所选择的会计政策，包括管理层未在不同会计期间或对相似的交易和事项一贯运用所选择的会计政策（运用的一致性）；不当运用所选择的会计政策（如运用中的无意错误）。

③财务报表披露的恰当性或充分性。在财务报表披露的恰当性或充分性方面，当出现下列情形时，财务报表可能存在重大错报：财务报表没有包括适用的财务报告编制基础要求的所有披露；财务报表的披露没有按照适用的财务报告编制基础列报；财务报表没有作出必要的披露以实现公允反映。

（2）无法获取充分、适当的审计证据，不能得出财务报表整体不存在重大错报的结论。如果注册会计师能够通过实施替代程序获取充分、适当的审计证据，则无法实施特定的程序并不构成对审计范围的限制。

下列情形可能导致注册会计师无法获取充分、适当的审计证据（也称为审计范围受限制）：

①超出被审计单位控制的受限制情形。例如，因为被审计单位的会计记录已被毁坏；或者是因为重要组成部分的会计记录已被政府有关机构无限期地查封。

②注册会计师工作的性质或时间安排相关的受限制情形。例如，其一，被审计单位需要使用权益法对联营企业进行核算，注册会计师无法获取有关联营企业财务信息的充分、适当的审计证据以评价是否恰当地运用了权益法；其二，注册会计师接受审计委托的时间安排，使注册会计师无法实施存货监盘；其三，注册会计师确定仅实施实质性程序是不充分的，但被审计单位的控制是无效的。

③企业管理层施加限制的受限制情形。例如，一是管理层阻止注册会计师实施存货监盘；二是管理层阻止注册会计师对特定账户余额实施函证。通常情况下，管理层施加的限制可能对审计产生其他影响，如注册会计师对舞弊风险的评估和对业务保持的考虑。

2. 确定非无保留意见审计报告的相关事项。注册会计师确定恰当的非无保留意见类型，取决于下列事项：导致非无保留意见的事项的性质，是财务报表存在重大错报，还是在无法获取充分、适当的审计证据的情况下，财务报表可能存在重大错报；注册会计师就导致非无保留意见的事项对财务报表产生或可能产生影响的广泛性作出的判断。

广泛性是描述错报影响的术语，用以说明错报对财务报表的影响，或者由于无法获取充分、适当的审计证据而未发现的错报（如存在）对财务报表可能产生的影响。根据注册会计师的判断，对财务报表的影响具有广泛性的情形包括：不限于对财务报表的特定要素、账户或项目产生影响；虽然仅对财务报表的特定要素、账户或项目产生影响，但这些要素、账户或项目是或可能是财务报表的主要组成部分；当与披露相关时，产生的影响对财务报表使用者理解财务报表至关重要。相关审计事项形成具体的非无保留审计意见的概况如表 10 - 1 所示。

表 10 - 1 相关审计事项形成具体的非无保留审计意见的概况

导致发生非无保留意见的事项的性质	这些事项对财务报表产生或可能产生影响的广泛性	
	重大但不具有广泛性	重大且具有广泛性
财务报表存在重大错报	保留意见	否定意见
无法获取充分、适当的审计证据	保留意见	无法表示意见

注册会计师在确定导致非无保留意见的审计报告时，还需注意以下两点。

一是在承接审计业务后，如果注意到管理层对审计范围施加了限制，且认为这些限制可能导致对财务报表发表保留意见或无法表示意见，注册会计师应当要求管理层消除这些限制。如果管理层拒绝消除限制，除非治理层全部成员参与管理被审计单位，注册会计师应当就此事项与治理层沟通，并确定能否实施替代程序以获取充分、适当的审计证据。如果无法获取充分、适当的审计证据，注册会计师应当通过下列方式确定其影响：如果未发现的错报（如存在）可能对财务报表产生的影响重大，但不具有广泛性，应当发表保留意见。如果未发现的错报（如存在）可能对财务报表产生的影响重大且有广泛性，以至于发表保留意见不足以反映情况的严重性，应当在可行时解除业务约定（除非法律法规禁止）。当然在解除约定之前，与治理层沟通在审计过程中发现的、将会导致发表非无保留意见的所有错报事项；如果在出具审计报告之前解除业务约定被禁止或不可行，应发表无法表示意见。

在某些情况下，如果法律法规要求注册会计师继续执行审计业务，则注册会计师可能无法解除审计业务约定。这种情况可能包括：注册会计师接受委托审计公共部门实体的财务报表；注册会计师接受委托审计涵盖特定期间的财务报表，或若接受一定期间的委托，在完成财务报表审计前或在受托期间结束前，不允许解除审计业务约定。在这些情况下，注册会计师可能认为需要在审计报告中增加其他事项段。

二是如果认为有必要对财务报表整体发表否定意见或无法表示意见，注册会计师不应在同一审计报告中对按照相同财务报告编制基础编制的单一财务报表或者财务报表特定要素、账户或项目发表无保留意见。在同一审计报告中包含无保留意见，将会与对财务报表整体发表的否定意见或无法表示意见相矛盾。

当然，对经营成果、现金流量（如相关）发表无法表示意见，而对财务状况发表无保留意见，这种情况可能是被允许的。因为在这种情况下，注册会计师并没有对财务报表整体发表无法表示意见。

（1）保留意见的审计报告。当存在下列情形之一时，注册会计师应发表保留意见审计报告。

①在获取充分、适当的审计证据后，注册会计师认为错报单独或汇总起来对财务报表影响重大，但不具有广泛性。注册会计师在获取充分、适当的审计证据后，只有当认为财务报表就整体而言是公允的，但还存在对财务报表产生重大影响的错报时，才能发表保留意见。如果注册会计师认为错报对财务报表产生的影响极为严重且具有广泛性，则应发表否定意见。因此，保留意见被视为注册会计师在不能发表无保留意见情况下最不严厉的审计意见。

②注册会计师无法获取充分、适当的审计证据以作为形成审计意见的基础，但认为未发现的错报（如存在）对财务报表可能产生的影响重大，但不具有广泛性。注册会计师因审计范围受到限制而发表保留意见还是无法表示意见，取决于无法获取的审计证据对形成审计意见的重要性。注册会计师在判断重要性时，应当考虑有关事项潜在影响的性质和范围以及在财务报表中的重要程度。只有当未发现的错报（如存在）对财务报表可能产生的影响重大但不具有广泛性时，才能发表保留意见。

（2）否定意见的审计报告。在获取充分、适当的审计证据后，如果认为错报单独或汇总起来对财务报表的影响重大且具有广泛性，注册会计师应当发表否定意见的审计报告。

（3）无法表示意见的审计报告。如果无法获取充分、适当的审计证据以作为形成审计意见的基础，并认为未发现的错报（如存在）对财务报表可能产生的影响重大且具有广泛性，注册会计师应当发表无法表示意见。在极其特殊的情况下，可能存在多个不确定事项，即使注册会计师对每个单独的不确定事项获取了充分、适当的审计证据，但由于不确定事项之间可能存在相互影响，以及可能对财务报表产生累积影响，注册会计师不可能对财务报表形成审计意见。在这种情况下，注册会计师应当发表无法表示意见的审计报告。

3. 非无保留意见的审计报告的格式和内容。对于非无保留意见的审计报告的格式和内容需要注意以下几点：

（1）形成非无保留意见的基础段。

①审计报告格式和内容的一致性。如果对财务报表发表非无保留意见，注册会计师应当将标准无保留意见审计报告中的"审计意见"标题改为如"保留意见""否定意见"或"无法表示意见"，同时将"形成审计意见的基础"标题修改为恰当标题，如"形成保留意见的基础""形成否定意见的基础"或"形成无法表示意见的基础"对导致发表非无保留意见的事项进行描述。

审计报告格式和内容的一致性有助于提高使用者的理解和识别存在的异常情况。因此，尽管不可能统一非无保留意见的措辞和对导致非无保留意见的事项的说明，但仍有必要保持审计报告格式和内容的一致性。

②量化财务影响。如果财务报表中存在与具体金额（包括定量披露）相关的重大错报，注册会计师应当在形成审计意见的基础段说明并量化该错报的财务影响。举例来说，如果存货被高估，注册会计师就可以在审计报告的形成审计意见的基础段说明该重大错报的财务影响，即量化其对所得税、税前利润、净利润和股东权益的影响。如果无法量化财务影响，注册会计师应当在形成审计意见的基础段说明这一情况。

③存在与叙述性披露相关的重大错报。如果财务报表中存在与叙述性披露相关的重大错报，注册会计师应当在形成审计意见的基础段解释该错报错在何处。

④存在与应披露而未披露信息相关的重大错报。如果财务报表中存在与应披露而未披露信息相关的重大错报，注册会计师应当：一是与治理层讨论未披露信息的情况；二是在形成审计意见的基础段描述未披露信息的性质；三是如果可行并且已针对未披露信息获取了充分、适当的审计证据，在形成审计意见的基础段包含对未披露信息的披露，除非法律法规禁止。

如果存在下列情形之一，则导致在形成审计意见的基础段披露遗漏的信息是不可行的：其一，管理层还没有作出这些披露，或管理层已作出但注册会计师不易获取这些披露；其二，根据注册会计师的判断，在审计报告中披露该事项过于庞杂。

⑤无法获取充分、适当的审计证据。如果因无法获取充分、适当的审计证据而导致发表非无保留意见，注册会计师应当在导致非无保留意见的事项段中说明无法获取审计证据的原因。

⑥披露其他事项。即使发表了否定意见或无法表示意见，注册会计师也应当在形成审计意见的基础段说明注意到的、将导致发表非无保留意见的所有其他事项及其影响。因为对注册会计师注意到的其他事项的披露可能与财务报表使用者的信息需求相关。

（2）审计意见段。

①标题。在发表非无保留意见时，注册会计师应当对审计意见段使用恰当的标题，如"保留意见""否定意见"或"无法表示意见"。审计意见段的标题

能够使财务报表使用者清楚注册会计师发表了非无保留意见，并能够表明非无保留意见的类型。

②发表保留意见。当由于财务报表存在重大错报而发表保留意见时，注册会计师应当根据适用的财务报告编制在审计意见段中说明：注册会计师认为，除了形成保留意见的基础段所述事项产生的影响外，财务报表在所有重大方面按照适用的财务报告编制基础编制，并实现公允反映，参考格式见〖例10－3〗。

当无法获取充分、适当的审计证据而导致发表保留意见时，注册会计师应当在审计意见段中使用"除……可能产生的影响外"等措辞，参考格式见〖例10－5〗。

当注册会计师发表保留意见时，在审计意见段中使用"由于上述解释"或"受……影响"等措辞是不恰当的，因为这些措辞不够清晰或没有足够的说服力。

③发表否定意见。当发表否定意见时，注册会计师应当根据适用的财务报告编制基础在审计意见段中说明：注册会计师认为，由于形成否定意见的基础段所述事项的重要性，财务报表没有在所有重大方面按照适用的财务报告编制基础编制，未能实现公允反映，参考格式见〖例10－4〗。

④发表无法表示意见。当由于无法获取充分、适当的审计证据而发表无法表示意见时，注册会计师应当在审计意见段中说明：由于形成无法表示意见的基础段所述事项的重要性，注册会计师无法获取充分、适当的审计证据以为发表审计意见提供基础，因此，注册会计师不对这些财务报表发表审计意见，参考格式见〖例10－6〗。

（3）非无保留意见对审计报告要素内容的修改。当发表保留意见或否定意见时，注册会计师应当修改形成审计意见的基础段，在对注册会计师是否获取了充分、适当的审计证据以作为形成审计意见的基础的说明中，包含恰当的措辞如"保留"或"否定"。

当由于无法获取充分、适当的审计证据而发表无法表示意见时，注册会计师应当修改审计报告的审计意见段中财务报表已经审计的说明，改为注册会计师接受委托审计财务报表。应当修改形成审计意见的基础段的描述，不应包含审计报告中用于描述注册会计师责任的部分和说明注册会计师是否已获取充分、适当的审计证据以作为形成审计意见的基础。还应当修改注册会计师对财务报表审计的责任段中对注册会计师责任的表述，并仅能包含如下内容：注册会计师的责任是按照《中国注册会计师审计准则》的规定，对被审计单位财务报表执行审计工作，以出具审计报告；但由于形成无法表示意见的基础段所述的事项，注册会计师无法获取充分、适当的审计证据以作为发表审计意见的基础；注册会计师在独立性和职业道德其他要求方面的责任。

4. 非无保留意见的审计报告的参考格式。

（1）〖例10－3〗列示了由于财务报表存在重大错报而出具保留意见的审计报告。其背景信息如下：①对上市实体整套财务报表进行审计。该审计不属于集团审计（即不适用《中国注册会计师审计准则第 1401 号——对集团财务报表审计的特殊考虑》）。②管理层按照企业会计准则编制财务报表。③审计业务约定条款体现了《中国注册会计师审计准则第 1111 号——就审计业务约定条款达成一致意见》关于管理层对财务报表责任的描述。④存货存在错报，该错报对财务报表影响重大但不具有广泛性（即保留意见是恰当的）。⑤适用的相关职业道德要求为《中国注册会计师职业道德守则》。⑥基于获取的审计证据，根据《中国注册会计师审计准则第 1324 号——持续经营》，注册会计师认为可能导致对被审计单位持续经营能力产生重大疑虑的相关事项或情况不存在重大不确定性。⑦已按照《中国注册会计师审计准则第 1504 号——在审计报告中沟通关键审计事项》就关键审计事项进行了沟通。⑧负责监督财务报表的人员与负责编制财务报表的人员不同。⑨除财务报表审计外，按照法律法规的要求，注册会计师负有其他报告责任，且注册会计师决定在审计报告中履行其他报告责任。

【例 10 - 3】注册会计师因为企业财务报表存在重大错报而出具保留意见的审计报告：

审计报告

××股份有限公司全体股东：

一、对财务报表审计的报告①

（一）保留意见

我们审计了××股份有限公司（以下简称公司）财务报表，包括 20×1 年 12 月 31 日的资产负债表，20×1 年度的利润表、现金流量表、股东权益变动表以及财务报表附注。

我们认为，除"形成保留意见的基础"部分所述事项产生的影响外，后附的财务报表在所有重大方面按照《企业会计准则》的规定编制，公允反映了公司 20×1 年 12 月 31 日的财务状况以及 20×1 年度的经营成果和现金流量。

（二）形成保留意见的基础

公司 20×1 年 12 月 31 日资产负债表中存货的列示金额为×元。管理层根据成本对存货进行计量，而没有根据成本与可变现净值孰低的原则进行计量，这不符合《企业会计准则》的规定。公司的会计记录显示，如果管理层以成本与可变现净值孰低来计量存货，存货列示金额将减少×元。相应地，资产减值损失将增加×元，所得税、净利润和股东权益将分别减少×元、×元和×元。

我们按照《中国注册会计师审计准则》的规定执行了审计工作。审计报告的"注册会计师对财务报表审计的责任"部分进一步阐述了我们在这些准则下的责任。按照《中国注册会计师职业道德守则》，我们独立于公司，并履行了职业道德方面的其他责任。我们相信，我们获取的审计证据是充分、适当的，为发表保留意见提供了基础。

---

①　如果审计报告中不包含"按照相关法律法规的要求报告的事项"部分，则不需要加入此标题。

（三）关键审计事项

关键审计事项是根据我们的职业判断，认为对本期财务报表审计最为重要的事项。这些事项是在对财务报表整体进行审计并形成意见的背景下进行处理的，我们不对这些事项提供单独的意见。除"形成保留意见的基础"部分所述事项外，我们确定下列事项是需要在审计报告中沟通的关键审计事项。

［按照《中国注册会计师审计准则第 1504 号——在审计报告中沟通关键审计事项》的规定描述每一关键审计事项。］

（四）管理层和治理层对财务报表的责任

管理层负责按照《企业会计准则》的规定编制财务报表，使其实现公允反映，并设计、执行和维护必要的内部控制，以使财务报表不存在由于舞弊或错误导致的重大错报。

在编制财务报表时，管理层负责评估公司的持续经管能力，披露与持续经营相关的事项（如适用），并运用持续经营假设，除非管理层计划清算公司、停止营运或别无其他现实的选择。

治理层负责监督公司的财务报告过程。

（五）注册会计师对财务报表审计的责任

我们的目标是对财务报表整体是否不存在由于舞弊或错误导致的重大错报获取合理保证，并出具包含审计意见的审计报告。合理保证是高水平的保证，但并不能保证按照审计准则执行的审计在某一重大错报存在时总能发现。错报可能由舞弊或错误所导致，如合理预期错报单独或汇总起来可能影响财务报表使用者依据财务报表作出的经济决策，则错报是重大的。

在按照审计准则执行审计的过程中，我们运用了职业判断，保持了职业怀疑。我们同时：

（1）识别和评估由于舞弊或错误导致的财务报表重大错报风险；对这些风险有针对性地设计和实施审计程序；获取充分、适当的审计证据，作为发表审计意见的基础。由于舞弊可能涉及串通、伪造、故意遗漏、虚假陈述或凌驾于内部控制之上，未能发现由于舞弊导致的重大错报的风险高于未能发现由于错误导致的重大错报的风险。

（2）了解与审计相关的内部控制，以设计恰当的审计程序，但目的并非对内部控制的有效性发表意见。

（3）评价管理层选用会计政策的恰当性和作出会计估计及相关披露的合理性。

（4）对管理层使用持续经营假设的恰当性得出结论。同时，基于所获取的审计证据，对是否存在与事项或情况相关的重大不确定性，从而可能导致对公司的持续经营能力产生重大疑虑得出结论。如果我们得出结论认为存在重大不确定性，审计准则要求我们在审计报告中提请报告使用者注意财务报表中的相关披露；如果披露不充分，我们应发表非无保留意见。我们的结论基于审计报告日可获得的信息。然而，未来的事项或情况可能导致公司不能持续经营。

（5）评价财务报表的总体列报、结构和内容（包括披露），并评价财务报表是否公允反映交易和事项。

除其他事项外，我们与治理层就计划的审计范围、时间安排和重大审计发现（包括我们在审计中识别的值得关注的内部控制缺陷）进行沟通。

我们还就遵守关于独立性的相关职业道德要求向治理层提供声明，并就可能被合理认为影响我们独立性的所有关系和其他事项，以及相关的防范措施（如适用）与治理层进行沟通。

从与治理层沟通的事项中，我们确定哪些事项对当期财务报表审计最为重要，因而构成关键审计事项。我们在审计报告中描述这些事项，除非法律法规不允许公开披露这些事项，或在罕见的情形下，如果合理预期在审计报告中沟通某事项造成的负面后果超过产生的公众利益方面的益处，我们确定不应在审计报告中沟通该事项。

二、对其他法律和监管要求的报告

［本部分的格式和内容，取决于法律法规对其他报告责任的性质的规定］

负责审计并出具审计报告的项目合伙人是［姓名］。

××会计师事务所　　　　　　　　　中国注册会计师：×××
　　（盖章）　　　　　　　　　　　　　　（签名并盖章）
　　　　　　　　　　　　　　　　　中国注册会计师：×××
　　　　　　　　　　　　　　　　　　　（签名并盖章）

中国××市　　　　　　　　　　　　二〇×二年×月×日

（2）〖例10-4〗列示了由于合并财务报表存在重大错报而出具否定意见的审计报告。其背景信息如下：①对上市实体整套合并财务报表进行审计。该审计属于集团审计，被审计单位拥有多个子公司（即适用《中国注册会计师审计准则第1401号——对集团财务报表审计的特殊考虑》）。②管理层按照《企业会计准则》编制合并财务报表。③审计业务约定条款体现了《中国注册会计师审计准则第1111号——就审计业务约定条款达成一致意见》关于管理层对财务报表责任的描述。④合并财务报表因未合并某一子公司而存在重大错报，该错报对合并财务报表影响重大且具有广泛性（即否定意见是恰当的），但量化该错报对合并财务报表的影响是不切实际的。⑤适用的相关职业道德要求为《中国注册会计师职业道德守则》。⑥基于获取的审计证据，根据《中国注册会计师审计准则第1324号——持续经营》，注册会计师认为可能导致对被审计单位持续经营能力产生重大疑虑的相关事项或情况不存在重大不确定性。⑦适用《中国注册会计师审计准则第1504号——在审计报告中沟通关键审计事项》。然而，注册会计师认为，除形成否定意见的基础部分所述事项外，无其他关键审计事项。⑧负责监督合并财务报表的人员与负责编制合并财务报表的人员不同。⑨除合并财务报表审计外，按照法律法规的要求，注册会计师负有其他报告责任，且注册会计师决定在审计报告中履行其他报告责任。

【例10-4】注册会计师因企业合并财务报表存在重大错报而出具否定意见的审计报告:

审计报告

××股份有限公司全体股东

一、对合并财务报表审计的报告

(一)否定意见

我们审计了××股份有限公司及其子公司(以下简称集团)的合并财务报表,包括20×1年12月31日的合并资产负债表,20×1年度的合并利润表、合并现金流量表、合并股东权益变动表以及合并财务报表附注。

我们认为,由于"形成否定意见的基础"部分所述事项的重要性,后附的集团合并财务报表没有在所有重大方面按照《企业会计准则》的规定编制,未能公允反映集团20×1年12月31日的合并财务状况以及20×1年度的合并经营成果和合并现金流量。

(二)形成否定意见的基础

如财务报表附注X所述,20×1年集团通过非同一控制下的企业合并获得对XYZ公司的控制权。因未能取得购买日XYZ公司某些重要资产和负债的公允价值,故未将XYZ公司纳入合并财务报表的范围。按照《企业会计准则》的规定,该集团应将这一子公司纳入合并范围,并以暂估金额为基础核算该项收购。如果将XYZ公司纳入合并财务报表的范围,后附的集团合并财务报表的多个报表项目将受到重大影响。但我们无法确定未将XYZ公司纳入合并范围对合并财务报表产生的影响。

我们按照《中国注册会计师审计准则》的规定执行了审计工作。审计报告的"注册会计师对合并财务报表审计的责任"部分进一步阐述了我们在这些准则下的责任。按照《中国注册会计师职业道德守则》,我们独立于集团,并履行了职业道德方面的其他责任。我们相信,我们获取的审计证据是充分、适当的,为发表否定意见提供了基础。

(三)关键审计事项

除"形成否定意见的基础"部分所述事项外,我们认为,没有其他需要在我们的报告中沟通的关键审计事项。

(四)管理层和治理层对合并财务报表的责任

管理层负责按照《企业会计准则》的规定编制合并财务报表,使其实现公允反映,并设计、执行和维护必要的内部控制,以使合并财务报表不存在由于舞弊或错误导致的重大错报。

在编制合并财务报表时,管理层负责评估集团的持续经营能力,披露与持续经营相关的事项(如适用),并运用持续经营假设,除非管理层计划清算集团、停止营运或别无其他现实的选择。

治理层负责监督集团的财务报告过程。

（五）注册会计师对合并财务报表审计的责任

我们的目标是对合并财务报表整体是否不存在由于舞弊或错误导致的重大错报获取合理保证，并出具包含审计意见的审计报告。合理保证是高水平的保证，但并不能保证按照审计准则执行的审计在某一重大错报存在时总能发现。错报可能由舞弊或错误所导致，如果合理预期错报单独或汇总起来可能影响财务报表使用者依据合并财务报表作出的经济决策，则错报是重大的。

在按照审计准则执行审计的过程中，我们运用了职业判断，保持了职业怀疑。我们同时：

（1）识别和评估由于舞弊或错误导致的合并财务报表重大错报风险；对这些风险有针对性地设计和实施审计程序；获取充分、适当的审计证据，作为发表审计意见的基础。由于舞弊可能涉及串通、伪造、故意遗漏、虚假陈述或凌驾于内部控制之上，未能发现由于舞弊导致的重大错报的风险高于未能发现由于错误导致的重大错报的风险。

（2）了解与审计相关的内部控制，以设计恰当的审计程序，但目的并非对内部控制的有效性发表意见。

（3）评价管理层选用会计政策的恰当性和作出会计估计及相关披露的合理性。

（4）对管理层使用持续经营假设的恰当性得出结论。同时，基于所获取的审计证据，对是否存在与事项或情况相关的重大不确定性，从而可能导致对集团的持续经营能力产生重大疑虑得出结论。如果我们得出结论认为存在重大不确定性，审计准则要求我们在审计报告中提请报告使用者注意合并财务报表中的相关披露；如果披露不充分，我们应当发表非无保留意见。我们的结论基于审计报告日可获得的信息。然而，未来的事项或情况可能导致集团不能持续经营。

（5）评价合并财务报表的总体列报、结构和内容（包括披露），并评价合并财务报表是否公允反映交易和事项。

（6）就集团中实体或业务活动的财务信息获取充分、适当的审计证据，以对合并财务报表发表意见。我们负责指导、监督和执行集团审计。我们对审计意见承担全部责任。

除其他事项外，我们与治理层就计划的审计范围、时间安排和重大审计发现（包括我们在审计中识别的值得关注的内部控制缺陷）进行沟通。

我们还就遵守关于独立性的相关职业道德要求向治理层提供声明，并就可能被合理认为影响我们独立性的所有关系和其他事项，以及相关的防范措施（如适用）与治理层进行沟通。

从与治理层沟通的事项中，我们确定哪些事项对当期合并财务报表审计最为重要，因而构成关键审计事项。我们在审计报告中描述这些事项，除非法律法规不允许公开披露这些事项，或在罕见的情形下，如果合理预期在审计报告中沟通某事项造成的负面后果超过产生的公众利益方面的益处，我们确定不应在审计报告中沟通该事项。

二、对其他法律和监管要求的报告

［本部分的格式和内容，取决于法律法规对其他报告责任的性质的规定。］

负责审计并出具审计报告的项目合伙人是［姓名］。

××会计师事务所　　　　　　　　　　中国注册会计师：×××

　　（盖章）　　　　　　　　　　　　　　（签名并盖章）

　　　　　　　　　　　　　　　　　中国注册会计师：×××

　　　　　　　　　　　　　　　　　　（签名并盖章）

　　中国××市　　　　　　　　　　二〇×二年×月×日

（3）〖例 10－5〗列示了由于注册会计师无法获取充分、适当的审计证据而出具保留意见的审计报告。其背景信息如下：①对上市实体整套合并财务报表进行审计。该审计属于集团审计，被审计单位拥有多个子公司（即适用《中国注册会计师审计准则第 1401 号——对集团财务报表审计的特殊考虑》）。②管理层按照《企业会计准则》编制合并财务报表。③审计业务约定条款体现了《中国注册会计师审计准则第 1111 号——就审计业务约定条款达成一致意见》关于管理层对财务报表责任的描述。④对一家境外联营公司，注册会计师无法获取充分、适当的审计证据，这一事项对合并财务报表影响重大但不具有广泛性（即保留意见是恰当的）。⑤适用的相关职业道德要求为《中国注册会计师职业道德守则》。⑥基于获取的审计证据，根据《中国注册会计师审计准则第 1324 号——持续经营》，注册会计师认为可能导致对被审计单位持续经营能力产生重大疑虑的相关事项或情况不存在重大不确定性。⑦已按照《中国注册会计师审计准则第 1504 号——在审计报告中沟通关键审计事项》就关键审计事项进行了沟通。⑧负责监督合并财务报表的人员与负责编制合并财务报表的人员不同。⑨除合并财务报表审计外，按照法律法规的要求，注册会计师负有其他报告责任，且注册会计师决定在审计报告中履行其他报告责任。

【例 10－5】注册会计师因为无法获取关于一家境外联营公司的充分、适当的审计证据而发表保留意见的审计报告：

审计报告

××股份有限公司全体股东：

一、对合并财务报表审计的报告

（一）保留意见

我们审计了××股份有限公司及其子公司（以下简称集团）合并财务报表，包括 20×1 年 12 月 31 日的合并资产负债表，20×1 年度的合并利润表、合并现金流量表、合并股东权益变动表以及合并财务报表附注。

我们认为，除"形成保留意见的基础部分"所述事项可能产生的影响外，后附的集团合并财务报表在所有重大方面按照《企业会计准则》的规定编制，公允反映了集团 20×1 年 12 月 31 日的合并财务状况以及 20×1 年度的合并经营成果和合并现金流量。

（二）形成保留意见的基础

如财务报表附注×所述，集团于 20×1 年取得了境外 XYZ 公司 30% 的股权，因能够对 XYZ 公司施加重大影响，故采用权益法核算该项股权投资，于 20×1 年度确认对 XYZ 公司的投资收益×元，截至 20×1 年 12 月 31 日合并资产负债表上反映的该项股权投资为×元。由于我们未被允许接触 XYZ 公司的财务信息、管理层和执行 XYZ 公司审计的注册会计师，我们无法就该项股权投资的账面价值以及集团确认的 20×1 年度对 XYZ 公司的投资收益获取充分、适当的审计证据，也无法确定是否有必要对这些金额进行调整。

我们按照《中国注册会计师审计准则》的规定执行了审计工作。审计报告的"注册会计师对合并财务报表审计的责任"部分进一步阐述了我们在这些准则下的责任。按照《中国注册会计师职业道德守则》，我们独立于集团，并履行了职业道德方面的其他责任。我们相信，我们获取的审计证据是充分、适当的，为发表保留意见提供了基础。

（三）关键审计事项

关键审计事项是根据我们的职业判断，认为对本期财务报表审计最为重要的事项。这些事项是在对财务报表整体进行审计并形成意见的背景下进行处理的，我们不对这些事项提供单独的意见。除"形成保留意见的基础"部分所述事项外，我们确定下列事项是需要在审计报告中沟通的关键审计事项。

［按照《中国注册会计师审计准则第 1504 号——在审计报告中沟通关键审计事项》的规定描述每一关键审计事项。］

（四）管理层和治理层对合并财务报表的责任

管理层负责按照《企业会计准则》的规定编制合并财务报表，使其实现公允反映，并设计、执行和维护必要的内部控制，以使合并财务报表不存在由于舞弊或错误导致的重大错报。

在编制合并财务报表时，管理层负责评估集团的持续经营能力，披露与持续经营相关的事项（如适用），并运用持续经营假设，除非管理层计划清算集团、停止营运或别无其他现实的选择。

治理层负责监督集团的财务报告过程。

（五）注册会计师对合并财务报表审计的责任

我们的目标是对合并财务报表整体是否不存在由于舞弊或错误导致的重大错报获取合理保证，并出具包含审计意见的审计报告。合理保证是高水平的保证，但并不能保证按照审计准则执行的审计在某一重大错报存在时总能发现。错报可能由舞弊或错误所导致，如果合理预期错报单独或汇总起来可能影响财务报表使用者依据合并财务报表作出的经济决策，则错报是重大的。

在按照审计准则执行审计过程中，我们运用了职业判断，保持了职业怀疑。我们同时以：

（1）识别和评估由于舞弊或错误导致的合并财务报表重大错报风险；对这些风险有针对性地实施审计程序；获取充分、适当的审计证据，作为发表审计意见的基础。由于舞弊可能涉及串通、伪造、故意遗漏、虚假陈述或凌驾于内部控制之上，未能发现由于舞弊导致的重大错报的风险高于未能发现由于错误导致的重大错报的风险。

（2）了解与审计相关的内部控制，以设计恰当的审计程序，但目的并非对内部控制的有效性发表意见。

（3）评价管理层选用会计政策的恰当性和作出会计估计及相关披露的合理。

（4）对管理层使用持续经营假设的恰当性得出结论。同时，基于所获取的审计证据，对是否存在与事项或情况相关的重大不确定性，从而可能导致对集团的持续经营能力产生重大疑虑得出结论。如果我们得出结论认为存在重大不确定性，审计准则要求我们在审计报告中提请报告使用者注意合并财务报表中的相关披露；如果披露不充分，我们应当发表非无保留意见。我们的结论基于审计报告日可获得的信息。然而，未来的事项或情况可能导致集团不能持续经营。

（5）评价合并财务报表的总体列报、结构和内容（包括披露），并评价合并财务报表是否公允反映交易和事项。

（6）就集团中实体或业务活动的财务信息获取充分、适当的审计证据，以对合并财务报表发表意见。我们负责指导、监督和执行集团审计。我们对审计意见承担全部责任。

除其他事项外，我们与治理层就计划的审计范围、时间安排和重大审计发现（包括我们在审计中识别的值得关注的内部控制缺陷）进行沟通。

我们还就遵守关于独立性的相关职业道德要求向治理层提供声明，并就可能被合理认为影响我们独立性的所有关系和其他事项，以及相关的防范措施（如适用）与治理层进行沟通。从与治理层沟通的事项中，我们确定哪些事项对当期合并财务报表审计最为重要，因而构成关键审计事项。我们在审计报告中描述这些事项，除非法律法规不允许公开披露这些事项，或在罕见的情形下，如果合理预期在审计报告中沟通某事项造成的负面后果超过产生的公众利益方面的益处，我们确定不应在审计报告中沟通该事项。

二、对其他法律和监管要求的报告

[本部分的格式和内容，取决于法律法规对其他报告责任的性质的规定。]

负责审计并出具审计报告的项目合伙人是［姓名］。

××会计师事务所	中国注册会计师：×××
（盖章）	（签名并盖章）
	中国注册会计师：×××
	（签名并盖章）
中国××市	二〇×二年×月×日

（4）〖例10-6〗列示了由于注册会计师无法针对财务报表多个要素获取充分、适当的审计证据而出具无法表示意见的审计报告。其背景信息如下：①对非上市实体整套合并财务报表进行审计。该审计属于集团审计，被审计单位拥

有多个子公司（即适用《中国注册会计师审计准则第 1401 号——对集团财务报表审计的特殊考虑》）。②管理层按照《企业会计准则》编制合并财务报表。③审计业务约定条款体现了《中国注册会计师审计准则第 1111 号——就审计业务约定条款达成一致意见》关于管理层对财务报表责任的描述。④对合并财务报表的某个要素，注册会计师无法获取充分、适当的审计证据。在本例中，对一家合营企业的投资占该被审计单位净资产的比例超过 90%，但注册会计师无法获取该合营企业财务信息的审计证据。无法获取充分、适当的审计证据对合并财务报表可能产生的影响重大且具有广泛性（即无法表示意见是恰当的）。⑤适用的相关职业道德要求为《中国注册会计师职业道德守则》。⑥负责监督合并财务报表的人员与负责编制合并财务报表的人员不同。⑦按照审计准则要求在注册会计师的责任部分作出有限的表述。⑧除合并财务报表审计外，按照法律法规的要求，注册会计师负有其他报告责任，且注册会计师决定在审计报告中履行其他报告责任。

【例 10 - 6】注册会计师无法因为针对合并财务报表单一要素获取充分、适当的审计证据而发表无法表示意见的审计报告。

审计报告

××股份有限公司全体股东：

一、对合并财务报表审计的报告

（一）无法表示意见

我们接受委托，审计××股份有限公司及其子公司（以下简称集团）合并财务报表，包括 20×1 年 12 月 31 日的合并资产负债表，20×1 年度的合并利润表、合并现金流量表、合并股东权益变动表以及合并财务报表附注。

我们不对后附的集团合并财务报表发表审计意见。由于"形成无法表示意见的基础"部分所述事项的重要性，我们无法获取充分、适当的审计证据以作为形成合并财务报表审计意见的基础。

（二）形成无法表示意见的基础

集团对合营企业 XYZ 公司的投资在该集团的合并资产负债表中金额为×元，占该集团 20×1 年 12 月 31 日净资产的 90% 以上。我们未被允许接触 XYZ 公司的管理层和注册会计师，包括 XYZ 公司注册会计师的审计工作底稿。因此，我们无法确定是否有必要对 XYZ 公司资产中集团共同控制的比例份额、XYZ 公司负债中集团共同承担的比例份额、XYZ 公司收入和费用中集团的比例份额，以及合并现金流量表和合并股东权益变动表中的要素作出调整。

（三）管理层和治理层对合并财务报表的责任

管理层负责按照《企业会计准则》的规定编制合并财务报表，使其实现公允反映，并设计、执行和维护必要的内部控制，以使合并财务报表不存在由于舞弊或错误导致的重大错报。

在编制合并财务报表时，管理层负责评估集团的持续经营能力，披露与持续经营相关的事项（如适用），并运用持续经营假设，除非管理层计划清算集团、停止营运或别无其他现实的选择。

治理层负责监督集团的财务报告过程。

（四）注册会计师对合并财务报表审计的责任

我们的责任是按照《中国注册会计师审计准则》的规定，对被审计单位合并财务报表执行审计工作，以出具审计报告。但由于"形成无法表示意见的基础"部分所述的事项，我们无法获取充分、适当的审计证据以作为发表审计意见的基础。

按照《中国注册会计师职业道德守则》，我们独立于集团，并履行了职业道德方面的其他责任。

二、对其他法律和监管要求的报告

［本部分的格式和内容，取决于法律法规对其他报告责任的性质的规定。］

负责审计并出具审计报告的项目合伙人是［姓名］。

××会计师事务所　　　　　　　　　　中国注册会计师：×××
　　（盖章）　　　　　　　　　　　　　（签名并盖章）

　　　　　　　　　　　　　　　　　　中国注册会计师：×××
　　　　　　　　　　　　　　　　　　　（签名并盖章）

　　中国××市　　　　　　　　　　　二〇×二年×月×日

增加强调事项
段的情形

三、财务审计报告中强调事项段的增列要求

（一）强调事项段的含义

财务审计报告的强调事项段是指财务审计报告中含有的一个段落，该段落提及已在财务报表中恰当列报披露的事项，根据注册会计师的职业判断，该事项对财务报表使用者理解财务报表至关重要。

（二）增加强调事项段的情形

如果认为有必要提醒财务报表使用者关注已在财务报表中列报或披露，且根据职业判断认为对财务报表使用者理解财务报表至关重要的事项，注册会计师在已获取充分、适当的审计证据证明该事项在财务报表中不存在重大错报，且该事项未被确定为将要在审计报告中沟通的关键审计事项，应当在审计报告中增加强调事项段。

注册会计师可能认为需要增加强调事项段的情形举例如下。

（1）异常诉讼或监管行动的未来结果存在不确定性。

（2）提前应用（在允许的情况下）对财务报表有广泛影响的新会计准则。

（3）存在已经或持续对被审计单位财务状况产生重大影响的特大灾难。

强调事项段的过多使用会降低注册会计师沟通所强调事项的有效性。此外，与财务报表中的列报或披露相比，在强调事项段中包括过多的信息，可能隐含

着这些事项未被恰当列报或披露。因此，强调事项段应当仅提及已在财务报表中列报或披露的信息。

（三）在审计报告中增加强调事项段时注册会计师采取的措施

如果在审计报告中增加强调事项段，注册会计师应当采取下列措施：

（1）应将强调事项段直接列示在"形成审计意见的基础"段的后一部分；

（2）使用"强调事项"或其他适当标题；

（3）明确提及被强调事项以及相关披露的位置，以便能够在财务报表中找到对该事项的详细描述；

（4）指出审计意见没有因该强调事项而改变。

由于增加强调事项段是为了提醒财务报表使用者关注某些事项，并不影响注册会计师的审计意见，为了使财务报表使用者明确这一点，注册会计师应当在强调事项段中指明，该段内容仅用于提醒财务报表使用者关注，并不影响已发表的审计意见。具体讲，增加强调事项段不能代替下列情形：根据审计业务的具体情况，注册会计师需要发表保留意见、否定意见或无法表示意见（参见《中国注册会计师审计准则第1502号——在审计报告中发表非无保留意见》）；适用的财务报告编制基础要求管理层在财务报表中作出的披露。

〖例10-7〗列示了带强调事项段的保留意见审计报告的示例，其背景信息如下：（1）对非上市实体整套财务报表进行审计。该审计不属于集团审计（即不适用《中国注册会计师审计准则第1401号——对集团财务报表审计的特殊考虑》）。（2）管理层按照《企业会计准则》编制财务报表。（3）审计业务约定条款体现了《中国注册会计师审计准则第1111号——就审计业务约定条款达成一致意见》关于管理层对财务报表责任的描述。（4）由于偏离企业会计准则的规定导致发表保留意见。（5）适用的相关职业道德要求为《中国注册会计师职业道德守则》。（6）基于获取的审计证据，根据《中国注册会计师审计准则第1324号——持续经营》，注册会计师认为可能导致对被审计单位持续经营能力产生重大疑虑的相关事项或情况不存在重大不确定性。（7）在财务报表日至审计报告日之间，被审计单位的生产设备发生了火灾，被审计单位已将其作为期后事项披露。根据注册会计师的判断，该事项对财务报表使用者理解财务报表至关重要，但在当期财务报表审计中不是重点关注过的事项。（8）注册会计师未被要求，并且也决定不沟通关键审计事项。（9）负责监督财务报表的人编制财务报表的人员不同。（10）除财务报表审计外，按照法律法规的要求，注册会计师负有其他报告责任，且注册会计师决定在审计报告中履行其他报告责任。

【例10-7】注册会计师因偏离适用财务报告编制基础导致的带强调事项段的保留意见审计报告：

审计报告

××股份有限公司全体股东：

一、对财务报表出具的审计报告

（一）保留意见

我们审计了××股份有限公司（以下简称公司）财务报表，包括20×1年12月31日的资产负债表，20×1年的利润表、现金流量表、股东权益变动表以及财务报表附注。

我们认为，除"形成保留意见的基础"部分所述事项产生的影响外，后附的财务报表在所有重大方面按照《企业会计准则》的规定编制，公允反映了公司20×1年12月31日的财务状况以及20×1年度的经营成果和现金流量。

（二）形成保留意见的基础

公司20×1年12月31日资产负债表中反映的交易性金融资产为X元，公司管理层对这些交易性金融资产未按照公允价值进行后续计量，而是按照其历史成本进行计量，这不符合《企业会计准则》的规定。如果按照公允价值进行后续计量，公司20×1年度利润表中公允价值变动损益将减少×元，20×1年12月31日资产负债表中交易性金融资产将减少×元，相应地，所得税、净利润和股东权益将分别减少×元、×元和×元。

我们按照《中国注册会计师审计准则》的规定执行了审计工作。审计报告的"注册会计师对财务报表审计的责任"部分进一步阐述了我们在这些准则下的责任。按照《中国注册会计师职业道德守则》，我们独立于公司，并履行了职业道德方面的其他责任。我们相信，我们获取的审计证据是充分、适当的，为发表保留意见提供了基础。

（三）强调事项——火灾的影响

我们提醒财务报表使用者注意财务报表附注×，该附注描述了火灾对公司的生产设备造成的影响。本段内容不影响已发表的审计意见。

（四）管理层和治理层对财务报表的责任

管理层负责按照《企业会计准则》的规定编制财务报表，使其实现公允反映，并设计、执行和维护必要的内部控制，以使财务报表不存在由于舞弊或错误导致的重大错报。

在编制财务报表时，管理层负责评估公司的持续经营能力，披露与持续经营相关事项（如适用），并运用持续经营假设，除非管理层计划清算公司、停止营运或别无其他现实的选择。

治理层负责监督公司的财务报告过程。

（五）注册会计师对财务报表审计的责任

我们的目标是对财务报表整体是否不存在由于舞弊或错误导致的重大错报获取合理保证，并出具包含审计意见的审计报告。合理保证是高水平的保证，但并不能保证按照审计准则执行的审计在某一重大错报存在时总能发现。错报可能由舞弊或错误所导致，如合理预期错报单独或汇总起来可能影响财务报表使用者依据财务报表作出的经济决策，则错报是重大的。

在按照审计准则执行审计的过程中，我们运用了职业判断，保持了职业怀疑。我们同时：

（1）识别和评估由于舞弊或错误导致的财务报表重大错报风险；对这些风险有针对性地设计和实施审计程序；获取充分、适当的审计证据，作为发表审计意见的基础。由于舞弊可能涉及串通、伪造、故意遗漏、虚假陈述或凌驾于内部控制之上，未能发现由于舞弊导致的重大错报的风险高于未能发现由于错误导致的重大错报的风险。

（2）了解与审计相关的内部控制，以设计恰当的审计程序，但目的并非对内部控制的有效性发表意见。

（3）评价管理层选用会计政策的恰当性和作出会计估计及相关披露的合理性。

（4）对管理层使用持续经营假设的恰当性得出结论。同时，基于所获取的审计证据，对是否存在与事项或情况相关的重大不确定性，从而可能导致对公司的持续经营能力产生重大疑虑得出结论。如果我们得出结论认为存在重大不确定性，审计准则要求我们在审计报告中提请报告使用者注意财务报表中的相关披露；如果披露不充分，我们应当发表非无保留意见。我们的结论基于审计报告日可获得的信息。然而，未来事项或情况可能导致公司不能持续经营。

（5）评价财务报表的总体列报、结构和内容（包括披露），并评价财务报表是否公允反映交易和事项。

除其他事项外，我们与治理层就计划的审计范围、时间安排和重大审计发现（包括我们在审计中识别的值得关注的内部控制缺陷）进行沟通。

我们还就遵守关于独立性的相关职业道德要求向治理层提供声明，并就可能被合理认为影响我们独立性的所有关系和其他事项，以及相关的防范措施（如适用）与治理层进行沟通。

从与治理层沟通的事项中，我们确定哪些事项对当期财务报表审计最为重要，因而构成关键审计事项。我们在审计报告中描述这些事项，除非法律法规不允许公开披露这些事项，或在罕见的情形下，如果合理预期在审计报告中沟通某事项造成的负面后果超过产生的公众利益方面的益处，我们确定不应在审计报告中沟通该事项。

二、对其他法律和监管要求的报告

［本部分的格式和内容，取决于法律法规对其他报告责任的性质的规定。］

负责审计并出具审计报告的项目合伙人是［姓名］。

××会计师事务所	中国注册会计师：×××
（盖章）	（签名并盖章）
	中国注册会计师：×××
	（签名并盖章）
中国××市	二〇×二年×月×日

四、财务审计报告中关键事项段的增列要求

（一）关键事项段的含义

关键事项段是指财务审计报告中含有的一个段落，该段落提及注册会计师根据职业判断认为对当期财务报表审计最为重要的事项。关键审计事项选自与治理层沟通的事项。

（二）需要增加关键事项段的情形

除非存在下列情形之一，注册会计师应当在财务审计报告中逐项描述关键审计事项：

（1）法律法规禁止公开披露某事项。

（2）在罕见的情形下，如果合理预期在审计报告中沟通某事项造成的负面后果超过产生的公众利益方面的益处，注册会计师确定不应在审计报告中沟通该事项，被审计单位已公开披露与该事项有关信息的除外。

（三）在审计报告中增加关键事项段时注册会计师采取的措施

如果注册会计师决定在审计报告中沟通关键审计事项或法律法规要求注册会计师在审计报告中沟通关键审计事项，则注册会计师应当从与治理层沟通的事项中确定在执行审计工作时重点关注过的事项。在确定时，注册会计师应当考虑下列方面：

（1）按照《中国注册会计师审计准则第1211号——通过了解被审计单位及其环境识别和评估重大错报风险》的规定，评估的重大错报风险较高的领域或识别出的特别风险；

（2）与财务报表中涉及重大管理层判断（包括被认为具有高度不确定性的会计估计）的领域相关的重大审计判断；

（3）当期重大交易或事项对审计的影响。

注册会计师应当从根据以上因素确定的、在执行审计工作时重点关注过的事项中，确定哪些事项对当期财务报表审计最为重要，从而构成关键审计事项，并在对财务报表形成审计意见后，以在审计报告中描述关键审计事项的方式沟通这些事项。

注册会计师应当在审计报告中单设一部分，以"关键审计事项"为标题，并在该部分使用恰当的子标题逐项描述关键审计事项。关键审计事项部分的引言应当同时说明下列事项：

（1）关键审计事项是注册会计师根据职业判断，认为对当期财务报表审计最重要的事项；

（2）关键审计事项的处理是以对财务报表整体进行审计为背景的，注册会

计师对财务报表整体形成审计意见，而不对关键审计事项单独发表意见。

在审计报告的关键审计事项部分逐项描述关键审计事项时，注册会计师应当分别索引至财务报表的相关披露（如有），并同时说明下列内容：

（1）该事项被认定为审计中最为重要的事项之一，因而被确定为关键审计事项的原因。

（2）该事项在审计中是如何应对的。

虽然导致非无保留意见的事项，及导致对被审计单位持续经营能力产生重大疑虑的事项或情况存在重大不确定性，就其性质而言都属于关键审计事项。然而，这些事项不得在审计报告的关键审计事项部分进行描述。注册会计师应当按照适用的审计准则的规定报告这些事项，并在关键审计事项部分提及形成保留（否定）意见的基础部分或与持续经营有关的重大不确定性部分。此外，注册会计师在对财务报表发表无法表示意见时，不得沟通关键审计事项，除非法律法规要求沟通。

（四）与治理层的沟通

注册会计师应当就下列事项与治理层沟通：

（1）注册会计师确定的关键审计事项；

（2）根据被审计单位和审计业务的具体情况，注册会计师确定不存在需要在审计报告中沟通的关键审计事项（如适用）。

五、财务审计报告中其他事项段的增列要求

（一）其他事项段的含义

其他事项段是指审计报告中含有的一个段落，该段落提及未在财务报表中列报或披露的事项，根据注册会计师的职业判断，该事项与财务报表使用者理解审计工作、注册会计师的责任或审计报告相关。

（二）需要增加其他事项段的情形

对于未在财务报表中列报或披露，但根据职业判断认为与财务报表使用者理解审计工作、注册会计师的责任或审计报告相关且未被法律法规禁止的事项，且该事项未被确定为将要在审计报告中沟通的关键审计事项，如果认为有必要沟通，注册会计师应当在审计报告中增加其他事项段，并使用"其他事项"或其他适当标题。注册会计师应当将其他事项段紧接在审计意见段和强调事项段（如有）之后。具体而言，需要在审计报告中增加其他事项段的情形包括以下几方面的内容：

1. 与使用者理解审计工作相关的情形。在极其特殊的情况下，即使由于管理层对审计范围施加的限制导致无法获取充分、适当的审计证据可能产生的影

响具有广泛性，注册会计师也不能解除业务约定。在这种情况下，注册会计师可能认为有必要在审计报告中增加其他事项段，解释为何不能解除业务约定。

2. 与使用者理解注册会计师的责任或审计报告相关的情形。法律法规或得到广泛认可的惯例可能要求或允许注册会计师详细说明某些事项，以进一步解释注册会计师在财务报表审计中的责任或审计报告。在这种情况下，注册会计师可以使用一个或多个子标题来描述其他事项段的内容。但增加其他事项段不涉及以下两种情形：除根据审计准则的规定有责任对财务报表出具审计报告外，注册会计师还有其他报告责任；注册会计师可能被要求实施额外的规定的程序并予以报告，或对特定事项发表意见。

3. 对两套以上财务报表出具审计报告的情形。被审计单位可能按照通用目的编制基础（如×国财务报告编制基础）编制一套财务报表，且按照另一个通用目的编制基础（如国际财务报告准则）编制另一套财务报表，并委托注册会计师同时对两套财务报表出具审计报告。如果注册会计师已确定两个财务报告编制基础在各自情形下是可接受的，可以在审计报告中增加其他事项段，说明该被审计单位根据另一个通用目的编制基础（如国际财务报告准则）编制了另一套财务报表以及注册会计师对这些财务报表出具了审计报告。

4. 限制审计报告分发和使用的情形。为特定目的编制的财务报表可能按照通用目的编制基础编制，因为财务报表预期使用者已确定这种通用目的的财务报表能够满足他们对财务信息的需求。由于审计报告旨在提供给特定使用者，注册会计师可能认为在这种情况下需要增加其他事项段，说明审计报告只是提供给财务报表预期使用者，不应被分发给其他机构或人员或者被其他机构或人员使用。

需要注意的是，由于其他事项段的内容明确反映了未被要求在财务报表中列报或披露的其他事项段不包括法律法规或其他职业准则（如《中国注册会计师职业道德守则》中与信息保密相关的规定）禁止注册会计师提供的信息。其他事项段也不包括要求管理层提供的信息。

此外，其他事项段放置的位置取决于拟沟通信息的性质。当增加其他事项段旨在提醒使用者关注与其理解同财务报表审计相关的事项时，该段落需要紧接在审计意见段和强调事项段之后；当增加其他事项段旨在提醒使用者关注与审计报告中提及的其他报告责任相关的事项时，该段落可以置于"按照相关法律法规的要求报告的事项"的部分内；当其他事项段与注册会计师的责任或使用者理解审计报告相关时，可以单独作为一部分，置于"对财务报表出具的审计报告"和"按照相关法规的要求报告的事项"之后。

（三）与治理层的沟通

如果拟在审计报告中增加强调事项段或其他事项段，注册会计师应当就该事项和拟使用的措辞治理层沟通。

与治理层的沟通能使治理层了解注册会计师拟在审计报告中所强调的特定

事项的性质，并在必要时为治理层提供向注册会计师进一步澄清的机会。当然，当审计报告中针对某一特定事项增加其他事项段在连续审计业务中重复出现时，注册会计师可能认为没有必要在每次审计业务中重复沟通。

〖例 10－8〗列示了包含关键审计事项部分、强调事项段及其他事项段的审计报告的示例，其背景信息如下：（1）对上市实体整套财务报表进行审计。该审计不属于集团审计（即不适用《中国注册会计师审计准则第 1401 号——对集团财务报表审计的特殊考虑》）。（2）管理层按照《企业会计准则》编制财务报表。（3）审计业务约定条款体现了《中国注册会计师审计准则第 1111 号——就审计业务约定条款达成一致意见》关于管理层对财务报表责任的描述。（4）基于获取的审计证据，注册会计师认为发表无保留意见是恰当的。（5）适用的相关职业道德要求为《中国注册会计师职业道德守则》。（6）基于获取的审计证据，根据《中国注册会计师审计准则第 1324 号——持续经营》，注册会计师认为可能导致对被审计单位持续经营能力产生重大疑虑的相关事项或情况不存在重大不确定性。（7）在财务报表日至审计报告日之间，被审计单位的生产设备发生了火灾，被审计单位已将其作为期后事项披露。根据注册会计师的判断，该事项对财务报表使用者理解财务报表至关重要，但在当期财务报表审计中不是重点关注过的事项。（8）已经按照《中国注册会计师审计准则第 1504 号——在审计报告中沟通关键审计事项》就关键审计事项进行了沟通。（9）已列报对应数据，且上期财务报表已由前任注册会计师审计。法律法规不禁止注册会计师提及前任注册会计师对对应数据出具的审计报告，并且注册会计师已决定提及。（10）负责监督财务报表的人员与负责编制财务报表的人员不同。（11）除财务报表审计外，按照法律法规的要求，注册会计师负有其他报告责任，且注册会计师决定在审计报告中履行其他报告责任。

【例 10－8】包含关键审计事项部分、强调事项段及其他事项段的审计报告。

审计报告

××股份有限公司全体股东

一、对财务报表出具的审计报告

（一）审计意见

我们审计了××股份有限公司（以下简称公司）财务报表，包括 20×1 年 12 月 31 日的资产负债表，20×1 年度的利润表、现金流量表、股东权益变动表以及财务报表附注。

我们认为，后附的财务报表在所有重大方面按照《企业会计准则》的规定编制，公允反映了公司 20×1 年 12 月 31 日的财务状况以及 20×1 年度的经营成果和现金流量。

（二）形成审计意见的基础

我们按照《中国注册会计师审计准则》的规定执行了审计工作。审计报告的"注册会计师对财务报表审计的责任"部分进一步阐述了我们在这些准则下的责任。按照《中国注册会计师职业道德守则》，我们独立于公司，并履行了职业道德方面的其他责任。我们相信，我们获取的审计证据是充分、适当的，为发表审计意见提供了基础。

（三）强调事项

我们提醒财务报表使用者注意财务报表附注×，该附注描述了火灾对公司的生产设备造成的影响。本段内容不影响已发表的审计意见。

（四）关键审计事项

关键审计事项是根据我们的职业判断，认为对本期财务报表审计最为重要的事项。这些事项是在对财务报表整体进行审计并形成意见的背景下进行处理的，我们不对这些事项提供单独的意见。

［按照《中国注册会计师审计准则第 1504 号——在审计报告中沟通关键审计事项》的规定描述关键审计事项。］

（五）其他事项

20×0 年 12 月 31 日的资产负债表，20×0 年度的利润表、现金流量表、股东权益变动表以及财务报表附注由其他会计师事务所审计，并于 20×1 年 3 月 31 日发表了无保留意见。

（六）管理层及治理层对财务报表的责任

管理层负责按照《企业会计准则》的规定编制财务报表，使其实现公允反映，并设计、执行和维护必要的内部控制，以使财务报表不存在由于舞弊或错误导致的重大错报。

在编制财务报表时，管理层负责评估公司持续经营能力，披露与持续经营相关事项（如适用），并运用持续经营假设，除非管理层计划清算公司、停止营运或别无其他现实的选择。

治理层负责监督公司的财务报告过程。

（七）注册会计师对财务报表审计的责任

我们的目标是对财务报表整体是否不存在由于舞弊或错误导致的重大错报获取合理保证，并出具包含审计意见的审计报告。合理保证是高水平保证，但并不能保证按照审计准则执行的审计在某一重大错报存在时总能发现。错报可能由舞弊或错误所导致，如果合理预期错报单独或汇总起来可能影响财务报表使用者依据财务报表作出的经济决策，则错报是重大的。

在按照审计准则执行审计的过程中，我们运用了职业判断，保持了职业怀疑。我们同时：

（1）识别和评估由于舞弊或错误导致的财务报表重大错报风险；对这些风险有针对性地设计和实施审计程序；获取充分、适当的审计证据，作为发表审计意见的基础。由于舞弊可能涉及串通伪造、故意遗漏、虚假陈述或凌驾于内部控制之上，未能发现由于舞弊导致的重大错报的风险高于未能发现由于错误导致的重大错报的风险。

（2）了解与审计相关的内部控制，以设计恰当的审计程序，但目的并非对内部控制的有效性发表意见。

（3）评价管理层选用会计政策的恰当性和作出会计估计及相关披露的合理性。

（4）对管理层使用持续经营假设的恰当性得出结论。同时，基于所获取的审计证据，对是否存在与事项或情况相关的重大不确定性，从而可能导致对公司的持续经营能力产生重大疑虑得出结论。如果我们得出结论认为存在重大不确定性，审计准则要求我们在审计报告中提请报告使用者注意财务报表中的相关披露；如果披露不充分，我们应当发表非无保留意见。我们的结论基于审计报告日可获得的信息。然而，未来的事项或情况可能导致公司不能持续经营。

（5）评价财务报表的总体列报、结构和内容（包括披露），并评价财务报表是否公允反映交易和事项。

除其他事项外，我们与治理层就计划的审计范围、时间安排和重大审计发现（包括我们在审计中识别的值得关注的内部控制缺陷）进行沟通。

我们还就遵守关于独立性的相关职业道德要求向治理层提供声明，并就可能被合理认为影响我们独立性的所有关系和其他事项，以及相关的防范措施（如适用）与治理层进行沟通。从与治理层沟通的事项中，我们确定哪些事项对当期财务报表审计最为重要，因而构成关键审计事项。我们在审计报告中描述这些事项，除非法律法规不允许公开披露这些事项，或在罕见的情形下，如果合理预期在审计报告中沟通某事项造成的负面后果超过产生的公众利益方面的益处。我们确定不应在审计报告中沟通该事项。

二、对其他法律和监管要求的报告

［本部分的格式和内容，取决于法律法规对其他报告责任的性质的规定。］

负责审计并出具审计报告的项目合伙人是［姓名］。

××会计师事务所	中国注册会计师：×××
（盖章）	（签名并盖章）
	中国注册会计师：×××
	（签名并盖章）
中国××市	二〇×二年×月×日

职业考试

1. 注册会计师在对×公司 2010 年度财务报表进行审计时，下列情况中，注册会计师应出具带强调事项段无保留意见审计报告的是（　　）。（2011 年 CPA 考试审计真题）

A. 2010 年 10 月份转入不需用设备一台，未计提折旧金额为 2 万元（假定累计折旧重要性水平为 10 万元），×公司未调整

B. 资产负债表日的一项未决诉讼，律师认为胜负难料，一旦败诉对企业将产生重大影响，被审计单位已在财务报表附注中进行了披露

C. 资产负债表日的一项未决诉讼，律师认为胜负难料，一旦败诉对企业将产生重大影响，被审计单位拒绝在财务报表附注中进行了披露

D. ×公司对于一项以公允价值计量的投资性房地产计提了 1 000 万元的折旧（假定重要性水平为 800 万元）

【参考答案】C

2. 如果审计范围受到限制，可能产生的影响非常重大和广泛，注册会计师应出具的审计意见类型是（　　）。（2007 年中级审计师考试真题）

A. 无保留意见　　B. 保留意见　　C. 否定意见　　D. 无法表示意见

【参考答案】D

第四节　财务审计报告的要求与步骤

注册会计师为保证审计报告的真实性和合法性，除了要知悉发表不同审计意见的条件外，还必须明确审计报告的编制要求与编制步骤等。审计报告真实性即审计报告应如实反映审计范围、审计依据、已实施的审计程序和应发表的审计意见。审计报告的合法性是指审计报告的编制和出具必须符合《审计法》《注册会计师法》和审计准则等有关规范的规定。

一、财务报表审计报告的编制要求

审计报告是审计人员用以表明审计意见、提出审计结论的书面文件，是审计工作的最终成果。它既是一种信息报告，又是一种证明文件。审计人员应掌握撰写审计报告的基本要求，并使编制的审计报告符合基本要求。这些基本要求包括：

（一）审计报告的编写语言应当清晰简练

审计报告是以文字表达审计意见的书面文件。因此编制审计报告时，文字必须清晰，便于审计报告的使用者理解，避免产生误解，不能似是而非，对于应当肯定或否定的问题，一定要用确切恰当的文字来说明。对于审计报告的使用者来说，只有文字清晰易于理解的审计报告才是有价值的。编制审计报告应力求在行文和用语上实现规范化，使内容连贯、逻辑严谨、行文简练、概念准确、措辞适当。

（二）形成审计报告的证据应当充分适当

审计报告是审计工作的最终成果，具有传达审计信息和证明的作用。因此编制审计报告时，用以支持审计意见的各种证据必须充分适当，这也是发挥审计报告作用的关键所在。为此，编制审计报告所列事实或材料必须真实可靠、准确无误，同时这些事实或材料必须足够充分、证明力强，足以支持审计意见和审计结论，使审计报告令人信服。

（三）审计报告的结论意见应当客观公正

由于审计报告是报告使用人进行决策的重要依据，因此编制审计报告时，审计人员的态度应客观公正，不能自以为是或先入为主。在进行执业、判断和作出结论时，必须客观公正，遵守审计准则。只有做到客观公正，审计意见才能准确、恰当，才能使审计报告具有权威性。尤其是审计报告中所作的审计评价，必须实事求是。对问题的定性要有充分的法律法规依据和事实依据，切忌带有个人成见或单凭印象草率行事。

（四）审计报告涵盖的内容应当全面合法

内容全面是指审计报告的基本构成要素必须齐全完备，审计报告的每一个要素，都有其特定功用。因此，如果缺少某一个基本要素，审计报告所提供的信息质量就会受到影响。但内容全面并非面面俱到，在说明和表达审计意见时，应突出重点，充分揭示被审计单位存在的影响财务报表的重要事项。同时，审计报告的要素与报告编制必须符合《审计法》《注册会计师法》和审计准则等规定，即保证审计报告的内容合法。

需要指出的是，审计报告的使用人必须明确审计报告是审计人员对被审计单位在特定时日或特定期间内与财务报表反映有关的所有重大方面发表审计意见，而不是对被审计单位的全部经营管理活动提出审计意见。同时，审计人员应当要求委托人按照审计业务约定书的要求使用审计报告。委托人或其他第三者因使用审计报告不当而造成的后果，与审计人员及审计机构无关。

二、财务报表审计报告的编制步骤

审计报告通常由审计项目负责人编制。编制审计报告时，审计项目负责人应当仔细查阅审计人员在审计过程中形成的审计工作底稿，并认真检查审计人员的审计是否严格遵循了审计准则的要求，被审计单位是否按照适用的报表编制基础的规定以及有关协议、合同、章程的要求编制财务报表进行相关的会计工作，使审计人员能够在按照审计准则要求进行审计并形成一整套审计工作底稿的基础上，根据被审计单位对相关的会计制度和利害关系人的有关要求的执行情况，提出客观、公正、实事求是的审计意见。一般来说，审计人员编制审计报告遵循以下步骤。

（一）整理和分析审计工作底稿

在执行审计过程中，审计人员所积累的很多审计工作底稿是分散的、不系统的。在编写审计报告时，需要整理这些审计工作底稿。在整理过程中，要对所有审计工作底稿进行分析，把那些有价值的、重要的审计工作底稿挑选出来，形成初步的审计结论，作为编制审计报告的基础。审计小组的每位成员都应整理好自己的审计工作底稿，回顾是否有遗漏的环节，着重列举审计中所发现的问题。审计项目负责人应对全部审计工作底稿中的记录、证据和有关结论，进行检查、复核和分析。通过对审计工作底稿的检查、复核和分析，进行去伪存真的思考筛选，按其重要性从中提炼出有价值的资料，并对审计人员在审计过程中是否严格遵循了审计准则要求进行检查，从而全面总结审计工作，作出综合结论。对审计工作底稿进行整理和分析的情况，也应当以书面形式在审计工作底稿中予以记录和说明。

（二）提请被审计单位调整财务报表

审计人员在整理和分析审计工作底稿的基础上，向被审计单位通报审计情况、初步结论和对会计事项、报表项目的调整意见，提请被审计单位予以调整。一般来说，对于被审计单位会计记录或确认与计量上的错误和差错，审计人员应提请被审计单位更正，并相应调整财务报表中的有关项目。对于被审计单位会计处理不当、期后事项和或有事项，审计人员应分别不同情况提请被审计单位调整财务报表，或在财务报表附注中予以披露，有的还需要审计人员在其审计报告中加以说明。对于需要调整的事项，审计人员应与被审计单位会计机构负责人协商，尽量取得一致的意见，然后由会计机构编制调整记录，对财务报表进行调整，调整后的财务报表可以作为审计报告的附列报表。

（三）确定审计意见的类型和措辞

审计人员在了解被审计单位是否接受提出的调整意见和是否已经作出调整后，可以确定审计意见的类型和措辞。如果被审计单位财务报表已根据审计人员的调整意见进行了调整，除专门要求说明外，审计报告不必将被审计单位已调整的事项再做说明。如果被审计单位不接受调整建议，审计人员应当根据需要调整事项的性质和重要程度，确定审计意见的类型和措辞。对于被审计单位资产负债表日与审计报告日之间发生的期后事项及其影响，确定是否在审计报告或其附件中进行说明。对于被审计单位截止报告日仍然存在的未确定事项，审计人员应根据其性质、重要程度和可预知的结果对财务报表反映的影响程度，确定是否在审计报告或其附件中进行说明。对于委托的审计项目，如果委托人已聘请其他审计机构审计了其中的某一部分或某项内容，审计人员在确定审计意见时应注意划清与其他审计机构及其审计人员之间的责任，不应对委托项目的全部内容发表审计意见，并在审计报告中予以说明。

（四）拟定审计报告提纲，编制和出具审计报告

审计人员在整理、分析审计工作底稿和提请被审计单位调整财务报表，并根据被审计单位财务报表调整情况确定审计意见的类型和措辞后，应拟定审计报告提纲，概括和汇总审计工作底稿所提供的资料。审计报告提纲既要总结和肯定成绩，又要列明查出的问题，对查出的问题应正确定性，按不同性质加以

归纳整理，并正确量化。

审计报告提纲没有固定的格式，审计人员应根据审计报告的种类和具体情况确定其结构与内容。审计报告一般由审计项目负责人编写，如由其他人员编写，则必须经审计项目负责人复核、校对。审计报告完稿后，应经审计机构业务负责人复核，并根据其修改意见修改定稿。如果审计证据不足以发表审计意见，则应要求审计人员追加审计程序，以确保审计证据的充分性与适当性，进而确保审计意见客观、公正和实事求是。审计报告经复核、修改定稿并完成签署后，正本送委托人，副本归档留存。

【本章小结】

审计终结阶段主要包括编制审计差异调整表和试算平衡表、获取管理当局声明书和律师声明书、对会计报表进行整体复核、评价审计结果、出具审计报告等工作。

审计报告是注册会计师根据独立审计准则的要求，在实施审计工作的基础上对被审计单位年度会计报表发表意见的书面文件。注册会计师应当在审计报告中清楚地表达对会计报表整体的意见，并对出具的审计报告负责。

审计报告应当包括以下几个部分：标题、收件人、引言段、范围段、意见段、注册会计师签章、会计师事务所的名称和地址及盖章、报告日期。其中，意见段是审计报告的核心内容。当出具保留意见、否定意见或无法表示意见的审计报告时，注册会计师应当在意见段之前增加说明段，清楚地说明导致所发表意见或无法发表意见的所有原因，并在可能情况下，指出其对会计报表的影响程度。

审计报告有四种基本类型：无保留意见的审计报告、保留意见的审计报告、否定意见的审计报告和无法表示意见的审计报告。不同类型审计报告，其出具的条件、专业术语等不同。

【课后练习】

一、单项选择题

1. 下列对审计过程识别出的错报的考虑中，正确的是（　　）。

A. 注册会计师在评价错报时，只需要单独评价每项错报

B. 如果法律法规限制注册会计师向被审计单位管理层或被审计单位的其他人员通报某些错报，注册会计师直接出具无法表示意见的审计报告

C. 确定一项分类错报是否重大时，注册会计师需要进行定性评估

D. 注册会计师在审计过程中，要及时与被审计单位管理层沟通所有的错报

2. 下列有关项目合伙人复核的说法中，错误的是（　　）。

A. 项目合伙人无须复核所有审计工作底稿

B. 项目合伙人通常需要复核项目组对关键领域所作的判断

C. 项目合伙人应当复核与重大错报风险相关的所有审计工作底稿

D. 项目合伙人应当在审计工作底稿中记录复核的范围和时间

3. 关于注册会计师对期后事项的责任，下列表述中错误的是（　　　）。

A. 有责任实施必要的审计程序，以确定截至审计报告日发生的、需要在财务报表中调整或披露期后事项是否均已得到识别

B. 在审计报告日后，没有责任针对财务报表实施审计程序

C. 在审计报告日后至财务报表报出日前，如果知悉可能对财务报表产生重大影响的事实，有责任采取措施

D. 财务报表报出后，如果知悉可能对财务报表产生重大影响的事实，没有责任采取措施

4. 下列书面文件中，注册会计师认为可以作为书面声明的是（　　　）。

A. 董事会会议纪要

B. 财务报表副本

C. 注册会计师列示管理层责任并经被审计单位管理层确认的信函

D. 内部法律顾问出具的法律意见书

5. 注册会计师负责审计甲公司 2020 年度财务报表。审计报告日为 2021 年 3 月 31 日，财务报表批准报出日为 2021 年 4 月 1 日。下列有关书面声明日期的说法中，正确的是（　　　）。

A. 应当为 2021 年 4 月 1 日

B. 应当尽量接近 2021 年 3 月 31 日，但不得晚于 2021 年 3 月 31 日

C. 应当为 2020 年 12 月 31 日

D. 应当为 2021 年 4 月 1 日以后

6. 下列各项中，注册会计师可能认为需要在审计报告中增加其他事项段的是（　　　）。

A. 注册会计师实施额外的规定的程序并予以报告，并对特定事项发表意见

B. 在审计报告中沟通除关键审计事项之外的其他与计划及范围相关的事项

C. 存在已经或持续对被审计单位财务状况产生重大影响的特大灾难

D. 提前应用对财务报表有广泛影响的新会计准则

7. 下列有关在审计报告中提及相关人员的说法中，错误的是（　　　）。

A. 注册会计师不应在无保留意见的审计报告中提及专家的相关工作，除非法律法规另有规定

B. 注册会计师不应在无保留意见的审计报告中提及服务机构注册会计师的相关工作，除非法律法规另有规定

C. 注册会计师对集团财务报表出具的审计报告不应提及组成部分注册会计师，除非法律法规另有规定

D. 如果上期财务报表已由前任注册会计师审计，注册会计师不应在无保留意见审计报告中提及前任注册会计师的相关工作，除非法律法规另有规定

二、多项选择题

1. 在评价未更正错报的影响时，下列说法中，注册会计师认为正确的有（　　　）。

A. 未更正错报的金额不得超过明显微小错报的临界值

B. 注册会计师应当从金额和性质两方面确定未更正错报是否重大

C. 注册会计师应当要求被审计单位更正未更正错报

D. 注册会计师应当考虑与以前期间相关的未更正错报对相关类别的交易、账户余额或披露以及财务报表整体的影响

2. 下列有关期后事项审计的说法中，正确的有（　　　）。

A. 期后事项是指财务报表日至财务报表报出日之间发生的事项

B. 期后事项是指财务报表日至审计报告日之间发生的事项，以及注册会计师在审计报告日后知悉的事实

C. 注册会计师仅需主动识别财务报表日至审计报告日之间发生的期后事项

D. 审计报告日后，如果注册会计师知悉某项若在审计报告日知悉将导致修改审计报告的事实，且管理层已就此修改了财务报表，应当对修改后的财务报表实施必要的审计程序，出具新的或经修改的审计报告

3. 下列各项中，应当列入书面声明的有（　　　）。

A. 管理层认为，未更正错报单独或汇总起来对财务报表整体的影响不重大

B. 被审计单位已向注册会计师披露了管理层注意到的、可能影响被审计单位的与舞弊或舞弊嫌疑相关的所有信息

C. 所有交易均已记录并反映在财务报表中

D. 被审计单位将及时足额支付审计费用

4. 下列选项中，属于审计报告的要素的有（　　　）。

A. 审计报告后附的财务报表和附注

B. 形成审计意见的基础

C. 管理层对财务报表的责任

D. 注册会计师对财务报表的责任

5. 承接审计业务后，如果注意到被审计单位管理层对审计范围施加了限制，且认为这些限制可能导致对财务报表发表保留意见或无法表示意见，注册会计师采取的下列措施中，正确的有（　　　）。

A. 要求管理层消除这些限制，如果管理层拒绝消除限制，应当与治理层沟通

B. 如果无法获取充分、适当的审计证据，且未发现的错报（如存在）对财务报表的影响重大且具有广泛性，应当在可行时解除业务约定

C. 如果无法获取充分、适当的审计证据，且未发现的错报（如存在）对财务报表的影响重大且具有广泛性，若解除业务约定不可行，应当发表无法表示意见

D. 如果无法获取充分、适当的审计证据，且未发现的错报（如存在）可能对财务报表的影响重大，但不具有广泛性，应当发表保留意见

6. 下列各项中，注册会计师可能认为需要在审计报告中增加强调事项段的有（　　　）。

A. 注册会计师在审计报告日后知悉了某些事实，并且出具了新的审计报告或修改了审计报告

B. 财务报表按照特殊目的编制基础编制

C. 运用持续经营假设是适当的，但存在重大不确定性，且财务报表对重大不确定性已作出充分披露

D. 说明审计报告仅提供给财务报表预期使用者，不应被分发给其他机构或人员

7. 在适用的情况下，注册会计师除对被审计单位年度报告中包含的除财务报表和审计报表之外的其他信息进行报告外，还应报告的内容包括（　　　）。

A. 关键审计事项

B. 关联方关系及其交易

C. 会计估计

D. 与持续经营相关的重大不确定性

三、判断题

1. 对于上市实体财务报表审计和上市实体以外其他被审计单位的财务报表审计，注册会计师对其他信息均不应发表审计意见。　　　　　　　（　　）

2. 如果管理层评估持续经营能力涵盖的期间短于自财务报表日起的 12 个月，注册会计师应发表保留意见的审计报告。　　　　　　　　　（　　）

3. 对于财务报表日至审计报告日之间发生的期后事项，注册会计师负有主动识别的义务。　　　　　　　　　　　　　　　　　　　　　（　　）

4. 尽管书面声明提供必要的审计证据，但其本身并不为所涉及的任何事项提供充分、适当的审计证据。　　　　　　　　　　　　　　　　（　　）

5. 标准审计报告是指含有说明段、强调事项段、其他事项段的无保留审计意见的审计报告。　　　　　　　　　　　　　　　　　　　　　（　　）

6. 如果无法获取充分适当的审计证据，不能得出财务报表整体不存在重大错报的结论，则注册会计师应当在审计报告中发表保留意见或审计意见。

（　　）

四、案例分析题

ABC 会计师事务所承接甲公司 2018～2020 年度比较财务报表审计业务，任命 A 注册会计师为此次审计业务的项目合伙人。在审计过程中，A 注册会计师的观点或审计处理摘录如下：

（1）A 注册会计师认为可以针对各期财务报表发表不同的意见类型，也可以在对某期财务报表整体发表否定意见后，对其财务报表特定要素发表无保留意见。

（2）在审计中，A 注册会计师被要求实施额外的规定的程序并予以报告，对于此事项，A 注册会计师认为应该在其他事项段中予以说明。

（3）在审计 2019 年度财务报表时，A 注册会计师发现一项重大错报，而前任注册会计师对上期财务报表出具了无保留意见审计报告，A 注册会计师应提

请甲公司告知前任注册会计师。

（4）A注册会计师对2018年度财务报表发表了无保留意见，而当时审计甲公司2018年度财务报表的注册会计师对该财务报表发表了保留意见，A注册会计师认为可以在其他事项段中披露导致不同意见的实质性原因。

（5）如果A注册会计师拟在审计报告中增加其他事项段，应当就该事项和拟使用的措辞与管理层沟通。

要求：假定不考虑其他事项，请判断A注册会计师的上述观点或处理是否恰当。如果不恰当，请简要说明理由。

五、思考题

1. 什么是审计报告？它有哪些作用和类型？

2. 注册会计师的审计报告包括哪些基本内容？

3. 什么是标准审计报告与非标准审计报告？其出具的条件各有哪些？

4. 注册会计师审计报告的强调事项段中的强调事项有哪些？

5. 编制审计报告的要求与步骤有哪些？

6. 管理建议书的含义、性质及编制要求是什么？

主要参考文献

1. 卡·迈克尔，威林翰，沙勒．审计概念与方法：现行理论与实务指南［M］．刘明辉，胡英坤，译．大连：东北财经大学出版社，2006.

2. 阿尔文·阿伦斯．审计学：一种整合的方法（第 14 版）［M］．北京：中国人民大学出版社，2017.

3. 雷·惠廷顿．审计学原理（第 19 版）［M］．北京：中国人民大学出版社，2017.

4. 中国注册会计师协会（审计）［M］．北京：经济科学出版社，2021.

5. 中国注册会计师协会．中国注册会计师执业准则应用指南［M］．北京：中国财政经济出版社，2017.

6. 刘明辉．审计与鉴证服务［M］．北京：高等教育出版社，2007.

7. 李晓慧．审计学：原理与案例［M］．北京：中国人民大学出版社，2016.

8. 秦荣生，卢春泉．审计学（第 8 版）［M］．北京：中国人民大学出版社，2016.

9. 吴琼瑶．审计学［M］．北京：中国人民大学出版社，2005.

10. 耿建新，宋常．审计学［M］．北京：中国人民大学出版社，2002.

11. 张继勋，程悦．审计学多媒体教程［M］．北京：中国人民大学出版社，2003

12. 萧英达，张继勋，刘志远．国际比较审计［M］．上海：立信会计出版社，2000.

13. 叶陈刚，李相志．审计理论与实务［M］．北京：中信出版社，2006.

14. 陈汉文．审计学［M］．北京：中国人民大学出版社，2016.

15. 张孝友，朱虹，杨昌红．审计理论与实务（第 2 版）［M］．重庆：重庆大学出版社，2002.

16. 刘明辉．高级审计理论与实务［M］．大连：东北财经大学出版社，2006.

17. 张庆龙．政府审计学［M］．北京：中国人民大学出版社，2016.

18. 张庆龙．内部审计学［M］．北京：中国人民大学出版社，2016.

19. 朱荣恩．筹资与投资循环［M］．北京：中国时代经济出版社，2004.

20. 王振林，陈希晖．货币资金审计［M］．北京：中国时代经济出版社．2004.

21. 何恩良．审计学原理［M］．北京：中国人民大学出版社，2016.

22. 叶陈云．审计学［M］．北京：中国电力出版社，2017.

23. 朱锦余．审计学［M］．北京：高等教育出版社，2017.

24. 史元．审计学［M］．北京：高等教育出版社，2017.

25. 刘静，卢相君．审计学［M］．北京：经济科学出版社，2017.

26. 王杏芬．审计学［M］．北京：经济科学出版社，2017.

27. 李晓慧．审计学：实务与案例［M］．北京：中国人民大学出版社，2018.

28. 秦荣生．审计学（第10版）［M］．北京：中国人民大学出版社，2020.

29. 陈汉文．审计学［M］．北京：中国人民大学出版社，2020.

30. 叶陈云．审计学［M］．北京：北京大学出版社，2018.

31. 叶陈刚．审计学［M］．北京：机械工业出版社，2019.

32. 张永国．财务审计（第3版）［M］．大连：东北财经大学出版社，2018.

33. 刘明辉．高级审计研究（第3版）［M］．大连：东北财经大学出版社，2018.

敬 告 读 者

　　为了帮助广大师生和其他学习者更好地使用、理解、巩固教材的内容，本教材配课件，读者可关注微信公众号"会计与财税"获取相关信息。

　　如有任何疑问，请与我们联系。

QQ：16678727

邮箱：esp_bj@163.com

教师服务 QQ 群：606331294

读者交流 QQ 群：391238470

经济科学出版社

2022 年 8 月

会计与财税

教师服务 QQ 群

读者交流 QQ 群

经科在线学堂